物流管理专业"十三五"规划教材

物流运输管理实务

主　编　刘　心　吴　庆

副主编　刘朝卫　王　龙

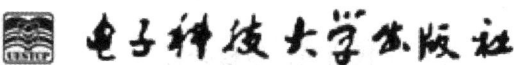
电子科技大学出版社

图书在版编目（CIP）数据

物流运输管理实务 / 刘心，吴庆主编. -- 成都：
电子科技大学出版社，2018.6
ISBN 978-7-5647-6412-8

Ⅰ.①物… Ⅱ.①刘… ②吴… Ⅲ.①物流－货物运
输－管理－教材 Ⅳ.①F252

中国版本图书馆 CIP 数据核字（2018）第 130061 号

物流运输管理实务
WULIU YUNSHU GUANLI SHIWU
刘心 吴庆 主编

策划编辑　刘　凡
责任编辑　万晓桐

出版发行　电子科技大学出版社
　　　　　成都市一环路东一段 159 号电子信息产业大厦九楼　邮编 610051
主　　页　www.uestcp.com.cn
服务电话　028-83203399
邮购电话　028-83201495

印　　刷　廊坊市广阳区九洲印刷厂
成品尺寸　185mm×260mm
印　　张　20
字　　数　531 千字
版　　次　2018 年 6 月第一版
印　　次　2023 年 6 月第二次印刷
书　　号　ISBN 978-7-5647-6412-8
定　　价　58.00 元

前　言

在全球智能化与信息化的背景下，运输管理对专业知识和专业技能的要求越来越高，掌握必要的理论知识和操作技能是从事运输以及相关行业的必要条件。本教材定位于高职高专学生，在介绍运输基础知识的同时，侧重于应用性、操作性、实践性知识的介绍，以便学生能够在吸收够用的理论知识的同时，较快地掌握运输实践作业相关技能。

本书的编写主要有以下几个方面的特点。

（1）内容编排上，基于物流运输管理的工作过程，以高职物流管理专业的学生为项目对象，以项目化教学展开内容，注重培养学生职业能力，尽力拉近教材与学生的距离，从而提升学生的职业能力。

（2）资源选择上，注重于物流企业紧密合作，开展了企业项目合作、企业资源整合，并对现有物流教材进行反复比较研究，调研了企业用人与学校人才培养的差距，尽量拉近学生与企业的距离，使学生零距离应对后续就业。

（3）环节设计上，每个项目中设计了"项目导读""项目目标""项目任务""项目小结""项目练习""技能实训练习"等环节。环环相扣，增加了教材的系统性、指导性和实用性；"知识链接"拓宽学生视野，帮助学生增强感性认识识，了解掌握行业最新动态。

本书由从事物流运输管理教学的一线教师编写，凝聚了集体智慧。本书由辽宁现代服务职业技术学院刘心和辽宁职业学院的吴庆担任主编，由广东省电子信息高级技工学校的刘朝卫和景德镇陶瓷职业技术学院王龙担任副主编。刘心负责全书总体策划、统稿和修改。本书的相关资料和售后服务可扫封底的微信二维码或登录 www.bjzzwh.com 下载获得。

由于运输行业发展迅速及编者水平有限，书中难免存在错误和不足之处，恳请广大读者批评指正。

编　者

前言

目　录

项目一　认知物流运输

【项目导读】

作为企业"第三利润源"的物流，完成其改变"物"的空间位置功能的主要手段是运输。综合分析表明，运费占全部物流费用近50％的比例。现实中，依然有很多人认为物流就是运输，这是因为物流的很大一部分功能是由运输完成的。由此可见，运输在物流中占有重要地位。运输是社会和国民经济体系的主要基础条件，是物流最基本的功能之一，也是物流的核心功能，是现代物流运作流程不可缺少的一环。运输费用在全部物流费用中占的比例最高是工商企业取得市场竞争优势的重要手段。物流运输管理是指在一定的环境下，按照现代化的管理思想，运用科学方法，对物流运输活动进行计划、组织、领导、控制，实现运输经营目标的过程。

【项目目标】

➢ 了解运输的含义和功能。
➢ 理解运输的特点，理解运输与物流其他环节的关系。
➢ 熟悉物流运输的方式及优缺点。
➢ 了解运输市场的构成。
➢ 理解运输市场的特征及分类，理解运输市场的竞争类型及方式。
➢ 掌握影响运输合理化的因素、不合理运输的表现形式以及运输合理化的措施。

【项目任务】

任务1：海南，山清水秀，自然风光秀美，自古以来寓意天之边缘，海之尽头。11月中旬，当北方已是冰天雪地之时，海南三亚却依然艳阳高照。海南的气候可以使农作物"稻可三熟，菜满四季"。今天，无论在什么季节，黑龙江的哈尔滨、新疆的乌鲁木齐都可以吃到海南的新鲜蔬菜。

任务2：粮食、棉花等农作物集中产出的季节一般都是在秋季，但是人们一年四季都有需求。不光是粮食等农作物，在经济社会中，需求和供给之间普遍存在着时间差，这是一种普遍的客观存在。但是商品本身是不会自动弥合时间差的，如果没有有效的方法，集中生产出的粮食除了当时的少量消耗外，就会腐烂，而在非产出时间，人们甚至可以改变这种时间差，以实现运输的时间效用。

（1）你所理解的运输是什么？
（2）运输有哪些特点？
（3）运输的功能有哪些？

任务一　物流运输基础知识

交通运输的诞生与发展，经历了漫长的历史过程，它是伴随着社会生产力的发展和科学技术的进步而产生、发展起来的，它促进了社会、经济、政治和文化的发展和进步，是人类社会的动力，也是人类文明的车轮。

一般来说，运输是指在不同地域范围内，以改变实体空间位置为目的的一切活动。实体一般包括人和物，而在本书中运输实体专指货物和产品。

这里有两个需要明晰的地方：一是运输表现在实体借助于运力创造时间和空间价值的活动。当实体从一个地方转移到另一个地方时，因空间上位置改变了，时间上使用价值也得到了延续，从而创造了实体的空间价值和时间价值。所谓运力，是指由运输设施、设备、路线、工具和人力组成的，具有从事运输活动能力的系统。二是对实体进行空间位移。它和装卸、搬运的区别在于，运输是较大的范围内不同地域的活动，而搬运是在同一地域范围之内的活动。

一、运输的含义

运输是物流作业环节中最重要的环节之一，是指人或货物借助运输工具和运输基础设施在空间产生的位置移动。《中华人民共和国国家标准物流术语》（GB/T18354—2006）对运输（transportation）的定义是"用设备和工具，将物品从一地点向另一地点运送的物流活动。其中包括集货、分配、搬运、中转、装入、卸下、分散等一系列活动"。

具体地讲，运输是使用运输工具对物品进行运送的活动，是实现物流的空间效用。运输作为物流系统的一项功能来讲，包括生产领域的运输和流通领域的运输。生产领域的运输活动一般是在生产企业内部进行的，因此被称为厂内运输。它是生产过程的一个组成部分，是直接为物质产品的生产服务的，其内容包括原材料、在制品、半成品和成品的运输。这种厂内运输有时也被称为物料搬运。流通领域的运输活动，则是作为流通领域的一个环节，是生产过程在流通领域的继续，其主要内容是对物质产品的运输，是以社会服务为目的，完成物品从生产领域向消费领域在空间位置上进行物理性转移的过程。

二、运输的功能

（一）产品转移功能

无论产品处于哪种形式，是原材料、零部件、半成品还是成品，也不论是在制造过程中还是转移到最终的顾客，运输都是不可缺少的。运输的主要功能就是使产品在价值链中来回移动，即通过改变产品的地点与位置，消除产品的生产与消费之间的空间位置上的背离，或是将产品从效用价值低的地方转移到效用价值高的地方，创造出产品的空间效用。另外，由于运输的主要目的是以最少的时间完成从原产地到规定地点的转移，使产品在需要的时间内到达目的地，创造出产品的时间效用。因为运输利用的是时间资源、财务资源和环境资源，所以只有当它确实提高了产品价值时，该产品的运输才是有用的。

运输之所以涉及时间资源，是因为被运输产品在运输过程中是难以存取的，它是各种供应链战略中所要考虑的，通过运输时间的占用，减少生产线上和配送中心的存货。涉及财务资源是因为会发生驾驶员劳动报酬、运输工具的运行费用以及一般杂费和行政管理费用的分摊。而涉及环境资源是因为运输是能源的主要消费者之一，同时还会造成交通拥挤、空气污染和噪音污染等而产生环境费用。

（二）产品临时储存功能

如果转移中的产品需要储存，且在短时间内又将重新转移，而卸货和装货的成本也许会高于储存在运输工具中的费用，这时，可将运输工具作为暂时的储存场所。所以，运输也具有临时的储存功能。通常，以下几种情况需要将运输工具作为临时储存的场所。

（1）货物处于转移中，运输的目的地发生改变时。这时，采取改道则是产品短时储存的一种较好的方法。

（2）在起始地或目的地仓库储存能力有限的情况下，将货物装上运输工具，采用迂回线路运往目的地。

用运输工具储存货物可能是昂贵的，但是如果综合考虑总成本，包括运输途中的装卸成本、储存能力的限制、装卸的损耗或延长时间等，选择运输工具作短时间的储存往往是合理的，有时甚至是必要的。

（三）创造场所效用的功能

"场所效用"是指同种物品由于所处的空间场所不同，其使用价值的实现程度不同，效益的实现程度也不同。由于改变场所而发挥了物品最大的使用价值，最大限度地提高了投入产出比，因而被称为"场所效用"，也称"空间效用"。

运输作为物流的主要功能之一，还体现在改变了物品的空间状态上，也就是物品转移。运输的主要功能就是使物品在价值链中来回移动，即通过改变物品的地点与位置，消除物品的生产与消费之间在空间位置上的背离，或者将物品从效用价值低的地方转移到效用价值高的地方，创造出产品的空间效用。

另外，因为运输的主要目的是以最少的时间完成从原产地到规定地点的转移，使产品在需要的时间内到达目的地，所以能创造出产品的时间效用。

（四）运输是社会物质生产的必要条件之一

马克思将运输称为"第四个物质生产部门"，是生产过程的继续。这个"继续"虽然以生产过程为前提，但如果没有它，生产过程不可能最后完成。虽然运输这种生产活动和一般生产活动不同，它不创造新的物质产品，不增加社会产品数量，不赋予产品新的使用价值，而只是变动其所在的空间位置，但这一变动能使生产继续下去，使社会再生产不断推进，并且是一个使价值不断增值的过程，所以将其看成一个物质生产部门。运输在我们国家国民生产中所占的比重越来越大。

（五）运输是"第三个利润源"的主要源泉

运输是运动中的活动，它和静止的保管不同，要靠大量的动力消耗才能实现，且运输又承担大跨度空间转移的任务，所以活动的时间长、距离远、消耗大。消耗的绝对数量大，其节约的潜力也就大。

从运费来看，它在物流总成本中占据最大的比例，综合分析计算社会物流费用，运输费用在其中一般占近50%，有些产品运费高于其生产成本。所以，节约的潜力非常大。由于运输总里程远，运输总量大，通过体制改革和运输合理化可大大缩短运输里程，从而获得较大的节约。

【知识链接】

物流的三大效用

（1）时间效用。"物"从供给者到需求者之间存在时间差，由于改变时间差而创造的价值。

（2）空间效用。"物"从供给者到需求者之间存在空间差，由于改变"物"存在的位置而创造的价值。

（3）形质效用。在物流过程中，通过流通加工等形式，将供应者手中所具有的形状性质的物品改造成具有需求者所需要的形状性质的物品，从而提高物品附加值。

三、运输的特点

（一）运输需求的派生性

若一种产品的需求是由另一种或几种产品的需求衍生出来的，这种需求就称为派生需求。衍生派生需求的需求则称为本源需求。

派生性是运输需求的一个重要特征。在多数情况下，人与货物在空间上的位移不是目的而是手段，是为实现生产或生活中的某种其他目的而必须完成的一种中间过程。人们乘坐汽车、火车、飞机等运输工具，是由于工作原因而需要参加会议、商务谈判，或外出旅游、探亲访友等；生产所用原材料的运输和产成品抵达销售地的运输等则是基于生产或消费的需要。这些都体现了运输是手段而不是目的。

（二）运输服务的公共性

运输服务的公共性是指运输服务在全社会范围内与公众有利害关系的特性。运输服务的公共性主要体现在以下两个方面。

（1）保证为社会物质在生产和流通过程中提供运输服务。由于社会物质包括生产过程中的原材料、半成品、成品以及流通过程中的商品、生活必需品等，其涉及企业的生产和人们的日常生活等各个方面，因而此类运输服务的需求十分广泛。

（2）保证为人们在生产和生活过程中的出行需要提供运输服务。由于现代生活中，人们不可能一直在同一地点学习、工作，因此出行是人们日常生活中必需的活动，此类运输服务的需求也十分广泛。

无论是物质的空间位移，还是人们的出行，都是全社会普遍存在的运输需求。运输服务对整个社会的经济发展和人们生活水平的提高，均有广泛的影响，从而体现了运输服务的公共性。

（三）运输产品的无形性

运输业的劳动对象是货物或人，与一般生产过程中的劳动对象不同，货物或人进入运输过程没有经过物理的或化学的变化而取得新的使用价值形态，即运输不增加劳动对象的数量，而且也不会改变劳动对象所固有的属性，而是仅仅改变劳动对象的空间位置，从而为消费做好准备。

运输对象只发生空间位置和时间位置的变化，而本身没有产生实质性变化。运输生产是为社会提供效用而不是生产实物形态的产品，因此，运输生产属于服务性生产，其产品可称为无形产品，具体表现为货物或人在空间位置上的变化。

（四）运输生产和消费的不可分割性

运输生产必须在用户需要时及时进行，并且只能在生产的同时即时消费。运输业创造的使用价值依附于所运输商品的使用价值已有的固定形态，与运输过程同始同终。因此，运输产品的生产过程与消费过程是不可分割、合二为一的，在空间和时间上是结合在一起的。如果运输需求不足，运输供给就应相应减少，否则就会造成浪费。

（五）运输产品的非储存性

工农业产品的生产和消费，可以在时间上和空间上表现为两种完全分离的行为，一个时间生产的产品可以在另一个时间消费，某个城市生产的产品可以在另一个城市消费，淡季生产的产品可以在旺季销售。但是，运输业的生产过程和消费过程不论在时间上还是空间上都是不可分离地结合在一起的，也就是说运输产品不可能被储存以用来满足其他时间和空间发生的运输需求。运输产品的这一特征表明，运输产品既不能储存，也不能调拨。只有在运输生产能力上做一些储备，才能满足国民经济增长和人们生活改善对运输需求增加的需要。

（六）运输产品的同一性

工农业生产各部门的产品种类繁多，并具有不同的效用。但对于运输业，各种运输方式的差别仅仅是使用不同的运输工具承载运输对象，具有不同的技术经济特征，在不同的运输线路上进行运输生产活动，但其对社会具有相同的效用，各种运输方式生产的是同一种产品，即运输对象的位移。运输产品的数量由统一的客货运量（人、吨）和客货运周转量（人公里、吨公里）来描述。运输产品的同一性使得各种运输方式之间可以相互补充、协调、代替，形成一个有效的综合运输系统。

四、运输与物流及其他环节的关系

（一）运输在物流中的作用

物流是通过运输、储存、装卸、包装、流通加工、配送、信息处理等基本物流活动，实现物品从供应地到接收地的实体流动过程。创造物品的空间效用和时间效用是物流系统的两项最主要的功能，分别通过运输和储存来实现。因此，运输和储存被看成是物流系统的两大支柱。随着技术进步和管理水平的提高，现代物流系统通过储存创造时间效用的功能正在弱化，而且合理地组成运输，特别是实现准时制配送，对这种弱化趋势起到了促进作用，因而运输在物流系统中的重要地位更加凸显出来，发挥的作用更大。

1．运输是构成物流网络的基础

生产和消费是物流的源泉。就生产而言，从原材料的采购开始，便要求有相应的供应物流活动，所采购的原材料通过长途或短途运输运送到位，以保证生产的顺利开展；在生产过程中，有原材料、半成品的物流过程，以实现生产的流动性、延续性；部分余料、不合格品的返修、退货及周转使用的包装容器等，需要有废弃物物流。就消费而言，无论是政府消费还是个人消费，无论是生产性消费还是生活性消费，产品被工业生产企业制造出来以后，都要经过空间移动才能到达消费者。可见物流的全过程始终伴随着生产和消费的全过程，而整个物流过程的实现，则始终离不开运输。

在物流网络结构系统中，运输使物品在空间位置上发生位移，称为线路活动；其他物流活动是在物流节点（物流中心、配送中心或车站、头）上进行的，称为节点活动。线路活动和节点活动构成物流网络，从而满足生产和消费的需要。

从网络结构看，如果没有运输的线路活动，网络节点的物流客体将不存在，网络节点的物流活动如装卸、搬运等也不可能发生。

2．运输功能在物流系统中处于核心地位

按物流的概念，物流是"物"的物理性运动，这种运动不但改变了物的时间状态，也改变了物的空间状态。而运输承担了改变空间状态的主要任务，运输是改变货物空间状态的主要手段，运输再配以装卸搬运、配送等活动，就能圆满完成改变空间状态的全部任务。在现代物流观念未诞生之前，甚至今天，仍有不少人将运输等同于物流，其原因是物流中的很大一部分责任是由运输承担的，运输是物流的主要部分。

3．运输是成本消耗最大的物流活动

有关研究表明，货物运输费用占物流总成本的 1/3～2/3。对许多货物来说，运输成本和费用要占货物价格的 5%～10%，也就是说，运输成本占物流总成本的比重较其他物流环节要大。

4．运输合理化是物流系统合理化的关键

物流合理化是指在各物流子系统合理化的基础上形成的最优物流系统总体功能，即系统以尽可能低的成本创造更多的空间效用、时间效用、形质效用；或者从物流承担的主体来说，以最低的成本为用户提供更多优质的物流服务。运输是各功能的基础与核心，直接影响着其他物流子系统，只有运输合理化，才能使物流系统的结构更加合理，总体功能更加优化。因此，运输合理化是物流系统合理化的关键。

（二）运输和其他物流功能的关系

1．运输与储存的关系

运输与储存是物流最主要的功能，分别承担创造空间效用和时间效用的任务。储存是物资暂时停滞的状态，是物资投入消费或生产前的阶段。物资的储存量直接决定于需求量，但运输也会给储存带来重大影响。如果运输组织的效率高，物资可以快速、准时运达，则

库存的数量可以相应减少；相反，如果运输组织的效率低，则要求库存量增加，以防止可能出现的物资供应中断。

2．运输与配送的关系

运输和配送均为物流系统中的功能要素。广义的运输包含配送，配送专指短距离、小批量的运输。具体来说，在物流活动中，运输是指将货物大批量、长距离地从生产工厂直接送达客户或配送中心的活动，而配送则是指将货物从配送中心就近发送到本地区内各客户手中的活动。

3．运输与包装的关系

运输与包装之间是一种相互影响的关系。一方面，包装具有保护货物安全、方便储运和装卸、加速交接和检验等作用；另一方面，运输方式的选择和运输工具的不同也会影响包装的要求和种类。在对产品进行包装的时候，不仅要考虑运输安全的问题，还要考虑成本的问题。因此，对包装的要求也要根据运输方式和工具的不同而不同，最大限度地保证安全和成本的平衡。

另外，由于运输方式的选择，有时会对物品的包装提出不同的要求。相反，货物的包装方法、包装材料、包装规格等也将不同程度地影响着物流运输。货物包装的外廓尺寸应与运输车辆的内廓尺寸成组合或倍数关系，这才有利于提高货物的装载率。

【知识链接】

物品外包装的注意事项

包装是影响运输质量的一个非常重要的因素，它可由托运人自身完成，也可委托专业包装公司进行。包装材料的选择要视货物品质而定，目的是使货物得到安全的保护和支撑，常用的有木箱、纸箱等。不同国家对木箱的要求不同，在有些国家和地区木箱是要求熏蒸的。钢琴、陶瓷、工艺品等偏重或贵重的物品请用木箱包装。

美国、加拿大、澳大利亚、新西兰等国，对未经过加工的原木或原木包装有严格的规定，必须在原出口国进行熏蒸，并出示承认的熏蒸证，进口国方可接受货物进口。否则，会面临罚款或将货物退回原出口国的情况。

欧洲对松树类的木制包装规定，货物进口时必须有原出口国检疫局出示的没有虫害的证明。加工后的木制家具不用做熏蒸。日常生活常用类物品如书籍、各种用具等可用结实的纸箱自行包装，并最好做防潮处理。

易碎类的物品最好用东西填充好，避免损坏。条件允许，在纸箱内铺垫一层防水用品（如塑料袋、布等）。在一包装箱内，轻重物品要合理搭配放置，以便搬运。

箱内最好要塞满填充物，要充实，可用卫生纸、纸巾、小衣物等填充，以防在搬运挪动过程中箱内物品互相翻动、碰撞而受到损坏。

4．运输与装卸搬运的关系

运输活动必然伴随有装卸活动。一般来说，物流运输发生一次，往往伴随两次装卸活动，即物流运输前后的装卸作业。货物在运输前的装车、装船等活动是完成运输的先决条件，此时，装卸质量的好坏，将对运输产生巨大的影响。装卸工作组织得力，装卸活动开展顺利，可以使运输工作顺利进行。当货物通过运输到达目的地后，装卸为最终完成运输任务做补充劳动，使运输的目的最终实现。装卸还是各种运输方式的衔接手段。

运输与搬运的功能相似，两者的区别主要在于空间范围的大小和所使用工具的差异。运输可以是跨企业、跨城市、跨地区甚至是跨国界进行的，而搬运通常仅限于一个部门内部，如车站内、港口内、仓库内或车间内。运输所使用的工具种类较多，如汽车、火车、轮船、飞机等，而搬运所使用的工具种类较少，如搬运车等。

运输与其他物流活动之间存在效益背反。效益背反是物流领域中很普遍的现象，是这一领域中内部矛盾的反映和表现。效益背反是指物流的若干功能要素之间存在着损益的矛盾关系，即某一个功能要素的优化和利益发生的同时，必然会存在另一个或另几个功能要素的利益损失，反之亦然。

任务二 物流运输的方式

现代的运输工具主要是汽车、火车、船、飞机、管道等。常见的运输方式有铁路运输、公路运输、水路运输、航空运输、管道运输和多式联运。

一、铁路运输

铁路运输是使用铁路，用铁路列车运送客货的一种运输方式。铁路运输主要承担长距离、大数量的货运，在没有水运条件的地区，几乎所有大批量货物都依靠铁路运输，其也是在干线运输中起主力运输作用的运输形式。

（一）铁路运输的优点

从技术性能上看，铁路运输的优点主要有以下几个。

（1）运行速度快，常规时速一般在80千米～120千米，提速后可高达200千米以上，高速磁悬浮或轮轨列车时速可达300千米～400千米。

（2）运输能力大，一列货车可装2 000～3 500吨货物，重载列车可装20 000多吨货物；单线单向年最大货物运输能力达1 800万吨，复线达5 500万吨；运行组织较好的国家，单线单向年最大货物运输能力达4 000万吨，复线单向年最大货物运输能力可以超过1亿吨。

（3）铁路运输过程受自然条件限制较小，连续性强，能保证全年不间断运行。

（4）通用性能好，既可运客又可运各类不同的货物。

（5）火车客货运输到发时间准确性较高。

（6）火车运行比较平稳，安全可靠。

（7）平均运距分别为公路运输的25倍，为管道运输的1.15倍，但不足水路运输的1/2，也不到民航运输的1/3。

从经济指标上看，铁路运输的优点主要有以下几个。

（1）铁路运输成本较低，一些数据表明，我国铁路运输成本分别是汽车运输成本的

1/11～1/17，民航运输成本的 1/97～1/267。

（2）能耗较低，每千吨·千米标准燃料消耗为汽车运输的 1/11～1/15，民航运输的 1/174，但是这两种指标都不低于沿海和内河运输。

（2）铁路运输的缺点

通常，铁路运输的缺点主要有以下几个。

（1）投资太高，单线铁路每千米造价为 100 万元～300 万元，复线造价在 400 万元～500 万元。

（2）建设周期长，一条干线要建设 5～10 年，而且占地太多，随着人口的增长，将会给社会增加更多的负担。

因此，综合以上因素考虑，铁路适于在内陆地区运送中、长距离、大运量、时间性强、可靠性要求高的一般货物和特种货物；从投资效果看，在运输量比较大的地区之间建设铁路比较合理。铁路运输经济里程一般在 200 千米以上。

二、公路运输

公路运输主要使用汽车，也使用其他车辆（如人、畜力车）在公路上进行客货运输的一种方式。公路运输主要承担近距离、小批量的货运和水运、铁路运输难以到达的地区的长途、大批量货运以及铁路、水运优势难以发挥的短途运输。

（一）公路运输的优点

通常，公路运输的优点主要有以下几个。

（1）机动灵活，可以实现"门对门"的运输。

（2）货物损耗少，运送速度快。

（3）投资少，修建公路的材料和技术比较容易解决，易在全社会广泛发展。这也是公路运输的最大优点。

（二）公路运输的缺点

通常，公路运输的缺点主要有以下几个。

（1）运输能力小，每辆普通载重汽车每次只能运送 5 吨货物。

（2）运输能耗很高，分别是铁路运输能耗的 10.6～15.1 倍，沿海运输能耗的 11.2～15.9 倍，管道运输能耗的 4.8～6.9 倍，但是比民航运输能耗低，只有民航运输的 6%～87%。

（3）运输成本高，分别是铁路运输的 11.1～17.5 倍，沿海运输的 27.7～43.6 倍，管道运输的 13.7～21.5 倍，但是比民航运输成本低，只有民航运输的 6.1%～9.6%。

（4）劳动生产率低，只有铁路运输的 10.6%，沿海运输的 1.5%，内河运输的 7.5%，但是比民航运输劳动生产率高，是民航运输的 3 倍。此外，由于汽车体积小，无法运送大件物资，不适宜运送大宗和长距离货物；公路建设占地多，随着人口的增长，占地多的矛盾将表现得尤为突出。

因此，公路运输比较适宜在内陆地区短途运输，可以与铁路、水路联运，为铁路、港口集疏运旅客和物资，也可以深入山区及偏僻的农村进行运输，在远离铁路的区域从事干线运输。

三、水路运输

这是使用船舶运送客货的一种运输方式。水运主要承担大数量、长距离的运输，是在干线运输中起到主力作用的运输形式。在内河及沿海，水运也常作为小型运输工具使用，担任补充及衔接大批量干线运输的任务。有以下4种具体形式：沿海运输、近海运输、远洋运输和内河运输。

（一）水路运输的优点

从技术性能上看，水路运输的优点主要有以下几个。

（1）运输能力大。在5种运输方式中，水路运输能力最大。在长江干线，一支拖驳或顶推驳船队的载运能力已过万吨，国外最大的顶推驳船队的载运能力达3万吨～4万吨，而世界上最大的油船已超过50万吨。

（2）在运输条件良好的航道，通过能力几乎不受限制。

（3）水路运输通用性能也不错，既可运客，也可运货，可以运送各种货物，尤其是大件货物。

从经济指标上看，水路运输的优点主要有以下几个。

（1）水运建设投资少，水路运输只需利用江河湖海等自然水利资源，除必须投资购（造）船舶、建设港口之外，沿海航道几乎不需投资，整治航道也仅仅只有铁路建设费用的1/3～1/5。

（2）运输成本低，我国沿海运输成本只有铁路的40%，美国沿海运输成本只有铁路运输的1/8，长江干线运输成本也只有铁路运输的84%，而美国密西西比河干流的运输成本只有铁路运输的1/3～1/4。

（3）劳动生产率高，沿海运输劳动生产率是铁路运输的6.4倍，长江干线运输劳动生产率是铁路运输的1.26倍。

（4）平均运距长，水陆运输平均运距分别是铁路运输的2.3倍，公路运输的59倍，管道运输的2.7倍，民航运输的68%。

（5）远洋运输在国际经济贸易中占重要地位，我国有超过90%的外贸货物采用远洋运输，也是发展国际贸易的强大支柱，战争时还可以增强国防能力，这是其他任何运输方式都无法代替的。

（三）水路运输的缺点

通常，水路运输的缺点主要有以下几个。

（1）受自然条件影响较大。内河航道和某些港口受季节影响较大，冬季结冰，枯水期水位变低，都难以保证全年通航。

（2）运送速度慢。途中的货物多，这样会增加货主的流动资金占有量。

水路运输综合优势较为突出，适宜于运距长、运量大、时间性不太强的各种大宗物资运输。

四、航空运输

这是使用飞机或其他航空器进行运输的一种形式。

（一）航空运输的优点

通常，航空运输的优点主要有以下几个。

（1）运行速度比较快，时速一般在 800 千米～900 千米，比火车快 5～10 倍，比轮船快 20～30 倍。

（2）机动性能好，几乎可以飞越各种天然障碍，不受地形地貌、山川河流的限制，能够到达其他运输方式难以到达的地方。

（二）航空运输的缺点

航空运输的成本很高，机场和飞机的建设造价高、能耗大、运输能力小、技术也复杂。因此，主要适合运载的货物有两类：一类是价值高、运费承担能力很强的货物，如贵重设备的零部件、高档产品等；另一类就是紧急需要的物资，如救灾抢险物资等。

五、管道运输

管道运输是利用管道输送气体、液体和粉状固体的一种运输方式。其运输形式是靠物体在管道内顺着压力方向循序移动实现的，和其他运输方式的重要区别就在于，管道设备是静止不动的。管道运输是随着石油和天然气产量的增长而渐渐发展起来的，目前已成为陆上石油、天然气运输的主要运输方式。近年来输送固体物料的管道，如输煤、输精矿管道，也有很大的发展。

（一）管道运输的优点

通常，管道运输主要有以下几个优点。

（1）运输量大，一条直径 720 毫米的输油管道，一年即可输送原油 2000 万吨，几乎相当于一条单线铁路单方向的输送能力。

（2）运输工程量小，占地少，管道运输只需要铺设管线，修建泵站，土石方工程量比修建铁路小得多。并且在平原地区大多埋在地下，不占农田。

（3）能耗小，在各种运输方式中它是最低的。

（4）安全可靠，无污染，成本低。

（5）不受气候影响，可以全天候运输，送达货物的可靠性高。

（6）管道可以走捷径，这样运输距离短。

（7）可以实现封闭运输，损耗少。

（二）管道运输的缺点

通常，管道运输的缺点主要是专用性强，只能运输石油、天然气及固体料浆（如煤炭）等物资。

六、多式联运

一般而言，多式联运是指根据一个多式联运合同，采用两种或两种以上的运输方式，把货物从一个地点运到另一个指定交付货物的地点的方式。它主要包括海陆联运、海空联运、陆空联运。

（一）多式联运的优点

通常，多式联运的优点主要有以下几个。

（1）提高运输组织水平。多式联运开展以前，各种运输方式都自成体系，所以其经营的范围是有限的，承运的数量也是有限的。多式联运的开展，实现了运输的合理化，改善了不同运输方式的衔接协作，从而提高了运输组织的管理水平。

（2）综合利用各种运输的优势。多式联运通过各种运输方式的合理搭配，充分发挥了各类运输工具的优势，提高了运输效率，减少了货物的库存时间和费用，降低了运输成本。

（3）实现"门到门"运输的有效途径。多式联运综合各种运输的特点，组成直达连贯的运输，这样可以把货物从发货人的所在工厂或仓库，直接运到收货人的工厂或仓库，还可以运到收货人指定的任何适宜的地点。

（4）手续简便。在多式联运方式下，不论全程运输距离多远，不论需要使用多少种不同的运输工具，也不论中途需要经过多少次装卸转换，所有运输事宜均由多式联运经营人统一负责办理。对于货主而言，只需办理一次托运手续，指定目的地，多式联运经营人就会以此为基础，把海、陆、空组织起来，设定最佳的路线，承担运输的全部责任。这样做可由货主自己选择运输路线、安排运输，不仅具有减少库存费用的优点，而且在减少一般管理费用的同时，还可以获得多式联运经营人的优惠运价。

（5）安全迅速。整个多式联运过程由多式联运经营人统一组织和管理，加上多式联运经营人与各区段承运人一般采用包干费率，因而，各个环节配合密切，衔接紧凑，中转迅速而及时，中途停留时间短。此外，多式联运又以集装箱为主体，货物封闭在集装箱内，虽经长途运输，但无须拆箱，这样既减少了货损货差，还可以防止污染和被盗，能够较好地保证货物安全、迅速、准确、及时地运到目的地。

（6）降低运输成本，节约运杂费用。多式联运可以从多方面节约费用，降低运输成本。对货主而言是优惠的运价，对承运人而言是高利润。

（二）多式联运的缺点

由于是需用到多种运送方式，它要求很高的集输运系统，多种装卸设备；还需要各方工作人员密切合作，任何一个环节失灵，都会影响到最终效果。

任务三　物流运输市场

运输市场是运输生产者和运输需求者之间进行运输产品交易的场所和领域，是运输活动的客观反映。狭义的运输市场是指运输承运人提供运输工具和运输服务，来满足旅客或货主对运输的需要的交易活动场所，即进行运输能力买卖的场所。广义的运输市场是指一定地区对运输需求和供给的协调与组织，包括一定的交易场所、较大范围的营业区域和各种直观或隐蔽的业务活动。

运输市场的形成是客观上存在对运输的需要，有了合适的运输工具及有可供运输工具运行的铁路、公路、航道和港站等，即存在着为满足运输需求可提供的设施和劳务。因此，运输市场表现为在相当广阔的空间里，在一定时间的推移中实现运输的需求和供给，从而完成客货位移。运输市场随运输需求和供给而产生，通过市场机制的调节发挥作用，在价值规律作用下运行。

一、运输市场的构成

运输市场主要有运输中参与者和运输服务的提供者。

（一）物流运输中的参与者

运输交易与一般的商品交易不同，一般的商品交易只涉及买方和卖方，而运输交易往往受到5方的影响，分别是托运人（起始地）、收货人（目的地）、承运人、政府和公众。

1．托运人和收货人

托运人和收货人的共同目的就是要在规定的时间内以最低的成本将货物从起始地转移到目的地。运输服务中应包括具体的提取货物和交付货物的时间、预计运输时间、货物损失率，以及精确、适时地交换装运信息和签发凭证。

2．承运人

承运人是中间环节，期望以最低的成本完成某次运输任务，同时获得最大的运输收入。因此，承运人希望按托运人（或收货人）愿意支付的最高费率收取运费，从而弥补转移货物所需的劳动、燃料和运输工具成本，并最大程度获取利润。另外，承运人还期望在提取和交付货物的时间上具有灵活性，以便能够将个别的装运整合成经济运输批量。

3．政府

由于运输业是一种经济行业，所以政府要维持交易中的高效率水平。政府期望形成稳定而有效率的运输环境，促使经济持续增长，使产品有效地转移到全国各地市场，并以合理的成本获得产品。为此，政府会干预和控制承运人的活动。这种干预和控制往往采取规章制度、政策促进、拥有承运人等形式。政府通过限制承运人所能服务的市场或规定其所能收取的费用来规范其行为，通过支持研究开发或提供诸如公路或航空交通控制系统之类的通行权来促进其发展。

4．公众

公众关注运输的可达性、费用、效果以及环境上和安全上的标准。公众按合理价格产生对产品的需求并最终决定运输需求，为保证产品的价格在合理的价格范围内，运输企业必须加强管理，控制、降低运输成本。另外，运输的环境和安全标准也是公众非常关注的。尽管目前在降低污染和安全事故防范方面已有了重大进展，空气污染和运输事故等产生的影响仍是运输的一个重大问题。

各方的参与使运输关系变得很复杂，运输决策也很复杂。这种复杂性要求运输管理需要考虑多方面的因素，顾及各方面的利益。

（二）运输服务的提供者

运输服务是由各种提供者综合提供的，主要包括单一方式经营人、专业承运人、联运经理人和非作业性质的中间商。

1. 单一方式经营人

最基本的承运人经营是仅利用一种运输方式提供服务的单一方式经营人，这种集中程度使承运人高度专业化，有足够的能力和高效率。例如，航空公司就是单一方式的货运或客运承运人，只提供机场至机场的服务，托运人或旅客必须自己前往机场和离开　机场。

2. 专业承运人

由于小批量货物装运和交付在运输中存在很多问题，主要是公共承运人很难提供价格合理的小批量装运服务，而且服务质量较低。于是，提供专门化服务的专业承运人就乘机进入了小批量装运服务市场和包裹递送服务市场，如美国的 UPS 公司、联邦快递、DHL 和我国的中国邮政 EMS 及一些快递公司。

3. 联运经营人

联运经营人使用多种运输方式，利用各自的内在经济，在最低的成本条件下提供综合性服务，组成托运人眼中的"一站式"服务。对于每一种多式联运的组合，其目的是要综合各种运输方式的优点，以实现最优化的绩效。现在人们越来越强烈地意识到多式联运将成为一种提供高效运输服务的重要手段。

4. 非作业性质的中间商

运输服务的中间商通常不拥有或经营运输设备，只是提供经纪服务。其职能类似于营销渠道中的批发商。中间商的利润来源是向托运人收取的费率和向承运人购买的运输服务成本的差额。货运中间商可以使托运人和承运人有机结合起来，既方便了小型托运人的托运活动，同时也简化了承运人的作业行为，并且可以通过合理安排运输方式避免物流运输的浪费，运输服务中间商主要有货运代理人、经纪人以及托运人协会。

二、运输市场的特征

我国运输市场除具有社会主义市场经济共同的特点外，作为市场体系中的一个专业市场，又有以下个性特征。

（一）运输商品生产、消费的同步性

运输商品的生产过程、消费过程是融合在一起的，在运输生产过程中，劳动者主要不是作用于运输对象、而是作用于交通工具，货物是和运输工具一起运行的，并且随着交通工具的场所变动而改变所在位置。

由于运输所创造的产品在生产过程中同时被消费掉，因此不存在任何可以存储、转移或调拨的运输"产成品"。同时运输产品又具有矢量的特征，不同的到站和发站之间的运

输形成不同的运输产品，他们之间不能相互替代。因此运输劳务的供给只能表现在特定时空的运输能力之中，不能靠储存或调拨运输产品方式调节市场供求关系。

（二）运输市场的非固定性

运输市场所提供的运输产品具有运输服务特性，它不像其他工农业产品市场那样有固定的场所和区域来生产、销售商品。运输活动在开始提供时只是一种"承诺"，即以货票、运输合同等作为契约保证。随着运输生产过程的开始进行，通过一定时间和空间的延伸，在运输生产结束时，才将货物位移的实现所形成的运输劳务全部提供给运输需求者。整个市场交换行为，不局限于一时一地，而是具有较强广泛性、连续性和区域性。

（三）运输需求的多样性及波动性

运输企业以运输劳务的形式服务于社会，服务于运输需求的各个组织或个人。由于运输需求者的经济条件、需求习惯、需求意向等多方面存在比较大的差异，必然会对运输劳务或运输活动过程提出各种不同的要求，从而使运输需求呈现出多样性的特点。

由于工农业生产有季节性的特点，因此货物运输需求也有季节性的波动。特别是水果、蔬菜等农产品的运输需求季节性十分明显。由于运输产品无法储存，运输市场供需平衡较难实现。

（四）运输市场容易形成垄断

运输市场容易形成垄断的特征表现在两个方面：一方面，运输业的一定发展阶段，某种运输方式往往会在运输市场上形成较强的垄断势力，这主要是因为自然条件和一定生产力水平下某一运输方式具有技术上的明显优势等原因所造成的；另一方面是指运输业具有自然垄断的特性，这使得运输市场容易形成垄断。通常把因历史原因、政策原因和需要巨大初期投资原因等使其他竞争者不易进入市场，而容易形成垄断的行业成为具有自然垄断特征的行业。运输市场上出现的市场垄断力量使运输市场偏离完全竞争市场的要求，因此各国政府都对运输市场加强了监管。

三、运输市场的分类

运输市场按照不同的标准，可以有不同的类别。

（1）按运输市场涉及的运输方式，可分为包括两种以上运输方式的不同方式间运输市场和某一种方式内的运输市场（如铁路运输市场、公路运输市场、航空运输市场、水运运输市场等）。

（2）按照运输距离的远近，可分为短途、中途和长途运输市场等；也可按运输市场的空间范围，分为地方运输市场、跨区运输市场和国际运输市场等。国际水运市场又包括定期航班市场和包机船市场等。

（3）按运输市场与城乡的关系，可分为市内运输市场、城市间运输市场、农村运输市场和城乡运输市场等。

（4）按运输市场的客体结构，可分为基本市场和相关市场。基本市场分为客运市场、货运市场；相关市场分为运输设备租赁市场、运输设备修造市场、运输设备拆卸市场等。

其中货运市场也可以按照运输条件分为一般货物运输市场和特种货物运输市场。一般货物运输市场可分为干货运输市场、散货运输市场、杂货运输市场、集装箱运输市场。散货运输市场再细分为煤炭运输市场、粮食运输市场、钢铁运输市场、油品运输市场等等。特种货物运输市场可分为大件运输市场、危禁货物运输市场、冷藏运输市场、搬家运输市场等。客运市场也可以细分，如一般客运市场和特种客运市场，后者如旅游客运市场、包机（车、船）市场等。

（5）按运输市场的竞争性，可以分为完全竞争运输市场、不完全竞争的运输市场、寡头垄断的运输市场以及完全垄断的运输市场等。这种分类是针对特定时间、地点等条件而言的，比如有的运输企业在一些地区是垄断的，在另外一些地区则可能是竞争的。

（6）按时间要求可分为定期运输市场、不定期运输市场、快捷运输市场等。

四、运输市场的竞争

有市场必然有市场竞争。市场竞争的态势和程度受到许多因素的影响，一般而言，市场上的买者和卖者数量越多，竞争越激烈；参与交易的产品或服务的差异越小，竞争程度越高。

（一）运输市场竞争的类型

按照市场竞争态势和程度的不同，运输市场可划分为完全竞争的运输市场、垄断竞争的运输市场、寡头垄断的运输市场和完全垄断的运输市场。

1. 完全竞争的运输市场

完全竞争的运输市场是指竞争充分而不受任何阻碍和干扰的一种市场结构。完全竞争的运输市场必须具备以下条件。

（1）市场上有大量的运输企业。对于每个运输企业或运输需求者来说，其单个运输产品的提供量和购买量都只占很小的市场份额，其供应能力或购买能力对整个市场来说是微不足道的。这样，任何运输企业或运输需求者都无法左右市场价格，而只能接受运输市场的价格。在交换者众多的运输市场上，若某运输企业要价过高，顾客则可以从别的运输企业购买相同的运输产品。同样，如果某运输需求者压价过低，则很难购买到相应的运输产品。

（2）各运输企业提供的产品具有同质性。这里的产品同质不仅指运输服务之间的质量、性能等无差别，还包括在服务条件等方面也是相同的。因为运输产品是相同的，哪一家运输企业提供的服务并不重要，运输需求者不会偏爱某一运输企业的运输产品，也不会为得到某一运输企业的运输产品而支付更高的价格。同样，对于运输企业来说，没有任何一家运输企业拥有价格优势，都只能以市场价格提供运输产品。

（3）其他运输企业可以无障碍地进入或退出行业。其他运输企业可以无障碍地进入或退出行业是指所有的资源都可以在各行业之间自由流动。劳动者可以随时从一个岗位转移到另一个岗位，或从一个地区转移到另一个地区；资本可以自由地进入或撤出运输行业。运输资源的自由流动使得运输企业总是能够及时地转向获利的行业，及时退出亏损的行业。这样，效率较高的运输企业可以吸引大量的投入，缺乏效率的运输企业会被市场淘汰。资源的流动是促使市场实现均衡的重要条件。

（4）参与市场运输活动的各个企业具有完全信息。市场上的每一家运输企业和运输需求者都可掌握与自己决策、与市场交易相关的全部信息，这一条件保证了运输需求者不可能以较高的价格购买，运输企业也不可能高于现行市场价格提供运输服务。每一个运输企业和运输需求者都可以根据所掌握的完全信息，获取最大的经济利益或最大限度地节约成本。

理论分析上述所假设的完全竞争运输市场的条件是非常严格的，在现实的经济中没有一个运输市场真正具有以上四个条件，通常只是将某些个别市场看成比较接近的完全竞争运输市场类型，如租船市场。但完全竞争运输市场作为一个理想经济模型，有助于了解经济活动和资源配置的一些基本原理，解释或预测现实经济中运输企业和运输需求者的行为。

2. 垄断竞争的运输市场

垄断竞争的运输市场是一种既垄断又竞争、既不是完全垄断也不是完全竞争的市场，是同类但不同质的市场。垄断竞争运输市场竞争较激烈，垄断程度较低，比较接近完全竞争运输市场，是实际存在较多的一种运输市场类型。垄断竞争运输市场具有以下特点。

（1）市场上有为数众多的运输企业。市场上运输企业数目众多，每个运输企业都要在一定程度上接受市场价格，但每个运输企业又都可对市场施加一定程度的影响，不完全接受市场价格。另外，运输企业之间无法相互勾结来控制市场。对于运输需求者来说，情况也是类似的。

（2）互不依存。市场上的每个运输企业和运输需求者都可以独立采取行动，运输企业之间、运输需求者之间互不依存。一个企业的决策对其他企业的影响很小，不易被察觉，企业在决策时可以不考虑其他企业的对抗行动。

（3）运输产品差别。在同样的价格下，如果运输需求者对某家运输企业的产品表现出特殊的偏好，该运输企业的产品就与同行业内其他运输企业的产品具有差别。垄断竞争运输市场上不同运输企业的产品互有差别，或者是质量差别，或者是功用差别，或者是非实质性差别（如品牌、广告等引起的印象差别），或者是服务条件差别（如地理位置、服务态度与方式的不同造成运输需求者愿意选择这家的运输产品，而不愿选择那的运输产品）。运输产品差别是造成运输企业垄断的根源，但由于同行业产品之间的差别有限，产品之间并不是完全不能相互替代，一定程度的可相互替代性又让运输企业之间相互竞争，因而相互替代是运输企业竞争的根源。

（4）可以形成产品集团。行业内部可以形成多个产品集团，即行业内提供类似运输产品的运输企业可以形成团体，这些团体之间的产品差别较大，团体内部产品之间差别较小。

3. 寡头垄断的运输市场

寡头垄断就是少数运输企业控制整个市场，提供占运输市场最大、最主要份额的运输服务。该市场的典型特征是各运输企业之间的行为相互影响，以至于运输企业的决策要考虑竞争对手的反应。根据运输产品的特征，寡头垄断市场可以分为纯粹寡头垄断市场和差别寡头垄断市场两类。在纯粹寡头垄断市场中，各寡头企业提供无差别的运输产品；而在差别寡头垄断市场中，各运输企业提供有差别的运输产品。按运输企业的行动方式，寡头垄断市场分为有勾结行为的和独立行动的两种不同类型。

当今国际市场上，激烈的竞争足以使寡头垄断企业尽可能地努力进行研究和开发，尽可能提高效率，尽可能降低产品的价格，而不是像传统的经济学理论认为的垄断会破坏和降低有效的市场竞争，阻碍经济和技术的发展。寡头垄断的形成可以避免无序竞争，减少资源浪费。

4. 完全垄断的运输市场

完全垄断的运输市场是一种与完全竞争市场相对立的极端形式的市场类型。完全垄断的运输市场也称纯粹垄断运输市场。垄断一词出自于希腊语，意思是"一个销售者"，也就是说某一家企业控制了某种产品的全部市场供给。完全垄断的运输市场，是指只有唯一一个运输供给者的市场类型。完全垄断运输市场的假设条件有三个方面：第一，整个市场的运输产品完全由一家运输企业提供，运输需求者众多；第二，没有任何接近的替代品，运输需求者不可能购买到性能等方面相近的替代品；第三，进入限制使新的运输企业无法进入市场，从而完全排除了竞争。

上述四种运输市场结构中，完全垄断型运输市场与完全竞争型运输市场都是很少存在的，现实中大量存在的是寡头垄断型运输市场和垄断竞争型运输市场，特别是垄断竞争型运输市场。

（二）运输市场竞争的方式

运输企业作为运输产品的供给者，除了与其他运输企业开展争取旅客与货源的竞争外，事实上也同样面临着如何向货主、旅客争取以对自己有利的条件成交的竞争。就运输企业之间的竞争来说，运输市场竞争的方式主要有运输价格竞争、运输服务质量竞争、运输产品多样化竞争和替代品的竞争。

1. 运输价格竞争

运输价格是运输劳务价值的货币表现，降低运输价格以吸引客户是价格竞争的主要途径。要降低价格就要降低运输成本，要降低成本，就要不断提高劳动生产率，加强企业内部管理，提高经营管理水平。因此，价格竞争实质上是企业技术水平和经营管理水平在价格上的反映。企业技术水平和经营管理水平高于社会平均水平，企业产品或劳务的实际成本就低于社会平均水平，两者之间差额越大，就越能够在竞争性价格的选择中获得较大的回旋余地，也就越能够在激烈的价格竞争中击败对手，站稳脚跟。

2. 运输服务质量竞争

人们购买产品，首先考虑的是质量问题。同样，购买运输产品也要考虑质量的好坏。运输服务质量是运输企业声誉的重要体现，也是货主与旅客在进行购买决策时考虑的一个重要因素。运输市场上谁的服务质量高，谁能够为货主与旅客提供更方便的条件，谁就容易吸引更多的货主与旅客，从而占有更多的市场份额。但是，运输服务质量的提高并不是无限制的。

对于企业来说，运输质量的提高过程，意味着企业新的费用的发生过程。虽然在一定范围内，较小的费用代价可以换来较大的运输质量的提高，但如果超出这个范围，运输质量再提高一步，就要付出较大的代价。例如，客运企业要进一步提高旅客运输过程中的舒适度而更换高级车辆，就需要投入大量的资金，往往这受到的阻力也很大。

3．运输产品多样化竞争

随着社会生产力水平不断提高，社会分工协作关系日益密切，人们对运输业的要求在不断提高，新的运输需求也在不断出现，如旅客运输的舒适性要求，货物运输的方便性、快速性要求等。

怎样使运输服务多样化，推出新的运输服务项目，不断满足人们对运输的要求，是运输企业在市场竞争中立于不败之地的一个重要方面。有诸多优点的新运输服务项目的出现往往能更强地激发人们的需求，改变以往运输需求的习惯，引导企业及人们购买运输产品的行为。及时开拓新的运输服务项目，能使运输企业在市场竞争中处于有利地位。产品多样化竞争已成为运输市场竞争的重要方式之一，也是推动运输不断发展的不竭　动力。

4．替代品的竞争

对于运输企业来说，还存在来自替代品的竞争，即来自其他运输方式的竞争。例如，旅客从某地去往另一地，可以乘坐汽车，也可以乘坐火车，还可以乘坐飞机，这样，三种运输方式之间即形成了竞争。运输企业可以通过向社会提供不同的运输服务方式，根据市场的需要不断变换企业的运输对象、运输工具、运行路线、停靠站点、到发时间、运行组织方式等来满足货主与旅客不断变化的需求，与其他运输企业进行竞争。

任务四　运输合理化

在物流系统中，运输通过转移物品的空间位置，创造了物品的空间效用，是最重要的物流活动之一。多年来，运输合理化已经引起人们的广泛关注，是实现物流系统优化的关键环节。因此，在进行物流系统设计和组织物流活动时，实现合理化的运输，是人们的一项最基本的任务。

物流运输合理化就是从物流系统的总目标出发，在整个运输过程中，充分有效地运用各运输工具的运输能力，以最少的人、财、物消耗，及时、准确、经济、安全地完成运输任务。其标志是运输距离最短、运输环节最少、运输时间最省、运输费用最低和运输质量最高。

一、运输合理化的意义

（1）物流运输合理化可以充分利用运输能力，提高运输效率，促进各种运输方式的合理分工，以最小的社会运输劳动消耗，及时满足国民经济的运输需要。

（2）物流运输合理化可以使货物走最合理的路线，经最少的环节，以最快的时间，取最短的里程到达目的地，从而加速货物流通，既可及时供应市场，又可降低物资部门的流通费用，加速资金周转，减少货损货差，取得良好的社会效益和经济效益。

（3）物流运输合理化可以消除运输中的种种浪费现象，提高商品运输质量，充分发挥运输工具的效能，节约运力和劳动力，避免不合理运输造成大量人力、物力、财力浪费，减轻需求方的负担。

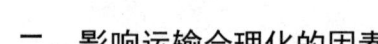

二、影响运输合理化的因素

（一）影响运输合理化的外部因素

通常，影响运输合理化的外部因素主要有以下几个。

1．政府

由于运输对经济的影响，所以政府要维持运输的高效率水平，政府期望一种稳定而有效率的运输环境，以使经济能持续增长，运输能够使产品有效地转移到全国各市场中，并促使产品按合理的成本获得。苏联解体前的情况就说明了运输体系不健全所产生的影响，虽然这不是唯一的原因，但运输体系确实是前苏联经济不能充分向市场提供商品的一个重要因素，即使当时它有充足的生产。

稳定而有效率的商品经济需要有竞争力的运输服务，与其他商品企业相比，许多政府更多地干预了运输活动，这种干预往往采取了规章制度或经济政策等形式，政府通过限制承运人所能服务的市场或确定他们所能收取的价格来达到规范他们的行为；政府通过支持研究开发或提供诸如公路或航空交通控制系统之类的通行权来促进承运人。在英国或德国，政府对市场、服务和费率保持绝对的控制，这种控制将会使政府对地区、行业或厂商的经济成功具有举足轻重的影响。在我国，政府主要在客观上对运输活动进行干预和调节，以保证运输市场协调、稳定发展。

2．资源分布状况

我国地大物博，资源丰富，但分布不平衡，这也在很大程度上影响了运输布局的合理性。如能源工业中的煤炭和石油，目前探明储量都集于北方各省区和西南、西北地区，而我国东南部的省区储量很小，但其工业产值却很大，这样就形成了我国煤炭、石油运输的总流向是"北煤南运""西煤东运""北油南运""东油西运"的格局。因而，资源的分布状况也对运输活动产生较大的影响。

3．国民经济结构的变化

运输是生产过程的继续，它所运送的货物主要是工农业产品。因此，不仅工农业产品的增长速度成正比例地影响着货运量及其增长速度，而且工农业生产结构的变动也会引起货运结构及其增长速度的变化。如当运输系数较大的产品比重提高时，运输量也会以较快的速度增长。反之亦然。由此可见，工农业生产结构的变动必然会引起运输分布的一系列变化。

4．运输网布局的变化

交通运输网络的线路和港站的地区分布，及其运输能力，直接影响到运输网络的货物吸引范围，从而影响货运量在地区上的分布与变化。例如，某地铁路网布局高于公路网分布密度，则铁路运量就大于公路运量，反之亦然。运输网布局的合理化，直接影响到企业运输的合理化。运输网布局的合理化，将促进货运量的均衡分布。

5．运输决策的参与者

运输决策的参与者主要有托运人、承运人、收货人以及公众。托运人与收货人有共同的目的，就是要在规定的时间内以最低的成本将货物从起始地转移到目的地。承运人作为中间人，他期望以最低的成本完成所需的运输任务，同时又要获得最大的运输收入，并期望在提取和交付时间上有灵活性，以便于能够使个别的装运整合成经济运输批量。公众则是最后的参与者，他们主要关注运输的可达性、费用和效果，以及环境上和安全上的标准。公众通过按合理价格产生对周围商品的需求从而最终确定运输需求。显然，这些运输决策的参与者的活动及决策都会直接影响着某一具体运输作业的合理性。

（二）影响运输合理化的内部因素

通常，影响运输合理化的内部因素主要有以下几个。

1．运输距离

在运输过程中，运输时间、货损、运费、车辆或船舶周转等运输的若干技术经济指标，与运输距离都有一定的比例关系。因此，运距长短是运输是否合理的一个最基本的因素，缩短运距既具有宏观的社会效益，也具有微观的企业效益。

2．运输环节

每增加一次运输，不但会增加起运的运费和总运费，而且必然要增加运输的附属活动，如装卸、包装等，各项技术经济指标也会随着下降。所以，减少运输环节，尤其是同类运输工具的环节，对合理运输起着促进作用。

3．运输工具

各种运输工具都有其使用的优势领域，对运输工具进行优化选择，按运输工具特点进行装卸运输作业，最大程度地发挥所用运输工具的作用，是运输合理化的重要一环。

4．运输时间

运输是物流过程中需要花费时间较多的环节，尤其是远程运输，在全部物流时间中，运输时间占了绝大部分，因而运输时间的缩短对整个流通时间的缩短有着决定性的作用。此外，运输时间短，有利于运输工具的加速周转，充分发挥运力的作用；有利于货主资金的周转；也有利于运输线路通过能力的提高，对运输合理化有很大的贡献。

5．运输费用

运费在全部物流成本中占有很大比例，运费高低很大程度上决定了整个物流系统的竞争能力。实际上，运输费用的降低，无论对货主企业还是对物流经营企业来讲，都是运输合理化的一个重要目标。判断运费是否降低，也是各种合理化实施是否行之有效的最终判断依据之一。

四、不合理运输的表现形式

（一）返程或起程空驶

空车无货载行驶，可以说是不合理运输的最严重形式。但在实际运输组织中，有时候必须调运空车，这时从管理上不能将其看成不合理运输。但是，因调运不当、货源计划不周、不采用运输社会化而形成的空驶，则是不合理运输的表现。造成空驶的不合理运输主要有以下几种原因。

（1）能利用社会化的运输体系而不利用，却依靠自备车送货提货，这往往出现单程重车、单程空驶的不合理运输。

（2）由于工作失误或计划不周，造成货源不实，车辆空去空回，形成双程空驶。

（3）由于车辆过分专用，无法搭运回程货，只能单程实车，单程回空周转。

（二）对流运输

对流运输也称"相向运输""交错运输"，是指同一种货物，或彼此间可以互相代用而又不影响管理、技术及效益的货物，在同一线路上或平行线路上做相对方向的运送，而与对方运程的全部或一部分发生重叠、交错的运输。对于已经制定了合理流向图的产品，一般必须按合理流向的方向运输，如果与合理流向图指定的方向相反，也属于对流运输。

在判断对流运输时需注意的是，有的对流运输是不很明显的隐蔽对流，例如，不同时间的相向运输，从发生运输的那个时间看，并无出现对流，从而可能做出错误的判断。

（三）迂回运输

迂回运输是一种舍近取远的运输。可以选取短距离进行运输而不选取，却选择路程较长的路线进行运输的一种不合理形式。迂回运输具有一定的复杂性，不能简单处之，只有当计划不周、地理不熟、组织不当而发生的迂回，才属于不合理运输。如果最短距离有交通阻塞、道路情况不好或有对噪音、排气等特殊限制而不能使用时发生的迂回，则不属于不合理运输。

（四）重复运输

重复运输是指本来可以直接将货物运送到目的地，但是在未达目的地之处或目的地之外的其他场所将货卸下，再重复装运送达到目的地，这是重复运输的一种形式。另一种形式是，同品种货物在同一地点一面运进，同时又向外运出。重复运输的最大毛病是增加了非必要的中间的环节，这就延缓了流通速度，增加了不必要的费用，增大了货损。

（五）倒流运输

倒流运输是指货物从销地或中转地向产地或起运地回流的一种运输现象。其不合理程度要远甚于对流运输，原因在于，往返两程的运输都是不必要的，而形成了双程的浪费。倒流运输也可以看成是隐蔽对流的一种特殊形式。

（六）过远运输

过远运输是指调运物资舍近求远，近处有资源不调反而从远处调，这就造成了可采取近程运输而没有采取，拉长了货物运距的浪费现象。过远运输占用运力时间长、运输工具周转慢、占用资金时间长，远距离自然条件相差大，易出现货损，增加了费用支出。

（七）运力选择不当

运力选择不当指没有按各种运输工具的优势进行选择而造成的不合理现象，常见的有以下若干形式。

（1）弃水走陆。在同时可以利用水运及陆运时，不利用成本较低的水运或水陆联运，而选择成本较高的铁路运输或汽车运输，使水运优势不能得到发挥。

（2）铁路、大型船舶的过近运输。不是铁路及大型船舶的经济运行里程却利用这些运力进行运输的不合理做法。主要不合理之处是因为火车及大型船舶起运及到达目的地的准备、装卸时间长，且机动灵活性不足，在过近距离中利用，发挥不了本身的优势。相反，由于装卸时间长，反而会延长运输时间。另外，和小型运输设备相比较，火车及大型船舶装卸难度大、费用也较高。

（3）运输工具承载能力选择不当。不根据承运货物数量及重量选择，而盲目去决定运输工具，造成过分超载、损坏车辆及货物不满载、浪费运力的现象。尤其是"大马拉小车"的现象普遍发生，由于装货量小，单位货物运输成本必然会增加。

（八）托运方式选择不当

托运方式选择不当指对于货主而言，在可以选择最好的托运方式而并未选择，从而造成运力浪费及费用支出加大的一种不合理运输。例如，应选择整车运输而未选择，反而采取零担托运，应当直达运输而选择了中转运输，应当中转运输而选择了直达运输等都属于这一类型的不合理运输。

五、运输合理化的措施

（一）合理选择运输方式

各种运输方式都有各自的适用范围和不同的技术经济特征，选择时应进行比较和综合的分析。首先要考虑运输成本的高低和运行速度的快慢，甚至还应考虑商品的性质、数量的大小、运距的远近、货主需要的轻重缓急及风险的程度。充分利用水运。在运量分配上凡是有水运的地方应该优先安排水运，充分发挥水运的能力，提高水运运量在运输总运量的比重，促进各种运输方式之间的合理分工。开展中短距离铁路公路分流，"以公代铁"的运输。

【知识链接】

> "以公代铁"的运输这一措施的要点，是在公路运输经济里程范围内，或者经过论证，超出通常平均经济里程的范围，这时也尽量利用公路。这种运输合理化的表现主要有两点：一是对于比较紧张的铁路运输，用公路分流后，可以得到一定程度的缓解，从而加大这一区段的运输通过能力；二是充分利用公路从门到门和在中途运输中速度快并且灵活机动的优势，实现铁路运输服务难以达到的水平。我国的"以公代铁"目前在杂货、日用百货运输及煤炭运输中较为普遍，一般在200千米以内，有时可达700千米~1000千米。山西的煤炭外运经过认真的技术经济论证，用公路代替铁路运至河北、天津、北京等地是合理的。

（二）合理选择和发展运输工具

根据不同商品的性质、数量选择不同类型、额定吨位以及对温度、湿度等有特殊要求的车辆。发展特殊运输技术和运输工具。依靠科技进步是运输合理化的重要途径之一。例如，专用散装及罐车，解决了粉状、液状物运输损耗大、安全性差等问题；袋鼠式车皮、大型半挂车解决了大型设备整体运输问题；"滚装船"解决了车载货的运输问题，集装箱船比一般船只能容纳更多的箱体，集装箱高速直达车船加快了运输速度等，都是通过先进的科学技术实现了合理化。

（三）正确选择运输路线

一般情况应尽量安排直达运输，开展"四就"直拨运输，尽可能缩短运输时间。直达运输是追求运输合理化的重要形式，其对合理化的追求要点是通过减少中转过载换载，从而提高运输速度，省却装卸费用，降低中转货损，节约了时间。直达的优势，尤其是在一次运输批量和用户一次需求量上达到了一整车时表现最为突出。此外，在生产资料、生活资料的运输中，通过直达，建立稳定的产销关系和运输系统，也有利于提高运输的计划水平，考虑使用最有效的技术来实现这种稳定运输，从而大大提高运输效率。

【知识链接】

开展"四就"直拨运输。"四就"直拨运输是减少中转运输环节，力求以最少的中转次数完成运输任务的一种形式。一般批量到站或到港的货物，首先要进入分配部门或批发部门的仓库，然后再按程序分拨或销售给用户。这样一来，往往会出现不合理运输。"四就"直拨运输，首先是由管理机构预先筹划，然后就厂或就站（码头）、就库、就车（船）将货物分送给用户，而不需再入库了。

（四）通过包装、流通加工等，使运输合理化

提高货物的包装质量并改进配送中的包装方法。货物运输线路的长短、装卸操作次数的多少都能影响到商品的完好，所以就应合理地选择包装物料，以提高包装质量。另外，有些商品的运输线路较短，且要采取特殊的放置方法（如烫好的衣服应垂挂），这时应改变相应的包装。

有些产品由于产品本身的形态及特性问题，很难实现运输的合理化，如果进行适当流通加工，就能够有效地解决合理运输问题。例如将造纸材在产地预先加工成干纸浆，然后压缩体积运输，就能解决造纸材运输不满载的问题；轻泡产品预先捆紧包装成规定尺寸，装车就很容易提高装载量；水产品及肉类预先冷冻，就可提高车辆装载率并降低运输过程的损耗。

（五）提高运输工具实载率，开展配载运输

实载率有两个含义：一是单车实际载重与运距之乘积和标定载重与行驶里程之乘积的比率，这在安排单车、单船运输时，是作为判断装载是否合理的重要指标；二是车船的统计指标，即在一定时期内车船实际完成的货物周转量（以吨·千米计）占车船载重吨位与行

驶千米之乘积的百分比。在计算时车船行驶的千米数，不但包括载货行驶，也包括空驶的距离。

我国曾在铁路运输上提倡"满载超轴"。其中，"满载"就是充分利用货车的容积和载重量，多载货、不空驶，从而达到合理化的目的，这个做法对推动当时运输事业发展起到了积极的作用。当前，国内外开展的"配送"形式，优势之一就是将多家需要的货物和一家需要的多种货物实行配装，以达到容积和载重的充分合理运用，比起以往自家提货或一家送货车辆大部分空驶的状况，是运输合理化的一个进步。在铁路运输中，采用整车运输、合装整车、整车分卸及整车零卸等具体措施，都是提高实载率的有效　　途径。

配载运输是充分利用运输工具载重量和容积，合理安排装载的货物及载运方法以求得合理化的一种运输方式。配载运输也是提高运输工具实载率的一种有效的形式。它往往是轻重商品的混合配载，在以重质货物运输为主的情况下，同时搭载一些轻泡的货物，如海运矿石、黄沙等重质货物，可以在仓面上捎运木材、毛竹等，铁路运矿石、钢材等重物上面搭运轻泡农、副产品等，在基本不增加运力投入并且基本上不减少重质货物运输的情况下，解决了轻泡货的搭运，因而效果显著。

项目小结

本项目主要介绍了物流运输的基本知识，包括物流和运输的含义，运输的特点、功能、地位、与各物流环节的关系及运输作业的关键因素；物流运输市场的含义、特征、构成、分类和竞争；物流运输质量管理和物流运输合理化等基本内容。物流运输合理化，就是组织合理运输，避免不合理运输，在实际工作中，能够选择合理的运输方式，采取运输合理化的有效措施，以达到运输效益的最大化。

项目练习

一、填空题

1. 运输市场是运输生产者和运输需求者之间进行_____的场所和领域，是运输活动的客观反映。

2. 运输市场竞争的方式主要有_____、_____、_____、_____。

3. 运力选择不当包括：_____、铁路的过近运输、_____。

4. "四就"直拨运输是指就_____、就_____、就_____、就_____货物分送给用户。

5. 按照市场竞争态势和程度的不同,运输市场可划分为完全竞争的运输市场、_____、和完全垄断的运输市场。

二、判断并改错题

1. 公路运输可以提供"门到门"的运输服务。（   ）
2. 运输费用是运输是否合理的一个最基本的因素。（   ）
3. 铁路运输经济里程一般在 250 千米以上。（   ）
4. 货物从销地或中转地向产地或起运地回流的一种运输现象称为迂回运输。（   ）
5. 近处有资源不调用而从远处调运的运输称为重复运输。（   ）

三、单项选择题

1. 不合理运输的最严重形式是（   ）。
A. 对流运输   B. 迂回运输   C. 空驶运输   D. 重复运输
2. 影响运输合理化的外部因素是（   ）。
A. 运输距离   B. 运输网布局的变化 C. 运输环节   D. 运输时间
3. 只有唯一的一个运输供给者的市场类型称为（   ）的运输市场。
A. 完全垄断   B. 寡头垄断   C. 垄断竞争   D. 完全竞争
4. （   ）是指物流的若干功能要素之间存在着损益的矛盾关系。
A. 控制理论   B. 协同理论   C. 系统论思维   D. 效益背反
5. 干线运输中起到主力作用的运输形式为（   ）。
A. 管道运输   B. 水路运输   C. 航空运输   D. 公路运输

四、多项选择题

1. 运输的功能主要有（   ）。
A. 产品转移   B. 产品储存   C. 创造场所效用   D. 提高产品价值
2. 由于改变场所而发挥了物品最大的使用价值，最大限度地提高了投入产出比，这被称为（   ）。
A. 空间效用   B. 时间效用   C. 场所效用   D. 形质效用
3. 运输与物流的关系主要有（   ）。
A. 运输功能在物流系统中处于核心地位
B. 运输节约的潜力大
C. 运输合理化是物流系统合理化的关键
D. 运输是构成物流网络的基础
4. 物流运输市场的特征主要有（   ）。
A. 运输市场的固定性   B. 运输商品生产和消费的同步性
C. 运输市场不容易形成垄断   D. 运输需求的多样性及波动性
5. 物流运输中的参与者主要包括（   ）。
A. 政府   B. 公众   C. 承运人   D. 中间商

五、简答题

1．运输的特点主要有哪些？
2．选择运输方式要考虑哪些因素？
3．实施运输合理化的措施有哪些？
4．不合理运输的形式有哪几种？

技能实训练习

练习一：运输工具的选择

【情境1】浙江杭州某丝绸厂向法国里昂市出口一批衣物。

【情境2】山西煤炭是我国重要的能源物资，而北京、广东、浙江等地是煤炭消耗地。

【情境 3】克拉玛依油田位于准噶尔盆地的西北边缘，是中华人民共和国成立后发现的第一个大油田，被誉为准噶尔盆地的明珠，自它在亘古荒原被开发那天起，就与荣誉和神秘相伴，它是中华人民共和国的第一个大油田，使中国走出了贫油论的阴影。克拉玛依是一个常被风沙包裹的经济结构单一的工业化城市，周边自然条件恶劣。

问题提出：

（1）就情境1思考：可采用哪些运输方式将货物运送到目的地？分别说明理由。查找交通地图，标出各种运输方式的运输路线及途经的主要地点和港口的名称。

（2）就情境2思考：从山西大同向北京、广州、上海等地运输的煤炭应该分别采用哪些运输方式？分别说明理由。查找交通地图，标出各种运输方式的运输路线及途经的主要地点和港口的名称。

（3）就情境3回答：原油运输采用的是哪种运输方式？该方式具有哪些特点？查找相关资料，说明我国的西气东输的运输方式、运输路线及相关情况。

练习二：运输方式的选择

假如你是物流公司的运输管理人员，你要从客户利益出发，考虑不同运输方式的优缺点和适用范围，为客户选择合理的运输方式和运输路线，并说明理由。

（1）从上海到赞比亚（非洲），运输50千克的发电厂急需零件。

（2）从青岛到美国各主要城市，运输10 000台电冰箱。

（3）从天津某食用油工厂到乌鲁木齐，运输800箱食用油。

（4）某牛奶厂在方圆50千米范围内收购牛奶，然后将生产包装好的牛奶运送到本市各大定点超市。

练习三：不合理运输的主要形式

【情境 1】小王在温州购买了 100 箱鞋子，他雇了一辆 15 吨的载货汽车运输前往金华。

【情境2】张新从重庆运送200吨土产杂品到上海，他采用铁路运输方式。

【情境3】沈阳老龙口酒厂紧缺20吨玉米原料，长春和锦州均有货源，货运调度安排货车走京哈高速经四平到长春拉货。

【情境4】陈大海要从徐州运50头生猪到南京，他选择公路运输，走徐州—连云港—淮安—扬州—南京线。

【情境5】从浙江长兴运到上海的建筑材料都采用内河航运，走长（兴）—湖（州）—申（上海）航线。

问题提出：

（1）各小组讨论，分别指出上述各个情境中的运输组织形式是否合理。

（2）指出合理的有哪些方面，不合理的属于哪种运输不合理形式，并说明理由。

项目二　公路货物运输

【项目导读】

公路运输经过几十年的高速发展，目前已经成为主要的运输方式，并且列入国家十大朝阳产业，国家相继出台不同类别的利好政策，资本市场更是无论大小都在密切关注，这是一个非常值得期待的未来。本项目围绕公路运输的功能与特点，介绍了公路运输的多种分类形式，并预测了公路运输的发展趋势；介绍了公路、车辆、货运站等基础设施设备，并针对整车、零担运输的两种运营形式的作业方法和流程进行详细阐述；此外，公路货物运输包含整车运输、零担运输、集装箱运输以及计时包车货物运输，不同的运输方式，其运输费用计算方式不同。

【项目目标】

> 理解公路货物运输的含义、功能和特点。
> 熟悉公路货物运输的分类。
> 了解公路货物运输的设施设备及其功能。
> 掌握整车货物运输、零担货物运输的特点和作业流程。
> 熟悉零担货物运输的特点、货源组织方法以及组织形式。
> 掌握公路货物运输货运单证的填制方法。
> 掌握公路货物运输费用核算方法。

【项目任务】

上海 KT 电子有限公司成立于 2017 年 4 月 6 日，占地面积 5000 平方米，现有员工 380 余人，是一家结合研发设计、生产制造及行销于一体的专业天线及高频连接元件厂商所有零部件及成品均自行生产供应及组装，以维持最严格的品质，规划自动化生产线及各类最新精密的研发生产设备及世界级的实验测量仪器，来强化研发能力及生产品质和产能，以符合客户和市场的需求。目前该物流公司拥有 80 多台车辆，全面开拓公司的整车、零担业务，公司自行开设了长途专线及短途专线。公司竭诚为广大客户提供安全、快速、专业的服务，以确保产品能准时到达客户。

问题

（1）上海 KT 电子有限公司是以汽运业务为核心的企业，该运输形式有何特点？

（2）上海 KT 电子有限公司公路货运可以开展哪些运输形式？

任务一　公路货物运输基本知识

公路货物运输是利用可以载货的货运汽车或其他运输工具（机动三轮货运车、人力三轮货运车等）在道路上运载货物的一种运输方式。

公路货物运输是一种机动灵活、简捷方便的运输方式，在短途货物集散运转上，它比铁路、航空货物运输具有更大的优越性，尤其在实现"门到门"的运输中，其重要性更为显著。尽管其他各种运输方式各有特点和优势，但或多或少都要依赖公路运输来完成最终两端的运输任务。例如，铁路车站、水运港口码头和航空机场的货物集疏运输都离不开公路运输。在物流的运输与配送活动中，公路货物运输以其机动灵活的特点，发挥着重要作用，是其他运输方式无法替代的。

一、公路货物运输的功能

（1）独立担负经济运距内，主要是中短途运输。由于高速公路的兴建，公路运输从短途逐渐形成短、中、远程运输并举的局面，这将是一个不可逆转的趋势。长途汽车运输也很有市场。

（2）补充和衔接其他运输方式。所谓补充和衔接，指当其他运输方式担负主要运输时，由汽车担负起点和终点处的短途集散运输，完成其他运输方式不能到达的地区的运输任务。

（3）独立负担长途运输。当运输距离超过 200 千米时，基于国家或地区的政治与经济建设等方面的需要，常由汽车担负长途运输。例如，发展中国家组织对偏远地区或少数民族地区的长途运输，或者因救灾工作的紧急需要而组织的长途运输，以及公路超限货物的"从门到门"长途直达运输等。

二、公路货物运输的特点

公路运输既有机动灵活、适应性强、可实现"门到门"运输、运输速度快等优点，也有运载量小、单位运输成本高、安全性差、污染大等不足。下面简要介绍之。

（一）公路货物运输的优点

公路货物运输的优点主要有以下几个。

1. 机动灵活，适应性强

公路运输网一般比铁路、水路网的密度要大十几倍，分布面也广，因此公路运输车辆可以"无处不到、无时不有"。公路运输在时间方面的机动性也比较大，车辆可随时调度、装运，各环节之间的衔接时间较短。公路运输对货运量的多少具有很强的适应性，汽车的载重吨位有小（0.25~1 吨）、有大（200~300 吨），既可以单个车辆独立运输，也可以由若干车辆组成车队同时运输，这一点对抢险、救灾工作和军事运输具有特别重要的意义。

2. 可实现"门到门"直达运输

"门到门"运输就是"上门取货，送货到家"，实行全程连线运输。由于汽车体积较小，中途一般也不需要换装，除了可沿分布较广的公路网运行外，还可离开路网深入到工厂企业、农村田间、城市居民住宅等地，即可以把货物从始发地门口直接运送到目的地门口，实现"门到门"直达运输。这是其他运输方式无法与公路运输相比拟的特点之一。

3．运送速度快、费用低

在中短途运输中，由于公路运输可以实现"门到门"直达运输，中途不需要倒运、转乘就可以直接将货物运达目的地，因此与其他运输方式相比，其货物在途时间较短，运送速度较快。特别是近些年随着高速公路网的建设，公路运输的运送速度得到很大的提高，有时汽车进行长途运输的运送速度可以超过火车。据统计，在中、短途运输中，公路运输的平均速度一般要比铁路快4~6倍，比水运快近10倍。此外，运送速度快，不仅可以加快资金周转、提高货币的时间价值，而且还有利于保证货物质量和提高货物的时间价值。这对于高档品、贵重物品、鲜活货物以及需要紧急运输的货物特别重要。

4．原始投资少，资金周转快

公路运输企业的固定资产主要是车辆、装卸机械、货运车站（场）。投资最大的公路是由国家投资的，具有公用设施的性质。公路运输与铁路、水路、航空运输方式相比，所需固定设施简单，车辆购置费用一般也比较低，因此投资兴办容易，投资回收期短。有关资料表明，在正常经营情况下，公路运输的投资每年可周转1~3次，而铁路运输则需要3~4年才能周转一次。

5．运载量小，单位运输成本高

众所周知，汽车的运载量远远小于铁路列车和轮船，而且汽车消耗的燃料又是价格较高的液体汽油或柴油，加上缴纳的过往费、人力成本、车辆的维修折旧等，造成公路长途运输的成本居高不下。因此，除了航空运输，就是公路运输的成本最高。

（二）公路货物运输的缺点

公路货物运输的缺点主要有以下几个。

1．运量较小，运输成本较高

汽车的单位工具载重量较铁路列车、船舶小得多，因此运输能力远远小于铁路和水路运输。目前，世界上最大的汽车是美国通用汽车公司生产的矿用自卸车，长20多米，自重610吨，载重350吨左右，但仍比火车、轮船小得多。由于汽车载重量小，行驶阻力比火车大9~14倍，所消耗的燃料又是价格较高的液体汽油或柴油，因此除了航空运输，就是汽车运输成本最高了。

2．运行持续性较差

有关统计资料表明，在各种现代运输方式中，公路的平均运距是最短的，运行持续性较差。

3．安全性较低

公路运输的交通事故在发生数量以及造成的损失总量上都高居各种运输方式之首。每年死于汽车交通事故的人数急剧增加，这个数字超过了艾滋病、战争和结核病人每年的死亡人数。公路运输事故率大约是铁路运输 15 倍，是水路运输 178 倍。据统计，2016 年中国道路交通事故死亡人数约为 40 824 人，与 2015 年的 36 178.8 人相比，增加了 4 646 人。

4. 对环境污染较大

汽车所排出的尾气和引起的噪声也严重地威胁着人类的健康，是大城市环境污染的最大污染源之一。汽车在运行中对环境的污染，主要指废气污染与噪声污染。废气污染指汽车发动机排出的废气中的有害成分排入空气，造成空气污染。噪声污染主要指汽车运行中的发动机噪声、喇叭噪声和轮胎噪声等。此外，汽车电气设备在工作时发出的无线电波，对附近建筑物内的收音机、电视机以及无线通信设备的正常工作也产生一定程度的干扰。

三、公路货物运输的分类

（一）按货物的性质分类

按货物的性质分类，公路货物运输主要分为普通货物运输、特种货物运输和轻泡货物运输三种。

1. 普通货物运输

普通货物运输是指对普通货物的运输。普通货物是指在运输、保管及装卸工作中没有特殊要求，不必采用专用汽车运输的货物，普通货物分类，如表 2-1 所示。

表 2-1　普通货物分类

等级	序号	货类	货物名称
一等货物	1	煤	原煤、块煤、可燃性片岩
	2	砂	砂子
	3	石	片石、渣石、寸石、石硝、粒石、卵石
	4	非金属矿石	各种非金属矿石
	5	土	各种土、垃圾
	6	灰	青灰、粉煤灰
	7	渣	炉渣、炉灰、水渣、各种灰烬、碎砖瓦
	8	空包装容器	篓、坛罐、瓶、箱、筐袋、包、箱皮、盒
二等货物	1	粮食及加工品	各种粮食（稻、麦、各种杂粮、薯类）及其加工品
	2	棉花、麻	皮棉、籽棉、絮棉、旧棉、棉胎、木棉、各种麻类
	3	油料作物	花生、芝麻、油菜子、篦麻子、及其他油料作物
	4	烟叶	烤烟、土烟
	5	蔬菜、瓜果	鲜蔬菜、鲜菌类、鲜水果、甘蔗、甜菜、瓜类
	6	植物油	各种食用、工业、医药用植物油
	7	植物的种、花、叶、茎	树、草、菜、花的种子、干花、各种麻类、牧草、谷草、稻草、芦苇、树苗、树枝、树根、木柴
	8	禽、畜、蚕、茧	各种活家畜、家禽及大牲畜、蚕、蚕子、蚕蛹、蚕茧
	9	肥料、农药	化肥、粪肥、土杂肥、农药

（续表）

等级	序号	货类	货物名称
二等货物	10	糖	各种食用糖（包括饴糖）
	11	肉脂及其制品	鲜、腌、酱肉类、油脂及其制品
	12	水产品	干鲜鱼类、虾、蟹、贝、海带
	13	酱菜、调料	腌菜、酱菜、酱油、醋、酱、花椒、茴香、生姜、芥末、腐乳
	14	土产杂品	土产品、各种杂品
	15	皮毛、塑料	生熟毛皮、鬃绒毛及其加工品，塑料及其制品
	16	日用百货、棉麻制品	各种日用小百货、棉麻纺织品和针织品、服装鞋帽
	17	药材	普通中药材
	18	纸、纸浆	普通纸及纸制品、各种纸浆
	19	文化体育用品	文具、教学用具、体育用品
	20	印刷品	报刊、图书及其他印刷品
	21	木材	圆木、方木、板材、杂木棍
	22	橡胶、可塑材料及其制品	生橡胶、人造橡胶、再生胶及其制品、电木制品、其他可塑原料及其制品
	23	水泥及其制品	袋装水泥、水泥制品、预制水泥构件
	24	钢铁、有色金属及其制品	钢材（管、丝、线、绳、板、皮、条）、生铁、毛坯、铸铁件、有色金属材料、大小五金制品、配件、小型农机具
	25	矿物性建筑材料	普通砖、瓦、缸砖、水泥瓦、乱石、块石、级配石、条石、水磨石、白云石、蜡石及一般石制品、滑石粉、石灰膏、电石灰、矾石灰、石膏、石棉、白垩粉、陶土管、石灰石、生石灰
	26	金属矿石	各种金属矿石
	27	焦炭	焦炭、焦炭末、石油焦、沥青焦、木炭
	28	原煤加工品	煤球、煤砖、蜂窝煤（筐）
	29	盐	原盐及加工精盐
	30	泥	泥土、淤泥、煤泥
	31	废品及散碎品	废钢铁、废纸、破碎布、碎玻璃、废靴鞋、废纸袋
	32	其他	
三等货物	1	蜂、鱼	蜜蜂、蜡虫、活鱼类、鱼苗
	2	观赏用花、木	观赏用常青树木、花草
	3	蛋、乳	蛋、乳及其制品
	4	干菜、干果	干菜、干果、籽仁及各种果脯
	5	橡胶制品	轮胎、橡胶管、橡胶布及其制品
	6	颜料、染料	颜料、染料及助剂及其制品

（续表）

等级	序号	货类	货物名称
三等货物	7	煤、木化学副产品	化学香精（如制造食品、化妆品等的香精）、糖精、樟脑油、松节油、芳香油、木溜油、木蜡、橡蜡（橡油、皮油）、树胶、环氧树脂
	8	化妆品	香水、润肤油脂等各种化妆品
	9	木材加工品	毛板、企口板、胶合板、刨花板、装饰板、纤维板、木构件
	10	家具	竹、藤、钢木家具
	11	交电器材	电影机、电唱机、录音机、家用电器、打字机、扩音机、闪光机、放大机、收发报机、复印机、医疗器械、无线电广播设备、无线电话设备、电线电缆、电灯用品、蓄电池（未装酸液）、各种电子元件、电子或电动儿童玩具
	12	毛、丝、呢绒、化纤、皮革制品	毛、丝、呢绒、化纤、皮革制的服装、皮毛、呢、毡鞋、帽子
	13	烟、酒、饮料、调料	各种卷烟、各种瓶、灌装的酒、汽水、果汁、食品、罐头、炼乳、植物油精（薄荷油、桉油）、茶叶及其制品、味精及其调味品
	14	糖果、糕点	糖果、果酱（桶装）、水果粉、蜜饯、面包、饼干、糕点
	15	淀粉	各种淀粉及其制品
	16	冰及冰制品	天然冰、机制冰、冰激凌、冰棍
	17	中西药品、医疗器具	西药、中药（丸、散、膏、丹成药）及医疗器具
	18	贵重纸张	卷烟纸、玻璃纸、过滤纸、蜡纸、复写纸、复印纸
	19	文娱用品	乐器、留声机、唱片、幻灯片、其他演出用具及道具
	20	美术工艺品	刺绣、蜡或塑料制品、美术制品、骨角制品、漆器、草编、竹编、藤编等各种美术工艺品
	21	陶瓷、玻璃及其制品	瓷器、陶器、玻璃及其制品
	22	机械及设备	各种机械及设备
	23	车辆	组成的自行车、摩托车、轻骑、小型拖拉机
	24	污染品	铅粉、锰粉、乌烟（炭黑、松烟）、涂料及其他污染人体的货物、角、蹄、甲、死禽兽
	25	粉类品	散装水泥、石粉、耐火粉
	26	装饰石料	大理石、花岗石、汉白玉
	27	带釉建筑用品	玻璃瓦、琉璃瓦、其他带釉建筑用品，耐火砖、耐酸砖、瓷砖瓦
	28	笨重货物	单位质量在 0.5 吨～4 吨的货物

2. 特种货物运输

特种货物运输是指对特种货物的运输。特种货物是指货物本身的性质、体积、质量和价值等方面具有特别之处，在运输、保管或装卸等环节上必须采取特别措施才能保证完好地实现运送的货物。具体包括长大及笨重货物、危险货物、贵重货物、鲜活货物、冷藏货物、易腐货物等。特种货物分类如表 2-2 所示。

表 2-2　特种货物分类表

类别	分类概念	各类档次/序号	各类货物范围或货物名称
长大及笨重货物类	货物长度在 6 米以上（包括 6 米）	一级	长度为 6～10 米，质量为 4 吨（不含 4 吨）～8 吨的货物
	每件货物质量在 4 吨以上（不包括 4 吨）	二级	长度为 10～14 米，质量为 8 吨（不含 8 吨）～20 吨的货物
	货物高度超过 2.7 米，宽超过 2.5 米	三级	长度为 14 米以上，质量为 20 吨以上（含 20 吨）的货物
危险货物类	交通部《汽车危险货物运输规则》中列明的所有危险货物	一级	《汽车危险货物运输规则》规定的爆炸物品、氧化剂、气体、自然物品、遇水燃烧物品、易燃固体、一级易烧液体、剧毒物品、一级酸性腐蚀物品、放射性物品
		二级	《汽车危险货物运输规则》中规定的二级易燃液体、有毒物品、碱性腐蚀物品、二级酸性腐蚀物及其他腐蚀物品
贵重货物类	价格昂贵、运输责任重大的货物	1	货币及主要证券，如国库券等
		2	贵重金属及稀有金属。贵重金属，如金、银、钡、白金等及其制品；稀有金属，如钴、钛等及其制品
		3	珍贵艺术品，如古玩字画、象牙、珊瑚、珍珠玛瑙、水晶、宝石、钻石、翡翠、琥珀、猫眼、玉及其制品、景泰蓝制品、各种雕刻工艺品、仿古艺术制品和壁毯刺绣艺术品等
		4	贵重药材和药品，如鹿茸、麝香、犀角、高丽参、西洋参、冬虫夏草、羚羊角、田三七、银耳、天麻、蛤蟆油、牛黄、鹿胎、熊肽、豹胎、海马、海龙、藏红花、猴枣、马宝及以其为主要原料的制品和贵重西药
		5	贵重毛皮，如水獭皮、海龙皮、貂皮、灰鼠皮、玄虎皮、虎豹皮、猞猁皮、金丝猴皮及其制品
		6	珍贵食品，如海参、干贝、鱼肚、鱼翅、燕窝、鱼唇、鱼皮、鲍鱼、猴头、熊掌、发菜
		7	高级精密机械及仪表，如显微镜、电子计算机、高级摄影机、录像机及其他精密仪器仪表
		8	高级光学玻璃及其制品，如照相机、放大机、显微镜等的镜头片，各种科学实验用的光学玻璃仪器和镜片
		9	高档日用品，如电视机、收录机、手表、放映机等

类别	分类概念	各类档次/序号	各类货物范围或货物名称
鲜活货物类	价值高、运输时间性强、效率低、责任大的贵重鲜活货物	1	各种种畜，如种牛、种马等
		2	供观赏的野生动物，如虎、豹、狮、熊、熊猫、狼、象、蛇、蟒、孔雀、天鹅等
		3	供观赏的水生动物，如海马、海豹、金鱼、鳄鱼、热带鱼等
		4	名贵花木，如盆景等各种名贵花木

3. 轻泡货物运输

轻泡货物运输是指运输每立方米密度小于 333 千克的货物。轻泡货物的密度低、体积大、堆码重心高，运输中的稳定性差，其体积按最长、最宽、最高部位尺寸计算。

（二）按货物的经营方式分类

按货物的经营方式分类，公路货物运输主要分为公共运输、契约运输、自用运输和汽车货运代理。

1. 公共运输

公共运输主要包括定时运输和定点运输。

（1）定时运输。定时运输是指运输车辆按运行计划中所拟订的行车时刻表进行的运输形式，可加强各方面工作的计划性，提高工作效率。

（2）定点运输。定点运输是指按发货点、固定车队，专门完成固定货运任务的运输形式。定点运输适用于装卸地点比较固定、集中的大批量货物运输。

2. 契约运输

这类汽车运输企业按照承、托双方签订的运输契约运送货物。与之签订契约的一般都是一些大型工矿企业，常年运量较大而又较稳定。契约期限一般都比较长，短的有半年、一年，长的可达数年。

3. 自用运输

工厂、企业、机关自置汽车，专为运送自己的物质和产品，一般不对外营业。

4. 汽车货运代理

这类企业本身既不掌握货源也不掌握运输工具。它们以中间人身份一面向货主揽货，一面向运输公司办理托运，借此收取手续费用和佣金。

（三）按货物运输的营运形式分类

按货物运输的营运形式分类，公路货物运输主要分为整车货物运输、零担货物运输、集装箱运输、联合运输和租车运输。

1. 整车货物运输

托运人一次托运货物计费重量在 3 吨及其以上，或者不足 3 吨，但其性质、体积和形状需要一辆载重量在 3 吨以上的汽车进行运输。

2．零担货物运输

零担货物运输是指托运人一次托运的货物在 3 吨以下的货物运输。

3．集装箱运输

集装箱运输是指将货物集中装入规格化、标准化的集装箱内进行运输，是一种先进的现代化运输方式。集装箱运输又分为国内集装箱运输和国际集装箱运输两类。

4．联合运输

联合运输是指货物通过两种或两种以上方式运输，或者需要以同种运输方式进行两次以上的运输。联合运输实行一次托运、一次收费、一票到底、全程负责。联合运输的方式有公铁联运、公水联运、公航联运及公公联运等。

5．租车运输

租车运输是指车辆出租人向承租人提供车辆，载运约定的货物，并按时间、里程和规定费率收取费用的运输。

（四）按货物的运送速度分类

按货物的运送速度分类，公路货物运输主要分为一般货物运输、快件货物运输和特快件货物运输。

1．一般货物运输

一般货物运输即普通速度运输，或称慢运。

2．快件货物运输

在规定的距离和时间内将货物运达目的地的，为快件货物运输。快件货物运送的速度从货物受理当日 15 点起算，运距在 300 公里内的 24 小时内运达，运距在 1000 公里内的 48 小时内运达，运距在 2000 公里内 72 小时内运达。一般是由专门从事该项业务的公司和运输公司、航空公司进行合作，派专人以最快的速度在发件人、货运中转站或机场、收件人之间递送急件。

3．特快件货物运输

特快件货物运输指应托运人要求，采取即托即运，在约定时间到达，不得延误。

【知识链接】

2017 年上半年，全国快递服务企业业务量累计完成 173.2 亿件，同比增长 30.7%；业务收入累计完成 2181.2 亿元，同比增长 27.2%。其中，同城业务量累计完成 40.4 亿件，同比增长 24.2%；异地业务量累计完成 129.2 亿件，同比增长 32.9%；国际/中国港、澳、台业务量累计完成 3.6 亿件，同比增长 29.2%。

6 月份，全国快递服务企业业务量完成 34 亿件，同比增长 32.1%；业务收入完成 419.9 亿元，同比增长 29.6%。

（五）按货物运送距离进行分类

按货物运送距离进行分类，公路货物运输主要分为长途运输和短途运输两种。

1．长途运输

运距在 25 公里以上为长途运输，其特点为迅速、简便、直达、运输距离长、周转时间长、行驶线路较固定。

2．短途运输

运距在 25 公里及 25 公里以下为短途运输，其特点为运输距离短，装卸次数多，车辆利用效率低，点多面广，时间要求紧迫，货物零星，种类复杂，数量忽多忽少。

（六）按托运货物是否保险或保价分类

按托运货物是否保险或保价分类，公路货物运输主要分为保险运输和保价运输两种。

1．保险运输

保险运输是指由托运人向保险公司投保（或委托承运人代办），当货物在运输途中因遭受自然灾害或意外事故而导致损失或增加相关费用时，由保险公司负责赔付的一种货物运输方式。

2．保价运输

保价运输是指承运人与托运人共同确定的以托运人申明的货物价值为基础的一种特殊运输方式。保价就是托运人向承运人声明其托运货物的实际价值。凡按保价运输的货物，托运人除缴纳运输费用外，还要按照规定缴纳一定的保价费。

在保价运输过程中，货物全部灭失，按货物保价声明价格赔偿；货物部分毁损或灭失，按实际损失赔偿；货物实际损失高于声明价格的，按声明价格赔偿；货物能修复的，按修理费加维修取送费赔偿。凡保险或保价运的货物，需要按规定缴纳保险费或保价费。此外，保价运输应在合同上加盖"保价运输"戳记。

任务二　公路货物运输设施设备

一、公路的主要组成部分

公路是一种线性工程构造物。它主要承受汽车荷载的重复作用，并经受各种自然因素的长期影响。因此，公路不仅要有和缓的纵坡、平顺的线形，而且要有牢固可靠的人工构造物、稳定坚实的路基、平整而不滑的路面及其他必要的防护工程和附属设备。

公路的基本组成部分包括路基、路面、桥梁、涵洞、隧道、防护工程（护栏、挡土墙、护脚）、排水设备（边沟、截水沟、盲沟、跌水、急流槽、渡水槽、过水路面、渗水路堤）、山区特殊构造物（半山桥、路台、明洞）。此外，为适应行车还设置行车标志、加油站、路用房屋、通信设施、附属工厂及绿化栽植等。

我国公路常用的路面主要有碎石路面、砾石级配路面、加固土路面、沥青表面处理路面、沥青灌入式路面、沥青碎石路面、沥青混凝土路面、水泥混凝土路面。不同的面层类型适合于不同等级的路面。

"桥隧"是桥梁、涵洞和隧道的简称，都是为车辆通过自然障碍（河流、山岭）或跨越其他立体交叉的交通线而修建的建筑物。桥梁和涵洞的共同点在于车辆在其上面行驶可跨越河流，一般桥梁的单跨径较涵洞大，总长较涵洞长。隧道与涵洞相似，但隧道主要用于穿越山丘，车辆是在隧道内行驶的。

涵洞与桥梁是指按照《公路工程技术标准》规定，单孔跨径小于 5 米或多孔跨径之和小于 8 米的称为涵洞，大于这一规定值的称为桥梁。

二、公路的分级

（一）按行政等级分类

公路按行政等级分为国道、省道、县道和乡道，一般把国道和省道称为干线，县道和乡道称为支线。

国道是指具有全国性政治、经济意义的主要干线公路，包括重要的国际公路，国防公路，连接首都与各省、自治区、直辖市首府的公路，连接各大经济中心、港站枢纽、商品生产基地和战略要地的公路等。国道中跨省的高速公路由交通部批准的专门机构负责修建、养护和管理。

省道是指具有全省（自治区、直辖市）政治、经济意义，并由省（自治区、直辖市）公路主管部门负责修建、养护和管理的公路干线。

县道是指具有全县（县级市）政治、经济意义，连接县城和县内主要乡（镇）、主要商品生产和集散地的公路，以及不属于国道、省道的县际间公路。县道由县、市公路主管部门负责修建、养护和管理。

乡道是指主要为乡（镇）村经济、文化、行政服务的公路。乡道由乡（镇）人民政府负责修建、养护和管理。

【知识链接】

国道是国家干线公路的简称，是国家综合交通网中的重要干线。我国的国道由以下公路组成：一是首都北京通往各省、直辖市、自治区的政治、经济中心和 30 万人以上城市的干线公路；二是通向各港口、铁路枢纽、重要工农业生产基地的干线公路；三类是大中城市通向重要对外口岸、开放城市、历史名城、重要风景区的干线公路；四类是具有重要意义的国防公路。在全国范围内，以 70 条国道为骨架，辅以地方干线公路（省道）和普通公路，形成了全国公路网。

国道（G），是国家干线公路的简称，根据其地理走向分为 4 类。第一类是以北京为中心放射状的，作扇面辐射的公路，这些公路排序都是"1"字开头；共 12 条，编号 101～112，约 1.4 万公里；其中通向东北 3 条、华北 2 条、华东 1 条、中南 2 条、西北 1 条。112 线是以北京为中心的环线。第二类是南北走向的公路（纵线国道），以"2"字开头，共 28 条，编号 201～228，约 3.9 万公里；第三类是东西走向的公路

（横线国道），以"3"字开头，共30条，约5.3万公里。第四类是"五纵七横"主干线，以"0"字开头。

每条公路干线常采用三位数字作编号来表示。3位数中第一位数字表国道类别：1××代表以北京为中心的放射形国道；2××代表南北走向国道；3××代表东西走向国道。3位数中的第二、三位数字表示国道的排列顺序，"1××"的"××"就是第一类国道自北向南按顺时针方向排列的序数。

（二）根据交通量及其使用任务、性质分类

根据交通量及其使用任务和性质，公路可以分为高速公路，一级、二级、三级、四级公路以及等外公路。高速公路作为基础设施对沿线的物流、资源开发、招商引资、产业结构的调整、横向经济联合起到积极的促进作用。

（1）高速公路。它是专指汽车分向、分车道行驶，并全部控制出入（全部立体交叉）的干线公路。4车道高速公路一般能适应按各种汽车折合成小客车的远景，设计年限年平均昼夜交通量为25 000～55 000辆；6车道高速公路一般能适应按各种汽车折合成小客车的远景，设计年限年平均昼夜交通量为45 000～80 000辆；8车道高速公路一般能适应按各种汽车折合成小客车的远景，设计年限年平均昼夜交通量为60 000～100 000辆。实际上，在地形与地质条件特别困难的地区，高速公路也有修建成两车道的，如贵阳至遵义的贵遵高速公路的部分路段。两车道就不可能有专门的超车道，超车一般在每隔一定距离设置的超车区进行。

（2）一级公路。一级公路一般能适应按各种汽车折合成小客车的远景，设计年限年平均昼夜交通量为15 000～30 000辆，车道数为4，通往重点工矿区、港口、机场，专供汽车分向、分车道行驶并部分控制出入。

（3）二级公路。二级公路一般能适应按各种汽车折合成中型载货汽车的远景，设计年限年平均昼夜交通量为3 000～7 500辆，车道数为2，为连接政治、经济中心或大工矿区、港口、机场等地的专供汽车行驶的公路。

（4）三级公路。三级公路一般能适应按各种汽车折合成中型载货汽车的远景，设计年限年平均昼夜交通量为1 000～4 000辆，车道数为2，为沟通县级以上城市的公路。

（5）四级公路。四级公路一般能适应按各种汽车折合成中型载货汽车的远景，设计年限年平均昼夜交通量为双车道1500辆以下，单车道200辆以下。车道数为1或2，为沟通县、乡（镇）、村等的公路。

【知识链接】

国道是国家干线公路的简称，截至2016年年底，我国高速公路里程突破13万公里，来自交通运输部的数据显示，2016年1～8月，我国公路交通固定资产投资完成13 097亿元，同比增长26.7%。"五纵七横"是我国规划建设的以高速公路为公路网的主骨架，总里程约35万公里。其中，"五纵"分别指同江—三亚、北京—珠海、重庆北海、北京—福州、二连浩特—河口，"七横"分别指连云港—霍尔果斯、上海—成都、上海—瑞丽、衡阳—昆明、青岛—银川、丹东—拉萨、绥芬河—满洲里。

三、公路货运车辆

（一）普通货车

公路货物运输所承运货物，大多数为普通货物，因此这类货物通常采用普通货运车辆进行运输。普通货运车辆分为普通卡车、平板车、农用运输车、仓栏车，如图 2-1（a）、（b）、（c）、（d）所示。

普通货车按载重量分为：轻型货车、中型货车和重型货车。

（1）轻型货车的载重吨位在 2 吨以下，人工装卸货物比较方便，主要用于市内货物运输、集货和货物配送。

（2）中型货车载重吨位在 2～8 吨，主要用于市内运输，或者城市与城市、城市与乡村之间的货物运输。

（3）重型货车载重吨位在 8～14 吨，主要用于长途干线的货物运输。

（a）普通卡车

（b）平板车

（c）农用运输车

（d）仓栏车

图 2-1　普通货车类型

（二）厢式货车

厢式货车带有载货车厢，具有防雨、隔绝等功能，安全性能好，能有效防止货物遗失、被盗等。如果按开门方式划分，厢式货车可分为后开门式、侧开门式、两侧开门式、顶开式、翼式等类型。其中，后开门式适用于后部装卸，方便手推车等进入装卸；侧开门式适用于边部叉车装卸；顶开式适用于吊车装卸；翼式适用于两侧同时装卸，如图 2-5（a）～图 2-5（d）所示。

（a）后开门式厢式货车

（b）侧开门式厢式货车

（c）两侧开门式厢式货车

（d）翼式厢式货车

图 2-5 厢式货车种类

（三）专用车辆

专用车辆适用于装运某种特定的用普通货车或厢式货车装运效率较低的货物。这种车辆的通用性较差，往往只能单程装运，运输成本高。常用的专用运输车辆主要包括罐式运输车、散装饲料运输车、冷藏车、轿车专用运输车等，如图 2-6（a）～（d）图 2-6 所示。

（a）罐式运输车

（b）散装饲料运输车

（c）冷藏车　　　　　　　　　（d）轿车专用运输车

图 2-5　专用车辆种类

（四）自卸车

自卸车的车厢能自动倾翻，从而使运输与装卸有机结合。在没有良好装卸设备的条件下，依靠车辆本身的附带设备即可进行装卸作业，主要用于运输矿石、沙土等散装货物，如图 2-6 所示。

图 2-6　自卸车

（五）牵引车和挂车

牵引车又称拖车，是专门用于拖挂和牵引挂车的，牵引车分为全挂式和半挂式两种。挂车本身没有发动机驱动，只有通过拖挂装置，由牵引车或其他汽车牵引，才能构成完整的运输工具，如图 2-7（a）、（b）所示。

（a）牵引车　　　　　　　　　（b）挂车

图 2-7　牵引车和挂车

三、公路货运站

公路货运站是公路运输中主要的运输场站设施，是公路货运网络的节点，是实现货物门到门运输和公路行业直接为货主和车主提供多种服务的场所，在公路运输中发挥着基地、桥梁与纽带的作用。公路货运站的功能主要包括集散货物、停放车辆、运行指挥和综合服务等，具体如下。

（1）货运组织与管理功能。主要是指进行公路货物运输市场的管理和站内运力与货流的组织管理，具体包括货运生产组织管理、货源组织与管理、运力组织与管理、运行组织与管理和参与公路货运市场管理。

（2）中转换装功能。汽车货运站应为货物中转和因储运需要而进行的换装提供服务，利用货运站内部的装卸设备、仓库、堆场、货运受理点，以及相应的配套设施保证中转货物安全可靠地完成换装作业，及时运送到目的地。

（3）装卸储存功能。汽车货运站应面向社会开放，为货主提供仓储、保管、包装服务，代理货主销售、运输储存的货物，并在货运站场内进行各种装卸搬运作业，以利于货物的集、疏、运。

（4）多式联运和运输代理功能。汽车货运站还应组织公路运输与其他运输方式的联合运输，发挥各种运输方式的优势，逐步完善综合运输体系。同时代办各种货物运输业务，为货主和车主提供双向服务，提高社会效益和经济效益。

（5）信息搜集与整理功能。通过建立信息中心，使汽车货运站与本地区乃至周边或全国各省、市、区的公路货运站场和相关单位形成信息网络，实现联网运输与综合运输。

（六）综合服务功能

汽车货运站除开展正常的货运生产外，还应提供诸如为货主代办报关、报检、保险，提供商情信息，开展商品的包装、加工、展示，代货主办理货物的销售、运输、结算等服务。

公路货运站又可分为汽车零担站、零担中转站、集装箱货运中转站等。通常，公路货运站比较简单，有的货运站仅有供运输车辆停靠与货物装卸的场地，而大型的货运站还设有保养场、修理厂、加油站等。零担货运站一般是按照年工作量（即零担货物吞吐量）划分等级的。零担货运站分级如表 2-3 所示。

表 2-3　零担货运站分级

零担货运站级别	零担货物吞吐量（万吨）
一级站	＞6
二级站	2～6
三级站	＜2

零担货运站应配备零担站房、仓库、货棚、装卸车场、集装箱堆场、停车场及维修车间、洗车台、材料库等生产辅助设施。集装箱货运站根据年运输量可分四级。集装箱货运中转站应配备拆装库、高站台、拆装箱作业区、业务（商务及调度）用房、装卸机械与车辆等。集装箱货运站分级如表 2-4 所示。

表 2-4　集装箱货运站分级

集装箱货运站级别	年运输量（万标准箱 TEU）
一级站	> 3
二级站	1.6～3
三级站	0.8～1.6
四级站	0.4～0.8

任务三　公路货物整车运输

整车运输是公路货物运输中的一种主要运输形式。加强整车运输活动的管理，对提高物流效率具有重要的作用。根据道路货物运输的规定，一次货物运输在 3 吨以上者可视为整车运输，如货物重量不足 3 吨，但不能与其他货物拼装运输，需单独提供车辆办理运输，也可视为整车运输。

一、整车运输的特点

（1）便于明确运输责任。整车货物运输通常是一车一张货票、一个发货人。为此，运输企业应选派额定载重量（以车辆管理机关核发的行车执照上标记的载重量为准）与托运货物相适应的车辆装运整车货物。一个托运人托运整车货物的重量（毛重）低于车辆额定载重量时，为合理使用车辆的载重能力，可以拼装另一托运人托运的货物，即一车二票或客票，但货物总重量不得超过车辆额定载重量。

（2）整车货物可多点装卸，按全程合计最大载重量计重，最大载重量不足车辆额定载重量时，按车辆额定载重量计算。

（3）托运整车货物由托运人自理装车，未装足车辆标记载重量时，按车辆标记载重量核收运费。

（4）整车货物运输一般不需中间环节或中间环节很少，送达时间短，相应的货运集散成本较低。涉及城市间或过境贸易的长途运输与集散，如国际贸易中的进出口商通常乐意以整车为基本单位签订贸易合同，以便充分利用整车货物运输的快速、方便、经济、可靠等优点。

另外，以下货物必须按整车运输。

（1）鲜活、冷冻货物，如鲜鱼，活的牛、羊、猪、兔、蜜蜂以及冻肉、冻鱼等。

（2）需用专车运输的货物，如石油、烧碱等危险货物，粮食、粉剂等散装货。

（3）不能与其他货物拼装运输的危险品。

（4）易于污染其他货物的不洁货物，如皮毛、垃圾等。

（5）不易于计数的散装货物，如煤、焦炭、矿石、矿砂等。

整车运输同零担运输相比，作业过程简化了，没有了货站的装卸分拣作业，一般是将整车货物从起点直接运到终点。整车运输对生产服务设施的要求不高，只要拥有一台运输车辆即可从事整车运输，因此整车运输是由大量分散的小型运输企业甚至个体车辆来完成的。在我国，绝大多数的车辆都进行整车货物运输。

二、整车运输作业组织原则

（一）以顾客为导向

现在的市场竞争，在很大程度上表现为对顾客的争取。一家极具竞争力的企业，必然是能充分满足顾客需求的企业，也必然是一家以顾客为导向的企业。因此，以顾客为导向就成为流程再造要遵循的基本原则。

（二）以流程为中心

坚持以流程为中心的原则，就是将企业的管理方式从以任务为中心改造成以流程为中心，将原来一个个孤立的任务，连接成能够表示任务之间关系的流程。企业管理的重点不是任务而是流程，这也就是我们通常所说的"流程式管理"。

（三）以人为本

因为流程是需要一个团队而不是一个人能完成的，所以在流程再造中，要贯彻以人为本的团队式管理精神，注重团队的整体作用，注重团队中人员之间的相互配合。这也是从单纯的任务式管理向流程式管理的一种转变。这样，团队的每一个成员都知道自己要做什么，有助于提高员工工作的自觉性。

设计人员只有掌握了以上三项基本原则，才有可能设计出适合本企业、适应市场竞争的流程，流程式管理才有可能落到实处。否则会给企业的管理、发展等带来诸多负面影响。

三、整车运输作业流程

（一）受理

无论是货物交给运输企业运输，还是运输企业主动承揽货物，都必须由货主和承运企业双方就货运业务进行联系交流。整车运输受理的主要方式归纳如下。

（1）登门受理。即由运输部门派人员去客户单位办理承托手续。

（2）到产地受理。在农产品上市时节，运输部门到产地联系运输事宜。

（3）现场受理。在省、市、地区等召开物资分配、订货、展销、交流会议期间，运输部门在会议现场设立临时托运或服务点，现场办理托运。

（4）驻点受理。对生产量较大、调拨集中、对口供应的单位，以及货物集散的车站、码头、港口、矿山、油田、基建工地等单位，运输部门可设点或巡回办理托运。

（5）异地受理。企业单位在外地的整车货物，运输部门根据具体情况，可向本地运输部门办理托运、要车等手续。

（6）电话、传真、信函、网上托运。经运输部门认可，本地或外地的货主单位可用电话、传真、信函、网上托运，由运输部门的业务人员受理登记，代填托运单。

（7）签订运输合同。根据承托双方签订的运输合同或协议，办理货物运输。对于长期货运合同，每一次提货同样也要办理提货手续。

（8）站台受理。货物托运单位派人直接到运输部门办理托运。

（二）托运

1．填写托运单

（1）托运单的内容。整车货物的托运单一般由托运人填写，也可委托他人填写，并应在托运单上加盖与托运人名称相符的印章。托运单的填写有严格的要求。

①内容准确完整，字迹清楚，不得涂改。如有涂改，应由托运人在涂改处盖章证明。

②托运人、收货人的姓名、地址应填写全称，起运地、到达地应详细说明所属行政区。

③货物名称、包装、件数、体积、重量应填写齐全。

（2）填写运单的注意事项。因为每一张货物运单都要录入企业管理信息系统，作为企业营运业务的原始记录及经营分析数据的来源，所以运单中各项数据的填写准确与否对管理主管来讲非常重要。

①一个托运人可以托运拼装一车的货物或分卸几处的货物，但应将拼装、分卸详情在运单上注明。

②一张运单托运的货物，凡不具备同品名、同包装、同规格的，以及搬家货物，应提交物品清单。

③轻泡货物及按体积折算重量的货物，要准确填写货物的数量、体积、折算标准、折算重量及其有关数据。

④托运人要求自理装卸车时，经承运人确认后，应在运单内注明。

⑤托运人委托承运人向收货人代递有关证明文件、化验报告或单据等，应在"托运记载事项"栏内注明名称和份数。

⑥托运人必须准确填写运单的各项内容，字迹要清楚，对所填写的内容及所提供的有关证明文件的真实性负责，并签字盖章，托运人或承运人改动运单所填写内容时，应该签字盖章证明。

⑦不能将危险品、易腐、易溢漏的货物夹在普通货物中运输，也不能在普通货物中夹带贵重物品、货币、有价证券、重要票证。出现这类情况而发生事故，后果完全由托运人负责，包括货损赔偿、损坏或污染车辆车厢的损失、遗失贵重物品和货币的损失等。必要时可要求货主在运单注明。

⑧托运有特殊要求的货物，应由托、承双方商定运输条件和特约事项，填注于运单上。例如，对长大笨重货物及高级精密仪器等，托运人应提供货物规格、性质及对运输的要求的详细说明书；必要时，托、承双方应先共同查看货物和运输现场，在商定运输方案后再办理托运手续。又如托运鲜活货物时，应提供说明最长运输期限及有关中途管理、照料事宜的文件，承运方不能满足其要求时，不应承运。

⑨托运人应核实申报托运货物的重量和体积。

2．审核托运单

运输部门收到由货物托运人填写的托运单后，应对托运单的详细内容进行审核并根据具体情况确定是否受理。

（1）运输部门不予受理的几种情况。

①法律禁止流通的物品或各级政府部门指令不予运输的物品。

②属于国家统管的货物或经各级政府部门列入管理的货物，必须取得准运证明方可出运。

③不符合《道路危险货物运输管理规定》的危险货物。

④托运人未取得卫生检疫合格证明的动、植物。

⑤托运人未取得主管部门准运证明的属规定的超长、超高、超宽货物。

⑥必须由货物托运人押送、随车照料，而托运人未能做到的货物。

⑦由于特殊原因，以致道路无法承担此项运输的货物。

（2）检验有关运输凭证。货物托运应根据有关规定同时向公路运输部门提交准许出口、外运、调拨、分配等证明文件或随货同行的有关票证单据。一般分为：根据各级政府法令规定必须提交的证明文件；货物托运人委托承运部门代为提取货物的证明或凭据；有关运输该批（车）货物的重量、数量、规格的单据；其他有关凭证，如动植物检疫证、超限运输许可证、禁通路线的特许通行证、关税单证等。

（3）审批有无特殊运输要求。如运输期限、押运人数，或承托双方议定的有关事项。

3．核算制票

发货人办理货物托运时，应按规定向车站缴纳运杂费，并领取承运凭证——货票。货票是一种财务性质的票据，是根据货物托运单填记的。在发站，它是向发货人核收运费的收费依据；在到站，它是与收货人办理货物交付的凭证之一。此外，货票也是企业统计完成货运量、核算营运收入及计算有关货运工作指标的原始凭证。始发站在货物托运单和货票上加盖承运日期之时起即算承运，承运标志着企业对发货人托运的货物开始承担运送义务和责任。

（三）组织装车

在车辆到达发货地点后，监装人员和厂家出货负责人，根据出货清单，对货物包装、数量和重量等进行清点和核实，核对无误后进行装车作业。

（1）车辆到达装货地点，监装人员应根据货票或运单填写的内容、数量和发货单位联系发货，并确定交货办法。

（2）在货物装车前，必须对车辆进行技术检查，以确保其运行安全。监装人员应对货物包装进行检查，以确认有无破损、渗漏、污染等情况。一旦发现，监装人员应及时联系发货单位商议修补或调换。如发货单位自愿承担因破损、渗漏、污染等引起的货损，则应在随车同行的单证上加盖印章或做批注，以明确其责任。监装人员应检查货物装载是否符合规定的技术条件，严格检查车辆装载状态，检查是否有超载、偏重和倾斜等　　现象。

（3）装车完毕后，应清查货位，检查有无错装、漏装，并与发货人核对实际装车件数，确认无误后，办理交接签收手续。

（四）途中作业

货物在运输途中发生的各项货运作业活动统称为途中作业。途中作业主要包括途中货物交接、货物整理或换装等作业以及货物完好状况检查，譬如货物倾倒碰撞、包装破损和货物溢漏流失等。为了方便货主，整车货物还允许途中拼装或分卸作业，考虑到车辆周转的及时性，对整车拼装或分卸应加以严密组织。为了保证货物运输的安全与完好，便于划清企业内部的运输责任，货物在运输途中如发生装载、换装、加固等作业，驾驶员之间、驾驶员与站务人员之间，应认真办理检查手续，做好途中作业日志以便备案。

（五）到达作业

货物在到达站发生的各项货运作业统称为到达作业，主要包括货运票据的交接、货物卸车、交付等内容。

卸货人员在接到卸货通知后，应预先了解卸货地点、货位、行车道路、卸车机械等情况。在车辆到达卸货地点后，会同收货人员、驾驶员检查车辆装载有无异常，一旦发现异常应做出卸车记录后再开始卸货。

卸货时应根据运单及货票所列的项目当场与收货人点件或监秤记码交接。如发现货损、货差则应按有关规定编制记录并申报处理。收货人员可在记录或货票上签署意见但无权拒收货物。交接完毕后，应由收货人在货票收货回单联上签字盖章，运输承运人的责任即告结束。

（六）事故处理

运输企业在承运责任期内对承运的货物应履行责任运输。承运责任期是指自签订运输合同或托运单时起，至货物交付收货人之日止的期间。在承运责任期内，因装卸、运送、保管和交付等所发生的差错、损坏而造成经济损失的事项，称为货运事故。货运事故具体包括由于火灾、被盗、丢失、破损、湿损、污染和腐坏等原因形成的事故。企业在发生货运事故时，车站应会同有关部门进行鉴定，编制事故记录，及时做出处理。

在货运事故发生时，车站应及时派人到现场进行查看、抢救。对被盗、丢失和短少的货物，应详细检查车辆和货物包装破坏状况及短少货物的具体情况，编制事故记录，由公安人员在记录上签字；对破损、湿损、污损和腐坏的货物，应立即采取措施挽救，防止损失扩大；对错交、错运、错装、错卸、漏装和漏卸的货物，发货站应迅速将货物运交目的站，并填写事故记录单分送有关单位。如在到达站发现，应及时查明下落，如属运输企业责任，应无偿将差错货物运至到达站交付，由此发生的运输误期，应按合同要求支付违约金；对重大事故应立即向上级主管部门和有关领导汇报。

任务四　公路货物零担运输

公路运输企业承办的一次托运的货物不足规定整车重量限额的运输称为零担货物运输。我国《公路汽车货物运输规则》规定：托运人一次托运的货物，其重量不足 3 吨者为零担货物。按件托运的零担货物，单件体积一般不得小于 0.01m³（单件重量超过 10 千克的除外）不得大于 1.5m³；单件重量不得超过 200 千克；货物长度、宽度、高度分别不得超过 3.5m、1.5m 和 1.3m，不符合这些要求的，不能按零担货物托运、承运。各类危险货物，易破损、易污染和鲜活等货物，一般不能作为零担货物办理托运。

一、公路零担货物运输的特点

通常，公路零担货物运输的特点主要有以下几个。

（一）货源不稳定，站务作业计划性差

零担货物具有品种复杂，量小批多的特点，一般由托运单位或个人自行运抵零担站，也可以预约后由零担站指派业务人员上门代理托运手续。因此，站务作业计划性差，难以采用合同运输等方式将其纳入计划运输的轨道。为组织好零担货运工作，应合理利用车辆、场库等设施，不断提高设备利用率和运输效率，加强对零担货物流量、流向的调查，抓好零担货物的受理工作。

（二）站务工作量大，组织工作复杂

零担站务工作的内容包括受理托运、退运与变更、检货司磅、验收入库、开票收费、装车与卸车、货物交接、货物中转、到达与交付等环节，这些环节是零担站的基础工作，工作量大而复杂。

零担货运环节较多，作业工艺比较细致，货物配载和装卸要求也比较高。零担货物质量的确定、货物的装卸均由车站负责，零担站要配置一系列相应的货运设施，同时也要增加大量的作业管理工作。为适应零担货物运输的需要，车站除要求配备一定的仓库、货棚、站台外，还需要配备装卸、搬运、堆置的机具和专业厢式车辆，因此占用较多的人力、物力和财力。

（三）运送方式多样

零担货运按送达速度分为：普通零担货运、快件零担货运、特快专运零担货运。零担货运，上门取货、送货到家、电话托运、随交随收、手续简便。对需要经由几个运输单位中转的货物，可以一次托运、一次交费、一票到底，承运单位全程负责。在高速公路发展的情况下，公路零担货物运输的运送速度比铁路、水路货物运输更加快捷。

（四）零担货运运输经济效益较高

零担货运的车辆，一般都有较高的行程利用率和吨位利用率，出车时间利用系数高，有利于提高车辆工作率，因此车辆的运用效率较高。另外，相对铁路、水路运输支付的货物仓储堆存集散费用，因此公路零担货物运输节约了装卸费用和仓储、堆存费用，有较好的经济效益。

我国公路零担货物运输市场已完全放开，零担运输企业越来越靠运输质量取胜。随着道路状况的改善、零担运输网的发展和车辆性能的提高，零担货物送达的时间已人人缩短；使用厢式货车，制定严格、细致的货物交接规程，货损、货差事故也大大减少。因此，零担货物运输非常适合商品流通中品种繁多、小批量、多批次、价高贵重、时间紧迫、到站分散的货物。

（五）汽车零担站建站条件较高

零担货物的特点决定了普通货运车辆不适于用来运载零担货物，必须选择箱式货车作为零担货物专用的运输车辆，同时站内还应配备高生产率的运输机械和装卸设备。零担站是零担货物集散的场所，是道路货物运输的枢纽。零担站的设置必须合理选址与划分服务范围，减少不必要的中间环节。零担站的组建必须满足零担货物运输生产工艺的要求，合理地设置零担站房、仓库、货棚、装卸作业场、停车场以及有关的生产辅助设施，各部分的相互位置和面积，应符合方便货主、便于作业、适应需要、优质服务的客观要求。

二、零担货物货源组织

货流是指一定时间、一定区段内货物的情况，它包括货物的流量、流向、流时、流程四个要素：公路货物在一定时间、一定区段内流动的数量称为货物流量；公路货物流动的方向称为货物流向。路段上货流量大的方向的货流称为顺向货流。货流量小的方向的货流称为反向货流。

零担货物运输的货源货流信息是指与货物的发生地、流量、流向、流时、流程及其变化有关的各种情报的总称。

（一）零担货运中货源、货流信息的搜集

1．开展零担货运的市场调查

全面调查：是在一定时期内，对零担货运企业吸引区内的自然资源（土地、矿、林、土特产等）、人口、企事业、学校、机关等的基本概况，对工农业产量、规格、供给流通，对工业生产所需原材料、燃料、辅助材料的品种、消耗量、自产量、流入量，对商品流通的数量、范围、时间，交通运输网络布局、竞争对手的发展变化等，做全面综合调查分析。

典型调查：是根据需要选具有代表性的地区、单位或运输线路，进行解剖，用"由此及彼"的推理，一般地了解同类事物的共同规律。

专题调查：为研究零担货运的某些特殊问题做专门调查。

2．整理分析资料

整理分析近期承托运资料、地区发出运量统计资料等，分析货源货流信息，帮助科学决策。

3．实时情报的搜集

在开展零担业务的过程中，要通过不同渠道、不同方式搜集实时情报，帮助开展业务。同时要考虑情报搜集的成本，并注意情报搜集的真实性。通过互联网搜集实时情报，已成为一种重要方式，这种方式既便捷、成本低、应注意加以利用。

（二）零担货源组织方法

零担货物是零担货物运输的对象，足够的货源是零担货物运输生存和发展的基础。充分掌握零担货源信息是货源组织的有效办法。因此要注意进行市场调查。其调查的内容、方式、方法与一般的货物运输基本相同，主要是进行货物流量和流向及其起讫点的调查。

在调查基础上，结合以下方法才能使工作更有成效。

1．实行合同运输

货主与汽车运输单位之间的相对稳定合作，当货主需要运输货物时，告知运输单位，由运输单位按货主要求将货物运往目的地。它具有以下几个特点。

（1）使零担货运企业拥有一定数量的稳定货源。

（2）有利于合理安排运输。

（3）有利于加强企业责任心，提高运输服务质量。

（4）有利于简化运输手续，减少费用支出。

（5）有利于改进客户的产、供、销关系，优化其资源配置。

2．设立零担货运代办站（点）

零担货物具有品种繁多、小批量、多批次、价高贵重、时间紧迫、到站分散的特点，零担货运企业可自行设置独立的货运站点，也可与其他社会部门或企业联合设立零担货运代办站点，这样，既可加大零担货运点的密度，又可有效利用社会资源，减少企业成本，弥补企业在发展中资金人力的不足。在设立零担货运站点时，一定要经过广泛的社会调查，充分了解货源情况。

3．委托社会相关企业代理货运业务

零担货运企业可以委托货运交易市场、货物联运公司、停车场、邮局等单位受理零担货运业务，利用这些单位的既有设施及社会关系网络，取得相对稳定的货源。

4．聘用货运信息联络员，建立货源情报网络

聘用货运信息员上门与货主洽谈，承揽业务，或在媒体上刊登广告，向社会提供运输方式、运价、在途时间、联系方式等服务信息。在有较稳定零担货源的单位设专职货运联络员，随时掌握货源情况，了解客户要求，提供增值服务，加深客户对其服务质量的信赖程度。

5．建立电话受理业务

设立固定、统一的电话号码，有利于某区域客户联系与沟通，及时办理托运受理业务。

6．网上接单业务

设立专门的零担货运网站，公布零担货物运输线路、运输价格、运输时间、服务承诺书网上业务登记办法等，方便承运人选择。

7．构建零担货物运输网络，扩大零担货物运输业务

随着计算机技术和通信技术、网络技术的发展，设立信息化的网络受理业务是一种比较普遍的组织零担货源的方法。

三、公路零担货运的组织形式

（一）固定式

固定式也称汽车零担货运班车，即所谓的"四定运输"，系指车辆运行采取定线路、定班期、定车辆、定时间的一种组织形式。这种组织形式要求根据营运区内零担货物流量、流向等调查资料，结合历史统计资料和实际需要，在适宜的线路上开行定期零担货运班车。零担货运班车主要有以下几种方式运行。

1．直达式

直达式指在起运站，将各发货人托运到同一到达站，而且性质适合配装的零担货物，同车装运直接送至到达站。途中不发生装卸作业的一种组织形式特点：途中不需倒装，不发生装卸作业，具有较好的经济性，如图 2-9 所示。

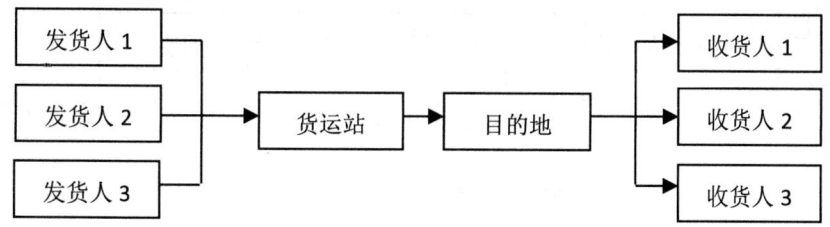

图 2-9　直达式零担货运班车

优点：节约了中转装卸作业设备及劳动，节省了中转费用，有利于减少货损、货差；有利于提高运输速度，减少货物的在途时间；降低了运输成本，提高了运输服务质量。

缺点：受货源数量、货流及行政区域的限制。

适合于：所有发货人的货物必须是统一到站且可以配装的。

2．中转式

中转式是指在起运站将各托运人发往同一去向，不同到达站，而且性质适合于配装的担货物，同车装运到规定的中转站中，卸货后另行配装，重新组成新的零担班车运往各到达站的一种组织形式以上只是最简单的中转形式，如运行线路很长，还要发生多次中转，如图 2-10 所示。

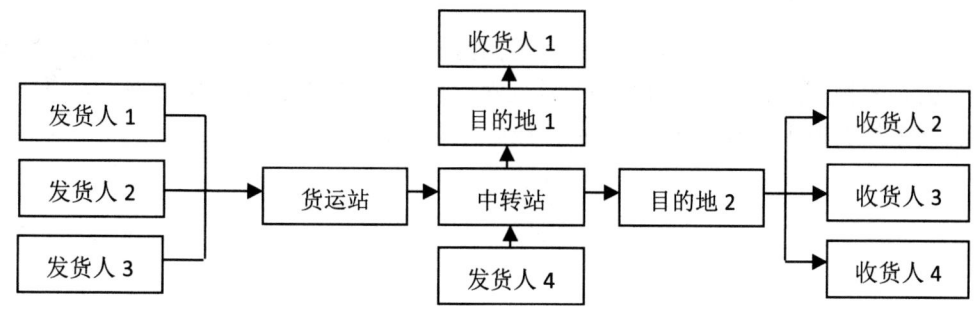

图 2-10　中转式零担货运班车

特点：中途进行再次配载。

优点：不受货源数量、货流及行政区域的限制。

缺点：耗费的人力物力较多，作业环节比较复杂。

适合于：流向分散，运量较小的货物运输。

3．沿途式

沿途式是指在起运站将各个托运人发往同一线路、不同到站，且适宜配装的各种零担货物，同车装运，按计划在沿途站点卸下或装上零担货再继续前进，运往各到达站的一种组织形式。这种形式组织工作较为复杂，车辆在途中运行时间也较长，但它能更好地满足沿途各站点的需要，充分利用车辆的载重和容积。是一种不可缺少的组织形式，如图 2-11 所示。

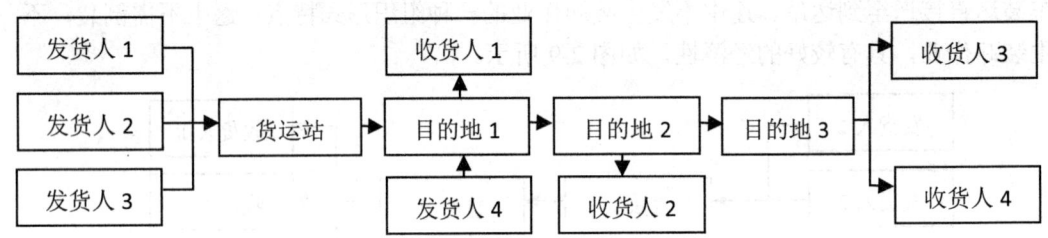

图 2-11　沿途式零担货运班车

优点：更好地满足沿途中各站点的需要，可以充分地利用车辆的载重和容积。

缺点：组织工作复杂，车辆在途中运输时间较长。

（二）非固定式

非固定式是指按照零担货流的具体情况，根据实际需要，随时开行零担货车的一种组织形式。这种组织形式由于缺少计划性，必将给运输部门和客户带来一定不便。因此只适宜于在季节性或在新辟零担货运线路上作为一项临时性的措施。

四、零担货物运输的作业流程

零担货物运输业务是根据零担货运工作的特点，按流水作业形式构成的一种作业　程序。

（一）托运受理

托运受理是指零担货物承运人根据经营范围内的线路、站点、运距、中转站及各车站的装卸能力、货物的性质及受运限制等业务规则和有关规定接受托运零担货物、办理托运手续。公路零担货物托运单如表 2-6 所示。托运受理主要有三种形式。

表 2-6　公路零担货物托运单

托运日期：　　　　发站：　　　　　　到站：　　　　　　　　运单编号：

收货单位（人）：	电话：			详细地址：		
重要声明：（若货物不保险，出险后我公司将按背书条款赔偿） 本票货物：已保价（　）　未保价（　）			重量/千克	货物价值/元	体积/m³	
货物名称	包装	件数	运费	代付款	保价费/3‰	合计金额/元

付款方式：现付（　）到付（　）签回单付（　）月结（　）合计金额（大写）：

发货人签字		发货人电话		收货人签字		承运经办人		承运单位盖章	

重要提示：请发货人及收货人认真阅读本托运单背面托运协议条款，特别是免除或限制承运人责任条款，如有异议，请要求承运人说明。您在本协议上签字或盖章，即表示您理解同意本协议所记载的全部内容

本公司地址：河北秦皇岛市北环路 285 号　　业务电话：0335-8074×××　　传真：8074×××

注：托运单一式四联。第一联为承运人存根，第二联交与托运人，第三联用于财务统计，第四联随货同行。

1．随时受理制

对托运日期无具体规定，在营业时间内均可到货运站办理托运，为货主提供了极大的方便，但不能事先组织货源，缺乏计划性，因而货物在库时间比较长，设备利用率低。

2．预先审批制

要求发货人事先向货运站提出申请，货运站根据各个发货方向及各站的运量，站内设备和作业能力加以平衡，分别指定日期进货集结，组成零担班车。

3．日历承运制

日历承运制是指货运站根据零担货物流量与流向规律，编写承运日期表，事先公布，发货人则按规定日期来办理手续。采用日历承运制可有计划有组织地进行零担货物的运输，便于将去向和到站比较分散的零担货物集中，组织直达零担车，均衡地安排每日承运的货量，也便于客户合理安排生产和产品调度，提前做好托运准备工作。

（二）验货司磅

验货司磅即托运人在收到托运单后，审核托运单填写内容与货物实际情况是否相符，检查包装，过磅量方，进行扣贴标签、标志等活动。

1．核对运单

承运人按照承运线路、站点、车辆装载能力等，核对托运单上的信息填写是否完整，同时是否与本次运输线路一致，填写的货物名称、数量、包装标识等信息是否与实际接

收的货物相一致。

2. 检查货物

货物包装是货物运输、中转、仓储等过程安全的基本保障，包装的好坏直接关系到运输质量和货物自身的安全。对货物外包装进行检查，确保在运输过程中的安全性。通常，检查包装可采用以下方法。

（1）看。检查外包装是否符合相关规定要求，有无破损、缝隙等现象。特殊物品及贵重物品需要查看其是否采取了适当防护措施及进行报价。

（2）听。听有无异响。

（3）闻。闻有无不正常气味。

（4）摇。检查包装内衬垫是否充实，货物在包装内是否晃动。

3. 过磅量方

零担货物运输中，按照所到站点分别进行过磅计算，不同站点的计费标准会有所不同。零担货物一般按照毛重进行计费，计费重量起步为1千克；对于实重货物而言，计费重量为实际重量；对于轻泡货物（指每立方米体积重量不足333千克货物）而言，其计费重量需要根据其体积进行折算。根据其外部的最大长、宽、高尺寸计算其体积，按每1立方米折合333千克确定其计费重量。

4. 扣、贴标签、标志

货物标签是货物本身与运输货票之间的联系。是运输过程中进行理货、装卸、中转、交付的重要凭证。标签的各栏目需要认真填写，并且在每件货物的正面与侧面各贴一张。

（三）验收入库

零担仓库需要有良好的通风、防潮、防火、灯光设备和安全保卫能力，安全设施到位，库房内应严禁烟火。露天堆放货物时，要有安全防护措施。仓库应适当划分货位，一般可划分进仓待运货位、急运货位、到达待交货位，以便分别堆放。零担货物验收入库是车站对货物履行责任运输、保管的开始，在经复点无误之后在托运单上注明货位，经办人盖章后生效。

通常，入库的操作要点主要有以下几个。

（1）凡未办理托运手续的货物，一律不准进入仓库。

（2）认真核对运单、货物，坚持照单验收入库。

（3）货物必须按流向堆码在指定的货位上。

（4）一批货物不要堆放两处，库内要做到层次分明，留有通道，互不搭肩，标签向外，箭头向上。

（5）露天堆放的货物要注意下垫上盖。

经常检查仓库四周，可将有碍货物安全的物品堆放在仓库周围，保持仓库内外整洁。货物在仓库待运期间，要经常进行检视核对，以票对货、票票不漏。

（四）开票收费

托运人根据托运单上货物的数量及重量等信息，核算货物的运费及相关杂费项目。零担货物运费包含实际运输费用与各项杂费。实际运输费用计算公式为 $F=WLP$（F 为实际运输费用，W 为货物重量，L 为运输距离，P 为货运单价）

1．零担货运的杂费项目

零担货运的杂费项目主要包括以下几个。

（1）过渡费。零担运输车辆如果需要过渡运行，由起始站代收渡费。

（2）标签费。

（3）标志费。

（4）联运服务费。

（5）中转包干费，联运中转换装产生的装卸、搬运、仓储、整理包装劳务等费用，全程包干，汽运站一次核收。

（6）退票费。

（7）保管费。

（8）快件费。

（9）保价（保险）费。

2．营收报解与营收审核

收费人员每日将所收款项的数目与开出的票据进行核对。

（五）配载装车

1．装车前的准备工作

装车前的准备工作主要包括以下几个：

（1）根据随货通行的单据，按照中转、直达将货物进行分类；

（2）根据车辆的吨位、箱体容积等确定需要装载的货物，同时编制货物的交接清单。

2．装车组织

根据货物的特性、种类及到达的先后顺序，进行货物装车。其过程包含备货、交代装车、监装。监装是由仓库报关员发货，随车理货员或者驾驶员随即装车的活动。

3．配载原则

通常，配载原则主要包括以下几个。

（1）坚持中转先运、急件先运、先托先运、合同先运的原则。对一张托运单和一次中转的货物，须一次运清，不得分批运送。

（2）凡是可以直达运送的货物，必须直达运送；必须中转的货物，应按合理流向配载，不得任意增加中转环节。

（3）同一批货物应堆置在一起，货件的货签应向外，以便工作人员识别；运距较远的货物，应堆放在车厢的上部或后面，以便卸货作业顺利进行。

（4）充分利用车辆的载重量和容积，进行轻重配装，巧装满装。根据车辆容积和货物情况，均衡地将货物重量分布于车底板上；紧密地堆放货物，以期充分利用车辆的载重量和容积，防止在车辆运行中因发生振动而造成的货物倒塌和破损；认真执行货物混装限制规定，确保运输安全。

（5）要加强预报中途各站的待运量，并尽可能地使同站装卸的货物在吨位和容积上相适应。

4．站车交接

起运站与承运车辆，依据"零担货物装交接清单"办理交接手续，按交接清单有关栏目，在监装时逐批点交，逐批接收。交接完毕后，由随车理货员或驾驶员在交接清单上签收。交接清单应一站一单，以利运杂费结算；同时填写公路汽车零担货物交接及运费和杂费结算清单。

（六）货物中转

对于需要中转的货物需以中转零担班车或沿途零担班车的形式运到规定的中转站进行中转。中转作业主要是将来自各个方向的仍需继续运输的零担货物卸车后重新集结待运，继续运至终点站。零担货物的中转作业一般有以下三种方法。

1．全部落地中转（落地法）

将整车零担货物全部卸下交中转站入库，由中转站按货物的不同到站重新集结，行安排零担货车分别装运，继续运到目的地。这种方法，简便易行，车辆载重量和容积利用较好，但装卸作业量大，仓库和场地的占用面积大，中转时间长。

2．部分落地中转（坐车法）

由始发站开出的零担货车，装运有部分要在途中某地卸下，转至另一路线的货物，其余货物则由原来车继续运送到目的地。这种方法使部分货物不用汽车，减少了作业量，加快了中转作业速度，节约了装卸劳力和货位，但缺点是对留在车上的货物的装载情况和数量不易检查清点。

3．直接换装中转（过车法）

当几辆零担车同时到站进行中转作业时，将车内部分中转零担货物由一辆车向另一辆车上直接换装，而不到仓库货位上卸货。组织过车时，既可以向空车上过，也可向留有货物的重车上过。

这种方法在完成卸车作业时即完成了装车作业，提高了作业效率，加快了中转速度，但对到发车辆的时间等条件要求较高，容易受意外因素干扰而影响运输计划。零担货物的中转还涉及中转环节的理货、堆码、保管等作业，零担货物中转站必须配备相应的仓库等作业条件，确保货物安全及时准确地到达目的地。

（七）到达作业

1．到站卸货

零担班车到站后，对普通货物和中转联运零担货物分别卸。

2．到货通知

零担到货接卸验收完毕后，到达本站的货物，应登入"零担货物到货登记表"，以"到货通知单"和"到货布告"或电话发出通知，催促收货人提货。

3. 收票交货

货物交付完毕，收回货票提货联；公路汽车的责任结束。包括内交付（随货同行单证交付）和外交付（现货交付）。

任务五 公路货物运费核算

公路货物运费包括运费和其他费用。运费是指公路承运人在运输货物时依照所运货物的种类、重量、运送距离而收取的费用，它是公路货物运输费用的重要组成部分。其他费用也称杂费，主要是指包括装卸费在内的公路货物运输过程中产生的相关费用。公路货物运输包含整车运输、零担运输、集装箱运输以及计时包车货物运输，不同的运输方式，其运输费用计算方式不同。公路货物运费的核算步骤如下。

一、确定计费重量

（一）计费单位

整批货物运输以吨为单位，零担货物运输以千克为单位，集装箱货物运输以箱为单位。

（二）重量确定

（1）一般货物：无论整批、零担货物，计费重量均按毛重计算。

（2）整批货物：吨以下计至 100 千克尾数不足 100 千克的，四舍五入。

（3）零担货物：起码计费重量为 1 千克。重量在 1 千克以上，尾数不足 1 千克的四舍五入。

（4）轻泡货物：指每立方米重量不足 333 千克货物。装运整批轻泡货物的高度、长度、宽度，以不超过有关道路交通安全规定为限度，按车辆标记吨位计算重量。零担运输轻泡货物以货物外包装最长、最宽、最高部位的尺寸计算其体积，按每立方米折合 333 千克计算重量。

（5）包车运输：按车辆的标记吨位计算。

（6）散装货物：如砖、砂、石、土、矿石、木材等，按体积由各省、自治区、直辖市统一规定重量换算标准计算重量。

二、确定货物等级

货物按其性质分为普通货物和特种货物两种。普通货物实行分等计价，以一等货物为基础，二等货物加成 15%，三等货物加成 30%。特种货物分为长大、笨重货物，危险货物，贵重、鲜活货物三类。

（1）大型特型笨重货物运价。一级大型特型笨重货物在整批货物基本运价的基础上加成 40%～60%；二级大型特型笨重货物在整批货物基本运价的基本上加成 60%～80%。

（2）危险货物运价。一级危险货物在整批（零担）货物基本运价的基础上加成 60%～

80%；二级危险货物在整批（零担）货物基本运价的基础上加成 40%～60%。

（3）贵重、鲜活货物运价。在整批（零担）货物基本运价的基础上加成 40%～60%。

三、确定计费里程

货物运输计费里程以千米为单位，尾数不足 1 千米的，进整为 1 千米。确定里程的方法如下。

（1）货物运输的营运里程，按交通部和各省、自治区、直辖市交通行政主管部门核定、颁发的《营运里程图》执行。《营运里程图》未核定的里程由承、托双方共同测定或经协商按车辆实际运行里程计算。

（2）出入境汽车货物运输的境内计费里程以交通运输主管部门核定的里程为准；境外里程按毗邻（地区）交通主管部门或有权认定部门核定的里程为准。未核定里程的，由承、托双方协商或按车辆实际运行里程计算。

（3）货物运输的计费里程，按装货地点至卸货地点的实际载货的营运里程计算。

（4）因自然灾害造成道路中断，车辆需绕道行驶的，按实际行驶里程计算。

（5）城市市区里程按当地交通主管部门确定的市区平均营运里程计；当地交通主管部门未确定的，由承托双方协定确定。因自然灾害造成道路中断，车辆需绕道而驶的，按实际行驶里程计算。

四、运费计算

（一）整车货物运费计算

公路运输规定，凡一次托运同一起讫地点的货物，其重量在 3 吨或其以上者，按整批货物运价计费。整批货物运输以吨为计费重量单位，以元/（吨·公里）为运价单位，对整批货物运输在计算运费的同时，按货物重量加收吨次费。整批货物运费计算公式为

整批货物运费 = 吨次费 × 计费里程 + 整批货物运价 × 计费重量 × 计费里程 + 其他费用

吨次费是指在计算整批货物运费的同时，按货物重量加收的费用。

（二）零担货物运费计算

一次托运的一批货物不足 3 吨的为零担运输，零担货物运输以千克为计费重量单位，以元/千米为运价单位。一般来说，由于零担货物批量小，到站分散，货物种类繁多，因而在运输中承运方需要支出的成本费用要比整车运输多，所以同一品名的零担货物运价高于整车同等货物的运价。零担货物运费的计算公式为

零担货物运费 = 计费重量 × 计费里程 × 零担货物运价 + 其他费用

（三）集装箱运费计算

集装箱运价适用于利用集装箱运送的货物。集装箱运输以箱为计费重量单位，以元/（箱·千米）为运价单位。对汽车集装箱运输在计算运费的同时，加收箱次费。箱次费按不同箱型分别确定。一般的，集装箱运价按照高于整车运价但低于零担运价的原则来制定。

集装箱运费的计算公式为：

重（空）集装箱运费＝重（空）箱运价×计费箱数×计费里程＋箱次费×计费箱数＋其他费用

箱次费是指在计算汽车集装箱运输费用的同时，按不同箱型分别加收的费用。

重箱运价按照不同规格箱型的基本运价执行，空箱运价在标准集装箱重箱运价的基础上减成计算。

（四）包车运费计算

对于包车进行的货物运输，要按照包车运输承载的货物种类，运输的特征，如线路，以及包车行驶所占用时间来考虑包车运费。包车运费的计算公式为

包车运费＝包车运价×包用车辆吨位×计费时间＋其他费用

包车货运计费时间：计费时间以小时为单位，起码计费时间为小时；使用时间超过 4 小时，按实际包用时间计算。整日包车，每日按 8 小时计算；使用时间超过 8 小时按实际使用时间计算。时间尾数不足 0.5 小时舍去，达到 0.5 小时进整为 1 小时。

（五）公路货物运输的其他费用

（1）调车费。应托运人要求，车辆调出所在地而产生车辆往返空驶，应计收调车费。

（2）延滞费。车辆按约定时间到达约定的装货或卸货地点，因托运人或收货人责任造成车辆和装卸延滞，应计收延滞费。

（3）装货（箱）落空损失费。应托运人要求，车辆开至约定地点装货（箱）落空造成的往返空驶里程，按其运价的 50％计收装货（箱）落空损失费。

（4）排障费。运输大型特型笨重物件时，因对运输路线的桥涵、道路及其他设施进行必要的加固或改造所发生的费用，称为排障费。排障费由托运人负担。

（5）车辆处置费。应托运人要求，运输特种货物、非标准箱等需要对车辆改装、拆卸和清理所发生的工料费用，称为车辆处置费。车辆处置费由托运人负担。

（6）检验费。在运输过程中国家有关检疫部门对车辆的检验费以及因检验造成的车辆停运损失，由托运人负担。

（7）装卸费。由托运人负担。

（8）通行费。货物运输需支付的过渡、过路、过桥、过隧道等通行费由托运人负担，承运人代收代付。

（9）保管费。货物运达后，明确由收货人自取的，从承运人向收货人发出提货通知书的次日（以邮戳或电话记录为准）起计，第 4 天开始核收货物保管费；应托运人的要求或托运人的责任造成的需要保管的货物，计收货物保管费。货物保管费由托运人负担。

（10）道路阻塞停车费。汽车货物运输过程中，如发生自然灾害等不可抗力造成的道路阻滞，无法完成全程运输，需要就近卸存、接运时，卸存、接运费用由托运人负担。

（11）运输变更手续费。托运人要求取消或变更货物托运手续，应收变更手续费。

【例 2-1】上海某机械厂拟将一批设备运往广州，重量 2556.6 千克，委托某物流公司

承运，计算运费。

【解析】

（1）确定零担货物的计费重量

计费重量＝2 556.6千克≈2 557千克（一批仪器设备属于一般货物。零担货物起码计费重量为1千克。重量在1千克以上，尾数不足1千克的，四舍五入）

（2）确定零担货物的计费里程，按交通部核定颁发的《营运里程图》，上海至广州1788千米。

（3）确定零担货物的种类和基本运价

零担普通货物基本运价是指零担普通货物在等级公路上运输的每千克千米运价。全国汽车货物基本运价比较早的是平均按0.27元/（吨·千）米控制。已经变动了几次，现在就以0.46元/（吨·千米）为例。

运价与货物种类有关。普通货物实行分等计价，以一等货物为基础，二等货物加成15%，三等货物加成30%。

经查《公路普通货物运价分等表》，机器设备属于三等货物。则运价为：0.46元/（吨·千米）×（1＋30%）＝0.598元/千米。

（4）确定零担货物运输的其他费用：

经过双方商量，确定按照运价的50%收取返程空驶调车费。则

零担货物运费＝计费重量×计费里程×零担货物运价＋货物运输其他费用

$$＝2 557千克×1778千米×0.598元/1 000千克·千米×（1＋50%）$$

$$＝4 078.1元$$

$$≈4 079元（以元为单位，不足一元时四舍五入）$$

【例2-2】 某货主托运一批瓷砖，重4 538千克，承运人公布的一级普货费率为1.2/（吨·千米），吨次费为16/吨，该批货物运输距离为36千米，瓷砖为普货三级，计价加成30%，途中通行收费35元，计算货主应支付运费多少？

【解析】

（1）确定计费重量。

瓷砖重4 538千克，超过3吨按整车货物运输办理。整车货物重量以吨计，吨以下至100千克，尾数不足100千克的，四舍五入，所以该批货物计费重量为4.5吨。

（2）确定货物等级和运价。

承运人公布的一级普通货物运价为1.2元/（吨·千米），瓷砖为普通货物三级，计价加成30%，故运价＝1.2×（1＋30%）＝1.561元/（吨·千米）。

（3）确定计费里程。根据题意可知，该批货物运输距离为36千米。

（4）确定杂费。根据题意可知，该批货物需支付途中通行收费35元。

（5）运费计算。

整批货物运费＝吨次费×计费重量＋整批货物运价×计费重量×计费里程＋其他杂费

$$＝16×4.5＋1.56×4.5×36＋35＝359.72≈360元$$

项目小结

本项目主要介绍了公路货物运输的基本知识，包括公路货物的含义，功能、特点；按照不同的依据进行公路货物运输的分类；公路运输的发展趋势；公路货物运输中涉及的公路、车辆、货运站等基本设施设备；公路货物整车运输的含义、特点、作业流程、托运单的填写方法；公路零担运输的含义、特点、货源组织方法、组织形式、作业流程；整车运输、零担运输、集装箱运输以及计时包车货物运输等不同的公路货物运输方式下，其运输费用的计算方法。

项目练习

一、填空题

1. 特种货物主要包括_____ 、_____、_____、_____、_____、易腐货物等。

2. 在承运责任期内，因装卸、运送、保管和交付等所发生的差错、损坏而造成经济损失的事项，称为货运事故_____。

3. 公路货运站的功能主要包括_____、_____、_____和综合服务。

4. 固定式也称汽车零担货运班车，即所谓的"_____"，系指车辆运行采取_____、_____、定车辆、_____的一种组织形式。

5. 公路货物运输按照经营方式不同，可分为：公共运输、_____、_____、自用运输、_____。

二、判断并改错题

1. 公路运输可以提供"门到门"的运输服务，铁路车站、水运港口码头和航空机场的货物集疏运输都离不开公路运输。（   ）

2. 在货物装车前，如发货单位自愿承担因破损、渗漏等引起的货损，则应在随车同行的单证上盖章或批注，以明确责任。（   ）

3. 当运输距离超过 150 千米时，基于国家或地区的政治与经济建设等方面的需要，常由汽车担负长途运输。（   ）

4. 要求发货人事先向货运站提出申请，货运站根据各个发货方向及各站的运量，站内设备和作业能力加以平衡，分别指定日期进货集结，组成零担班车的托运受理方法称为日历承运制。（   ）

5. 常用的专用车辆主要包括罐式运输车、散装饲料运输车、厢式货车、农用运输车等。（   ）

三、单项选择题

在下列每小题中，选择一个最合适的答案。

1. 运输途中不发生装卸作业的组织形式是（ ）。

A. 订点式   B. 沿途式   C. 直达式   D. 中转式

2. 运输过程中，每立方米密度小于 333 千克的货物称为（ ）。

A. 轻抛货物   B. 特种货物   C. 低密货物   D. 轻泡货物

3. 托运人一次托运的货物，其重量不足（ ）者为零担货物。

A. 2 吨   B. 3 吨   C. 4 吨   D. 1 吨

4.（ ）运送速度从货物受理当日 15 点起算，运距在 1000 公里内的 48 小时内运达。

A. 快件货物运输   B. 普通速度运输

C. 特快件货物运输   D. 加急件货物运输

5. 下列哪项可以不按照整车运输办理业务（ ）。

A. 矿石   B. 垃圾   C. 蜜蜂   D. 服装

四、多项选择题

1. 公路运输的功能有（ ）。

A. 衔接水路运输   B. 承担中长途运输

C. 实现"门到门"运输   D. 提高产品价值

2. 公路货物运输按照运输的经营形式分为（ ）。

A. 集装箱运输   B. 公共运输   C. 租车运输   D. 联合运输

3. 零担货物的中转作业方法主要有（ ）。

A. 过车法   B. 直达法   C. 落地法   D. 坐车法

4. 特种货物包括（ ）。

A. 冬虫夏草   B. 水泥   C. 海马   D. 碱性腐蚀物品

5. 下列属于整车运输受理的方式有（ ）。

A. 现场受理   B. 驻点受理   C. 网点受理   D. 站台受理

五、简答题

1. 公路货运站的功能有哪些？
2. 填写公路货运托运单有哪些注意事项？
3. 公路货物运输的特点有哪些？
4. 整车运输的作业流程有哪些？
5. 零担运输的货源组织方法有哪些？
6. 零担货物运输的特点有哪些？

技能实训练习

练习一：公路货物运输费用的核算

【情境1】某货主托运一批土豆，重 2 764.8 千克，承运人公布的一级普货费率为 0.38 元/（吨·千米），吨次费为 16 元/吨，该批货物运输距离为 1 278 千米，土豆为普货二级，计价加成 25%，途中装卸收费 268 元。请计算货主应支付多少运费？

【情境2】广东某货主托运一批五金，重 2 715.34 千克，承运人公布的一级普通货物运价为 0.18 元/（吨·千米），该批货物运输距离为 2 267 千米，五金为普通货物三级，计价加成 18%，途中通行收费 150 元，装卸费用每吨 40 元。试计算货主应支付多少元的运费？

【情境3】某人包用运输公司一辆 5 吨货车 5 小时 40 分钟，包车运价为 12 元/（吨·千米），应包用人要求对车辆进行了改装，发生工料费 120 元，包用期间运输玻璃 3 箱、食盐 3 吨，发生通行费 70 元，行驶里程总计 136 千米。请计算包用人应支付多少运费？

练习二：公路货物运输运单的填写

（一）任务展示

请根据以下情境设计分别填写表 2-7 和表 2-8 所示公路货物运单并完成运杂费的计算。

沈阳友泰金属有限公司（法人代表刘××，电话 139×××4902，地址是沈阳市皇姑区泰山路 69 号）销售一批铝锭（牌号 L60D900，规格 50 千克/件），运输经理王丹（156×××4703）定与 2 016.3.5 号和 8 号分别销售给青岛市和武汉市的两家贸易公司，并按照本票货物保险，保价费率 3‰，付款方式分别为到付和月结。按照公司运输合同，由沈阳德邦物流有限公司李××经办运输任务。其中青岛市的宏达贸易公司的收货人是王××，电话为 139×××1234，地址为崂山区苗岭路 289 号，需求情况为：需要量 100 件，每件货物 2 立方米，总重 5 吨价值 10.2 万元；运单编号为 LDZ9××54。

武汉的兴隆贸易公司的收货人姓名李××，电话 188×××3232，地址为汉阳区四新北路 135 号，需求情况为：25 件，1 526.75 千克价值 8.4 万元，运单编号为 YKA9067271。基础运费按公路 1.3 元/吨计，吨次费为 16 元/吨，装卸费 4.4 元/吨。包装采用纸箱，每件货物 2 立方米。承运人姓名张××，电话 135×××1999。沈阳——青岛里程 1 426 千米，沈阳——武汉里程 1 897 千米。

表 2-7　×××物流公司公路汽车零担货物托运单

托运日期：		发站：		到站：		运单编号：		
收货单位（人）：		电话：				详细地址：		
重要声明：（若货物不保险，出险后我公司将按背书条款赔偿）本票货物：（　）未报价（　）						重量/千克	货物价值/元	体积/m³
货物名称	包装	件数	运费			代付款	保价费 3‰	合计金额/元
付款方式：现付（）到付（）签回单付（）月结（）合计金额（大写）：								
发货人签字		发货人电话		收货人签字		承运经办人		承运单位盖章：
重要提示：请发货人及收货人认真阅读本托运单背面托运协议条款，特别是免除或限制承运人责任条款，如有异议，请要求承运人说明。您在本协议上签字或盖章，即表示您理解同意本协议所记载的全部内容								
本公司地址：								
注：托运单一式四联。第一联为承运人存根，第二联交与托运人，第三联用于财务统计，第四联随货同行								

表 2-8　×××物流公司公路汽车零担货物托运单

托运日期：		发站：		到站：		运单编号：		
收货单位（人）：		电话：				详细地址：		
重要声明：（若货物不保险，出险后我公司将按背书条款赔偿）本票货物：（　）未报价（　）						重量/千克	货物价值/元	体积/m³
货物名称	包装	件数	运费			代付款	保价费 3‰	合计金额/元
付款方式：现付（）到付（）签回单付（）月结（）合计金额（大写）：								
发货人签字		发货人电话		收货人签字		承运经办人		承运单位盖章：
重要提示：请发货人及收货人认真阅读本托运单背面托运协议条款，特别是免除或限制承运人责任条款，如有异议，请要求承运人说明。您在本协议上签字或盖章，即表示您理解同意本协议所记载的全部内容								
本公司地址：								
注：托运单一式四联。第一联为承运人存根，第二联交与托运人，第三联用于财务统计，第四联随货同行								

（二）实训目的

1. 掌握公路运输运单包括的项目，能够正确填制公路运单。
2. 掌握公路运输运杂费的计算方法，并能进行正确计算。

（三）实训准备

1. 本次实训任务以小组形式完成，每组 5～6 人、组长负责组织安排任务实施。
2. 本次实训配备计算机、纸张、计算器等工具。

（四）实训步骤

1. 组长负责制订任务完成计划并进行小组分工。
2. 设计公路货物运输托运单。
3. 按题目中信息正确填写运单。
4. 计算公路运输运杂费。
5. 小组汇报方案。
6. 进行小组任务评价，评价标准如表 2-9 和表 2-10 所示。

（五）实训成果

1. 托运单设计格式正确、项目完整。
2. 托运单填写正确，清晰无误。
3. 运费计算全面、正确。

（六）实训评价

表 2-9　公路运单设计及填写实训评价表

被考评小组					
考评地点			考评时间		
	考评内容	评分	小组自评	小组互评	教师评价
考评标准	1. 小组工作计划合理，分工明确	10 分			
	2. 材料准备齐全	10 分			
	3. 运单设计格式正确，项目完整	20 分			
	4. 运单填写清晰，无涂改	10 分			
	5. 运单填写正确，无错误	20 分			
	6. 运单填写完整，无遗漏项目	30 分			
合计		100 分			
最终得分（自评 20%＋互评 30%＋教师评价 50%）					

表 2-10　公路运费计算实训评价表

被考评小组					
考评地点		考评时间			
考评标准	考评内容	评分	小组自评	小组互评	教师评价
	1．小组工作计划合理，分工明确	10 分			
	2．材料准备齐全	10 分			
	3．因素考虑全面	10 分			
	4．运费计算正确	30 分			
	5．小组所有成员参与度高，团队配合好	20 分			
	6．小组实训成果资料及汇报效果好	20 分			
合计		100 分			
最终得分（自评 20%＋互评 30%＋教师评价 50%）					

项目三　铁路货物运输

【项目导读】

19 世纪 30 年代，铁路作为成本低、运量大、便利可靠的陆地货物运输系统，对实现欧洲的工业革命以及发展各国之间的经济联系曾起了重要作用。20 世纪 40 年代以后，随着公路运输、航空运输、管道运输和现代水路运输的发展，许多工业发达国家的铁路运输地位发生了变化。200 公里以内短距离货物运输的大部分，在美国等国甚至 500 公里以内中距离货物运输的相当部分都被公路运输所取代，石油、天然气等货物的绝大部分也逐步改由管道和水路运输。本项目围绕铁路运输的基本含义，介绍了铁路运输的优势和不足，以及铁路运输的多种分类形式；介绍了铁路线路、车辆、铁路车站等基础设施设备，并针对铁路货物运输的发送、途中、到达、交接等作业流程进行重点阐述；介绍铁路货物运输的多种组织形式；此外，介绍了整车、零担、集装箱等不同货运形式的运输费用计算方法。

【项目目标】

➤ 理解铁路货物运输的含义和特点。
➤ 熟悉铁路货物运输的分类。
➤ 了解铁路货物运输的设施设备及其功能。
➤ 掌握铁路货物运输的作业流程。
➤ 掌握铁路货物运到期限的计算方法。
➤ 熟悉铁路货物运输的组织形式。
➤ 掌握铁路货物运输货运单证的填制方法。
➤ 掌握铁路货物运输费用核算方法。

【项目任务】

北美铁路经营模式

北美铁路公司呈显著的两极分化现象，90％以上的业务和收入集中在Ⅰ级铁路公司。北美的铁路公司一般被认为是"纯铁路公司"，严格地说，这是一个近似含义，是一个在近期得到了进一步强化的现象。目前，美国Ⅰ级铁路公司以铁路货运为主营业务的构架非常清晰。2002 年年末，北美有 7 家Ⅰ级铁路公司，主营业务对公司总收入的贡献一般不低于 95％。例如，联合太平洋铁路公司（UP）2001 年以来的主营业务的比重在 95％以上；2002 年和 2003 年，伯灵顿北方和圣塔菲公司（BNSF）的主营业务分别占总收入的 98.8％和 98.6％。

尽管副业在铁路运输公司中的地位不高，但种类却相对丰富，如圣塔菲公司的其他业务包括特殊目的子公司、管道公司、保险公司，UP 的其他业务包括芝加哥通勤铁路、信托公司、特殊目的公司等，曾经经营的汽车运输、物流、自然资源、废弃物管理等业务已分别于 2003 年、1998 年、1996 年、1995 年被出售。

在所有 I 级铁路公司中，美国 CSX 集团的业务结构是比较复杂的，该集团的业务分为三部分：核心业务单元（即铁路运输业务、联运、集装箱枢纽）、其他运输业务单元（技术服务、地产、各类增值服务、物流中的 IT 服务）、非运输业务单元（旅馆业务、天然气管道建设）。2003 年，核心业务单元的收入占公司的 98%（铁路运输收入占公司总收入的 79%，联运占 16%，集装箱枢纽业务占 3%）。

加拿大国家铁路公司（CN）和加拿大太平洋铁路公司（CP）是总部位于加拿大的北美 I 级铁路公司。CN 于 1995 年通过上市实现了由国有向私有的转变。在实行私有化之前，除铁路运输之外，CN 还经营公路运输、旅馆、房地产、通信、轮渡等，是一家典型的国有企业集团。在私有化过程中，加拿大政府及 CN 的管理层按照中介公司的咨询意见逐步剥离了非核心业务，以塑造"纯铁路公司"的形象，并获取足够的现金流以降低公司的负债率，为公司在美国上市做准备。CN"纯铁路公司"改造获得了很大的成功，公司股票获得了超过 8 倍的认购。2001 年以来，铁路货运收入占公司总收入的 96% 以上。

CP 经历了巨大的变化，从成立之时的"太平洋铁路公司"，到 1971 年成立母公司"太平洋有限责任公司"，统一管理铁路运输、旅馆、石油天然气、采矿等，再到 2001 年实现了集团公司的业务分拆，成立了铁路运输、船舶运输、煤炭、旅馆、能源 5 家相互独立的公司。分拆后，CP 的铁路运输业务收入占总收入的 95% 左右。CP 的其他收入主要来自调车作业、房地产等。

北美的实践表明，所谓"纯铁路公司"，实际上是指以铁路运输为核心业务，并不从根本上排斥非核心业务，但副业一定是以铁路运输业务发展需要为根本出发点的。这种经营方式是经过多年的发展演变而来的。

（1）铁路运输的特点是什么？
（2）北美铁路运输的经营模式有什么特点？

任务一　铁路货物运输基本知识

铁路货物运输是利用机车作为动力牵引车辆，沿着轨道行进，这种轨道铺设在轨枕上，保持不变的轨距，在轨道上运行的车辆借助于轮轨接触面产生的蠕滑力行进。铁路货物运输主要是以牵引机车为动力，编挂一定数量的符合列车编组计划、列车运行图、铁路技术管理规程等规定要求的车组，并挂有列车标志的这种单元货物列车来完成运输任务的。

铁路运输是我国国民经济的大动脉，是我国货物运输的主要方式之一，也是构成陆上货物运输的两个基本运输方式之一，并与水路干线运输、各种短途运输直接衔接，可以形成以铁路运输为主要方式的运输网络。它在整个运输领域中占有重要的地位，并发挥着越来越重要的作用。

一、铁路货物运输的特点

铁路货物运输由于受气候和自然条件影响较小，且运输能力及单车装载量大，运输的经常性和低成本性占据了优势，再加上有多种类型的车辆，使它几乎能承运任何商品，几乎可以不受重量和容积的限制，而这些都是公路和航空运输方式所不能比拟的。

（一）铁路货物运输的优点

通常，铁路货物运输的优点主要有以下几个。

1．运行速度快

运输速度仅次于飞机，时速可达 100 千米/小时左右，高速列车时速可达 300 千米/小时以上。

2．运输能力大

铁路是大宗、通用的运输方式，能够负担大量的客、货运输。运输能力大，适合于中长距离运输。运输能力是普通卡车的数百倍甚至上千倍。我国单线铁路单方向最大货物运输能力达到 1 800 万吨，一般复线货物运输能力达到 5 500 万吨。

3．运输成本低

一般来讲，铁路运输成本比河运和海运成本高些，但比公路运输与航空运输低得多。我国铁路运输成本分别为公路运输和航空运输的 1/20 和 1/128，在美国则相应为 1/7 和 1/18，铁路能耗也很低。

4．通用性强

铁路受地理和气候条件的限制很少，具有较高的连续性和可靠性，一年四季昼夜不停地连续工作，可货运、可客运，可以运送几乎所有的不同性质的货物，通用性很强。

5．安全性强

铁路运输计划性强，运输能力可靠，比较安全。

6．环境污染小

工业发达国家的社会及经济与自然环境之间的平衡受到了严重破坏，运输业在其中起了很大的作用。而铁路运输对环境和生态的影响与公路汽车和飞机相比较小，特别是电气化铁路的影响更小。

7．实现多式联运

铁路运输可以方便地实现驮背运输、集装箱运输及多式联运。

（二）铁路货物运输的缺点

通常，铁路货物运输的缺点主要有以下几个。

1．原始投资大，建设周期长，占用固定资产多

修建铁路需要大量的资金和金属。据统计，目前我国每修建 1 千米铁路，需要投资 400

万元以上，消耗 120～150 吨重的钢轨、零部件和金属。

2．始发和终到的作业时间较长，铁路短途运输平均成本高

因为在单位运输成本中，始发和终到作业所占的比重与运输距离成反比，所以 50 千米以下的短途运输成本，铁路运输要比公路运输高。

3．受轨道线路限制，灵活性较差

铁路运输难以实现"门到门"运输，通常需要其他运输方式配合才能完成运输任务。

二、铁路货物运输的分类

（一）按货物运输形式的不同划分

根据托运人托运货物的数量、体积、形状等条件，铁路货物运输可分为整车、零担和集装箱运输三种形式。

1．整车运输

一批货物的重量、体积、性质或形状需要使用一辆或一辆以上铁路货车装运（集装箱装运除外）即为整车运输。整车运输装载量大，运输费用较低，运输速度快，能承担的运量也较大，是铁路的主要运输形式。整车运输适于运输大宗货物。

2．零担运输

一批货物的重量、体积、性质或形状不需要一辆铁路货车装运（集装箱装运除外）即属于零担运输。零担运输适于运输小批量的零星货物。零担托运的货物还需要具备两个条件：一是单件货物的体积不得小于 0.02 立方米（单件货物重量在 10 千克以上的除外），二是每批货物的件数不得超过 300 件。

3．集装箱运输

指使用集装箱运送货物。能装入箱内的、符合集装箱运输条件的货物都可按集装箱运输办理。集装箱运输适于运输精密、贵重、易损的货物。

（二）按运输条件的不同划分

根据运输条件的不同，铁路货物运输可分为普通货物运输和特殊货物运输。

1．普通货物运输

普通货物运输指在铁路运输过程中，按一般条件办理的货物（如煤、粮食、木材、钢材、矿建材料等）运输。

2．特殊货物运输

特殊货物运输指由于货物的性质、体积、状态等在运输过程中需要使用特别的专辆装运或需要采取特殊的运输条件和措施，才能保证货物完整和行车安全的货物运输，具体分为以下三类。

（1）超长、超重和超限的货物运输。超长货物是指一件货物的长度超过用以装运的平

车的长度、需要使用游车或跨装而又不超限的货物。

超重货物是指一件货物装车后，其重量不是均匀地分布在车辆的底板上，而是集中在底板的一个小部分上的货物。

超限货物是指一件货物装车后，车辆在平直的线路上停留时，货物的高度和宽度有任何一部分超过机车车辆限界的，或者货车行经半径为 300 米的铁路线路曲线时，货物的内侧或外侧的计算宽度超过机车车辆限界的，以及超过特定区段的装载限界的货物。

（2）危险货物运输。危险货物是指具有爆炸、易燃、毒害、腐蚀、放射性等特性，在运输、装卸和储存保管过程中，容易造成人身伤亡和财产毁损而需要采取制冷、加温、保温、通风、上水等特殊措施，以防止腐烂变质或病残死亡的货物。

（3）鲜活货物运输。鲜活货物分为易腐货物和活动物两大类。托运人托运的鲜活货物必须是品质新鲜、无残疾的，有能保证货物运输安全的包装，使用的车辆和装载方法要适应货物性质，并根据需要采取预冷、加冰、上水、押运等措施，以保证货物质量状态完好。

（三）按运输速度的不同划分

按运输速度的不同划分，，铁路货物运输可分普快货物班列、快速货物班列和特快货物班列三种。

1．普快货物班列

在全国主要大中城市、港口、物流集散地间组织开行的，最高运行时速 80 公里的快运货物班列。

2．快速货物班列

如使用 P65 或 PB 型货车编组，最高运行时速 120 公里的快运货物班列。

3．特快货物班列

如使用 25T 行李车编组，最高运行时速 160 公里的快运货物班列。

任务二　铁路货物运输设施设备

铁路运输设施主要由铁路线路、机车车辆、信号设备和铁路车站四部分组成。

一、铁路线路

铁路线路是列车运行的基础，承受列车重量，并且引导列车的行走方向。

（一）铁路线路的等级

铁路线路的等级是铁路的基本标准，铁路线路设计时分为远、近两期，远期为交付营运后第 10 年，近期为交付营运后第 5 年。依据铁路在路网中的作用和性质及其所承担的远期年客、货运量的大小，将普通铁路划分为 I、II、III 三个等级：

I 级铁路是指在路网中起到骨干作用的铁路，远期年客货运量在 20M 吨以上。II 级铁路分两种情况：一是指在路网中起骨干作用的铁路，远期年客货运量小于 20M 吨；二是指在路网中起联络、辅助作用的铁路，远期年客货运量在 10M 吨以上。Ⅲ级铁路是指为某一区域服务，具有地区运输性质的铁路，远期年客货运量在 10M 吨以下。

通常一条铁路线路应选定一个统一的等级，但对于长距离的铁路线路来说，当有些区段的货运量或工程难易程度有较大差别时，可以对这些区段选用不同的等级。目前，我国骨干铁路旅客列车运行时速达到了 250 千米/小时。

（二）铁路线路的构成

铁路线路通常由路基、桥梁、涵洞、隧道等构造物构成。

1. 路基

路基是铁路线路承受轨道和列车载荷的基础结构，按地形条件、线路平面和纵断面设计的要求，路基横断面可以修成路堤、路堑和半路堑三种基本形式，如图 3-1 所示。

图 3-1　铁路路基

图 3-2　铁路桥梁

路基必须坚实而且稳固，才能承受沉重的压力。破坏路基坚实稳固的主要原因往往在于水的危害，因此为了排泄地面水和拦截地下水，路基要设置排水沟、截水沟或渗沟、渗管等排水设备。

2. 桥梁

铁路通过江河、溪沟、谷地时需要修筑桥梁，桥梁主要由桥面、桥跨结构和墩台组成，如图 3-2 所示。铁路桥梁按照桥跨所用的材料，可以分为钢桥、钢筋混凝土桥等；按照桥梁的长度（L），可以分为小桥（L<20 米）、中桥（20 米≤L<100 米）、大桥（100 米≤L<500 米）和特大桥（L>1 500 米）；根据用途又可分为铁路专用桥和铁路、公路两用桥。

3. 涵洞

涵洞是设置在路堤下部的填土中，用以通过少量水流的一种构造物，如图 3-3 所示。

4. 隧道

铁路隧道是线路穿山越岭的主要方式之一，还有穿越江河湖海与地面障碍的功能，越江隧道、地铁隧道等，如图 3-4 所示。隧道是修建在地下、山中或水下并供机车、列车通行的建筑物，按其所在位置可分为山岭隧道、水下隧道和城市隧道三大类。这三类隧道中修建最多的是山岭隧道。在隧道内，一般还要用砖、石、混凝土或钢筋混凝土等材料作为内部衬砌，以防四周岩石塌落、变形、涌水或渗水。在隧道口应修筑洞门，以便保持洞口上方的仰坡和两侧边坡的稳定。洞顶要修筑截水沟，用以拦截从山坡下来的流水以保护洞口。

图 3-3 涵洞

图 3-4 隧道

（三）轨道

轨道起着引导车辆行驶方向，承受由车轮传下来的压力，并把它们扩散到路基的作用。轨道由钢轨、轨枕、连接零件、防爬设备、道床和道岔等部分组成，如图 3-5 所示。

1. 钢轨

采用稳定性良好的"工"形断面宽底式钢轨，它必须具有足够的刚度、韧性和硬度。我国生产的标准钢轨有大于等于 75 千克/米、60 千克/米、50 千克/米、43 千克/米等数种；标准长度有 25 米和 12.5 米两种；两条钢轨间的标准轨距为 1 435 毫米，曲线轨距应按规定加宽，线路轨距的容许误差增宽不得大于 6 毫米，减宽不得超过 2 毫米，即直线部分轨距允许最大值为 1 441（1435＋6）毫米，最小轨距为 1 433（1435－2）毫米。

图 3-5 铁路轨道

由于轨距不同，列车在不同轨距交接的地方必须换装或换轮对。欧、亚大陆铁路轨距按其大小不同，可分为宽轨、标准轨和窄轨 3 种，标准轨的轨距为 1 435 毫米；大于标准轨的为宽轨，其轨距大多为 1 524 毫米和 1 520 毫米；小于标准轨的为窄轨，其轨距多为762 毫米和 1 000 毫米。我国铁路基本上采用标准轨距（我国海南和台湾地区的铁路轨距为1 067 毫米）。

2．轨枕

轨枕位于钢轨和道床之间，是钢轨的支座，承受由钢轨传来的压力并将其扩散给道床，同时还起着保持钢轨位置和轨距的作用。轨枕的长度一般为 2.5 米，每千米铺设的数量随运量的增大而增多，一般为 1 520～1840 根/千米。

3．连接零件

连接零件有接头连接零件和中间连接零件两种。接头连接零件用以连接钢轨，由鱼尾板（夹板）、螺柱、螺帽和弹性垫圈等组成；中间连接零件用以连接钢轨和轨枕，分为钢筋混凝土用和木枕用两种。

4．防爬设备

列车在运行时会产生作用于钢轨上的纵向水平力，造成钢轨沿着轨枕甚至带动轨枕做纵向移动，出现使轨道爬行的现象。为防爬，除了加强中间扣件的扣压力和接头夹板的夹紧力外，还设置了防爬器和防爬撑。

5．道床

道床是铺设在路基顶面上的道砟层，其作用是把由轨枕传来的车辆载荷均匀地传递到路基上，防止轨道在列车作用下产生位移，缓和列车运行时的冲击作用，同时还便于排水以保持路基面和轨枕的干燥。道床一般采用碎石道砟，有坚硬、稳定性好和不易风化的优点。

6．道岔

道岔是铁路线路和线路间连接与交叉设备的总称，其作用为使列车由一条线路转向另一条线路。道岔可分为普通单开道岔，还有双开、三开、交分道岔等。

【知识链接】

"十五"期间我国"八纵八横"铁路网规划

"八纵"铁路通道为：京哈通道、沿海通道、京沪通道、京九通道、京广通道、大湛通道、包柳通道、兰昆通道。

"八横"铁路通道为：京兰通道、煤运北通道、煤运南通道、陆桥通道、宁西通道、沿江通道、沪昆（成）通道、西南出海通道。

二、机车车辆

机车车辆包括机车和车辆两部分。

（一）机车

机车是铁路运输的动力源，牵引列车运行。机车的种类有蒸汽机车、内燃机车和电力机车三种。

1．蒸汽机车

蒸汽机车是以蒸汽驱动的机车，其机构简单，制造成本低，驾驶与维修简单，但热效率低，功率与速度都受到限制，正逐步被淘汰，如图3-6所示。

图3-6　蒸汽机车

2．内燃机车

内燃机车以内燃机为原动力，其热效率比蒸汽机高20%～30%，加足燃料后可长时间运行，但内燃机车构造复杂，制造与维修困难，运营费用高，如图3-7所示。

图3-7　内燃机车

3．电力机车

电力机车是从铁路沿线的接触网上获取电能产生牵引力的机车，热效率最高，其功率大、运输能力大、启动快、速度高、爬坡能力好、污染小、噪声小，是最有发展前途的一种机车，但其供电系统的投资较大。目前，我国铁路运输以电力机车为主，如图3-8所示。

图 3-8　电力机车

每种机车各有特点，从构造与造价、运行速度、马力大小、热能效率、空气污染度、维护难易程度等多个方面进行比较，可以明显的分析出三种机车的特点，如表 3-1 所示。

表 3-1　三类机车比较表

项目/形式	构造与造价	运行速度	马力	热能效率	空气污染度	维护难易度
蒸汽汽车	简单、低廉	最小	最小	最低	最严重	容易
内燃机车	复杂、较高	较高	较大	较高	轻微	困难
电力机车	复杂、较高	最高	最大	最高	没有	容易

（二）车辆及分类

车辆主要用于承载货物和旅客，无动力，需要由机车牵引。铁路车辆按照用途和车型、载重量、轴数、制作材料可分为多种类型。

1. 按用途和车型分类

（1）通用货车。通用货车主要包括棚车、敞车和平板车。

①棚车：棚车车体由端墙、侧墙、棚顶、地板、门窗等部分组成，用于运送比较贵重和怕潮湿的货物，如图 3-9 所示。

②敞车：敞车仅有端墙、侧墙和地板，主要用于运送不怕湿损的散货或带包装的货物。敞车是一种通用性较强的货车，它的灵活性较强，如图 3-10 所示。

图 3-9　棚车

图 3-10　敞车

③平板车：大部分平板车只有一个平底板，供装运特殊长大重型货物，因而也称作长大货物车，如图3-11所示。

（2）专用货车。专用货车主要包括保温车、罐车和家畜车。

①保温车：目前，我国以成列或成组使用的机械保温车为多，车内装有制冷设备，可以自动控制车内的温度，一般用于运送新鲜蔬菜、鱼、肉等易腐的货物等，如图3-12所示。

图3-11　平板车　　　　　　　　　图3-12　保温车

②罐车：罐车车体为圆筒形、罐体上没有装卸口，为保证液体货物运送时的安全，还设有空气包和安全阀等设备。罐车主要用于运送液化石油气、汽油、硫酸、酒精等液态货物或散装水泥，如图3-13所示。

③家畜车：家畜车主要是运送活家禽、家畜等专用的车。车内有给水、饲料的储运装置，还有押运人乘坐的设施，如图3-14所示。

图3-13　罐车　　　　　　　　　图3-14　家畜车

此外，专用车还包括煤车（如图3-15）、矿石车（如图3-16）、矿砂车等。

图3-15　煤车　　　　　　　　　图3-16　矿石车

2．按载重分类

我国的货车可分 20 吨以下、25～40 吨、50 吨、60 吨、65 吨、75 吨、90 吨等各种不同的车辆。为适应我国货物运量大的客观需要，有利于多装快运和降低货运成本，我国目前以制造 60 吨车为主。

3．按轴数分类

车辆分为四轴车、六轴车和多轴车等。我国铁路以四轴车为主。

4．按制作材料分类

（1）钢骨车。钢骨车车底架及梁柱等主要受力部分用钢材制成，其他部分用木材制成，因而自重轻，成本低。

（2）全钢车。全钢车坚固耐用，检修费用低，适合于高速运行。

此外，还包括铝合金、玻璃钢等材料制成的货车。

（三）车辆标记

表示车辆的类型及其特征，便于使用和运行管理，在每一辆铁路车辆车体外侧都应具备规定的标记。一般常见的标记如下。

1．路徽

凡中国铁路总公司所属车辆均有人民铁道的路徽，如图 3-17 所示。

图 3-17　中国铁路路徽

2．车号

车号是识别车辆的最基本的标记。车号包括型号和号码。型号又有基本型号和辅助型号两种。

（1）基本型号代表车辆种类，用汉语拼音字母表示。我国部分货车的种类及其基本型号如表 3-2 所示。

（2）辅助型号表示车辆的构造类型，它以阿拉伯数字和英文字母组合而成。例如，P64A 表示结构为 64A 型的棚车。

（3）号码一般编在车辆的基本型号和辅助型号之后。车辆号码是按车种和载重分别依次编号，如：P62、3319324。

表 3-2　铁路货车的车种、用途与特点

车辆类型		基本型号	用途
通用货车	冷藏车（保温车）	B	用于装运鱼、肉、水果、蔬菜等鲜活易腐货物
	敞车	C	用于运送煤炭、矿石、钢材等不怕湿的货物（必要时，在顶部加盖防水篷布，可装运怕湿货物）
	罐车	G	用于装运油、酸、水等各种液体、液化气体及粉状货物
	平车	N	用于运送钢材、木材、汽车、机器等体积较大或重量较大的货物，也可借助集装箱装运其他货物；有的平车装有活动墙板也可用来装运矿石等三粒货物
	棚车	P	用于运送日用品、仪器等贵重和怕晒、怕湿的货物
专用货车	专用敞车	C	用于装运块粒状货物且采用机械化方式装卸
	家畜车	J	用于运送活家畜、家禽等的专用车
	漏斗车	K	用于装运块粒状散装货物，如矿石、粮食、煤炭等
	水泥车	U	用来运送散装水泥的专用车
	专用平车	SQ，X	运送小汽车（型号为 SQ）与集装箱（型号 X）的平车

3．配属标记

对固定配属的车辆，应标上所属铁路局和车辆段的简称。例如，"京局京段"表示北京铁路局北京车辆段的配属车。

4．载重

载重是指车辆允许的最大装载重量，它以吨为单位。

5．自重

自重是指车辆本身的重量，它以吨为单位。

6．容积

容积是指货车（平板车除外）可供装载货物的容积，它以立方米为单位。

7．车辆全长及换算长度

车辆全长指车辆两端钩舌内侧的距离，以米为单位。在实际业务中，习惯上将车辆的长度换算成车辆的辆数，即用车辆全长除以 11 米所得的商表示车辆的换算长度。

$$换算长度 = 车辆全长（米）/11（米）$$

8．特殊标记

它是根据货车的构造及设备情况，在车辆上涂挂各种特殊的标记。例如，MC（核对书 1：85-92）表示可以用于国际联运的货车；"人"表示具有车窗和床托、可以用于输送人员的棚车；"古"表示具有拴马环或其他拴马装置的货车，可以运送马匹。

（四）列车

按计划把若干节车辆编组在一起并挂上机车，就形成一列火车列车，如图 3-18 所示。

铁路货物列车一般载重 3 000～5 000 吨，载重在 5 000 吨以上的称为重载列车。

图 3-18　铁路货物列车

三、信号设备

信号设备是以标志物、灯具、仪表和音响等向铁路行车人员传送机车车辆运行条件、行车设备状态和行车有关指示的技术设备。信号设备的作用是保证列车运行与调度安全和提高铁路的通过能力。它包括铁路信号、联锁设备和闭塞设备。

（一）铁路信号

铁路信号是向有关行车和调车工作人员发出的指示和命令。根据此命令决定列车是运行、停止还是调车，是保证列车行车安全和作业效率的重要手段。

我国铁路规定用红色、黄色、绿色、蓝色和白色作为信号基本颜色。红色表示停车，黄色表示注意或减速停车，绿色表示按规定速度行，蓝色表示准许越过该信号机调车，白色表示不准许越过该信号机调车停车。

（二）联锁设备

联锁设备是用于保证站内行车和调车工作安全和提高车站通过能力的设备。车站道岔区上道岔的不同开通方向构成多条作业行进线路。为了保证车站内行车和调车作业安全，必须实现进路、道岔及信号机三者的联系和制约，成为联锁。联锁设备的主要作用是保证站内列车运行和调度作业的安全，以及提高车站的通过能力。随着计算机技术的高度应用和发展，铁路车站的电气集中联锁设备正在逐步向微机联锁方向发展。

（三）闭塞设备

闭塞设备是用来保证列车区间内运行安全和提高车站通过能力的区间信号设备。它能控制列车运行，保证在一个区间内同时只有一列列车占用。

四、铁路车站

车站是铁路运输的基本生产单位，包括各种铁路车站和作业场。车站按运输对象可分为客运站、货运站和客货运站；按运量和技术作业量及其工作复杂性分为特等站、一等站、二等站、三等站、四等站及五等站；按技术作业性质可分为中间站、区间站和编组站。

（一）中间站

一条铁路通常分为若干区段，在区段间的分界点上设置的车站称为中间站。设置中间站的目的是为了提高铁路区段的通行能力。中间站的主要作业有以下几个方面。

（1）列车的接发、通过、会让和越行。

（2）旅客的乘降，行李、包裹的收发与保管。

（3）货物的承运、交付、装卸和保管。

（4）本站作业车的摘挂作业和向货场甩挂车辆的调车作业。

（5）客运量较大的中间站，还有始发和终到的客货列车的作业。

（二）区间站

区间站一般都靠近中等规模以上的城市，设置在铁路网机车牵引区段的分界点处。区间站的布置形式可以分为横列式、纵列式和客货纵列式三种。区间站的主要任务是办理通过列车的技术作业（机车的更换、整备和修理等）、编组区段列车和摘挂列车等。区间站的主要作业有以下几个方面。

（1）旅客运转业务。它包括旅客的乘降和行李、包裹、邮件的收发与保管等，乘客数量较多的区间站还办理旅客列车的始发和终到作业。

（2）货运运转业务。它包括货物列车的接发，整车和零担货物的承运、交付、装卸和保管，区段和零摘列车的编组作业，货场及专用线取送作业等。

（3）机车业务。它包括更换客货列车的机车和乘务组，机车的整合、检查和修理等。

（4）车辆业务。车辆业务包括更换客货车辆，车辆的检查和修理等。

（三）编组站

编组站是铁路网上办理大量货物列车的解体、编组作业的专业技术站，一般不办理客货运业务。编组站的主要任务是解编各类货物列车、组织和取送本地区车流、整备和检修机车、货车的日常技术保养等四项。编组站的主要作业为运转作业、机车作业和车辆作业。运转作业包括列车到达作业、车列解体作业、车列编组作业和列车出发作业。

编组站和区段站统称技术站。但二者在车流性质、作业内容和设备布置上均有明显区别。区段站以办理无改编中转货物列车为主，仅解编少量的区段、摘挂列车；而编组站主要办理各类货物列车的解编作业，且多数是直达列车和直通列车，改编作业量往往占全站作业量的60%以上，有的高达90%。

（四）客运站和货运站

客运站根据客流量的大小、性质，铁路枢纽总布置、地形条件、城市规模和车站附近的布局等，可以布置为尽头式、通过式和混合式三种。货运站是专门办理货物装卸和货物联运或换装作业的站场，大多设在大城市或工业区。它主要办理货物的接收、交付、装卸、保管、换装和联运等作业。

（五）铁路枢纽

铁路枢纽是在铁路网点或铁路网端，由各种铁路线路、专业车站及其他为运输服务的设备组成的技术设备总称。

铁路枢纽是客货流从一条铁路线转运到另一条铁路线的中转地区，也是市、工业区客货到发和联运的地区。铁路枢纽的功能与作用有三点：一是衔接各条干线，使各条干线有机连接成一个整体；二是办理各线路间的客货车辆的解体、编组、中转、发送等技术作业；三是集中铁路运量，还要提供列车动力，进行机车车辆的检修等作业。因此，铁路枢纽的布局、技术装备、作业能力等直接影响到客货运输量的大小及行车速度的快慢。我国铁路在20世纪的布局，往往与全国或地区的政治中心、经济贸易中心、工业基地或水陆联运中心相结合。按依附的地区经济特征，铁路枢纽可划分为如下几种类型。

（1）设置于政治、经济贸易中心城市的铁路枢纽，如北京、郑州、西安、石家庄、太原、济南、南京、成都、贵阳等。

（2）设置于综合性工业城市的铁路枢纽，一般位于特大城市，故客货运输量庞大，如上海、天津、沈阳等。

（3）设置于水陆联运中心的铁路枢纽，往往是大宗货流集散地，如哈尔滨、武汉、重庆、广州、大连等。

（4）设置于大型加工工业地区的铁路枢纽，大宗货物汇集，如包头、兰州等。

（5）设置于采掘工业地区的交通枢纽，这里是大宗货流发生地，如大同、焦作等。

任务三　铁路货物运输作业流程

一、货物发送作业

（一）托运受理

1. 托运

托运人向承运人提出货物运单和运输要求，称为货物的托运。所托运的货物应符合一批托运的要求，不得将不能按一批托运的货物作为一批托运。托运人向承运人交运货物，应向车站按批提交一份货物运单，即说明其向铁路详细而正确地提出了书面申请，并愿意遵守铁路货物运输的有关规定，履行义务，且货物已准备就绪，随时可以移交承运人。

2. 受理

车站对托运人提出的货物运单，经审查符合运输要求，在货物运单上签上货物搬入或装车日期后，即为受理。

【知识链接】

铁路运输中"一批"的含义

按"一批"托运的货物，必须托运人、收货人、发站、到站和装卸地点相同（整车分卸货物除外）。整车货物每车为一批。跨装、爬装及使用游车的货物，每一车组

为一批。准、米轨间直通运输的整车货物，一批的重量或体积应符合下列要求。

（1）重质货物重量为 30 吨、50 吨、60 吨（不适用货车增载的规定）。

（2）轻浮货物体积为 60 立方米、95 立方米、115 立方米。

（3）零担货物或使用集装箱运输的货物，以每张货物运单为一批。使用集装箱运输的货物，每批必须是同一箱型，至少一箱，最多不得超过铁路一辆货车所能装运的箱数。

通常，下列货物不得按一批托运。

（1）易腐货物与非易腐货物。

（2）危险货物与非危险货物（另有规定者除外）。

（3）根据货物的性质不能混装运输的货物。

（4）按保价运输的货物与不按保价运输的货物。

（5）投保运输险货物与未投保运输险货物。

（6）运输条件不同的货物。

前款规定的货物，在特殊情况下，经铁路分局承认也可按一批托运。

（二）货物运单的填写

办理铁路货物运输，托运人与承运人应签订运输合同。零担货物、集装箱货物以货物运单作为运输合同。托运人向承运人提出货物运单是一种签订合同的要约行为，表示其签订运输合同的意愿。托运人按货物运单填记的内容向承运人交运货物，承运人按货物运单记载接收货物，核收运输费用，并在运单上盖章后，宣告运输合同成立，托运人、收货人和承运人三方形成权利义务关系。运单由承运人印制，在办理货运业务的车站按规定的价格出售。运量较大的托运人经发站统一，可以按照承运人规定的格式，自行印制运单，货物运单由两部分组成，即领货凭证和货物运单，分别如表 3-3 和 3-4 所示。

表 3-3　领货凭证

货票第　　　　　号

发站		
到站		
托运人		
收货人		
货物名称	件数	重量
托运人盖章或签字		
发站承运日期戳		

运到期限　　　　　日

表 3-4　铁路货物运单（正面）

货物指定于　　月　　日搬入　　　　××铁路局

车种及车号

| 承运人/托运人装车 |
| 承运人/托运人施封 |

货位：　　　　　　　　　　　　　　货物运单

计划号码或运输号码：　　　　托运人——发站——到站——收货人

　　　　运到期限　　日

托运人填写					承运人填写						
发站		到站（局）			车种车号			货车标重			
到站所属省（市）、自治区					施封号码						
托运人	名称				经由		铁路货车篷车号码				
	地址		电话								
收货人	名称				运价里程		集装箱号码				
	地址		电话								
货物名称	件数	包装	货物价格	托运人确定重量/千克	承运人确定重量/千克	计费重量	运价号	运价率	现付		
									费别		金额
									运费		
									装费		
									取送车费		
									过称费		
									印花税		
合计									合计		
托运人记载事项		保险：		承运人记载事项							
注：本单不作为收款凭证，托运人签约须知见背面。		托运人盖章或签字　年　月　日		到站交付日期戳				发站承运日期戳			

　　承托双方达成托运意见后，铁路承运人向托运人签发铁路运单。铁路运单的格式由两部分组成，左侧为运单，右侧为领货凭证；运单和领货凭证背面分别有"托运人须知"和"收货人领货须知"，如表 3-5 所示。

表 3-5 铁路货物运单（背面）

收货人领货须知	托运人须知
1．托运人应及时将领货凭证交收货人，收货人接到领凭证后，及时向到站联系领取货物。	1．托运人持本货物运单向铁路托运货物，证明并确认和愿意遵守铁路货物运输的有关规定。
2．收货人领取货物已超过免费暂存期限时，应按规定支付货物暂存费。	2．货物运单所记载的货物名称、重量与货物的实际完全相符，托运人对其真实性负责。
3．收货人在到站领取货物。如遇货物未到时，应要求到站在本证背面加盖车站日期戳证明货物未到。	3．货物的内容、品质和价值是托运人提供的，承运人在接收和承运货物时并未全部核对。
	4．托运人应及时将此领货凭证寄交收货人，凭此以联系到站领取货物。

铁路运单是确定承运人、托运人和收货人在运输过程中的权利、义务和责任的单据，同时也是承运人承运货物和填制货票、计收运费和理赔的依据。其填写步骤及注意事项如下。

1．托运人填写部分

（1）"发站"栏和"到站（局）"栏的填写。分别按《铁路货物运价里程表》规定的站名完整填记，不得简称。到达（局）名，填写到达站主管铁路局名的第一个字，如（哈）、（上）、（广）等，但到达北京铁路局的，则填写（京）字。"到站所属省（市）、自治区"栏，填写到站所在地的省（市）、自治区名称。各铁路局全称、简称对照表如表 3-6 所示。

表 3-6 各铁路局全称、简称对照表

铁路局全称	铁路局简称	铁路局全称	铁路局简称
哈尔滨铁路局	哈	南宁铁路局	宁
沈阳铁路局	沈	成都铁路局	成
北京铁路局	京	昆明铁路局	昆
呼和浩特铁路局	呼	兰州铁路局	兰
郑州铁路局	郑	乌鲁木齐铁路局	乌
济南铁路局	济	青藏铁路局	青
上海铁路局	上	武汉铁路局	武
南昌铁路局	昌	西安铁路局	西
广州铁路（集团）公司	广	太原铁路局	太

注：到站所属省（市）、自治区栏，填写到站所在地的省（市）、自治区名称。托运人填写的到站、到达局和到站所属省（市）、自治区名称，三者必须相符。例如，东海站在林密线上，而东海县在陇海线上，属于江苏省。

（2）托运人、收货人"名称""地址"及"电话"栏的填写。该栏应详细填写，尤其是"地址"栏应将托运人租收货人所在省、市、自治区城镇街道和门牌号码或乡、村名称写清楚。

（3）"货物名称"栏的填写。普通货物按《铁路货物运价规则》中"货物运价分类表"

或国家产品目录完全、正确填写，危险货物则按《危险货物运输规则》中"危险货物品名索引表"所列货物名称完全、正确填写。

托运危险货物应在品名之后用括号注明危险货物编号。"货物运价分类表"或"危险货物品名索引表"内未经列载的货物，应填写生产或贸易上通用的具体名称，但须用《铁路货物运价规则》相应类项的品名加括号注明。

当一批托运的货物不能逐一将品名在运单内填写时，须另填写铁路物品清单。该清单一式三份，一份由发站存查，一份随同运输票据递交到站，一份退还托运人。

对危险货物、鲜活货物或使用集装箱运输的货物，除填写货物的完整名称外，应按货物性质，在运单右上角用红色墨水书写或用加盖红色戳记的方法注明"爆炸品""氧化剂""毒害品""腐蚀物品""易腐货物""×吨集装箱"等字样。

【知识链接】

铁路"物品清单"填写注意事项

（1）个人托运的货物在货物运单上不明确填写货物具体名称的（如搬家货物、行李），分为声明价格和不声明价格两种，由托运人选定。发生货损、货差时，声明价格的，按货物实际损失的价格赔偿，但最多不能超过该批货物的声明价格；不声明价格的，每重10千克（不满10千克按10千克计算），最多赔偿人民币30元，实际损失低于这个标准的，按货物实际损失的价格赔偿。

（2）本清单由托运人填写，一式三份，记载必须真实、正确。

（3）"物品名称"栏要详细填写，如衣服应记明外衣、衬衫、男式、女式、童装等；"材质"栏要写明棉、毛、呢、绒、化纤等；"件数或尺寸"栏如系衣料应记明尺寸；"价格"栏只供按声明价格托运时填写。

（4）个人托运的货物内不得夹带下列物品：①金、银、钻石、珠宝、首饰、古玩、文物字画、手表、照相机；②有价证券、货币、各种票证；③危险货物。

（4）"件数"栏的填写。按货物名称及包装种类分别注明件数，"合计件数"，栏填写该批货物的总件数。若是集装箱运输，则以集装箱的个数为准，而不是以货物的件数计算（以下集装箱为国际标准尺寸集装箱）。承运人只按重量承运的货物，则在本栏填写"堆""散""罐"字样。

①零担：一批票不能多于300件。

②10吨箱：一批票不能多于4箱。

③20英尺箱：一批票不能多于2箱。

④40英尺箱：一批票不能多于1箱。

（5）"包装"栏的填写。此栏注明包装种类，如"木箱""纸箱""麻袋""条筐""铁桶""绳捆"等。按件承运的货物无包装时，填与"无"字。使用集装箱运输的货物或只按重量承运的货物，本栏可以省略不填。

（6）"货物价格"栏的填写。填写该项货物的实际价格，全批货物的实际价格是确定货物保价金额或保险金额的依据。

（7）"托运人确定重量"栏的填写。按货物名称及包装种类分别将货物实际重量（包括包装重量）用千克注明，"合计重量"栏用于填写该批货物的总重量。集装箱货物以集装箱的最大载重量计算。

①1 吨箱是 825 千克。

②5 吨箱是 4 800 千克。

③6 吨箱是 5 200 千克。

④10 吨箱是 8 300 千克。

⑤20 英尺箱是 21 000 千克。

⑥40 英尺箱是 36 000 千克。

当运单内各栏有更改时，应在更改处，对属于托运人填记的事项由托运人盖章证明；属于承运人记载的事项，由车站加盖站名戳记。承运人对托运人填记事项除按《货物运单和货票填制办法》的第 17 条规定的内容可以更改外，其他内容不得更改。

（8）"托运人记载事项"栏的填写。"托运人记载事项"栏填写需要由托运人声明的事项，例如以下几个事项。

①货物状态有缺陷，但不致影响货物安全运输，应将其缺陷具体注明。

②需要凭证明文件运输的货物，应将证明文件名称、号码及填发日期注明。

③托运人派人押运的货物，注明押运人姓名和证件名称。

④托运易腐货物或"短寿命"放射性货物时，应注明容许运输期限；需要加冰运输的易腐货物，途中不需要加冰时，应注明"途中不需要加冰"。

⑤整车货物应注明要求使用的车种、吨位、是否需要苫盖篷布。整车货物在专用线卸车的，应注明"在××专用线卸车"。

⑥委托承运人代封的货车或集装箱，应标明"委托承运人代封"。

⑦使用自备货车或租用铁路货车在营业线上运输货物时，应注明"××单位自备车"或"××单位租用车"。使用托运人或收货人自备篷布时，应注明"自备篷布×块"。

⑧国外进口危险货物按原包装托运时，应注明"进口原包装"。

⑨笨重货件或规格相同的零担货物，应注明货件的长、宽、高；对于规格不同的零担货物，应注明全批货物的体积。

⑩其他按规定需要由托运人在运单内注明的事项。

（9）"托运人签字或盖章"栏的填写。托运人于运单填写完毕并确认无误后，在此栏签字或盖章。

2．承运人填写部分

办理托运手续时，首先由发站经办人对托运人提交的运单进行检查，查看内容是否填写正确、齐全。如果没有问题，应在"货物指定×月×日搬入"栏内填写指定搬入日期，零担货物还应填写运输号码。由经办人签字或盖章后，交还托运人凭以将货物搬入车站，办理托运手续。

（1）"施封号码"栏的填写。填写施封环或封饼上的施封号码，封饼不带施封号码时，则填写封饼个数。

（2）"经由"栏的填写。货物运价里程按最短径路计算时，本栏可不填；按绕路经由计算运费时，应填写绕路经由的接算站名或线名。

（3）"铁路货车篷布号码"栏的填写。填写该批货物所苫盖的铁路货车篷布号码。使用托运人自备篷布时，应将本栏划"—"号。"集装箱号码"栏填写装运该批货物的集装箱的箱号。

（4）"承运人/托运人装车"栏的填写。由承运人组织装车的，将"托运人"三字划消；由托运人组织装车的，将"承运人"三字划消。

（5）"运价里程"栏的填写。填写发站至到站间最短里程，绕路运输时填写绕路经由的里程。

（6）"承运人确定重量"栏的填写。货物重量由承运人确定的，在此栏填写检斤（过磅）后的货物重量，并在"合计重量"栏填写该批货物总重量。

（7）"计费重量"栏的填写。整车货物填写货车标记载重量或规定的计费重量；零担货物和集装箱货物，填写按规定处理尾数后的重量或起码重量。

（8）"运价号"栏和"运价率"栏的填写。在"运价号"一栏，按"货物运价分类表"规定填写各货物运价号。在"运价率"栏，按该批货物确定的运价号和运价里程，从"货物运价率表"中找出该批（项）货物适用的运价率并填写。运价率有加成或减成时，应注明加成或减成的百分比。

（9）"承运人记载事项"栏的填写；该栏填写需要由承运人注明的事项，例如以下几个事项。

①货车代用，注明批准的代用命令。

②轻重配装，注明有关计费事项。

③货物运输变更，注明有关变更事项。

④途中装卸的货物，注明计算运费的起迄站名。

⑤需要限速运行的货物和自有动力行驶的机车，注明铁路分局承认命令。

⑥需要由承运人注明的其他事项。

（10）"发站承运日期"和"到站交付日期"栏的填写。分别由发站和到站加盖承运或交付当日的车站日期戳。

【知识链接】

铁路运单

现付运单，为黑色印刷；到付或后付运单，为红色印刷；快运货物运单，也为黑色印刷，仅将票据名称的"货物运单"改印为"快运运单"字样；剧毒品专用运单，样式与现付运单一样，只是用黄色印刷，所以又称为黄色运单，并有剧毒品的标志图形（骷髅图案）。

（三）进货与验收

托运人凭车站签证后的货物运单，按指定日期将货物搬入货场指定的货位即为进货。托运人进货时，应根据货物运单核对是否符合签证上的搬入日期，品名与现货是否相符。经检查无误后，方准搬入货场。进货验收是为了保证货物运输安全，完成运输及划清承运人与托运人之间的责任归属，检查疏忽则可能使不符合运输要求的货物进入运输过程，造成或扩大货物的损失。

1．进货验收检查的内容

通常，进货验收检查的内容主要包括以下几个。

（1）货物的名称、件数是否与货物运单的记载相符。

（2）货物的状态是否良好。

（3）货物的运输包装和标记及加固材料是否符合规定。托运人托运货物，应根据货物的性质、重量、运输种类、运输距离、气候以及货车装载等条件，使用符合运输要求，便于装卸和保证货物安全的运输包装。

（4）货物的标记（货签）是否齐全、正确。

（5）货件上的旧标记是否撤换或抹消。

（6）装载整车货物所需要的货车装备物品或加固材料是否齐备。

在车站内公共场所装车的货物，托运人应按车站指定日期凭铁路受理的货物运单将货物全部搬入车站。车站验收货物的内容主要包括：货物的品名、包装、标记标志、件数和重量。

2．货物包装要求

托运人托运货物，应根据货物的性质、重量、运输种类、运输距离、气候以及货车装载等条件，使用符合运输要求、便于装卸作业和保证货物安全的运输包装。

有国家包装标准或行业包装标准的，应按国家包装标准或行业包装标准执行。没有统一规定包装标准的，托运人和车站研究制定货物运输包装暂行标准，共同执行。对于需要试运的货物运输包装，除另定者外托运人可与车站商定条件组织试运。

货物的运输包装不符合要求时，应由托运人改善后承运。货物状态有缺陷，但不致影响货物安全，托运人在货物运单内具体注明后承运。

（四）货物的件数、重量

在铁路运输过程中，保证货物的件数和重量的完整是承运人必须履行的义务。因此，铁路明确规定了确定货物件数和重量的范围。

按整车运输的货物，原则上按件数和重量承运，但有些非成件货物或一批货物件数过多而且规格不同，在承运、装卸、交接和交付时，点件费时、费力，只能按重量承运，不再计算件数。只按重量承运，不计算件数的货物有以下几个。

（1）散堆装货物。

（2）以整车运输的规格相同（在 3 种以内视为规格相同）的货物件数超过 2 000 件。

（3）规格不同一批数量超过 1 600 件的成件货物。

下列整车货物，无论规格是否相同，按一批托运时，每件平均重量在 10 千克以上，托运人能按件点交给车站的，承运人都按重量和件数承运。

（1）针、纺织品，衣、袜、鞋、帽。

（2）钟表、中西成药、卷烟、文具、乐器、工艺美术品。

（3）面粉、肥皂、糖果、橡胶、油漆、染料、轮胎、罐头食品、瓶装酒类、医疗器械、洗衣粉、缝纫机头、空钢瓶、化学试剂、玻璃仪器。

（4）电视机、收音机、录音机、电唱机、电风扇、计算机、照相机。

整车货物与集装箱货物由托运人确定重量；零担货物除标准重量、标记重量、有过秤清单及一件重量超过车站衡器最大称量的货物外，均由承运人确定重量，并核收过秤费。货物重量包括货物的包装重量。对于由托运人确定重量的整车货物、集装箱货物和零担货物，承运人应进行抽查，重量不符时应进行处理并向托运人或收货人核收过秤费。

（五）货票

整车货物装车后（零担货物过秤完毕，集装箱货物装箱后），货运员将签收的运单移交货运室填制货票，核收运杂费。铁路货票是铁路承运人开具的运费结算单据，可以作为承运货物的依据和交接运输的凭证。铁路运输货票是一种财务性质的票据，由铁路部门依据运单内容开出，其式样如表3-7所示。

表3-7 铁路货票

计划号码或运输号码　　　　　　　　　　　××铁路局　　　　　　　　甲联　发站存查

货物运到期限　　　日

发站		到站（局）		车种车号		货车标重		承运人		装车
托运人	名称			施封号码				托运人		
	住址		电话	铁路货车篷布号码				承运人		
收货人	名称			集装箱号码				托运人		
	住址		电话	经由				运价里程		

货物名称	件数	包装	货物重量/千克		计费重量	运价号	运价率	现付	
			托运人确定	承运人确定				费别	金额
								运费	
								装费	
								取送车费	
								过程费	
合计									
记事								合计	

发站承运日期戳

经办人盖章

货票一式四联：甲联为发站存查联；乙联为报告联，由发站报送发站所属铁路局；丙联为报销联；丁联为运输凭证，由发站随货物递交到站，作为完成运输合同的唯一依据。

对运输企业外部，在发站，货票是承运人向托运人核收运费的收款依据，在到站是与收货人办理交付手续的凭证；也是承运人进行运费结算，统计工作量、运输收入等货运指标的依据。对运输企业内部，则是清算运输费用，统计铁路所完成的工作量、运输收入以及有关货运工作指标的根据。

在车站货票具有货物运输合同运单副本的性质，是处理货运事故向收货人支付运到逾期违约金和补退运杂费的依据；在运输过程中货票又是货物运输凭证，它跟随货物一直到达目的站。铁路货票票面是所记载的内容基本上包括了关于货物的运输、流向、货物名称、数量、包装、重量、计费等信息。根据运单填制的货票，印有固定号码为四联复写式票据。另外，对于托运人来说，铁路货票中注明的运费、铁建设基金、临管线运费和新线运费等可以抵扣增值税。

（六）货物的承运

托运人将货物搬入车站，经验收完毕后，一般不能立即装车，而需要在货场内存放，这就产生了承运前保管的问题。对于整车货物，发站实行承运前保管，从收货完毕填发收货证起即承担承运前的保管责任；对于零担货物和集装箱运输的货物，车站从收货完毕时即承担保管责任。

零担和集装箱运输的货物由发车站接收完毕，整车货物装车完毕，自发车站在货物运单上加盖车站日期戳时起，即为承运。承运是货物运输合同的成立，从承运起，承托双方就要分别履行运输合同的权利、义务和责任。因此，承运意味着铁路负责运输的开始，是承运人与托运人划分责任的时间界限。同时承运标志着货物正式进入运输过程。

（七）标明标记和标志

货物标记是根据运输需要，用文字形式显示的运输指示标记，其内容包括：发站、到站、托运人、收货人、货物品名、件数和运输号码，它必须和与其相关的货物运单记载内容相符，它的作用是将货物和与其相关的运输票据联系起来。托运人应根据货物性质按照国家标准，在货物包装上标明"包装储运图示标志"，如图 3-19 所示。

图 3-19　包装储运图示标志

1. 零担货物

应在每件货物上标明清晰明显的标记。标记应用坚韧的材料制作，在件货物两端各粘贴钉固一个，包装不适宜粘贴或钉固时，可使用拴挂的方法。包装规格同而到站、收货人不同的零担货物，可选用带色货签，防止互串。托运搬家货物，托运人应对每一货件进行编号，并将其编号分别填记于物品清单上和每件货物标记（货签）总件数之后。有包装的货件内还必须由托运人存放记有到站、收货人地址的字条。

2．集装箱货物

应在门把手上拴挂一个货签（1 吨集装箱另在吊环上加挂一个），货签上货物名称免填。箱体上严禁张贴任何标记。不适宜用纸制货签的货物，应使用油漆在货件上书写标记或用金属、木质、布、塑料板等材料制成的标记。

3．危险货物

危险货物还应在包装上按规定标记危险货物包装标志，如图 3-20 所示。

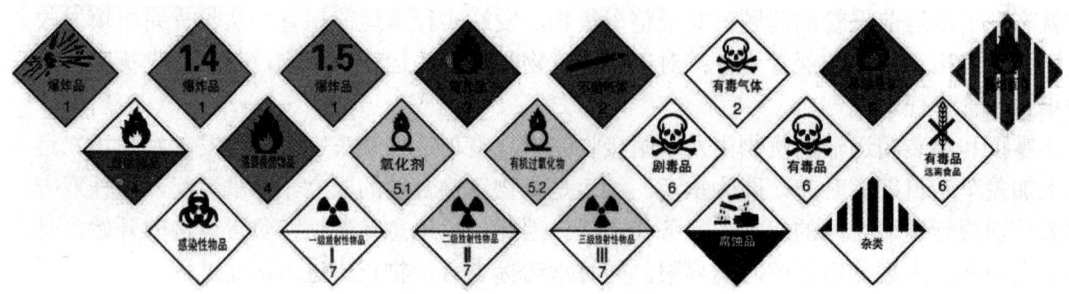

图 3-20　危险货物包装标志

二、运输途中作业

（一）装卸车作业

1．装卸车责任的划分

承运人在车站公共装卸场所内进行装卸作业，货物装车和卸车的组织工作由承运人负责。有些货物的装卸作业虽在车站公共装卸场所内进行，但由于在装卸作业中需要特殊的技术、设备、工具，故仍由托运人或收货人负责组织。

托运人、收货人装卸的范围。在车站公共装卸场所以外进行的装卸作业，装车作业由托运人负责，卸车作业由收货人负责。此外，由于货物性质特殊，在车站公共场所内的装卸作业也由托运人、收货人负责，其负责的情况有：罐车运输的货物；冻结的易腐货物；未装容器的活动物，如蜜蜂、鱼苗等；一件重量超过 1 吨的放射性同位素；由人力装卸带有动力的机械和车辆。

其他货物由于性质特殊，经托运人或收货人要求，并经承运人同意，也可由托运人或收货人组织装车或卸车。例如，气体放射性物品，尖端保密物资，特别贵重的展览品、工艺品等。货物的装卸不论由谁负责，都应在保证安全的条件下，积极组织，快装、快卸，昼夜不断地作业，以缩短货车停留时间，加速货物运输。

由托运人装车或收货人卸车的货物，超过规定的装卸车时间标准或规定的停留时间标准，承运人向托运人或收货人收取规定的货车使用费。

2．装车作业

装车是货物发送作业中十分重要的一个环节，货物运输的质量在很大程度上取决于装车作业组织的好坏。货物装载方法不当、使用的货车状态不良，往往是造成事故的主要原因。装车工作还直接影响到货车载重量的利用效率。

（1）装车前检查。为保证装车工作质量，使装车工作顺利进行，装车前应做好以下三检工作。

①检查货物运单。核对运单记载的到站有无停装和限装命令；核对要求的车种、车吨与计划表上记载的车种、车吨是否相符；对轻重配装和整车分卸的货物，要检查其到站顺序是否合理；零担货物配装的中转站是否符合零担车组织计划的规定；货物运单内托运人有无特别记载事项。

②货物检查。按照运单记载内容对待装货物进行检查。检查货物的品名、件数和堆码货位号码与运单记载是否相符；托运人记载事项与货物实际状况是否相符；加固材料、加固装置及装车备品是否齐全，且符合要求；如同一货位或相邻货位上有易于混淆的货物时应分别做出标记符号，防止误装。

③车辆检查。检查车体（包括透光检查）、车门、车窗、盖阀是否完整良好；有无扣修通知、色票或货车洗刷的回送标签；货车使用上有无限制，有无装载（通行）限制；车内是否干净、是否被毒物污染。装载食品、药物、活动物或有押运人乘坐时，检查车内有无恶臭异味；冷藏车要检查车体设备是否完整良好，装运超限、集重货物要注意选择车型，跨装和使用游车时要选择车底板高度一致的车辆。

（2）装车时的具体要求。装车时的具体要求主要有以下几个。

①货物重量应均匀分布在车的地板上，不得超重、偏压和集重。

②装载应认真做到轻拿轻放、大不压小、重不压轻，堆码稳妥、紧密，捆绑牢固，在运输中不发生移动、滚动、倒塌或坠落等情况。

③使用敞车装载怕湿货物时，应堆码成屋脊形，苫盖好篷布，并将绳索捆绑牢固。

④使用棚车装载货物时，装在车门口的货物应与车门保持适当距离，以防挤在车门或损毁货物；使用罐车、敞篷车、平板车装运货物时，应各按其规定办理。

⑤对易磨损货件应采取防磨措施，怕湿和易燃货物应采取防湿或防火措施，对以敞车、平车装载的需要加固的货物、轻浮货物和以平车装载的成件货物应按车站制订的定型装载加固方案装车。

⑥散堆装货物，货物顶面应予以平整。

（3）装车后检查。装车后应做好以下几方面的检查工作。

①检查车辆装载。检查棚车车门、车窗和罐车的盖、阀关闭状态；敞车要检查车门插销、底开门搭扣；有无超重、偏重、集重现象，装载是否稳固；篷布苫盖和施封是否合要求，表示牌插挂是否正确。篷布不得遮盖车号和货车表示牌，两篷布间的搭头应不小于 500 毫米，绳索、加固铁线的余尾长度应不超过 300 毫米。

②检查运单。检查车种、车号和运单记载是否相符；有关篷布和施封事项是否填记齐全、正确。

③检查货位。检查货位有无误装或漏装的情况。

3．货物的押运

有些货物因性质特殊，在运输途中需要有熟悉货物性质的人加以特殊防护和照料，才能保证货物在运输途中的安全与完整。托运人必须派人押运的货物有：活动物、需要浇水运输的鲜活植物、需要生火加温运输的货物、挂运的机车和轨道起重机以及按特殊规定应派人押运的货物。除特定者之外，押运人数每批不超过 2 人。

（二）货物的换装整理

在运输中发现货车偏载、超载、货物撒漏，以及因车辆技术状态不良，被车辆部门扣留，不能继续运行，需要对货物进行换装整理时，由发现站（或路局指定站）及时换装整理，并在货票（丁联）背面记明有关事项。

换装整理的时间一般不应超过两天。如两天内未换装整理完毕时，应由换装站以电报通知到站，以便收货人查询。

（三）货物途中作业

货物途中作业是指途经区间和车站所进行的作业。对于托运人与收货人来讲，主要涉及货运合同的变更与解除。

1. 货运合同变更

托运人或收货人由于特殊原因，对铁路承运后的货物，可按批向货物所在中途站或到站提出变更到站、变更收货人。但下列情况承运人不予变更。

（1）违反国家法律、行政法规、物资流向、运输限制的。

（2）变更后的货物运到期限大于容许运输期限的。

（3）变更一批货物中的一部分的。

（4）第二次变更到站的。

2. 货运合同的解除

整车货物和大型集装箱在承运后挂运前，零担和其他集装箱货物在承运后装车前，托运人可向发站提出取消托运，经承运人同意，货运合同即告解除。

解除合同，发站退还全部运费与押运人乘车费。但特种车使用费和冷藏车回费不退。此外，还应按规定支付变更手续费、保管费等费用。

3. 货运合同变更或解除的办理

托运人或收货人要求变更时，应提出领货凭证和货物运输变更要求书，提不出领货凭证时，应提出其他有效证明文件，并在货物运输变更要求书内注明。

4. 运输阻碍的处理

因不可抗力致使行车中断，货物运输发生阻碍时，铁路局对已承运的货物，可指示绕路运输，或者在必要时先将货物卸下，妥善保管，待恢复运输时再行装车继续运输，所需的装卸费用，由装卸作业的铁路局负担。

因货物性质特殊，绕路运输或卸下再装，可造成货物损失时，车站应联系托运人或收货人，请其在要求的时间内提出处理办法。超过要求时间未接到答复或因等候答复而将使货物造成损失时，比照无法交付货物处理，所得剩余价款，通知托运人领取。

三、到达与交接作业

（一）交接前的准备工作

货物到达接收是货物运输的终点，到站必须提前做好如下准备工作。

（1）准备仓容。接到发货单位的预报或车站的到货确报，应及时与有关部门联系入库地点，并把入库时间通知仓库，做好接货准备。

货物到达专用线时，首先要根据货物的性质、站台货位的状态等安排卸车，并检查相邻货物所堆存的货物性质是否相宜，在把货物卸到露天货位时，要准备好苫垫等材料。

（2）安排运力和装卸劳力。根据货物的具体情况，妥善安排市内或库区短途运力和随车装卸工人，力争迅速、准确、完好地下站。不允许在车站或专用线超期停留，要事先安排卸车劳力，装卸工人必须懂得货物性质和装卸的一般常识，能识别运输标志，懂得搬运机械的性能且能安全操作。

（3）组织直拨运输。货物到达车站，应积极组织直拨运输，即不经过中转仓库，将货物直接运往收货单位。在避免压站、压专用线的前提下，通知收货单位直接到车站或专用线提取货物，或由接收的储运企业组织"送货上门"，只送收货单位，以避免重复装卸和不必要的搬运。

（二）货物催领与暂存

货物到达到站后，如果是承运人组织卸车的货物，到站应不迟于卸车完毕次日内向收货人发出催领通知。催领的方式有电话、寄出信函、揭示公告等方式，收货人也可与车站商定其他通知方法。

收货人在到站查询所领取货物时，车站要认真确认货物是否到达，如果确实未到达时，到站应在领货凭证背面加盖车站日期戳，证明"货物未到"。货物运抵到站，收货人应及时领取，如果拒绝领取时，应出具书面说明，自拒领之日起，3日内到站应及时通知托运人和发站，征求处理意见，托运人自接到通知次日起，30日内提出处理意见答复到站。

为了加速车站货位的周转，同时给收货人有一定的准备时间，铁路组织卸车的货物，收货人应于铁路发出催领通知的次日（不能实行催领通知或会同收货人卸车的货物为卸车的次日）起算，从承运人发出催领通知次日起（不能实行催领通知时，从卸车完了的次日起），经过查找，满30日（搬家货物满60天）仍无人领取的货物，或者收货人拒领，托运人又未按规定期限提出处理意见的货物，承运人可按无法交付货物处理。

无法交付货物的范围、保管期限、上报和移交手续、价款处理，应按照国家经济委员会颁发的《关于港口、车站无法交付货物的处理办法》办理。对不宜进行长期保管的货物，承运人根据具体情况，可缩短通知和处理期限。

（三）货物交接

托运人将货物托运后，将"领货凭证"寄交收货人。收货人接到"领货凭证"后，应及时与到站联系，或通过网络查询货物的到达情况。

货物的交付是铁路履行运输合同的最后一个程序，到站向货物运单内所记载的收货人交付货物完毕，即视为铁路履行合同的义务已经结束。铁路组织卸车和发站铁路组织装车，到站由收货人组织卸车的货物，在向收货人点交货物或办理交接手续后，即为交付完毕；发站由托运人组织装车，到站由收货人组织卸车的货物，在货车交接地点交接完毕，即为交付完毕。承运人组织卸车的货物，货物的交付分为票据交付和现货交付。

1. 票据交付

核对货物运单和领货凭证的骑缝戳记。收货人为个人的，须出具本人身份证，收货人为单位的，还须有该单位出具所领货物和领货人姓名的证明文件及领货人本人身份证。不能出具领货凭证的，可凭由经车站同意的、有经济担保能力的企业出具担保书取货。

对收货人在专用线或专用铁路内领取货物的，车站可与收货人商定票据交付办法。到站在收货人办完领取手续和支付费用后，应将货物连同货物运单一并交给收货人。到站的货物，如已编有记录或发现有事故可疑痕迹，必须复查重量和现状。如已构成货运事故，到站在交付货物时，应将货运记录交给收货人。

2. 现货交付

现货交付即承运人向收货人点交货物。收货人持货运室交回的运单到货物存放地点领取货物，货运员向收货人点交货物完毕后，在运单上加盖"货物交讫"戳记，并记明交付完毕的时间，然后将运单交还给收货人，收货人凭此将货物搬出货场。

在实行整车货物交付前保管的车站，货物交付完毕后，若收货人不能在当日将货物全批搬出车站，则对其剩余部分：按重量和件数承运的货物，可按件点交车站负责保管；只按重量承运的货物，可向车站声明。

收货人持加盖"货物交讫"戳记的运单将货物搬出货场，门卫对搬出的货物应认真检查品名、件数、交付日期与运单记载是否相符，经确认无误后放行。

3. 收货人组织卸车的情况

收货人组织卸车的货物，除派有押运人的不办理交接外，承运人与收货人应按下列规定进行交接。

（1）交接地点。在车站内或专用线内卸车的货物，在装卸地点交接。在特殊情况下，专用线内装车或卸车的，也可在商定的地点。专用铁路内装车或卸车的货物，在交接协议中指定的货车交接地点。

（2）交接方法。到站与收货人使用货车调送单进行交接。施封的货车，凭封印交接；不施封的货车，棚车、冷藏车凭货车门窗关闭状态交接，敞车、平车、砂石车不苫盖篷布的，凭货物装载状态或规定标记交接，苫盖篷布的，凭篷布现状交接。

（四）货物卸车

负责卸车的单位在卸车时，应将货物彻底卸净，卸空后的货车应清扫干净，车门、车窗、端侧板、冷藏车冰箱盖、罐车盖、阀等要关闭妥当。对装过活动物、污秽品等货物的车辆，以及受易腐货物污染的冷藏车和《危险货物运输规则》中规定必须洗刷消毒的货车，由铁路部门负责洗刷并按规定或依照卫生（兽医）人员的要求进行消毒，费用由收货人负担。如收货人有洗刷、消毒设备时，也可由收货人自行进行洗刷、消毒。

收货人组织卸车的货车，未进行清扫或清扫不干净时，车站应通知收货人清扫，如收货人未清扫或仍未清扫干净，车站应以收货人的责任组织人力代为清扫，向收货人核收规定的货车清扫费和货车延期使用费。铁路组织卸车时，车站应做到以下几点。

（1）卸车前，认真检查车辆、篷布苫盖、货物装载状态有无异状，施封是否完好。

（2）卸车时，必须核对运单、货票、实际货物，保证运单、货票、货物"三统一"。要认真监卸，根据货物运单清点件数，核对标记，检查货物状态。对集装箱货物应检查箱体，核对箱号和封印。严格按照有关规定作业，合理使用货位，按规定堆码货物。发现货物有异状，要及时按章处理。

（3）卸车后，应将车辆清扫干净，关好车门、车窗、阀、盖，检查卸后货物安全距离，清理线路，将篷布按规定折叠整齐，送到指定地点存放。对托运人自备的货车装备物品和加固材料，应妥善保管。

（五）货物领取

收货人领取货物必须凭"领货凭证"和相关证件到车站办理领取手续。收货人为个人时，还应携带本人证件（户口簿或身份证）；收货人为单位的，应由单位出具所领货物和领货人姓名的证明文件及领货人本人身份证。

如果收货人不能出具"领货凭证"，则必须携带所在单位开具的提货证明和个人相关证件，提货证明上必须详细说明发站、票号、托运人、品名、件数、重量等并附有本单位营业执照副本复印件。当委托他人代领时，代领人必须携带"领货凭证"、证明委托的介绍信及代领人本人身份证。

四、货物运到期限的计算

货物实际运到日数的计算，起算时间从承运人承运货物的次日起算。对于终止时间，到站由承运人组织卸车的货物，至卸车完毕时止；由收货人组织卸车的货物，到火车调到卸车地点或货车交接点时止。货物运到期限，起码天数为3日。

货物运到期限由货物发送期间、货物运输期间和特殊作业时间三部分组成，按下列规定计算。

（一）货物发送期间

货物发送期间是指车站完成货物发送作业的时间，包括从货物承运到发出的时间。一般来说，货物发送期间为1天。

（二）货物运输期间

货物运输期间是货物在途中的运输天数，每250运价公里或其未满为1日；按快运办理的整车货物每500运价公里或其未满为1日。

（三）特殊作业时间

特殊作业时间是为某些货物在运输途中进行作业所规定的实际，具体规定如下。

（1）需要中途加冰的货物，每加冰一次，另加1日。

（2）运价里程超过250千米的零担货物和1吨、5吨型集装箱货物，另加2日；超过1000千米加3日。

（3）一件货物重量超过 2 吨，体积超过 3 立方米或长度超过 9 米的零担货物及零担危险货物另加 2 日。

（4）整车分卸货物每增加一个分卸站，另加 1 日。

（5）准、米轨间直通运输的整车货物，另加 1 日。

【例 3-1】北京广安门站承运到石家庄站零担货物一件，重 2 300 千克，运价里程为 274 千米。计算运到期限。

分析：货物运到期限由货物发送期间、货物运输期间和特殊作业时间三部分组成，计算的关键就是分别算出各个作业时间，然后累加得出。

【解析】

（1）按规定，货物的发送期间为 1 日。

（2）本次运输不属于快件运输，所以货物运输期间为 274/250 = 1.096 = 2（日）。

（3）运价里程超过 250 千米的零担货物另加 2 日，一件货物重量超过 2 吨的零担货物另加 2 日，所以特殊作业时间为 2 + 2 = 4（日）。

由此可以得出本次运输的运到期限为 1 + 2 + 4 = 7（日）。

【例 3-2】某托运人欲从甲站托运一批易腐蚀货物到乙站，共计 2670 千克，运价里程为 1 293 千米，途中加冰 1 次），托运人在运单"托运人记载事项"栏中注明了"允许运输期限 10 天"。甲站可否承运？为什么？

【解析】

（1）按规定，货物的发送期间为 1 日。

（2）本次运输不属于快件运输，所以货物运输期间为 1293/250 = 5.172≈6 日

（3）特殊作业时间有三类：超过 2 吨的零担货物另加 2 日，途中加冰一次另加 1 日，运价里程超过 1 000 千米的另加 3 日，所以特殊作业时间为 2 + 1 + 3 = 6（日）。

由此可以得出本次运输的运到期限为

T = 1 日 + 6 日 + 6 日 = 13 日，故甲站不可承运。

（四）货物运到逾期

如果货物的实际运到天数超过规定的运到期限时，即为运到逾期。若货物运到逾期，不论收货人是否因此受到损害，铁路均压向收货人支付违约金。违约金的支付是根据逾期天数按承运人所收运费的百分比进行违约金支付的。

快运货物运到逾期，除按规定退还快运费外，货物运输期间，按 250 运价千米或其未满为一天，计算运到期限仍超过时，还要按上述规定向收货人支付违约金。

超限货物、限速运行的货物、免费运输的货物以及货物全部灭失时，若运到逾期，承运人不支付违约金。

从承运人发出催领通知的次日起（不能实行催领通知或会同收货人卸车的货物为卸车的次日起），如收货人于两天内未将货物搬出，即丧失要求承运人支付违约金的权利。

货物在运输过程中，由于不可抗力（如风灾、水灾、雹灾、地震等）、托运人的责任致使货物在途中发生换货、整理、托运人或收货人要求运输变更、运输的活动物在途中上水以及其他非承运人的责任之一造成的滞留时间，应从实际运到天数中扣除。

任务四 铁路货物运输组织

铁路货物运输组织是指利用铁路运输货物时具体的业务组织形式。按照所运货物的组织形式可以分为整车运输、零担运输和集装箱运输；按照铁路车辆运营方式划分可以分为协议运输、快运班列、直达班列。

一、整车运输

整车运输是铁路货物运输中的一种主要运输形式，整车运输货物应符合以下条件。

（一）货物的重量和体积

我国现有的货车以棚车、敞车、平车、罐车为主，标记载重量一般为 50 吨和 60 吨，棚车容积在 100 立方米以上，达到这个重量和容积条件的货物，应按整车运输。

（二）货物的性质和形状

有些货物，虽然其重量、体积不够一车，但按性质与形状需要单独使用一辆货车时，应按整车运输。下列货物除按集装箱运输外，也应按整车运输办理。

（1）需要冷藏、保温或加温运输的货物。

（2）规定限按整车办理的危险货物。

（3）易于污染其他货物的污秽品（例如，未经过消毒处理或未使用密封不漏包装的牲骨、湿毛皮、粪便、炭黑等）。

（4）蜜蜂。

（5）不易计算件数的货物。

（6）未装容器的活动物（铁路局规定在箱内可按零担运输的除外）。

（7）一件货物重量超过 2 吨，体积超过 3 立方米或长度超过 9 米的货物（经发站确认不致影响中转站和到站装卸车作业的除外）。

二、零担运输

零担托运的货物，一件体积最小不得小于 0.02 立方米（一件重量在 10 千克以上的除外），每批不得超过 300 件。

三、集装箱运输

铁路运输中所使用的集装箱系列丰富，铁路集装箱所装货物应适合集装箱的要求，不得腐蚀、损坏箱体。性质互抵的货物不得混装于同一箱内。易于污染箱体的货物不得使用铁路通用集装箱装运。在一定季节和区域内不易腐烂的易腐货物，经承运人确定，可以使用通用集装箱装运。

集装箱采用门到门运输。托运人和收货人可使用自有运力或委托运输单位进行，车站应提供便利条件。托运集装箱，每箱总重不得超过其标记总重和限制重量。

集装箱运输以货物运单作为运输合同。托运人托运集装箱应按批提出运单。每批必须是标记总重相同的同一箱型。铁路箱和自备箱不得按同一批办理。

铁路集装箱运输托运、承运、交付以及承运人与托运人、收货人的交接等业务规范按《铁路集装箱运输规则》的规定办理。

四、协议运输

对于大宗且有稳定货源的货物，发货单位可以与铁路部门建立协议运输，有条件的可按年度、半年度、季度或月度签订货物运输合同，也可以签订更长期限的运输合同。承托双方在货物运输合同上签认后，合同即告成立。托运人在交运货物时，还应向承运人按批提出货物运单，作为运输合同的组成部分。

（一）货物运输合同应载明的内容

货物运输合同应载明的内容主要有以下几个。

（1）托运人和收货人名称。

（2）发站和到站。

（3）货物名称。

（4）货物重量。

（5）车种和车数。

（6）违约责任。

（7）双方约定的其他事项。

（二）货物运单应载明的内容

（1）托运人、收货人名称及其详细地址。

（2）发站、到站及到站的主管铁路局。

（3）货物名称。

（4）货物包装、标志。

（5）件数和重量（包括货物包装重量）。

（6）承运日期。

（7）运到期限。

（8）运输费用。

（9）货车类型和车号。

（10）施封货车和集装箱的施封号码。

（11）双方商定的其他事项。

【知识链接】

班列运输

货运五定班列（简称班列）是指铁路开行的发到站间直通、运行线和车次全程不变，发到日期和时间固定，实行以列、组、车或箱为单位报价、包干办法，即定点、定线、定车次、定时、定价的货物列车。班列按其运输内容分为集装箱货物班列（简称集装箱班列）、鲜活货物班列（简称鲜活班列）、普通货物班列（简称普通班列）。

目前，班列运行线中集装箱班列 26 条（其中预留线 17 条）、普通班列 44 条（含季节性鲜活区列 2 条），共 70 条，遍及京哈、京广、京沪、京九、陇海、浙赣等主要干线，每周开行 220 列上下。除不明到站的军事运输、超限货物和限速运行的货物外，其他都可以按班列办理运输。

班列运输主要有以下几个特点。

（1）运达迅速：班列运行速度双线区间为 800 千米/天以上，单线区间为 500 千米/天以上，运达速度快。

（2）手续简便：托运人可在车站一个窗口，一次办理好手续。

（3）运输费用由铁道部统一组织测算并公布，除此不得收取或代收任何其他费用，透明度高。

（4）班列在运输组织上实行"五优先、五不准"：即优先配车、优先装车、优先挂运、优先放行、优先卸车，除特殊情况报铁道部批准外，不准停限装、不准分界口拒接、不准保留、不准途中解体、不准变更到站。

五、快运班列

（一）适用快运班列的货物

快运班列包括特快班列和快速班列。

1．特快班列

特快货物班列运输的货物必须适宜装入 25T 型专用行李车，品名、包装、重量、外形尺寸和理化性质等，要符合铁路运输有关规定，单件重量不得超过 300 千克。

2．快速班列

快速货物班列运输的货物必须适宜装入 PB 或 P65 专用棚车，品名、包装、重量、外形尺寸和理化性质等，要符合铁路运输有关规定。单件重量不得超过 500 千克，以托盘形式包装的集装化货物单盘重量不得超过 1 000 千克。

对烟草、棉花、食用盐等政令限制物资和国家归口管理物资，必须按国家有关规定办理。对军事运输、超限、超重和限速运行的货物，危险货物、理化性质不明的化工产品以及国家禁止运输的货物和不适于装入班列车辆的物品，不得纳入特快、快速货物班列运输。

（二）快运托运受理

托运人托运的整车、集装箱、零担运输的货物，除不宜按快运办理的煤、焦炭、矿石、矿建等品类的货物，及部分整车鲜活货物和必须按快运办理的货物外，托运人要求快速运输（以下简称快运）时，经铁路同意，可按快运办理。托运人托运按快运办理的货物，应在铁路月度要车计划表内用红色戳记或红笔注明"快运"字样。经批准后，向车站托运货物时，须提出快运货物运单，车站填写快运货票。

（三）快运运杂费

快运货物除按规定核收运杂费外，另行核收该批货物运费 30%的货物快运费。货物快运费在货物运单和货票内记明，由发站在核收运输费用的同时，一并向发货人核收。

（四）快运运到期限

快运货物的运到期限，按《铁路货物运输规程》规定办理，但其中运输期间按每 500运价公里或其不足为一日计算。快运货物超过运到期限，由到站于交付货物时，向收货人按相关规定退还货物快运费。快运货物，中途变更到站时，已核收的货物快运费不退还。车站对零担快运货物，应在票据封套上加盖横式带边红色"快运"戳记。

六、直达班列

直达班列货物运输是为加速车辆周转和货物送达速度，以编组和开行直达列车为手段而采取的一种运输组织方式。直达货运班列特点是"五定"，即固定发到站、固定货物品类、固定周期、固定运行线、固定车次的整列始发直达货物列车。开行直达列车可加速车辆周转，减少中间站的调车作业时间。直达列车分为始发直达、阶梯直达和技术直达三种。

只办理整车货物直通运输，但下列货物不办理直通运输。

（1）鲜活货物及需要冷藏、保温或加温运输的货物。

（2）罐车运输的货物。

（4）每件重量超过 6 吨（特别商定者除外），长度超过 16 米或体积超过米轨装载限界的货物。

任务五　铁路货物运费核算

铁路货物运输费用是铁路运输企业所提供的各项生产服务消耗的补偿，包括运行费用、车站费用、服务费用和额外占用铁路设备的费用等。铁路货物运输费用由铁路运输企业使用货票和铁路运输杂费收据进行核收。

一、货物运输费用的核算步骤

通常，货物运输费用的核算步骤如下。

（1）根据运单上填写的发站和到站，按《货物运价里程表》算出发站至到站的运价里程。

（2）根据货物运单上填写的货物名称查找《铁路货物运输品名分类与代码表》《铁路货物运输品名检查表》，确定适用的运价号。

（3）整车、零担货物按货物适用的运价号，集装箱货物根据箱型、冷藏车货物根据车种分别在《铁路货物运价率表》中查出适用的运价率（基价 1 和基价 2，以下同）。

（4）货物适用的基价 1 加基价 2 与货物的运价里程相乘之积，再与按本规则确定的计费重量（集装箱为箱数）相乘，计算出运费。

（5）按《价规》的规定计算杂费。

二、货物运价里程的确定

计算货物运费时所采用的里程称为货物运价里程，运价里程是根据《货物运价里程表》按照发站至到站间国铁正式营业线最短径路计算，但《货物运价里程表》内或铁道部规定有计费经路的按规定的计费经路计算。使用《货物运价里程表》可以查到需要找的站名，确定运价里程。查找车站及里程的方法如下。

（1）首先从站名索引表（里程表上册）的"站名首字汉语拼音索引表"或"站名首字笔画索引表"查出车站首字在"站名索引表"中的页数。再从"站名索引表"中查出车站的站名和该站的营业办理限制。

（2）再根据站名索引表查出发站和到站在里程表（里程表下册）的页数，就可从里程表中查出发站至到站的里程。

三、货物运价号的确定

由于货物的性质和运输要求的不同，货物运费的计算分为不同的等级，就是铁路货物运价号。

（一）铁路货物运价号的分类

铁路货物运价号分为整车货物运价号（包括保温车货物运价号）、零担货物运价号、集装箱运价号三种。

（1）整车货物运价号：1～7 号和冰保、机保共 9 个号。

（2）零担货物运价号：21～22 号共 2 个号。

（3）集装箱货物运价号：按箱型分为 1 吨箱、10 吨箱、20 英尺箱、40 英尺箱，共 4 个号。

（二）货物品类代码和运价号的判定

《铁路货物运输品名分类与代码表》（简称《分类表》）和《铁路货物运输品名检查表》（简称《检查表》），都是用来判定货物的类别代码和确定运价号的工具。《分类表》由代码、货物品类、运价号（整车、零担）、说明等项组成，如表 3-8 所示。

表 3-8　铁路货物运输品名分类与代码表

代码		货物品类	运单号		说明
			整车	零担	
01	1	0	煤原煤	4	21	含未经人洗、筛选的无烟煤、炼焦烟煤、一般烟煤、褐煤
	2	0	洗精煤	5	21	含冶炼用炼焦精煤及其他洗精煤
	3	0	块煤	4	21	含各种力度的洗块煤和筛选块煤

（续表）

代码			货物品类	运单号		说明
				整车	零担	
	4	0	洗选煤	4	21	指洗精煤、洗块煤以外的其他洗煤（含洗混煤、洗中煤、喜沫煤、洗粉煤、洗原煤、煤泥）机筛选块煤以外的其他筛选煤（含筛选混煤、筛选沫煤、筛选粉煤）
	5	0	水浆煤	4	21	——
	9	0	其他煤	4	21	含煤粉、煤球、煤砖蜂窝煤等煤制品、泥煤风化煤及其他煤。不含煤玄石
02	1	0	石油原油	6	22	含天然原油、页岩原油、煤炼原油
	2	0	汽油	6	22	含各种用途的汽油
	3	0	煤油	6	22	含灯用煤油、喷气燃料及其他煤油
	4	0	柴油	6	22	含轻柴油、重柴油及其他柴油

根据货物所属的类项，便可确定货物的运价号。代码由 4 位阿拉伯数字组成，是类别码（前 2 位表示货物品类的大类，第 3 位表示中类，第 4 位表示小类），对应运价号。铁路运输的货物共分 26 类，每一类都按大类、中类、小类的顺序排列。其大类代码、货物品类名。

《检查表》由品名、拼音码、代码、运价号（整车、零担）五项组成。根据货物的拼音码，便可确定货物的类别代码和运价号。拼音码由不超过 5 个汉语拼音字母、阿拉伯数字、英文字母构成，如表 3-9 所示。

表 3-9 铁路货物运输品名检查表

代码	货物品类	代码	货物品类	代码	货物品类
01	煤	10	木材	19	农业机具
02	石油	11	粮食	20	鲜活货物
03	焦炭	12	棉花	21	农副产品
04	金属矿石	13	化肥及农药	22	饮食品及烟草制品
05	钢铁及有色金属	14	盐	23	纺织品
06	非金属矿石	15	化工品	24	纸质文教用品
07	磷矿石	16	金属制品	25	医药品
08	矿物性建筑材料	17	工业机械	…	…
09	水泥	18	电子电气机械	99	其他货物

根据品名，由左向右，汉字一般取每字拼音的首码，构成拼音码。《检查表》中的品名是按由 A 到 Z 的顺序排列的。

（1）先查检查表。使用该表时首先从品名首字汉语拼音索引表或品名首字笔画索引表中，查出该品名在检查表中的页数，再根据检查表查出该品名的拼音码、代码和运　价号。

（2）检查表中有具体名称时，按具体名称判定代码和运价号。不属该具体名称的不能比照。但由于货物的别名、俗名、地方名称等不同，而实际属于该具体名称的，仍应按该具体名称适用类别和运价号。

（3）检查表中无该具体名称时，则按分类与代码表中概括名称判定类别和运价号。

（4）半成品除规定者外，均按制成品适用类别和运价号。

（5）在分类表和检查表中既无该货物的具体名称，又无概括名称时，按小类—中类—大类的顺序逐次判定其归属的收容类目。各类均不能归属的货物，则列入总收容类目9990件未列名的其他货物。

（三）确定运价率

铁路货物运价率是根据运价号相应制定出每一运价号的基价1和基价2。铁路运价率，如表3-10所示。

表3-10　铁路货物运价率

办理类别	运单号	基价1		基价2	
		单位	标准	单位	标准
整车	1	元/吨	5.60	元/吨公里	0.0288
	2	元/吨	6.30	元/吨公里	0.0329
	3	元/吨	7.40	元/吨公里	0.0385
	4	元/吨	9.30	元/吨公里	0.0434
	5	元/吨	10.20	元/吨公里	0.0491
	6	元/吨	14.60	元/吨公里	0.0704
	7			元/吨公里	0.2165
	加冰冷藏车	元/吨	9.20	元/吨公里	0.0506
	机械冷藏车	元/吨	11.20	元/吨公里	0.0730
零担	21	元/10千克	0.115	元/10千克公里	0.0005
	22	元/10千克	0.165	元/10千克公里	0.00075
集装箱	1吨箱	元/箱	10.00	元/10千克公里	0.0336
	10吨箱	元/箱	118.50	元/箱公里	0.4234
	20英尺箱	元/箱	215.00	元/箱公里	0.9274
	40英尺箱	元/箱	423.00	元/箱公里	1.4504

五、计费运费

通常，计费运费的相关规定如下。

（1）整车货物以吨为单位，吨以下四舍五入。

（2）零担货物以10千克为单位，不足10千克进为10千克；零担货物按货物重量或货物体积折合重量计费，即每立方米重量不足 500 千克的为轻浮货物，按每立方米体积折合重量 500 千克计算。

（3）集装箱货物以箱为单位。

六、运费计算公式

（一）整车货物

整车货物的计算公式如下。

按重量计费运费 = （基价 1 + 基价 2 × 运价里程）× 计费重量
按辆数计费运费 = 基价 2 × 运价里程 × 辆数

（二）零担货物

零担货物的计算公式如下。

运费 = （基价 1 + 基价 2 × 运价里程）× 计费重量/10

（三）集装箱货物

集装箱货物的计算公式如下。

运费 = （基价 1 + 基价 2 × 运价里程）× 箱数

七、计算其他费用

铁路货物其他费用包括货物作业过程中实际发生的各种杂费、铁路建设基金、电气化附加费、加价运费（在统一运价的基础上再加收一部分运价）和其他代收款（印花税）等费用。

各项杂费按从杂费费率表中查出的费率与规定的计算单位相乘进行计算。各项杂费凡不满一个计算单位，均按一个计算单位计算（另有规定者除外）。

（一）铁路建设基金

用规定的计费重量与运价里程和规定的铁路建设基金费率相乘，算出铁路建设基金。整车化肥、黄磷免征铁路建设基金。其计算公式如下。

铁路建设基金 = 费率 × 计费重量（箱或轴数）× 运价里程

（二）新路新价均摊运费

新路新价均摊运费的计算公式如下。

新路新价均摊运费 = 均摊运价率 × 计费重量（箱或轴数）× 运价里程

（三）电气化附加费

如果货物通过电气铁路区段，那么用通过的电气铁路区段里程与规定的计费重量和电气化附加费率相乘，可计算出电气化附加费。电气化附加费计算公式如下。

电气化附加费 = 费率 × 计费重量（箱或轴数）× 电气化里程

（四）印花税

印花税以每张货票计算，按运费的万分之五计收。不足 0.1 元（或运费不足 200 元）的免税，超过 0.1 元按实际收缴，计算到分。

（五）其他各项杂费

按规定项目和标准计算其他各项杂费，包括长大货车使用费、车辆设备使用费、集装箱使用费、装卸作业使用费、延期使用设备费、换装费等。

（六）货物运杂费总额

将上述运费与杂费相加，得出货物运杂费总额：铁路运杂费总额 = 运费 + 各项杂费

（七）集装箱"一口价"运输

为适应市场需要，铁道部于 1999 年 9 月在全国各集装箱办理站间实行了"一口价"运输，即托运人在发站一次付费就包含了进火车站卸卡车—装火车—经铁路运输—到站卸火车—装卡车全过程的所有费用，收货人不必再支付费用。每项运费、杂费的尾数不足 0.1 元时，按四舍五入处理。

【例 3-3】铁路整车运输运费计算范例

沈阳发到大连原煤一车，使用一辆 60 吨的棚车装运。运输过程未经过电气化区段和新路区段，计算此次货物运输的运费。

【解析】

由于货物使用一辆 60 吨的棚车装运，故此批货物应按整车运输计算运费。计算运费的关键是确定计费里程、整车货物运价、计费重量和其他费用。

【计算步骤】

（1）经查铁道部部核发的《铁路货物运价里程表》，沈阳至大连的营运里程为 397 千米。

（2）经查《铁路货物运输品名分类与代码表》，原煤的运价号为 4，对应的整车发到基价为 9.6 元/吨，运行基价为 0.0484 元/（吨·千米）。

（3）由于整车货物每吨运价 = 发到基价 + 运行基价 × 运价里程，所以此次运输的运价为 9.6 + 0.0484 × 397 = 28.8148 元/吨。

（4）整车货物运输时，一般按货车的标重计算运费，故本批货物的计费重量为 60 吨。

（5）经查证，本次运输未经过电气化区段和新路区段，所以只收取铁路建设基金，具体为 0.033 × 60 × 397 = 786.06 元。

由此可以得出本次货物的运费如下：

运费 = 28.8148×60 + 786.06

    = 2514.948

    = 2514.9 元（不足 1 角，四舍五入）

【例 3-4】铁路零担运输运费计算范例

北京广安门站办理一批到满洲里的装饰材料 26 000 千克，与另一货主拼装一辆 40t 的棚车。铁路建设基金费率为 0.00033 元/（吨·千米），运输经过的电气化里程为 1 257 千米，电气化附加费率为 0.00012 元/（吨·千米），新路区段里程为 2 115 千米，新路新价均摊运费率为 0.000011 元/（吨·千米）。计算托运这批装饰材料应收取的运费。

【解析】

由于该批装饰材料与另一批货物拼装，故此批货物应按零担运输计算运费。计算运费的关键是确定计费里程、零担货物运价、计费重量和其他费用。

【计算步骤】

（1）经查铁道部部核发的《铁路货物运价里程表》，北京至满洲里的营运里程为 21 15 千米，即此次运输的运价里程为 2 115 千米。

（2）经查《铁路货物运输品名分类与代码表》，装饰材料的零担运价号为 22，对应的零担发到基价为 0.167 元/10 千克，运行基价为 0.00075 元/（千克·千米）。

（3）由于零担货物每 10 千克运价 = 发到基价 + 运行基价×运价里程，所以此次运输的运价为 0.167 + 0.00075×2115 = 1.75325 元/10 千克。

（4）按照规定，本批货物的计费重量为 26 000 千克。

（5）经查证，本次运输经过的电气化里程为 1 257 千米，新路区段里程为 2 115 千米。所以本次运输应收取的其他费用如下：

电气化附加费 = 0.00012×（26 000/10）×1257 = 392.184 元；

新路新价均摊运费 = 0.000011×（26 000/10）×2115 = 60.489 元；

铁路建设基金 = 0.00033×（26 000/10）×2115 = 1814.67 元。

由此可以得出本次货物的运费如下：

运费 = 1.75325×（26 000/10）+ 392.184 + 60.489 + 1 814.67

    = 6 825.793

    = 6 825.8 元（不足 1 角，四舍五入）

项目小结

铁路运输是我国国民经济的大动脉，是我国货物运输的主要方式之一，也是构成陆上货物运输的两个基本运输方式之一，并与水路干线运输、各种短途运输直接衔接，可以形成以铁路运输为主要方式的运输网络。

根据托运人托运货物的数量、体积、形状等条件，铁路货物运输可分为整车、零担和集装箱运输三种形式。根据运输条件的不同，铁路货物运输可分为普通货物运输和特殊货物运输。铁路运输设施主要由铁路线路、机车车辆、信号设备和车站四部分组成。

车站是铁路运输的基本生产单位，包括各种铁路车站和作业场。铁路货物运输作业包括货物发送作业、运输途中作业、到达与交接作业。按照所运货物的组织形式可以分为整车运输、零担运输和集装箱运输；按照铁路车辆运营方式划分可以分为协议运输、快运班列、直达班列。

铁路运输费用包括运行费用、车站费用、服务费用和额外占用铁路设备的费用等。

项目练习

一、填空题

1. 铁路车辆营运方式可分为_____ 、_____、_____。

2. 货物运输期间是货物在途中的运输天数，每_____ 运价公里或其未满为 1 日。

3. 铁路运输设施主要由_____、机车车辆、_____和_____四部分组成。

4. 铁路零担运输的货物，一件体积最小不得小于_____（一件重量在 10 千克以上的除外），每批不得超过_____。

5. 铁路信号设备主要包括_____、_____、_____。

二、判断并改错题

1. 货物运到期限，起码天数为 2 日。（　　）

2. 我国铁路运输中，两条钢轨间的标准轨距为 1435 毫米，大于标准轨的为宽轨，小于标准轨的为窄轨。（　　）

3. 为保证铁路运输途中装车作业的质量，使装车工作顺利进行，装车前应检查货物、运单、车辆、车型等内容。（　　）

4. 铁路运输可以实现"门到门"运输，通常不需要其他运输方式配合也能完成运输任务。（　　）

5. 个人托运的货物内不得夹带首饰、古玩、文物字画、手表、货币等物品。（　　）

三、单项选择题

在下列每小题中，选择一个最合适的答案。

1. 下列不属于铁路枢纽城市的是（　　）。

A．郑州　　　　　　B．焦作　　　　　　C．包头　　　　　　D．北海

2. 铁路货物运到期限的组成部分不包括（　　）。

A．发送期间　　　B．起码时间　　　C．货物运输期间　　D．特殊作业时间

3. 特殊作业时间的计算中，中途加冰一次，运价里程超过 250 千米的零担运输，另加（　　）。

A．24 小时　　　B．48 小时　　　C．72 小时　　　　　D．实际加冰时间

4. 铁路运输机车中，具有热效率最高，其功率大、运输能力大、启动快、速度高等特点，最有发展前途的一种机车是（　　）。

A. 蒸汽机车　　B. 电力机车　　　C. 内燃机车　　　D. 牵引机车

5. 下列不需要托运人派人押运的货物是（　　）。

A. 活猪　　　　B. 绿萝　　　　　C. 挂运的机车　　D. 书籍纸张

四、多项选择题

1. 铁路枢纽的功能主要有（　　）。

A. 优化网点布局　　　　　　　B. 衔接各条干线

C. 集中铁路运量　　　　　　　D. 办理各线路间的技术作业

2. 铁路车站按照技术作业性质可分为（　　）。

A. 中间站　　　　B. 特等站　　　C. 区间站　　　D. 编组站

3. 铁路货物运输按照托运货物的自然条件可分为（　　）。

A. 零担运输　　　B. 整车运输　　C. 特殊货物运输　　D. 集装箱运输

4. 铁路运输货物到站前交接的准备工作主要包括（　　）。

A. 安排运力　　　B. 准备仓容　　C. 安排装卸劳力　　D. 组织直拨运输

5. 下列属于专用货车的是（　　）。

A. 保温车　　　　B. 平板车　　　C. 罐车　　　　D. 家畜车

五、简答题

1. 铁路货物运输的特点有哪些？

2. 铁路货物运输的作业流程有哪些？

3. 铁路枢纽可划分为几种类型？

4. 铁路货物运输途中作业装车时的具体要求？

5. 如何理解货物的承运？

技能实训练习

练习一：铁路货物运输费用的核算

【情境1】某托运人在兰州西站发银川站机器一台，货重24000千克使用一辆50吨货车装运，计算其运费。

【情境2】从兰州北站运往天水水泥桥梁一件，使用65吨平车为主车，计算有关的运杂费。运价里程364千米；电气化里程359千米；基价1＝10.20元/吨；基价2＝0.0491元/（吨·千米）；建设基金费率：0.033元/（吨·千米）；电化费费率：0.012元　　　　　　　/（吨·千米）

练习二：铁路货物运输运单的填写

【情境1】根据以下信息，完成铁路货物运单表 3-3 和 3-4 的填制。

兰州中迪实业有限公司位于七里河区建兰路 69 号，该公司采购员李建（136×××× 7425）在银川出差购得一台五金零件，价值 10 万元，按照 1‰缴纳了保险并于 2015 年 4 月 3 日交由银川站运抵兰州西火车站。货物用木箱共 10 件，运价号码为 3，承托双方均确定重量为 14 吨，用 15 吨货车一辆装运组织直达运输，运输号码 34599938。

银川站指定 2015 年 4 月 5 日搬入货场 PD0201067 号货位。经查表从银川站至兰州西站运价里程为 679 千米。银川站派车号 TK7841 进行运输，篷布号码 345675，供应商公司位于银川市西夏区培华路 118 号，李××作为押货人随车同行，并进行装车和施封，施封号码 340990，在运输过程中还花费了每吨 5 元装车费和 60 元的印花税，该公司的仓管员张××（186×××× 5612）进行收货。请填写铁路运单。

【情境2】请以承运人身份根据以下信息完成铁路运输货票表 3-7 的填制。

广西爱和食品有限公司坐落于广西北海市海城区文明南路 189 号，销售员王××销往运往北京市朝阳区广渠路 31 号家乐福超市一批金龙鱼食用油共 200 箱，每箱 13 千克，品名代码 JK01568，采用棚车运输由承运人装于 TK9815 次列车，运输号码：GK78910，运输距离 1892.72 千米，运价号 22，运输过程还需缴纳铁路建设基金 230 元，电气化附加税 180 元，印花税 75 元，公司刘××办理接货事宜。

【情境3】根据以下内容完成铁路运单表 3-4 的填制。

哈尔滨道里区通达街 204 号的王××于 2015 年 7 月 20 日与俄罗斯莫斯科新兴路 193 号的某公司签订了编号为 PK0184 号的运输合同，按照合同规定，发货人特别申明该批工艺展览品需要托运人亲自装车。共计 8 件货物采用 2 吨车 1 辆木箱进行运输，发货人确定重量 1.85 吨，铁路最终确定为 1.90 吨。海关记载货物声明价格为 12 万，运输装车后需用 3 个铅封进行管理，同时需要提交物资管制文件，运输途径国境黑河站，发货人负担过境费用 320 元。

项目四　水路货物运输

【项目导读】

水路运输是为目前各主要运输方式中兴起最早、历史最长的运输方式。其技术经济特征是载重量大、成本低、投资省，但灵活性小，连续性也差。较适于担负大宗、低值、笨重和各种散装货物的中长距离运输，其中特别是海运，更适于承担各种外贸货物的进出口运输。本项目围绕水路运输的基本含义、特点，介绍了水路运输的多种分类形式以及未来发展趋势；介绍了水路船舶、港口、航道等基础设施设备，并详细介绍了班轮运输和租船运输的经营作业方式和货运流程；介绍了装货港、卸货港常用的货运单证的流转程序以及海运提单的作用、分类和填制方法；介绍水路货物运输的费用核算方法。

【项目目标】

➢ 理解水路货物运输的含义、特点、分类和水路运输的发展趋势。
➢ 熟悉船舶、港口、航道等设施设备的特点及其功能。
➢ 掌握班轮运输、租船运输的特点和作业流程。
➢ 掌握水路货物运输中装货港、卸货港常用的单证和水路货物运输费用核算方法。
➢ 理解海运提单的功能、分类和海运提单的填制方法。

【项目任务】

中远散运：国际海运领航者

中远散运的发展堪称海运业的奇迹。

熟悉航运业的人都清楚，此番评价丝毫不为过。航运是一个古老的行业，最显著的特点就是资金投入大，投资回报低，市场风险高。然而，中远散运在国家没有增加投入的情况下，盈利能力却成几何级数增长：2002年还只有几千万元，到2003年跃升至7个亿，直至去年公司创利高达50亿，人均创利60万元。如今，中远散运的市场运作直接影响着国际干散货运市场晴雨表——波罗的海运价指数（BDI）的走势。

中远散运何以在短短几年时间进入国际干散货海运行业的领跑行列？答案浓缩为八个字——改革创新，智慧经营。的确，与其他国有企业一样，体制、机制上的弊端同样程度不同地困扰着中远散运。但是，在中远散运，总裁张良始终倡导一个理念：少抱怨，多行动，国企机制创新的空间仍然很大。也正是在这样一种理念的指导下，中远散运连创佳绩，很多指标甚至可以说创造了奇迹—国有资产保值增值率接近300％。诸多数字表明，中远散运的肌体是健康的。通过近年来在经营管理方面的不断创新，全力打造市场竞争力和控制力，轻装远航的中远散运已经走上可持续发展之路。

智慧经营："三位一体"的商业模式。

2004年，中远散运实现惊人跳跃。有人说，中远散运撞上了大运，因为这一年，波罗的海运价指数曾达6000点，创下历史最高。市场行情好，企业效益似乎自然就该好，这种分析不无道理，然而，就在同年，国际干散货海运业的许多企业并没有赢得与市场水平相符的利润。因而，熟悉国 PC—海运业的同行最清楚，中远散运的突破并非偶然，中远散运胜，胜在其超前的战略决策。

中远散运是国家大型远洋航运企业，不尽合理的船型结构、船龄结构和成本结构曾经严重制约着中远散运在国际散货海运市场中的竞争力和抵御市场风险的能力。坐等国家投资造船买船显然是"远水难解近渴"，怎么办?面对国家对大型企业寄予的"做大做强"的厚望，中远散运人开始转变观念。

2002年，时值航运市场低谷，总经理张良凭借多年的经验，科学分析自身的优劣势，果断提出转变市场定位的决策构想，首先从转变角色开始。航运企业传统的身份是船东，中远散运大胆实践，在"智慧经营"理念指导下，坚决实施"拥有船向控制船转变"战略，由单一船东身份向"三位一体"的市场定位转变，在市场上同时扮演三种角色：船东、租船人和经纪人。把"夺取市场控制力"作为创效核心目标，企业虽然自有船舶60多艘，运力400万载重吨，但是，三年时间里不断租入船舶，实际控制船舶200多艘、控制运力达1500多万载重吨。中远散运亦在摸索中逐渐走上建立具有自身特色的商业模式之路。张良极富前瞻性的战略决策印证了那句老话"机遇往往垂青有准备的人"，在这个充满变数，时刻存在潜在机遇和风险的行业里，战略眼光更是制胜之基。

对航运企业而言，船舶是企业战略性经营资源之一，从某种意义上说谁控制了运力谁就控制了发言权。然而，干航运的都知道，拥有国际市场的话语权谈何容易。大型航运企业运力结构不合理是不可能通过大量造船、买船在短时间内解决的矛盾。中远散运早已注意到这一点，他们紧盯市场，结合货品运输市场需求变化进行运力置换，通过船队结构调整带来运力结构的调整，为捕捉战机赢得了主动。中远集团提出"从拥有船到控制船"的战略以后，中远散运的租船经营就进入了大显身手的平台。

目前，中远散运日常操作的租入船有100余艘，1000多万载重吨。同时，把自有运力中一部分船龄较大，营运成本较高的船舶以期租方式租出去，获得了稳定的经营收入，达到了"锁定效益、规避风险"的目的。此外，针对国内贸易量渐大的特点，将一部分老旧船投入沿海运营，通过合理配载和摆位，获得了较好的经济效益。中远散运人灵活多样的租船经营在使企业综合效益最大化的同时，又使企业经营风险最小化。现在控制船能力强了，通过"以船为主，船货联动"的灵活操作，低谷时"拿船"成本低，高峰时"拿货"盈利大，通过租船经营，拓宽了企业的经营能力与空间。同时，租入船经营也合理调整了公司的船队结构，增强了市场面前的应变能力。

租入船舶以控制航运企业经营性资源的方式，具有鲜明的特点：一是资金投入少，二是交易实现时间短，三是退出障碍低。而通过租入船调整运力结构的优势也是显而易见的，一是在平抑自有船单一化经营风险的基础上充分实现协同效应，有利于提高企业对市场变化的反应能力。二是可以增大调节船队结构的空间，有助于放大企业品牌效应。三是能够维持企业原有的财务杠杆作用，增加企业的现金流量。四是为企业实现价值最大化提供了可能。

作为精明的经纪人角色，中远散运采用了类似"期货""对冲"的手法，在租入船的同时又租出船，在拿到新运力的同时又转让运力，在寻找低租金的同时也寻求高租金，在力图控制船的同时也在力图控制货，在买货的同时也在卖货，在退出某些市场的同时也进入某些市场。这样做，不仅使企业综合效益实现了最大化，又降低了经营风险。2004年公司的全部利润中，仅租入船就创利30亿元。

综观中远散运的"商业模式"，其特点有三：一为独特性，即建立在科学分析和判断基础上对航运市场发展动态的超前把握；二为价值性，即实现从拥有到控制的转变，优化船队结构，平抑经营风险，取得最大价值；三为组合性，即企业资源要素的有效组合，集中体现综合实力。以静制动，轻盈与市场共舞。

中远散运的目标很明确——做国际干散运输市场的领跑者。翻开中远散运的发展目标规划发展思路已经明确：坚持科学的发展观，追求企业的可持续发展，不断超越过去，不断超前思维，实现中远散运的第二次飞跃。从控制船到控制货，从"三位一体"到"四位一体"，进入国际干散货海运业领跑行列的"COSCO BULK（中远散运）"巨轮正在破浪远航。

（1）中远散运如何成为国际海运的领航者？

（2）"三位一体"指的是什么？

任务一　水路货物运输基本知识

水路运输是指使用船舶及其他航运工具，在江河、湖泊、海洋上载运货物的一种运输方式。水路运输主要承担长距离、大批量的远程运输，在内河及沿海，水运也承担补充及衔接大批量干线运输的任务。水路运输也是干线运输中起主力作用的运输方式之一。

水路运输的基本方式有两种：一是江河运输，二是海上运输。

一、水路货物运输的特点

水路货物运输利用水的浮力承载货物的重量，可实现大吨位货物运输，大大节省了动力支出，是大宗货物运输的主要方式之一。

（一）水路运输的优点

通常，水路运输的优点有以下几个。

1．通过能力大

水路货物运输的突出优点是通过能力大，如海上运输利用海洋作为航道，其通航能力几乎不受限制；江、河、湖、海互相贯通，可以实现长距离货物运输；船舶的舱位大、装载能力强，适合于体积较大的货物运输。目前，世界上最大的油船载重量55万吨以上，集装箱船箱位已达5 000～6 000个标准集装箱,矿石船载重量达35万吨。即便在内河运输中,美国最大顶推船队运载能力达到 5 万～6 万吨,我国顶推船队的运载能力已达 3 万吨,相当于铁路列车运载能力的6～10 倍。

2．节省燃料,单位运输成本低

因为船舶沿水道浮动运行,水路货物运输可以有效节省燃料,降低运输成本。在各种货物运输方式中,水路运输的单位运输成本最小,尤其是海运,运输成本更加低廉,约为铁路运输成本的 1/25～1/20,不足公路货物运输的 1/100。

3．续航能力强

一艘商船携带的燃料、粮食及淡水可以延用数十日,它还具有独立生活的种种设备,如发电、制造淡水等,续航能力较强。

4．劳动生产率高

由于船舶运载量大,配备船员少,因而其劳动生产率较高。

5．节约投资,占地较少

水路货物运输主要是利用江、河、湖泊和海洋等天然航道运输,线路投资少,节省土地资源。

（二）水路运输的缺点

通常,水路运输的缺点有以下几个。

1．航速低

船舶体积大,遇到的阻力也大。另外,低速行驶所需克服的阻力小,能够节约燃料,一旦增大航速,所需的燃料费用直线上升,因此,船舶的航行速度都比较低。

2．可达性差

航运和装卸作业受到水域码头、港口、船期等条件的限制,如果托运人或收货人不在航道上,就要依靠汽车或铁路货物运输进行转运。另外,船舶到达港口,如果水深不够或缺乏必要的装卸设备,也将限制大型船舶的入港与作业。

3．受季节、天气等条件的影响较大

水路货物运输受季节的影响较大,如在冰封期（或冰封区域）、枯水期,船舶的正常通航就难以保证,暴风雨、大雾天气对船舶航行的影响也比较明显。

4．船舶的投资额巨大且回收期长

从投入产出的角度看,水路货物运输企业购买船舶需要花费巨额资金,而船舶的折旧期较长。因此,水路货物运输企业的固定资产投入比例较高。海运市场的周期性循环对于运费高低影响很大,使水路货物运输企业的运输收入不够稳定,甚至出现较大的起伏。而舱位无法储存、船舶不能移作他用使投资风险加大。

5．面临的竞争激烈

海洋运输经营者往往要面对各国运输企业的竞争，而世界航运运力严重过剩，同行间竞争激烈。同时，水路货物运输还需要同其他运输方式竞争，这使水路货物运输面临巨大的压力。

6. 准时性和安全性不高

由于受自然条件的限制较大，水路货物运输难以保证运输的准时性，另外，海运事故降低了水路运输的安全性，这使得水路运输在高端市场中竞争力不强。

二、水路货物运输的分类

（一）按照航行区域分类

按照航行区域分类，水路货物运输主要分为内河运输和海洋运输两种。

1. 内河运输

内河运输是指使用船舶、排筏和其他浮运工具，在江、河、湖、水库及人工水道进行运输的一种方式。我国的江河资源十分丰富，历史上就是世界领先的水运大国。我国有长江、珠江、黑龙江、黄河、淮河、辽河、海河七大主要水系，还有贯通海河、淮河、长江、钱塘江等水系的南北向大运河。其中长江长达 6 300 多千米，历来有"黄金水道"之称，随着三峡工程和长江上游梯级电站的建设和国家西部大开发战略的实施，长江在内河运输上将发挥更大作用。在货运量方面，珠江仅次于长江居第二位。黄河是我国第二大河流，由于黄河上游多峡谷，水势湍急，下游浅滩多，水位涨落不定，所以只能分段通航。黑龙江是我国第三大河流，可通轮船，但封冻期较长。

2. 海洋运输

海洋运输，简称"海运"。海洋运输是开展国际贸易的主要方式，是发展经济和友好往来的主要交通工具之一。海洋运输包括沿海运输、近洋运输和远洋运输。

（1）沿海运输是使用船舶在沿海各港口之间通过大陆附近沿海航道运送客、货的一种运输形式。一般使用中小型船舶运输。

（2）近海运输是使用船舶通过大陆邻近国家海上航道运送客、货的一种运输形式，视航程一般使用中型船舶，也可使用小型船舶。如我国到日本、朝鲜、印度尼西亚等地的运输。

（3）远洋运输是指我国与其他国家或地区经过一个或数个大洋的海上运输，我国至北美、南美、澳洲、欧洲等地区之间的运输，都属于远洋运输。远洋运输是使用船舶跨大洋的长途运输形式，主要依靠运量大的大型船舶。

（二）按货物包装分类

按货物的包装状况分为集装箱运输、散装货物（无包装）等。集装箱运输和散杂货物运输是我国水路运输的主要形式。

1. 集装箱运输

集装箱运输是指将货物装在集装箱内进行运送的运输方式，是 20 世纪 50 年代以来在全球快速兴起的一种运输方式。在水路运输方面，集装箱化给港口和场站的货物装卸、堆码的全机械化和自动化创造了条件。标准化的货物单元加大，提高了装卸效率，缩短了车船在港口和场站停留的时间。

2. 散杂货物运输

散杂货物运输包括散装货物和件杂货物。

（1）散装货物运输简称"散货运输"，是指货物在装运以前不加包装，而是直接装载在船上的通舱或由货舱隔成的小舱中的块状、颗粒状、粉末状货物，如矿石、煤炭、谷物、糖、油和散运的盐等。散货一般批量较大。

（2）件杂货运输是指除鲜活易腐货物外，包装成件或其本身是可计数的一般货物的总称，如一箱衣服、一辆汽车等。它的品类繁多、性质各异、包装形式不一。

（三）按经营方式分类

按水路运输企业的营运方式来分，水路运输可分为自营、租船运输、委托经营、联合营运、自运等方式。

（1）自营。自营是指物流运输企业自己购买或建造船舶，自行经营航线业务的方式。

（2）租船运输。租船运输是指水路运输企业自己不购置船舶，而以租船的方式从事货物运输的一种方式。

（3）委托经营。委托经营即小型船公司通过付给代理费，将船舶委托给大型船公司或有经验的代理人代为营运的一种方式。

（4）联合营运。联合营运是多个运输企业组成运输联盟进行联合货物运输的一种方式。但各运输企业之间仍保持其独立性。

（四）按运输货物性质和特点分类

按水路货物运输合同的承租期限分为航次租船运输、定期租船运输、包运租船运输。

（1）航次租船运输，是指出租人向承租人提供船舶的全部或部分舱位，装运约定的货物，从一港运到另一港的运输形式。

（2）定期租船运输，是指出租人以特定的船舶租给承租人使用一个特定期限的货物运输。

（3）包运租船运输，是指出租人在规定的时间内以完成承租人规定的货运总量和货运计划为目的的货物运输。

（五）按货物运输组织形式分类

按货物运输组织形式分为直达运输与多式联运等。

任务二 水路货物运输设施设备

水路运输的设备设施包括船舶、港口和航道（航线、航标）三个方面。

一、船舶

从事水上运输的船舶分为干散货船、杂货船、油船、滚装船、液货船、集装箱船、载驳船、冷藏船、木材船等。

（一）干散货船

干散货船又称散装货船，是用以装载无包装的大宗货物的船舶。专用于运送煤炭、矿砂、谷物、盐、化肥、水泥、钢铁等粉状、粒状、块状等散体物资，目前其数量仅次于油船，如图 4-1 所示。按载运的货物不同，又可分为矿砂船、运煤船、散粮船、散装水泥船和运木船等。散货船的大小分三个等级：约 3 万吨的方便型、6 万吨的巴拿马极限型和 10 万吨以上的海峡型。由于吨位越大，单位运费越低，因此个别散货船可达到 30 万吨以上的。

（二）杂货船

杂货船又称普通船舶，主要运装一般包装、袋装、箱装和桶装的件杂货物。由于件杂货物的批量较小，杂货船的吨位也较散货船和油船更小，如图 4-2 所示。其货舱一般分为两层或者多层，以防底部货物被压损，舱口上通常设有 3 吨~5 吨的起货设备，有的在个别舱口上还设有数十吨以上的大型起货设备。

图 4-1　干散货船　　　　　　　　　　　　　图 4-2　杂货船

杂货船的优点是货物种类与码头的适应性很强，其最大的缺点是受到装卸效率不高的限制。杂货船既能装载杂件货物，也能装载大件货、冷鲜货、集装箱等。

（三）油船

油船又称油轮，是来专门装运散装石油（原油及石油产品）类、液体货物类的船舶。是远洋运输中的特大型、大型船舶，如图 4-3 所示。油船上的货物是通过油泵和输油管进行装卸的，因此，油船上不需设吊货杆或起货设备。目前，载重量在 5 吨以上的油船以很普遍。大型游船的载货量为 20 万吨~30 万吨，超大型油船的载货量已达到 50 万吨。

（四）滚装船

滚装船是专门用来装运以载货车辆为货物单元的船舶，最初也称滚上滚下船。将装有集装箱等大件货物的挂车和装有货物的带轮的托盘作为货运单位，由牵引车或叉车直接进出货舱进行装卸，如图4-4所示。此类船舶一般在其侧面或前、后设有与码头连接的开口斜坡。汽车或集装箱（带挂车的）可直接开进或开出船舶。此类船舶的优点是装卸速度快，不依赖码头的装卸设备，可提高码头的船舶周转。

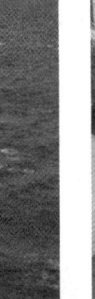

图4-3　油船　　　　　　　　　　　　　图4-4　滚装船

（五）液货船

液货船是指专门载运液体货物的船舶。液体货物主要有油、液化气、淡水和化学药液等。其中运量最大的是石油及其制品。按载运的货物不同，又可分为原油船、成品油船、液体化学品船、液化气船等。

（六）集装箱船

集装箱船是专门用来运输集装箱的船舶，这种船的货舱口较为宽大且较长，货舱的尺寸一般按照装载的集装箱尺寸设计，如图4-5所示。大部分船舱都用来装载集装箱，甲板及舱盖上都可以用来堆放集装箱。集装箱船的载货量以运载20英尺标准集装箱（TEU）的数量来表示船只的大小。

（七）载驳船

又称母子船，它是专门用来装运以及载货驳船为货物单元的船舶，也就是在大船上搭载驳船，驳船内装载货物的船舶，如图4-6所示。它的运输方法是先将各种货物装在统一规格的驳船里，再将驳船装到载驳船上，到达中转港卸下驳船，然后用拖船或推轮将驳船队或驳船拖带或顶推到目的港。它的最大优点是装卸效率高，且不受港口水深的影响，不需占用码头泊位，不需装卸机械，不需对货物换装倒装。

图4-5　集装箱船　　　　　　　　　　　图4-6　载驳船

（八）冷藏船

冷藏并运输鱼、肉、果、蔬等易腐货物的船舱，总称为冷藏船。往往设多层甲板，货舱内通常被分隔成若干独立的封闭空间。船上具有大功率的制冷装置，可以在比较恶劣的环境中，使各冷藏货舱内保持货物所需的适当温度，如图4-7所示。

（九）木材船

木材船是专门用以装载木材或原木的船舱。这种船舱口大，舱内无梁柱及其他妨碍装卸的设备。船舱及甲板上均可装载木材。为防甲板上的木材被海浪冲出舷外，在船舷两侧一般设置不低于1米的舷墙，如图4-8所示。

图 4-7　冷藏船

图 4-8　木材船

二、港口

港口是具有水陆联运设备和条件，供船舶安全进出和停泊的运输枢纽，是水陆交通的集结点和枢纽，工农业产品和外贸进出口物资的集散地，船舶停泊、装卸货物、上下旅客、补充给养的场所。港口是联系内陆腹地和海洋运输的一个天然界面。

沿海港口建设重点围绕煤炭、集装箱、进口铁矿石、粮食、陆岛滚装、深水出海航道等运输系统进行，特别加强了集装箱运输系统的建设。煤炭运输系统建设进一步加强，新建成一批煤炭装卸船码头。同时，改建、扩建了一批进口原油、铁矿石码头。一些大港口的年总吞吐量超过亿吨，上海港、深圳港、青岛港、天津港、广州港、厦门港、宁波港、大连港八个港口已进入集装箱港口世界50强。2017年我国沿海港口货物吞吐量排名如表4-1所示。

表 4-1　2017 年我国沿海港口货物吞吐量排名

名次	港口	2017 年吞吐量统计（万吨）	为上年同期（%）
1	宁波—舟山港	100 711	109.2
2	上海	70 563	109.4
3	广州	56 619	108.4
4	唐山	56 540	108.6

（续表）

名次	港口	2017 年吞吐量统计（万吨）	为上年同期（%）
5	青岛	50 799	101.5
6	天津	50 284	91.3
7	大连	45 105	103.3
8	营口	36 239	102.9
9	日照	36 002	102.8
10	烟台	28 560	107.6

（一）港口的组成

由于性质、功能和历史条件等多种因素，造成港口的组成部分既有共同之处，也有各自的特点。港口的组成一般包括以下几部分。

（1）水域。水域包括锚地、航道、港池及未标明水域范围的航行标志。

（2）码头及其他水工建筑物。码头是船舶靠岸和进行装卸作业的必要设施。除此之外，由于各港自然条件的不同，有些港口需建设防波堤、导流堤、防沙堤及护岸等水工建筑物。

（3）陆域设施。根据港口功能的不同，陆域设施的配置也有较大差别。商港通常应配备仓库、堆场、道路、铁路，以及为港口作业所必需的各种设施及建筑物。

作为现代化的海港，应配备各种通信、导航及为外轮服务的涉交部门（如海关、商检、卫检、外轮代理、外轮供应等），应在港口总体布置中加以综合考虑，使之与港口构成有机的整体。

（二）港口的通过能力

港口的通过能力是指在一定时期和条件下，利用现有的工人、装卸机械与工艺所能装卸货物的最大数量，取决于以下几个方面。

（1）港口水域面积。该港口同时能接纳的船舶数。

（2）港口深度。该港口所能接纳的船舶吨位。

（3）港口的泊位数。该港口同时能接纳并进行装卸作业的船舶数。

（4）港口作业效率。船舶在该港口的泊港时间，一般需要综合以下各种情况才能做出正确的估算：装卸机械的生产能力、同时作业的舱口数或作业线数、作业人员的工作效率、业务人员的管理水平等。

（5）港口库场的堆存能力。

（6）港口后方的集疏运能力。

【知识链接】

据 2017 年快报统计，全国规模以上港口完成货物吞吐量 1264420 万吨，同比增长 6.4%，继续保持平稳增长。其中，沿海港口完成 862534 万吨，增长 6.4%；内河港口完成 401886 万吨，增长 6.3%。

2017 年，全国规模以上港口生产运行总体保持稳步增长态势，货物吞吐量、集装箱吞吐量等主要增速指标均高于 2016 年，与 2016 年同期口径相比较，2017 年，全国港口货物吞吐量增速提高了 3.2 个百分点，沿海港口提高了 3.4 个百分点，内河港口提高了 2.7 个百分点。

（三）港口的分类

1. 按用途分类

按用途分类，港口可以分为商港、渔港、工业港、军港和避风港等。

（1）商港。商港主要供旅客上下和货物装卸转运的港口。其中又可分为一般商港和专业商港。一般商港即用于旅客运输和装卸转运各种货物的港口，如上海港、天津港等；专业港是指专门进行某一种货物的装卸，或以某种货物为主的商港，如秦皇岛港主要以煤炭和石油装卸为主等。

（2）渔港。渔港专为渔船服务的港口。渔船在这里停靠，并卸下捕获物，同时进行淡水、冰块、燃料及其他物资的补给。

（3）工业港。工业港是固定为某一工业企业服务的港口，它专门负责该企业进行原料、产品及所需物资的装卸转运工作。

（4）军港。军港是专供海军舰船用的港口。

（5）避风港。避风港是供大风情况下船舶临时避风的港口。这里一般很少有完善的停靠设施，通常仅有一些简单的系靠设备。

2. 按地理位置分类

按地理位置分类，港口可以分为河口港、海港、河港、湖港与水库港等。

（1）河口港。河口港位于河流入海口或受潮汐影响的河口段内，可兼为海船和河船服务。它一般有大城市作依托，水陆交通便利，内河水道往往深入内地广阔的经济腹地，承担大量的货流量，因此世界上的许多大港都建在河口附近，如鹿特丹港、伦敦港、纽约港、列宁格勒港、上海港等。河口港的特点是码头设施沿河岸布置，离海不远而又不需建防波堤，如果岸线长度不够，可增设挖入式港池。

（2）海港。海港位于海岸、海湾或泻湖内，也有离开海岸建在深水海面上的。位于开敞海面岸边或天然掩护不足的海湾内的港口，通常需修建相当规模的防波堤，如大连港、青岛港、连云港、基隆港、意大利的热那亚港等。供巨型油轮或矿石船靠泊的单点或多点系泊码头和岛式码头属于无掩护的外海海港，如利比亚的卜拉加港、黎巴嫩的西顿港等。泻湖被天然沙嘴完全或部分隔开，开挖运河或拓宽、浚深航道后，可在泻湖岸边建港，如广西北海港。也有完全靠天然掩护的大型海港，如东京港、香港港、澳大利亚的悉尼港等。

（3）河港。河港位于天然河流或人工运河上的港口，包括湖泊港和水库港。湖泊港和水库港水面宽阔，有时风浪较大，因此与海港有许多相似之处，如往往需修建防波堤等。苏联古比雪夫、齐姆良斯克等大型水库上的港口和中国洪泽湖上的小型港口均属　此类。

（4）湖港与水库港：是指位于湖泊和水库岸边的港口。

另外，还有按潮汐的影响划分的开敞港、闭合港；以及按其作用划分的世界性港、国际性港、地区港等不同类型。

3. 按物流功能分类

按物流功能分类，港口可以分为存储港、转运港和经过港等。

（1）存储港。存储港一般地处水路联络的要道，交通十分方便，同时又是工商业中心，港口设施完备，便于货物的存储、转运，为内陆和港口货物集散的枢纽。

（2）转运港。转运港位于水陆交通衔接处，方便将陆运货物集中转由陆路运入，而港口本身对货物需要不多，主要经办转运业务。

（3）经过港。经过港地处航道要冲，为往来船舶必经之地，途径船舶如有需要，可作短暂停泊，以便添加燃料、补充食物和淡水，继续航行。

【知识链接】

世界及我国主要港口

世界主要港口：荷兰的鹿特丹，美国的纽约、新奥尔良和休斯顿，日本的神户和横滨，比利时的安特卫普，新加坡的新加坡，法国的马赛，英国的伦敦等。

我国的主要港口：上海港、大连港、秦皇岛港、天津港、青岛港、黄埔港、湛江港、连云港港、烟台港、南通港、宁波港、温州港、福州港、北海港、海口港等。

三、航道

航道是供船舶航行的水道。以组织水路运输为目的所规定或设置的船舶航行通道，称为航道。随着运输生产与科学技术的发展、船舶尺度的增大、船舶运行密度的增加和纵横水运网的逐步形成，现代水上航道已不仅是天然航道，而是包括人工运河、进出港航道以及保证航行安全的航行标志系统和现代通信导航设备系统在内的工程综合体。

（一）航道的类型

通常，航道主要包括海上航道、内河航道和人工航道等。

1．海上航道

海上航道属自然水道，其通过能力几乎不受限制。每一海区的地理和水文情况都反映在该区的海图上。船舶每次的运行都是根据海图，结合当时的气候条件、海况和船舶本身的技术性能进行计算并在海图上标出。经过人们多年来的努力和探索，加上现代化导航技术的应用，全世界各国地区间的海上航道已基本为人们所了解和掌握。

随着船舶吨位的增加，有些海域或狭窄水道会对通航船舶产生一定的限制。例如，位于新加坡、马来西亚和印度尼西亚之间的马六甲海峡，为确保航行安全，防止海域污染，三国限定通过海峡的油船吨位不得超过 22 万吨，龙骨下水深度必须保持 3.35 米。

2．内河航道

内河航道大部分是利用自然水道加上引航的航标设施构成的。内河航道与海上航道相比，其通行条件有很大差别，反映在不同的通航水深（如各航区水深不同）、不同的通行时间（如有的区段不能夜行）和不同的通行方式（如单向或双向过船条件）等方面，因在进行综合规划时，还应考虑航道分级和航道标准化。航道分级有利于从安全角度对船舶进行管理；航道和过船建筑物的标准化则是实现船型及港口设备标准化，形成现代化高效运输系统的前提条件。同时，大多数内河自然水道还需考虑航运、发电、灌溉、防洪和渔业的综合利用与开发，所以在发展内河航运而涉及航道问题时，还应注意与其他国民经济部门协调配合。

世界上内河航道里程较长的国家有俄罗斯、中国、巴西和美国。在内河航道货运密度（每千米航道完成的货物周转量）方面，美国和西欧一些国家高于其他国家，其中尤以美国和德国的水平较高。美国内河航道已形成以密西西比河为干线的航道网，其干线及主要支流已根据需要实现了渠化，其北部与五大湖相沟通，沿圣劳伦斯海道可东出大西洋，河口同墨西哥湾沿岸运河相连，采用统一的标准水深 2.74 米，长达 9 700 千米，约占干支流总里程的 50%。

3．人工航道

人工航道是指由人工开凿，主要是用于船舶通航的河流，又称运河。人工航道一般都开凿在几个水系或海洋的交界处，可以使船舶缩短航行路程，降低运输费用，方便人们生产和生活，扩大船舶航行的范围，进而形成一定规模的水运网络。一些著名的国际通航运河对世界航运的发展和船舶尺度的限制影响很大，其中主要有苏伊士运河、巴拿马运河和基尔运河。我国有世界上最古老、最长的人工运河——京杭大运河，运河全长 1 794 千米，横跨北京、天津两市，直穿河北、山东、江苏、浙江 4 省，从内陆将海河、黄河、淮河、长江、钱塘江 5 大水系沟通，是我国国内水运的大动脉。正是由于这种特殊的重要作用，2000 多年来人们一直在对大运河进行整治和扩建。

（二）航道的航行条件

因海上航道的通过能力一般不受限制，故着重于内河航道的条件。影响航道通行能力的主要因素有：航道的深度、宽度、弯曲半径、水流速度、潮汐及季节性水位变化，过船建筑物尺度及航道的气象条件及地理环境，这些因素对港口建筑、船型选择及运输组织往往具有决定性影响。为了保证船舶正常安全航行和获得一定的运输效益，航道必须具备一定的航行条件。

1．有足够的航道深度

航道水深是河流通航的基本条件之一，它常常是限制船舶吨位和通过能力的主要因素。航道深度是指全航线中所具有的最小通航保证深度，它取决于航道上关键性的区段和浅滩上的水深。航道深浅是选用船舶吃水量和载重量的主要因素。航道深度增加，可以航行吃水深、载重量大的船舶，但增加航道深度，必然会使维护航道的费用增高。因此，设计航道深度时，应全面考虑。计算公式是：最小通航深度＝船舶满载吃水＋富余水深，其中富余水深应根据河床土质、船舶类型、航道等级来确定。一般沙质河床可取 0.2～0.3 米，砾石河床则取 0.3～0.5 米。

2．有足够的航道宽度

航道宽度视航道等级而定。通常单线航行的情况极少，双线航行最普遍，在运输繁忙的航道上还应考虑三线航行。计算公式是：所需航道宽度＝同时交错的船队或船舶宽度之和＋富余宽度，其中富余宽度一般采用"同时交错的船队或船舶宽度总和"的 1.5～2.5 倍。

3．有适宜的航道转弯半径

航道转弯半径是指航道中心线上的最小曲率半径。一般航道转弯半径不得小于最大航行船舶长度的 4～5 倍。若河流转弯半径过小，将造成航行困难，应加以整治。若受自然条件限制，航道转弯半径最低不得小于船舶长度的 3 倍，而且航行时要特别谨慎，防止事故。

4．有合理的航道许可流速

航道许可流速是指航线上的最大流速。船舶航行时，上水行驶和下水行驶的航线往往不同，下水行驶时应就流速大的主流行驶，上水行驶则尽量避开流速大的水区而在缓流区内行驶。

5．有符合规定的水上外廓

水上外廓是保证船舶水面以上部分通过所需要的高度和宽度。水上外廓的尺度按航道等级来确定，通常一、二、三、四级航道上的桥梁等建筑的净空高度，取 20 年一遇的洪水期最高水位来确定；五、六级航道则取 10 年一遇的洪水期最高水位来确定。

对航道的要求中，最主要的是航道水深，因为无论江河湖海和水库，只要有足够的水深，船舶航行一般没有大的问题。因此，在大多数情况下总是根据航道条件来设计港口、选择船舶和组织运输。

（四）航线

航线有广义和狭义的定义。广义的航线是指船舶航行起点的线路。狭义的航线是指船舶航行在海洋中的具体航迹线，也包括画在海图上的计划航线。

1．航线的种类

（1）按航线性质划分为推荐航线、协定航线和规定航线。

①推荐航线：航海者根据航区不同季节、风、流、雾等情况，长期航行实践形成的习惯航线。由航海图书推荐给航海者。

②协定航线：某些海运国家或海运单位为使船舶避开危险环境，协商在不同季节采用的航线。

③规定航线：国家或地区为了维护航行安全,在某些海区明确过往船舶须遵守的航线。

（2）按航线所经过的航区划分，航线分为大洋航线、近洋航线和沿岸航线。

【知识链接】

世界海上运输航线分布

一、太平洋航线

1．远东—北美西海岸航线。该航线包括从中国、朝鲜、日本、俄罗斯远东海港到加拿大、美国、墨西哥等北美西海岸各港的贸易运输线。从中国的沿海各港出发，偏南的经大隅海峡出东海，偏北的经对马海峡穿日本海，或经清津海峡进入太平洋，或经宗谷海峡，穿过鄂霍茨克海进入北太平洋。

2．远东—加勒比、北美东海岸航线。该航线常经夏威夷群岛至巴拿马运河后到达。从中国北方沿海港口出发的船只大部分经大隅海峡或经琉球庵美大岛出　东海。

3. 远东—南美西海岸航线。从中国北方沿海各港出发的船只多经琉球庵美大岛、硫黄列岛、威克岛、夏威夷群岛之南的莱恩群岛穿越赤道进入南太平洋，至南美西海岸各港。

4. 远东—东南亚航线。该航线是中、朝、日货船去东南亚各港，以及经马六甲海峡去印度洋、大西洋沿岸各港的主要航线。东海、台湾海峡、巴士海峡、南海是该航线船只的必经之路，航线繁忙。

5. 远东—澳大利亚、新西兰航线。远东至澳大利亚东南海岸分两条航线。中国北方沿海港口及朝鲜、日本到澳大利亚东海岸和新西兰港口的船只，须走琉球久米岛、加罗林群岛的雅浦岛进入所罗门海、珊瑚海；中澳之间的集装箱船须在香港加载或转船后经南海、苏拉威西海、班达海、阿拉弗拉海，后经托雷斯海峡进入珊瑚海。中、日去澳大利亚西海岸航线经菲律宾的居民都洛海峡、望加锡海峡以及龙目海峡进入印度洋。

6. 澳新—北美东西海岸航线。由澳新至北美西海岸多经苏瓦、火奴鲁鲁等太平洋上重要航站到达。至北美东海岸则取道社会群岛中的帕皮提，过巴拿马运河　而至。

二、大西洋航线

1. 西北欧—北美东海岸航线。该航线是西欧、北美两个世界工业最发达地区之间的原燃料和产品交换的运输线，两岸拥有世界1/5的重要港口，运输极为繁忙。该航区冬季风浪大，并有浓雾、冰山，对航行安全有威胁。

2. 西北欧、北美东海岸—加勒比航线。西北欧—加勒比航线上的船只大部分出英吉利海峡后横渡北大西洋。它同北美东海岸各港出发的船舶一起，一般都经莫纳、向风海峡进入加勒比海。除去加勒比海沿岸各港外，还可经巴拿马运河到达美洲太平洋岸港口。

3. 西北欧、北美东海岸—地中海—苏伊士运河—亚太航线。西北欧、北美东海岸—地中海—苏伊士航线属世界最繁忙的航段。它是北美、西北欧与亚太海湾地区间贸易往来的捷径。该航线一般途经亚速尔、马德拉群岛上的航站。

4. 西北欧、地中海—南美东海岸航线。该航线一般经西非大西洋加纳利群岛和佛得角群岛上的航站，如拉斯帕尔马斯、普腊亚。

5. 西北欧、北美东海岸—好望角—远东航线。该航线一般是巨型油轮的油航线。佛得角群岛、加拿利群岛是过往船只停靠的主要航站。

6. 南美东海岸—好望角—远东航线。这是一条以石油、矿石为主的运输线。该航线处在西风漂流海域，风浪较大。一般西航偏北行，东航偏南行。

三、印度洋航线

印度洋航线以石油运输线为主，此外有不少是大宗货物的过境运输。

1. 波斯湾—好望角—西欧—北美航线。该航线主要由超级油轮经营，是世界上最主要的海上石油运输线。

2. 波斯湾—东南亚—日本航线。该航线东经马六甲海峡（载重20万吨以下船舶可行）或龙目、望加锡海峡（载重20万吨以上超级油轮可行）至日本。

3. 波斯湾—苏伊士运河—地中海—西欧—北美航线。该航线目前可通行载重大于 30 万吨级的超级油轮。

除了以上三条油运线之外，印度洋其他航线还有：远东—东南亚—东非航线，远东—东南亚—地中海—西北欧航线，远东—东南亚—好望角—西非、南美航线，澳新—地中海—西北欧航线，印度洋北部地区—欧洲航线。

四、世界集装箱海运干线

目前，世界主要集装箱航运地区有远东、西欧、北美和澳大利亚，这 4 个地区货运量大，消费水平高，适于集装箱运输的货源充足，连接这几个地区的集装箱航线便成为全球海上集装箱航运干线。世界海运集装箱航线主要有以下几个。

1. 远东—北美航线。由远东—北美太平洋沿岸航线和远东—北美大西洋沿岸航线组成。本航线除承担太平洋沿岸附近地区货物运输外，还连接北美大西洋沿岸、墨西哥湾沿岸各港及通往美国中西部的内陆联合运输，是目前世界上最繁忙的　航线。

2. 北美—欧洲—地中海航线。北大西洋航线以美国东岸为中心，由北美东岸、五大湖—西北欧、地中海之间的航线组成，开展对西北欧、地中海及澳大利亚地区（经印度洋）的集装箱运输。所联系的港口在欧洲一端主要有汉堡港、鹿特丹港、安特卫普港、勒阿弗尔港、南安普敦港等。

3. 欧洲、地中海—远东航线。欧洲—远东航线除联系欧洲和远东各港外，还把北美大西洋沿岸、加勒比海地区、地中海、中东、澳新等地连接起来。

除上述三大集装箱航线外，还有远东—澳新航线、澳新—北美航线及欧洲—地中海—西非—南非航线。

以上 6 条集装箱运输干线连接着世界主要贸易区，构成了世界海上集装箱运输网络的骨架，和分布于全球各地的集装箱运输支线一起构成覆盖全球的集装箱运输网。干支线运输网由中转港连接起来。目前，世界集装箱海运干线中转港主要有：远东地区的中国香港、中国高雄，连接中国大陆、菲律宾和越南；东南亚地区的新加坡，连接泰国、印尼和马来西亚；印度洋上的索科特拉岛，连接缅甸、南亚各国、东非沿海各国；地中海上的马尔他岛，连接地中海和黑海沿岸各港；波多黎各和牙买加，连接加勒比海、南美各国。

3. 航次

船舶为完成某一次运输任务，按照约定安排的航线计划运行，从出发港到目的港为一个航次。班轮运输中航次及其途中的挂靠港都编制在班轮公司的船期表上。

船次时间由航行时间、装卸时间及其他时间三部分组成，与航次时间关系密切的主要因素分别为：航次距离、装卸货量、船舶航速和装卸效率。对于航运管理人员来说，应通过对上述因素的分析研究，寻找缩短航次时间的途径，加速船舶周转率，提高船期经济性。

（1）航次距离。在既定的船次生产活动中，当装卸货量、船舶航速和装卸效率不变时，如果航次距离长，则航行所需的时间将延长，进而导致整个航次的时间相对较长。缩短航次时间通常途径是：合理地选择安全、经济的驾驶航线；合理地利用通航水域内的海流季节风等。

（2）装卸货量。在既定的船次生产活动中，当航次距离、船舶航速和装卸效率不变时，如果装卸货量大，船舶港作业所需的时间将延长，进而导致整个航次的时间相对较长。对此，航运经营人缩短航次时间的通常做法是：及时地安排好船舶到港前的开工准备工作；

船舶在港的基本作业与辅助作业同时并举等。

（3）船舶航速。在既定航次生产活动中，当航次距离、装卸货量和装卸效率不变时，如果船舶速度高，则船舶航行时间就短，进而整个航次所需的时间也将缩短。但是提高船舶的速度，意味着将大幅度提高船舶的燃料费用，从船期的经济性考虑往往是不可取的。因此，航运经营人应另辟途径，通常是从以下各面着手来提高船舶的速度性能：加强船舶动力装置的维护保养；定期铲底，是船舶水下部分保持清洁流畅，减少船舶的运动阻力；正确积载，防止船舶前倾；合理选择燃料，使船舶的热工效率得到充分利用等。

（4）装卸效率。在既定的航次生产活动中，当航次距离、装卸货量和船舶航速不变时，如果港口的装卸效率高，则船舶的泊港时间就短，进而整个航次所需的时间也将缩短。对此，航运经营人缩短航次时间的通常做法是：在船舶挂靠的基本港口尽量使用岸吊和高效率装卸机械；尽量安排船舶挂靠专业化码头；加强码头作业现场的调度疏港力量；提前做好装卸准备工作，减少辅助作业的次数等。

（五）航标

航标又称"助航标志"，是用以帮助船舶定位，引导船舶安全航行，表示警告和指示碍航物的人工标志。为了保证进、出口船舶的航行安全，每个港口、航线附近的海岸均有各种助航设备。永久性航标的位置、特征、灯质、信号等已载入各国出版的海图中。

1．航标的功能

通常，航标的主要功能有以下几个。

（1）定位，为航行船舶提供定位信息。

（2）警告，提供碍航物及其他航行警告信息。

（3）交通指示，根据交通规则指示航行方向。

（4）指示特殊区域，如锚地、测量作业区、禁区等。

2．航标的分类

通常，航标可以分为海区航标和内河航标两种。

（1）海区航标，是指在海上的某些岛屿、沿岸及港内重要地点所设的用以表示航道、锚地、碍船物、浅滩等，或者作为定位转向的标志。按照工作原理，分为视觉航标、音响航标、无线电航标3种。

①视觉航标。白天以形状、颜色和外形，夜间以灯光颜色、发光时间间隔、次数、射程及高度来显示，能使驾驶人员通过直接观测迅速辨明水域，确定船位，安全航行，是使用最多、最方便的航标。常见的视觉航标有灯塔、灯船、浮标、灯桩、立标、系碇设备和各种导标。

②音响航标。能发出规定响声的助航标志。它可在雾、雪等能见度不良的天气中向附近船舶表示有碍航物或危险。包括雾号、雾笛、雾钟、雾锣、雾哨、雾炮等。

③无线电航标。利用无线电波的传播特性向船舶提供定位导航信息的助航设施。包括无线电指向标、无线电导航台、雷达应答标、雷达指向标和雷达反射器等。

（2）内河航标，是指设于内河沿岸或内河中，用以准确标出江河航道的方向、界限、水深和水中障碍物，预告汛情，指挥狭窄和急转弯水道的水上交通标志。

内河航标，一般分为三等。在航运发达的河道上设置一等航标，由岸杆和浮标交相组成，夜间全部发光，保证船舶昼夜都能从一个航标看到下一个航标；在航运较为发达的河段上设置二等航标，它的密度较一等稀疏，夜间只有主航道上的航标发光，亮度也较弱；在航运不太发达的河段上设置三等航标，密度稀，夜间不发光，船舶只能利用航标和天然参照物在白天航行。内河航标的种类很多，各国不尽相同。我国内河航标目前分为航行标志、信号标志和专用标志 3 类，共计 19 种。

①航行标志。用于标示内河安全航道的方向和位置等。有过河标、接岸标、导标、过河导标、首尾导标和桥涵标 6 种。

②信号标志。用于标示航道深度、架空电线和水底管线位置，预告风讯，指挥弯曲狭窄航道的水上交通标志。有水深信号杆、通行信号杆、鸣笛标、界限标、电缆标、横流浮标、风讯信号杆 7 种。

③专用标志。用于指示内河中有碍航行安全的障碍物。有三角浮标、浮鼓、棒形浮标、灯船、左右通航浮标、泛滥标 6 种。

任务三　水路货物运输的经营方式

一、班轮运输

班轮运输又称定期船运输，是指班轮公司将船舶按事先订制的船期表，在特定航线的各挂靠港口之间，为非特定的众多货主提供规则的、反复的货物运输服务，并按运价成本或协议运价的规定计收运费的一种水路运输营运方式。它的服务对象是非特定的、分散的众多货主。

（一）班轮运输的特点

班轮运输通常会涉及班轮公司、船舶代理人、无船（公共）承运人、海上货运代理人、托运人和收货人等有关货物运输的关系人。班轮运输具有以下几个特点。

（1）具有"四固定，一负责"的特点。"四定"，即固定航线、固定停靠港口、固定船期和相对固定的费率，这是班轮运输的基本特征。"一负责"，是指承运人负责装货和卸货。

（2）有利于小额贸易货物运输，适用于一般杂货和不足整船的小额贸易货物的运输，班轮只要有舱位，不论数量大小、挂港多少、直运或转运都可接受承运。

（3）责任划分明确，承运人和托运人双方的权利、义务和责任豁免以签发的提单条款为依据，并受国际公约制约。其中，承运人对货物负责的时段是从货物装上船起到货物卸下船止，即"船舷到船舷"或"钩到钩"。

（4）手续简单，货主方便。托运人只要把货物交给承运人即可，由承运人负责装卸和理舱，班轮运价包括装卸费用且双方不另计滞期费和速遣费。

【知识链接】

班轮运输的发展史

最早的班轮运输是 1818 年美国黑球轮船公司开辟的纽约—利物浦定期航线，用帆船进行运输，用以运送海外移民、邮件和货物。1924 年美国开辟了汉堡、鹿特丹之间以蒸汽机船经营的班轮航线，18 世纪 40 年代又扩展到中东、远东和澳大利亚。此后，日本、德国、法国等轮船公司均经营班轮运输，设有横渡大西洋、太平洋的环球运输航线。中国与 19 世纪 70 年代开始沿海和长江的班轮运输。20 世纪初，在长江和其他内河开展班轮运输。中华人民共和成立后，开辟了大连—上海定期班轮货运航线。1961 年中国远洋运输总公司成立，开始建立中国远洋运输船队和国际班轮航线。

（二）班轮运输货运流程

通常，班轮运输货运流程包括揽货、订舱、接受托运申请、接货、换取提单、装船、海上运输、卸货、误卸、交付和保函等。

1. 揽货

揽货是指从事班轮运输经营的船公司为使自己所经营的班轮运输船舶能在载重量和舱容上得到充分利用，力争做到"满舱满载"，以期获得最好的经营效益而从货主那里争取货源的行为。揽货的实际成绩如何，直接影响到班轮船公司的经营效益并关系着班轮经营的成败。为了揽货，班轮公司首先要为自己所经营的班轮航线，船舶挂靠的港口及其到、发时间制定船期表并分送给已经建立起业务关系的原有客户，并在有关的航运期刊上刊载，使客户了解公司经营的班轮运输航线及船期情况，以便联系安排货运，争得货源。

2. 订舱

订舱是指托运人或其代理人向承运人，即班轮公司或它的营业所或代理机构等申请货物运输，承运人对这种申请给予承诺的行为。承运人与托运人之间不需要签订运输合同，而是以口头或订舱函电进行预约，只要船公司对这种预约给予承诺，并在舱位登记薄上登记，即表明承托双方已建立有关货物运输的关系。

3. 接受托运申请

货主或其代理人向船公司提出订舱申请后，船公司首先考虑其航线、港口、船舶、运输条件等能否满足发货人的要求，然后再决定是否接受托运申请。

4. 接货

船公司由指定的装船代理人在各装货港的指定地点（通常是码头仓库）接受托运人送来的货物，办理交接手续后，将货物集中整理，并按货物的性质、包装、目的港及卸货次序进行适当的分类后等待装船，这个过程就是"接货"。

5. 换取提单

托运人可凭经过签署的场站收据，向船公司或其代理人换取提单，然后去银行结汇。

6. 装船

装船是指托运人应将其托运的货物送至码头承运船舶的船边并进行交接，然后将货物装到船上。如果船舶是在锚地作业，托运人还应负责使用自己的或租用的驳船将货物装到船上，也称直接装船。对一些特殊的货物，如危险品、冷冻品、鲜活货、贵重货多采用船舶直接装船。

在班轮运输中，为了提高装船效率，减少船舶在港停泊时间，不致延误船期，通常都采用集中装船的方式，集中装船是指由船公司在各装货港指定装船代理人，在各装货港的指定地点（通常为码头仓库）接受托运人送来的货物，办理交接手续后，将货物集中并按货物的卸货次序进行适当的分类后再进行装船，即所谓的"仓库收货，集中装船"。

7．海上运输

在海上运输过程中，海上承运人对装船的货物负有安全运输、保管、照料的责任，并依据货物运输提单条款划分与托运人之间的责任、权利和义务。

8．卸货

卸货是指将船舶所承运的货物在卸货港从船上卸下，并把货物交给收货人或代其收货的人并办理货物的交接手续。船公司在卸货港的代理人根据船舶发来的到港电报，一方面编制有关单证，联系安排泊位和准备办理船舶进口手续，约定装卸公司，等待船舶进港后卸货，另一方面还要把船舶预定到港的时间通知收货人，以便收货人及时做好接收货物的准备工作。

在班轮运输中，为了使分属于众多收货人的各种不同的货物能在船舶有限的停泊时间内迅速卸完，通常都采用集中卸货的办法，即由船公司所指定的装卸公司作为卸货代理人总揽卸货以及向收货人交付货物的工作。

9．误卸

卸货时，船方和装卸公司应根据载货清单和其他有关单证认真卸货，避免发生差错，然而由于众多原因难免不发生将本应在其他港口卸下的货物卸在本港，或本应在本港卸下的货物遗漏未卸的情况，通常将前者称为溢卸，后者称为短卸。溢卸和短卸统称为误卸。关于因误卸而引起的货物延迟损失或货物的损坏问题，一般在提单条款中都有规定，通常规定因误卸发生的补送、退运的费用由船公司负担，但对因此而造成的延迟交付或货物的损坏，船公司不负赔偿责任。

如果误卸是因标志不清、不全或错误以及因货主的过失造成的，则所有补送、退运、卸货和保管的费用都由货主负担，船公司不负任何责任。

10．交付

货物实际业务中船公司凭提单将货物交付给收货人的行为。具体过程是收货人将提单交给船公司在卸货港的代理人，经代理人审核无误后，签发提货单交给收货人，然后收货人再凭提货单前往码头仓库提取货物并与卸货代理人办理交接手续。交付货物的方式有仓库交付货物、船边交付货物、货主选择卸货港交付货物、变更卸货港交付货物、凭保证书交付货物等。

货主选择卸货港交付货物是指货物在装船时货主尚未确定具体的卸货港，待船舶开航后再由货主选定对自己最方便或最有利的卸货港，并在这个港口卸货和交付货物。变更卸货港交付货物是指在提单上所记载的卸货港以外的其他港口卸货和交付货物。凭保证书交付货物是指，收货人无法以交出提单来换取提货单提取货物，按照一般的航运惯例，常由收货人开具保证书，以保证书交换提货单提取货物。

11．保函

保函即保证书。为了方便，船公司及银行都印有一定格式的保证书。其作用包括凭保函交付货物，凭保函签发清洁提单，凭保函倒签预借提单等。在凭保函交付货物的情况下，收货人保证在收到提单后立即向船公司交回全套正本提单，承担应由收货人支付的运费及其他费用的责任；对因未提交提单而提取货物所产生的一切损失承担责任，并表明对于保证内容由银行和收货人一起负连带责任。凭保函签发提单则使得托运人能以清洁提单、已装船提单顺利地进行结汇。

关于保函的法律效力，海牙规则和维斯比规则都没有做出规定。考虑到保函在海运中的实际意义和保护无辜的第三方的需要，汉堡规则第一次就保函的效力问题做出了明确的规定：保函是承运人与托运人之间的协议，不得对抗第三方，承运人与托运人之间的保函，只是在无欺骗第三方意图时才有效；如发现有意欺骗第三方，则承运人在赔偿第三方时不得享受责任限制，且保函也无效。

（三）班轮运输的交付方式

班轮运输的交付方式主要包括船边交货、选港交货、变更卸货港交付货物和凭保证书交付货物等。

1．船边交货

船边交货又称现提，是指收货人以提单在船公司卸货港的代理人处换取提货单，凭提货单直接到码头船边提取货物，并办理交接手续的方式。船边交货适用于贵重货物、危险货物、冷冻货物、长大件货物以及其他批量较大的货物。

2．选港交货

选港交货是指货物在装船时尚未确定卸货港，待船舶开航后再由货主选定对自己最方便或最有利的卸货港，并在该港口卸货和交付货物。

3．变更卸货港交付货物

变更卸货港交付货物是指在提单所记载的卸货港以外的其他港口卸货和交付货物。

4．凭保证书交付货物

在班轮运输中，有时因特殊情况而出现提单到达的时间迟于船舶到港的时间（特别是装货港与卸货港间距离较短）的情况。这种情况的产生往往是由于提单失窃，或者是当船舶到港时作为押汇的跟单票据的提单虽已到达进口地银行，但是因为汇票的兑现期限的关系，收货人暂时还拿不到提单。

在这种情况下，收货人无法交出提单来换取提货单提取货物。此时，常由收货人开具保证书，以保证书交换提货单，然后持提货单提取货物。

二、租船运输

租船运输又称不定期船运输，是指根据双方协商的条件，船舶所有人（船东）将船舶的全部或一部分出租给租船人使用，以完成特定的货物运输任务，租船人按约定的运价或租金支付运费的商业行为。租船运输没有固定的航线和挂靠港，没有船期表和运价表，船东和租船人通过洽谈，签订租船合同，安排船舶航行计划，组织货物运输。在租船条件下，船东向租船人提供的不是运输服务，而是船舶的使用权，是一种无形贸易。

在目前的水路运输实务中，存在租船运输和班轮运输两种主要的方式，世界上众多的船公司，还是以租船运输方式为主要经营方式。这种运输方式的经营人可能是经营船舶的所有人，也有可能是从其他船公司租进船舶进行租船运输的二船东。也有一些靠租进和租出船舶为业，既不拥有船舶，也不拥有货物的中间租船人或称第二船东，以中间差额为盈利目的从事租船业务。

（一）租船运输的特点

通常，租船运输的特点主要有以下几个。

（1）租船运输是根据租船合同组织运输的，租船合同条款由船东和租方双方共同　商定。

（2）一般由船东与租方通过各自或共同的租船经纪人洽谈成交租船业务。

（3）不定航线，不定船期。船东对于船舶的航线、航行时间和货载种类等按照租船人的要求来确定，提供相应的船舶，经租船人同意进行调度安排。

（4）租金率或运费率是根据租船市场行情来决定的。

（5）船舶营运中有关费用的支出，取决于不同的租船方式由船东和租方分担，并在合同条款中订明。

（6）租船运输适宜大宗货物运输。

（7）各种租船合同均有相应的标准合同格式。

（三）租船运输的作用

通常，租船运输的作用主要有以下几个。

（1）由于运量大，可以充分发挥规模经济效益，降低单位运输成本。

（2）租船根据双方自己的需要进行洽租，以取得最佳经济效益，为开展国家之间的货物运输提供便利条件。

（3）租船运价一般比班轮运价低。

（4）租船运输可以直达运输。

（5）具有灵活性。

（四）租船运输货运流程

1. 询价

询价（Inquiry）又称询盘。询价又称询盘，通常是指承租人以其期望的条件通过租船经纪人在租船市场上要求租用船舶的行为，即"货求船"。承租人询价所期望的条件一般应包括需要承运货物的种类、货物的数量、装货港、卸货港、装运期限、租船方式或期限、期望的运价（租金）水平和所需用船舶的明细说明等内容。

询价也可以由船舶所有人为承揽货载而先通过租船经纪人向航运交易市场发出求货载信息，即"船求货"。由船舶所有人发出的询价内容包括出租船舶的船名、国籍、船型，船舶的散装和包装容积，以及可供租用的时间和希望承揽的货物种类等。询盘的作用是让对方知道发盘所需要的大致情况，内容简单扼要。

2. 报价

报价（Offer）又称发盘。报价又称报盘或发盘，这是船舶出租人对承租人询价的回应，是指当船舶所有人从租船经纪人那里得到承租人的询价后，经过成本估算或比较其他的询价条件后，通过租船经纪人向承租人提出自己所能提供的船舶情况和条件。若船舶所有人先提出询价，则报价由承租人提出。

报价的主要内容除了有对询价的内容做出答复和提出要求外，最主要的是关于租金的水平、选用的租船合同范本及对范本条款的修订和补充等。

承租人或船舶所有人围绕询盘中的内容，就租船涉及的主要条件答复询盘方即为发盘。按不同的约束力分为绝对发盘（Absolute Offer）和条件发盘（Conditional Firm Offer）两种。

绝对发盘又称实盘（Firm Offer），具有绝对成交的意图，主要条款明确肯定、完整而无保留，具有法律效力，规定了对方接受并答复的期限，发盘方不能撤回或更改发盘中的任何条件，接受方也不能试图让发盘方改变条件。

条件发盘也称虚盘（Offer Without Engagement），是指发盘方在发盘中对其内容附带某些保留条件，所列各项条件仅供双方进行磋商，不具约束力。在"条件报价"的情况下，报价人可以与询价人反复磋商、修改报价条件，报价人也有权同时向几个询价人发出报价。当然，从商业信誉出发，当报价人先后接到几个询价人发出的报价时，应遵循"先到先复"的原则。

3. 还盘

还盘（Counter Offer）又称还价，是指在条件报价的情况下，承租人与船舶所有人之间对报价条件谈判、协商和讨价还价的过程。经常是接受部分内容，对其他条款提出还价。

还价意味着询价人对报价人报价的拒绝和新的询价开始。因此，报价人收到还价后还需要对是否同意还价条件做出答复，或者再次做出新的报价。这种对还价条件做出答复或再次做出新的报价的行为称为反还价或称反还盘（Re-counter Offer）。

4. 报实盘

在一笔租船交易中，经过多次还价与反还价，如果双方对租船合同条款的意见一致，一方可以以报实盘的方式要求对方做出是否成交的决定。报实盘时，要列举租船合同中的必要条款，将双方已经同意的条款和尚未最后确定的条件在实盘中加以确定。

同时还要在实盘中规定有效期限，要求对方答复是否接受实盘，并在规定的有效期限内做出答复。若在有效期限内未做出答复，所报实盘即告失效。同样，在有效期内，报实盘的一方对报出的实盘是不能撤销或修改的，也不能向其他第三方报实盘（Firm Offer）。

5. 接受订租

接受订租（Acceptance）又称受盘，船舶所有人和承租人经过反复多次还盘后，双方对合同主要条款意见达成一致，即最后一次还实盘的全部内容在时限内被双方接受就算成交。接受是当事人对实盘所列条件在有效期内明确表示承诺，至此，租船合同即告成立。原则上，接受订租是租船程序的最后阶段。

6. 订租确认书

订租确认书是租船程序的最后阶段，一项租船业务即告成交。通常的做法是，当事人之间还要签署一份"订租确认书（Fixture Note）"。根据国际上通常的做法，接受订租后，双方当事人应签署一份"订租确认书"，就商谈租船过程中双方承诺的主要条件予以确认，对于细节问题还可以进一步进行商讨。双方此时只谈妥主要条款，还未对细节进行谈判。

7. 编制租船合同

签订确认书（Charter Party）只是一种意向合同，正式签订租船合同才意味着最终成交。租船合同要明确租船双方当事人的权利和义务，双方当事人签署后即可生效。租船合同的内容因租船形式不同而不同。

定期租船合同的内容主要包括：出租人和承租人的名称、船名、船籍、船级、吨位、容积、船速、燃料消耗、船区、用途、租船期限、交船和还船期限、交船和还船时间、交船和还船地点以及条件、租金及其支付等相关事宜。

船次租船合同主要内容有：出租人和承租人的名称、船名、船籍、载货重量、容积、货名、装货港和目的港、受载期限、装卸期限、运费、滞期费、速遣费的支付及其他事宜等。租船运输合同正式签约后，船舶所有者就可按照合同的需求，安排船舶投入营运。

以上是租船和签订租船合同的一般程序。有时货主急于求船或船东急于求货，这时租船流程可以适当简化，承租人将省略询盘，直接进入还盘，提出的承租条件由船东当场决定是否成交，或经过紧急磋商达成共识，这就是所谓的"当场成交"。

（五）租船运输的经营方式

船舶各托运人经常采用租船经营方式有航次租船、定期租船、光船租船和包运租船等。

1. 航次租船

航次租船（Time Charter）是指由船舶所有人负责提供一艘船舶，在指定的港口之间通过一个航次或几个航次承运租船人指定的货物，租船人向船舶所有人支付相应运费的租船运输方式。

在航次租船的情况下，船舶的营运调出工作仍由船舶所有人负责，并负担船舶的燃料费、物料费、修理费、港口费、淡水费等营运费用，承租人按合同的规定将货物装上船舶后即可在卸货港等待提货。

通常，航次租船的类型主要有以下四种类型。

（1）单程租船。单程租船也称为单航次租船，即所租船舶只装运一个航次，航程终了时租船合同即告终止。运费按租船市场行情由双方议定，其计算方法一般是按运费率乘以装货或卸货数量或按照整船包干运费计算。

（2）来回程租船。来回程租船又称"往返航次租船"，指的是出租人向承租人提供同一艘船舶装载货物从原装港运至卸货港，再从该卸货港或附近港口装载回程货物运回原装货港或其附近港口，而由承租人支付一定运费的一种船舶营运方式。

（3）连续航次租船。连续航次租船是指出租人依据合同向承租人提供船舶，在同方向或同航线上装运货物不间断地完成若干航次运输的船舶营运方式。

（4）航次期租船。航次期租船又称期租航次租船或日租租船，是以完成一个航次运输为目的，租金按完成航次所使用的日数和约定的日租金率计算的租船。

一般来说，航次租船的特点主要有以下几个。

（1）船舶所有人占有和控制船舶，负责船舶的营运调度工作。负责配备船员，负担船员的工资、伙食费。租船人指定装卸港口和货物。

（2）租船人向船东支付运费（Freight），又称为租金（Hire），航次租船的"租金"常称为运费，运费按货物的数量及双方商定的费率计收。

（3）租船人指定装卸港口和货物，在租船合同中需要订明货物的装卸费用由船舶所有人或由承租人负担。

（4）在租船合同中需要订明可用于装卸货物的时间，以及装卸货物时间的计算办法，并规定延滞费和速遣费的标准。

2．定期租船

定期租船（Voyage Charter, Tip Charter）是指船舶所有人将一艘特定的船舶出租给承租人使用一段时间的租船方式。这种租船方式不是以完成航次数为依据，而是以约定使用的一段时间为限，在此租期内船东收取租金，承租人使用该船的运载能力。

在这个期限内，承租人可以利用船舶的运载能力来安排运输货物。租期的长短完全由船舶所有人同承租人根据实际情况商洽而定，少则几个月，多则一两年或更长时间。定期租船具有以下几个特点。

（1）船员由船舶所有人配备，并负担他们的工资、伙食费，所指派的船长应听从承租人的指挥。

（2）船舶的营运调度工作由承租人负责，并负担船舶的燃料费、港口费、货物装卸费和运河通行费等与船舶营运有关的费用，而船舶所有人则负担船舶的折旧费、维修保养费、船用物料费、润滑油费、船舶保险费等费用。

（3）租金按船舶的载货量、租期长短及商定的租金率计算，租金率的确定是以船舶的装卸能力为基础，结合市场行情等因素进行洽谈的。

（4）租船合同中签订有关交船、还船及停租的规定。

3．光船租船

光船租船（Bare-boat Charter），称船壳租船。它指在租期内船舶所有人只提供一艘空船给承租人使用，而配备船员、供应给养、船舶的营运管理及一切固定或变动的营运费用都由承租人负担的租船。承租人在租期内成为该船临时特定的船东使用船舶。这种租船不具有运输承揽的性质，只相当于一种财产租赁。承租人在租期内成为该船临时特定的船东（vice-ship owner）使用船舶。光船租船的特点主要有以下几个。

（1）船舶所有人只提供一艘空船，全部船员由承租人配备并听从承租人的指挥。

（2）承租人负责船舶的经营及营运调度工作，并承担在租期内的时间损失。时间的风险在承租人一边。船舶所有人只按期收取租金，因此船舶的使用效率与船舶所有人毫不相关。

（3）承租人除不承担船舶的投资费用外，承担船舶全部固定的及变动的营运费用。

（4）租金按船舶的装载能力、租期及商定的租金率计算。租金支付方式通常以每月或每半月预付租金率乘以一个月时间为一次预付的租金数。

4．包运租船

包运租船（Contract of Affreightment）是指船舶所有人提供给租船人一定吨位（运力），在确定的港口之间，以事先约定的年数、航次周期和每航次较均等的货运量，完成运输合同规定的全部货运量的租船方式。包运租船的特点有以下几个。

（1）包运租船合同中不指定某一船舶及其国籍，仅规定租用船舶的船级、船龄及其技术规范等。船舶所有人必须根据这些要求提供能够完成合同规定每个航次货运量的运力。这给船舶所有人在调度和安排船舶方面提供了方便。

（2）由船舶所有人负责船舶的营运调度，并负责有关的营运费用。

（3）运费按船舶实际装运货物的数量及商定的费率计算，按航次结算。

（4）租期的长短取决于运输货物的总运量及船舶的航次周期所需要的时间。

（5）运输的货物主要是运量较大的干散货或液体散装货物。承租人通常是货物贸易量较大的工矿企业。

（6）航次费用的负担责任划分一般与航次租船方式相同。

上述四种租船方式的区别主要体现在船舶所有人和承租人对船舶的支配权、所有权的不同，从而也表现在营运过程中所承担的责任及风险不同。如与船员的雇佣关系、保证船舶的适航的责任、对第三者的法律关系方面都有差异。而负担预营运费用的差别则反映在租金水平上，四种租船方式的责任特点如表 4-2 所示。

表 4-2　四种租船方式的责任特点

租船方式	责任人	责任特点	注意事项
航次租船	航次租船人	由托运人或承租人负责完成货物的组织，支付按货物装运数量计算的运费及支付相关的费用。承租人向船舶所有人支付运费通常称为运费，而不称佣金	航次租船合同是确定船舶所有人与承租人的权利、义务和责任的根据。装卸货物在规定的天数内提前结束，船舶所有人要向承租人支付一定奖励、速遣费
	航次船东	与班轮运输相同，提单都可能具有海上货物运输合同证明的性质。航次租船合同的船舶所有人不是公共承运人，而是专门承运人，即承运人与其签订租船合同的依据	船舶所有人负责船舶营运所支付的费用。船舶基本费用如船舶成本等；固定营运成本如船员工资和伙食等；可变营运费用如燃油货物索赔，合同规定的装卸费

（续表）

租船方式	责任人	责任特点	注意事项

定期租船	定期租船人	承租人在船舶营运方面拥有包括船长在内的船员指挥权,否则有权要求船舶所有人予以撤换。租约中往往订有关于交船和还船以及停租的规定	承租人负责船舶的营运调度,并负担船舶营运中的可变费用。包括燃料费、港口使用费、引水费、货物装卸费、运河通行费,租船合同规定的其他费用等
	定期船东	船舶所有人负责配备船员,并负责其工资和伙食。船舶租赁以整船出租;租金按船舶的载重量、租期以及商定的租金率计收	船舶所有人负担船舶营运的固定费用。包括船舶基本费用、船用物料费、润滑油费、船舶保险费、船舶维修保养费等
包运租船	包运租船人	承租人通常是货物贸易量较大的工矿企业、贸易机构、生产加工集团或大型国际石油公司	对于船舶在港内装卸货物期间所产生的延误,一般通过合同中的滞期条款来处理,通常是由承租人承担船舶在港的时间损失
	包运船东	船舶所有人只需按照租用船舶的船级、船龄和技术规范的要求提供能够完成合同规定每航次货运量的运力	航次中所产生的航行时间延误风险由船舶所有人承担,运费按船舶实际装运货物数量及约定的运费费率计收,通常采用航次计算
光船租船	光船租船人	承租人以承运人身份负责船舶的经营及营运调度工作,并承担在租期间内的时间损失	承租人配备全部船员,并负有指挥责任。以整船出租,租金按船舶的载重吨、租期及商定的租金率计算,租船人还应该负责船舶保险费、船舶检验费、代理费和经纪费等
	光船船东	船东除负责折旧费、船舶保险费、船舶检验费、以及经纪费外,其余费用都由租船人负责	船舶的所有权从船舶交予承租人使用时起,转移至承租人

任务四　水路货物运输单证

在班轮运输中,为了方便货物的交接,区分货方与船方之间的责任,需要用到许多单证。在这些单证中,有些是受国际公约和各国国内法的约束,有些则是按照港口当局的规定和航运习惯而编制的。尽管这些单证种类繁多,而且因各国港口的规定会有所不同,但主要单证是基本一致的,并能在国际航运中通用,下面介绍一些常用的单证。

一、装货港编制使用的货运单证

(一)托运单

托运单(Book Note,B/N)也称订舱单、订舱申请书,是承运人或其代理人在接受发货人或货物托运人的订舱时,根据发货人口头或书面申请托运货物的情况,据以安排货物运输而制定的单证。托运单必须经过承运人确认之后才能作为承托双方订舱的凭证。

（二）装货单

装货单（Shipper Order，S/O），也称下货纸，是托运人填制，交船公司或其代理人，审核并签章后，据以要求船长将货物装船承运的凭证。它是船公司或其代理人签署形成的一份出口货运的书面承诺文件。装货单是托运人办理货物出口报关手续的必备单据之一，经海关查验并在该单上加盖海关放行章后，作为船公司或其代理人接收货物、安排货物装船与出运的依据，因此装货单又被称为"关单"。

装货单是国际航运中通用的单证，一般由3联组成。第1联为留底联，用于缮制其他货运单证；第2联是装货单；第3联是收货单，是船方接收货物装船后签发给托运人收据。

对于传统件杂货物，装货单的流转程序是船公司或其代理人接受托运后，将确定的载运船舶及编号填入订舱单，然后将装货单发给托运人填写，填妥后交回船公司的代理人，经代理人审核无误后签章留下底联，将装货单和收货单（第2联、第3联）交给托运人前往海关办理出口货物报关手续，经海关审核准予出口，在装货单上加盖海关放行章，便可持其要求船公司将货物装船承运。

（三）收货单

收货单（Mate's Receipt，M/R）是指某一票货物装上船后，由船上大副（Chief Mate）签署给托运人的作为证明船方已经收到该票货物并己装上船的凭证。所以，收货单又称为大副收据或"大副收单"。托运人取得了经大副签署的收货单后，即可凭此向船公司或其代理人换取已装船提单。

大副签署收货单有以下作用：证明货物已经装上船；承运人已经收到货物，并开始负责；托运人凭收货单换取提单；大副在签署收货单时，会认真检查装船货物的外表状况、货物标志、货物数量等情况。

如果货物外表状况不良，标志不清，货物有水渍、油渍或污渍等状况，数量短缺，有损坏时，大副就会将这些情况记载在收货单上。这种在收货单上记载有关货物外表状况不良或有缺陷的情况称为"批注"（Remark），习惯上称为"大副批注"。有大副批注的收货单称为"不清洁收货单"（Foul Receipt）；无大副批注的收货单为"清洁收货单"（Clean Receipt）。凭清洁收货单换取清洁提单，不清洁收货单换取的是不清洁提单。因此，收货单是记载货物交接状况最早的证明。由收货单签发的提单为己装船提单。

装货联单的具体流程，如图4-9所示。

（1）托运人填写装货联单（共3联），向船公司申请订舱。

（2）船公司经审核无误后接受申请，在装货单（第2联）上予以编号并加盖印章进行订舱确认。

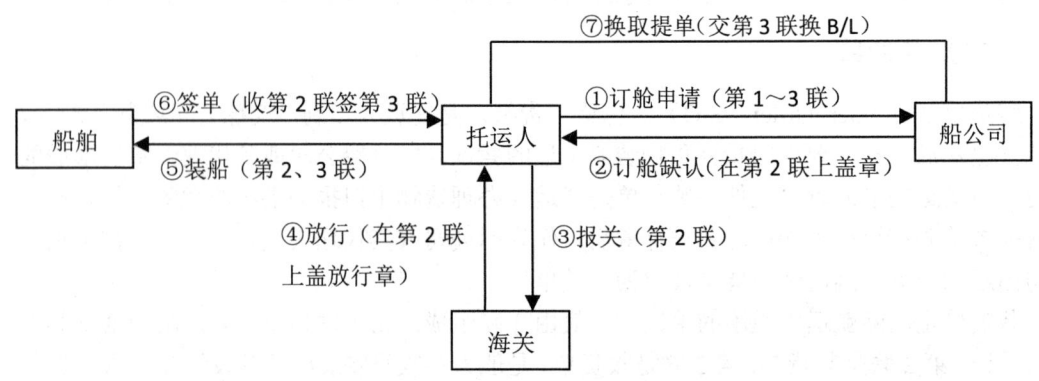

图 4-9　装货联单流程图

（3）托运人持装货单及其他报关单证向海关申请报关，海关经查验无误，征税后在装货单上加盖海关放行章，对货物进行放行。

（4）托运人凭加盖放行的装货单要求进行货物装船。

（5）当每票货物全部装上船后，现场理货员即核对理货计数单的数字，在装货单上签注实装数量、船舶位置、装船日期并签名，再由理货长审查并签名，证明该票货物如数装船无误，然后随同收货单（第3联）一起交船上大副。

（6）大副审核属实后在收货单上签字，留下装货单，将收货单给理货长转交托运人。

（7）托运人取得收货单后，即可凭此要求船公司签发提单（B/L）。

（四）海运提单

海运提单（Ocean Bill of Lading，B/L）简称"提单"，是指用以证明海上货物运输合同和货物已经由承运人接受或装船，以及承运人保证据以交付货物的凭证。

提单是海上货物运输合同的证明，是证明货物已由承运人接管或已装船的货物收据，是承运人保证凭以交付货物的物权凭证。

（五）装货清单

装货清单（Loading List，L/L），是根据装货联单中的托运单留底联，将全船待运货物按目的港和货物性质分类，依航次靠港顺序排列的装货单的汇总单。装货清单既是大副编制积载计划的主要依据，又是供现场理货人员进行理货、港口安排驳运、进出库场、掌握托运人备货及货物集中情况等的业务单据。当有增加或取消货载的情况发生时，船方（通常是船舶代理人）会及时编制"加载清单"或"取消清单"，并及时分送各有关方。

（六）载货清单

载货清单（Manifest，M/F），也称"舱单"，是在货物装船完毕后，根据大副收据或提单编制的一份按卸货港顺序逐票列明全船实际载运货物的汇总清单。载货清单是国际航运实践中一份非常重要的通用单证。舱单是船舶办理报关手续时必备的单据，是海关对进出口船舶所载货物进出国境进行监督管理的单证，如果船载货物在载货清单上没有列明，海关有权依据海关法的规定进行处理。舱单也是港方及理货机构安排卸货的单证之一。

在我国，载货清单还是出口企业在办理货物出口后，申请退税，海关据以办理出口退税手续的单证之一。因此，在船舶装货完毕离港前，船方应由船长签署若干份载货清单，并留下数份随船同行，以备中途挂港或到达卸货港时办理进口报关手续时使用。另外，进口货物的收货人在办理货物进口报关手续时，载货清单也是海关办理验放手续的单证之一。装货清单与载货清单的区别如表 4-3 所示。

表 4-3　装货清单与载货清单的区别

项　　目	装货清单（L/L）	载货清单（M/F）
汇总依据	托运单（B/N）留底	大副收据/收货单（M/R）/提单（B/L）
汇总信息	对待装船货物的汇总	对已装船货物的汇总
制作时间	装船前	装船后
作用	（1）为积载计划提供依据 （2）是理货等业务的单据	（1）是整艘船舶出口报关必备单据（装货单是每票货物报关的必备单据） （2）是出口退税单据之一 （3）是卸货港安排卸货的单据 （4）是卸货港海关放行的凭据

（七）货物积载图

在货物装船前，必须就货物装船顺序、货物在船上的装载位置等情况做出一个详细的计划，以指导有关方面安排泊位、货物出舱、下驳、搬运等工作。这个计划是以一个图表的形式来表示的，即用图表的形式表示货物在船舱内的装载情况，使每票货物在船舱内的位置都能得到形象具体的表示。该图就是通常所称的积载图（Stowage Plan），货物积载图主要有以下几个。

（1）能准确掌握每个舱装载的货物数量、重量和剩余的舱容，以便其他港口加载货物。

（2）掌握每个卸货港所装货物的内容和数量。

（3）根据各舱装载数量，准确地计算船舶平衡和稳定性。

此外，卸货港根据货物积载图情况可提前做好卸货的准备工作，在船舶作业中可随时掌握各舱卸货进度、并能防止货物的错卸及其他事故的发生。

（八）运费清单

运费清单（Freight Manifest，F/M）是根据 B/L 副本、M/R 而编制的出口载货运费清单，一般由船舶代理公司编制。

二、卸货港编制使用的单证

卸货港编制使用的单证主要有提货单、过驳清单、货物溢短单和货物残损单等。

（一）提货单

提货单（Delivery Order，D/O），也称"小提单"，是由船舶公司或其代理人签发给提单持有人或其他指定收货人的，要求在规定时间和规定地点提取指定货物的单证。它既是收货人向仓库或场站提取货物的凭证，也是船公司或其代理对仓库或场站交货的通知。提货单的内容包括船名、货名、数量、包装式样、提单号、收货人名称等。

提货单与提单完全不同，它只不过是船公司指令码头仓库或装卸公司向收货人交付货物的凭证，不具备流通及其他作用。因此，提货单上一般标有"禁止流通（Non-negotiable）"字样。

（二）过驳清单

过驳清单（Boat note）是采用驳船作业时，根据卸货时的理货单证编制的作为证明货物交接和表明所交货物实际情况的单证。其内容包括：驳船名、货名、标志、号码、包装、件数、卸货港、卸货日期、舱口号等，并由收货人、卸货公司、驳船经营人等收取货物的一方与船方共同签字确认。

（三）货物溢短单

货物溢短单（Over landed&Short landed cargo fist）是指一票货物所卸下的数量与载货清单（M/F）上所记载的数字不符，发生溢卸或短卸的证明单据。它由理货员编制，并且必须经过船方和有关方（收货人或仓库）共同签字确认。

（四）货物残损单

货物残损单（Broken&Damaged cargo list）是指卸货完毕后，理货员根据卸货过程中发现的货物破损、水湿、水渍、渗漏、霉烂、生锈、弯曲变形等异常情况记录编制的，证明货物残损情况的单据。它必须经船方签字确认。

过驳清单、货物溢短单、货物残损单是收货人向船公司提出损害赔偿要求的证明材料，也是船公司处理收货人索赔要求的原始资料和依据。货主在获取三种单据时，应检查船方的签字。杂货班轮货运主要单证汇总如表 4-4 所示。

表 4-4　杂货班轮货运主要单证汇总

港口		单证	签发人或编制人	制作时间与制作依据	作用
装货港	装货联单	托运单（B/N）	托运人或其代理	托运货物之前；S/C 与 L/C	申请订舱配载的书面凭证
		装货单（S/O）/关单/下货纸	托运人或其代理填制，船公司盖章确认	装船之前；B/N 和船舶配载情况	船公司或其代理确认订舱、出货的承诺；要求船长将货物装船承运的凭证；出口报关手续的必备单据
		收货单（M/R）/大副收据	船上大副签署给托运人	装船后；收货的实际情况	证明货物已经装上船；证明承运人已经收到货物，并开始负责；托运人凭此换取提单的单证；签发已装船的清洁提单或不清洁提单的依据

（续表）

港口	单证	签发人或编制人	制作时间与制作依据	作用
装货港	提单（B/L）	船公司或船代	装船完毕后；根据 M/R	海上货物运输合同的证明；货物已由承运人接管或已装船的货物收据；是承运人保证凭其交付货物的物权凭证
	装货清单（L/L）	船公司或船代	装船前；B/N 留底	为积载计划提供依据；是理货等业务的单据
	载货清单（M/F）	船公司或船代	装船后；M/R 或 B/L	整艘船舶出口报关的必备单据（装货单是每票货物报关的必备单据）；出口退税单据之一；卸货港安排卸货的单据；卸货港海关放行的凭证
	货物积载图	船上大副编制	船到港前绘制草图，装船后修改制出最终积载图；L/L	形象具体地表示每一票货物在船舱内的位置与装载情况；指导有关方面安排泊位、货物出舱、下驳、搬运等工作
	危险货物清单	船公司或船代	装船前	可详细列出船舶载运危险货物的情况；船舶载运危险货物时必备的单证之一
卸货港	提货单（D/O）	船公司或船代	到货后；B/L	收货人向仓库或场站提取货物的凭证；船公司或其代理对仓库或场站交货的通知
	过驳清单 货物溢短单 货物残损单	理货人员编制，船方签字确认	卸船后；理货单证	收货人向船公司提出损害赔偿要求的证明材料；船公司处理收货人索赔要求的原始资料和依据

三、海运提单

提单（Bill of Lading，B/L）是国际海上货物运输中最重要的单证之一，又是一份非常重要的法律文件。提单是指用以证明海上货物运输合同和货物已经由承运人接受或者装船，以及承运人保证据以交付货物的凭证。我国《海商法》第 71 条规定："提单是指用以证明海上货物运输合同和货物已经由承运人接收或者装船，以及承运人保证据以交付货物的单证。提单中载明的向记名人交付货物，或者按照指示人的指示交付货物，或者向提单持有人交付货物的条款，构成承运人据以交付货物的保证。"

（一）提单的功能

通常，提单的功能主要有以下几个。

1．提单是海上货物运输合同的证明

提单是海上货物运输合同成立的证明，因为在托运人订舱时，就已经与承运人对货物运输合同中的主要项目，如船名、航线、装卸港口、货物、运费及其他有关货运条件达成协议，并在提单签发之前就已进行了有关货运活动，但是，当提单转让给第三方后，提单就构成了运输合同。如果在签发提单之前，承运人与托运人之间另有与提单条款不同的约定，双方应以提单签发之前的约定为准。如果在签发提单之前双方没有任何约定，托运人在接受提单时又未提出任何异议，这时可将提单条款推定为合同条款的内容来约束承运人和托运人。

2．提单是证明货物已由承运人接管或已装船的货物收据

提单是根据货物的原始收据签发的，所以具有货物收据的功能。中国《海商法》第77条规定："除依照本法第75条的规定做出保留外，承运人或者代其签发提单的人签发的提单，是承运人已经依照提单所载状况收到货物或者货物已经装船的初步证据，承运人向善意受让提单的包括收货人在内的第三人提出与提单所载状况不同的证据，不予承认。"对于托运人，提单只是收到货物的初步证据，而对于包括收货人在内的第三人来讲，提单具有最终证据的效力。

3．提单是承运人保证凭以交付货物的物权凭证

按照航运习惯和法规，谁占有提单谁就占有了该提单上所记载的货物，就有向承运人要求交付货物的请求权。另外，提单可以不经承运人的同意而转让的规定，体现了提单的可转让性，确立了提单的物权凭证的功能。提单的转移是提单所记载的货物占有权的转移。

提单的转让受时间上的制约。在办理提货手续前，提单是可以转让的。但是，一旦办理了手续后，该提单就不能再转让了。

（三）提单的分类

国际海上货运中所使用的提单种类越来越多，通常使用的提单为全式提单（Long form B/L）。提单的分类标准与种类主要有以下几种情况。

1．按货物是否已装船分类

按货物是否已装船分类，提单可分为已装船提单和收货待运提单。

（1）已装船提单（On board B/L；Shipped B/L）。已装船提单是在货物装船之后，由承运人或其代理人向托运人签发的货物已经装船的提单。该提单必须注明装运船名和货物实际装船完毕的日期。在杂货班轮运输中，收货单（大副收据）换取的就是已装船提单。

（2）收货待运提单（Received for shipment B/L）。该提单简称待装提单或待运提单，是指承运人虽已收到货物但尚未装船，应托运人要求向其签发的提单。在跟单信用证的支付方式下，银行一般不接受这种提单。当货物装船后，承运人在待运提单上加注装运船名和装船日期，就可以使待运提单转为已装船提单。在集装箱班轮运输中，场站收据正本联（大副收据联）换取的提单为待运提单。

2．按提单收货人一栏的记载分类

按提单收货人一栏的记载分类，提单可分为记名提单、不记名提单和指示提单。

（1）记名提单（Straight B/L）。记名提单是指在"收货人"一栏内具体填上指定的收货人名称的提单，记名提单只能由所指定的收货人提取货物。记名提单不能转让。

（2）不记名提单（Open B/L；Blank B/L；Bearer B/L）。不记名提单是指在"收货人"一栏内记明向提单持有人交付货物或在提单"收货人"一栏内不填写任何内容的提单。不记名提单无须背书即可转让。也就是说，不记名提单由出让人将提单交付给受让人即可转让，谁持有提单谁就有权提货。

（3）指示提单（Order B/L）。指示提单是指在"收货人"一栏内只填写"凭指示"或"凭某人指示"字样的提单。指示提单经过记名背书或空白背书转让。指示提单除由出让人将提单交付给受让人外，还应背书，这样提单才能得到转让。

3．按对货外表状况有无批注分类

按对货外表状况有无批注分类，提单可分为清洁提单和不清洁提单。

（1）清洁提单（Clean B/L）。清洁提单是指没有任何有关货物残损、包装不良或其他有碍于结汇批注的提单。提单正面都印有"外表状况明显良好"的词句，若承运人或其代理人在签发提单时没有加附任何相反批注，则表明承运人确认货物装船时外表状况良好，承运人必须在目的港将接受装船时外表状况良好的货物交付给收货人。在正常情况下，向银行办理结汇时都应提交清洁提单。

（2）不清洁提单（Unclean B/L；Foul B/L）。不清洁提单是指加注有货物及包装状况不良或存在缺陷（如水湿、油渍、污损、锈蚀）等批注的提单。承运人通过批注声明货物接受时的不良状况，当在目的港交付货物时的不良状况是因为这些批注范围内的，承运人可以减轻或免除自己的赔偿责任。在正常情况下，银行将拒绝用不清洁提单办理结汇。

区分清洁提单与不清洁提单的关键不是有没有批注，而是有关货物或包装不良的批注。提单中的一些批注，如运输条款批注（CY—CY）、不知条款批注（STC）等不影响提单的清洁性。

4．按不同的运输方式分类

按不同的运输方式分类，提单可分为直达提单、转船提单和多式联运提单。

（1）直达提单（Direct B/L）。直达提单是指由承运人签发的，货物从装货港装船后中途不经过转船而直接运抵卸货港的提单。

（2）转船提单（Transshipment B/L；Through B/L）。转船提单是指在装货港的船舶不直接驶往目的港，而要在中途港换装其他船舶运抵目的港，由承运人为这种货物运输而签发的提单。转船提单实际上是海—海联运方式下签发的提单。

（3）多式联运提单（Combined B/L；Inter—modal B/L；Multimodel transport B/L）。多式联运提单是指货物由海路、内河、铁路、公路和航空等两种以上不同运输方式共同完成全程运输时所签发的提单。这种提单主要用于集装箱运输。多式联运提单一般由承担海运区段运输的船公司签发。

5．按照提单使用的效力分类

按照提单使用的效力分类，提单可分为正本提单和副本提单。

（1）正本提单。正本提单是指在法律和商业上都是公认有效的提单。正本提单上有时注明有"Original"字样，提单上有承运人、船长或代理人签字盖章并注明了签发提单的日期。正本提单一般签发一式两份或一式三份，凭其中任何一份提货后，其余各份作废，因此一般买方或银行要求卖方提供全部正本提单，即全套提单。

（2）副本提单。副本提单是指仅作为工作上参考之用的提单。副本提单上一般注明"Copy"或"Non negotiable"字样，提单上没有承运人、船长或其代理人的签字盖章。副本提单没有法律效力。

6．按提单签发人不同分类

按提单签发人不同分类，提单可分为班轮提单和仓至仓提单。

（1）班轮提单（Liner B/L；Ocean B/L）。班轮提单是班轮公司所签发的提单。班轮提单是指在班轮运输中，由班轮公司或其代理人所签发的提单。在集装箱运输中，班轮公司通常为整箱货签发提单。

（2）仓至仓提单（NVOCC B/L；House B/L）。仓至仓提单是指由无船承运人（NVOCC）或其代理人所签发的提单。在集装箱班轮运输中，无船承运人通常为拼箱货签发提单。当然，无船承运人也可以为整箱货签发提单。

7．按签发提单时间分类

在正常情况下，提单的签发时间为货物装船完毕的时间。但有些提单可能是不符合法律规定或者对货运业务有一定影响，如预借提单、倒签提单、顺签提单、过期提单等。

（1）预借提单（Advanced B/L）。预借提单是指由于根据信用证规定的装运期或交单期已到，而货物尚未装船或货物尚未装船完毕时，应托运人要求由承运人或其代理人签发的已装船提单。也就是托运人未能够及时结汇而从承运人借用的已装船提单。

（2）倒签提单（Anti-date B/L）。倒签提单是指在货物装船完毕后，应托运人的要求，由承运人或其代理人签发的早于货物实际装船完毕日期的提单。也就是说实际装船完毕的日期晚于提单的签发日期。

（3）顺签提单（Post-date B/L）。顺签提单是指在货物装船完毕后，承运人或其代理人应托运人要求签发的晚于货物实际装船完毕日期的提单。也就是说实际装船完毕的日期早于提单的签发日期。不管是预借提单、倒签提单，还是顺签提单，这些做法都掩盖了提单签发时的实际情况。许多国家法律的规定和判例表明，这些情况下一旦货物引起损坏，不但要负责赔偿，而且要丧失享受责任限制和援用免责条款的权利。

（4）过期提单（Stale B/L）。过期提单是指由于出口商取得提单后未能及时到银行议付的提单。在信用证支付方式下，每个信用证都规定了有效期与装运期限，有的信用证还规定了交单期限。出口商必须在规定的交单期内到银行结汇；如果信用证没有规定交单期限，则要求出口商在货物装船日期起21天内到银行交单议付，但无论如何也不能晚于信用证的有效期，超过这一期限银行将不予接受。

8．其他特殊提单

（1）舱面货提单（On deck B/L）。舱面货提单是指货物积载于船舶露天甲板，并在提单上记载"on deck"字样的提单。

（2）并提单（Omnibus B/L）。并提单是指应托运人要求，承运人将同一船舶装运的相同港口、相同货主的两票或两票以上货物合并而签发的一套提单。也就是将不同装货单上的货物合起来签发相同提单号的一套提单。这样做托运人可以节省运费。

（3）分提单（Separate B/L）。分提单是指应托运人要求，将属于同一装货单下的货物分开，并分别签发的多套提单。

（4）交换提单（Switch B/L）。交换提单是指在直达运输条件下，应托运人的要求，承运人同意在约定的中途港凭起运港签发的提单换发以该中途港为起运港的提单。

（5）交接提单（Memo B/L）。交接提单是指由于货物转船或联运等原因，在不同承运人之间签发的不可转让、不是物权凭证的单证。交接提单只具有货物收据和备忘录作用。

常见提单种类如表 4-5 所示。

表 4-5　常见提单种类

提单分类标准	类别	相关解释	备注信息
货物是否已装船	已装船提单	整票货物全部装船后，由承运人或其代理人向托运人签发的提单	须注明装运船舶名称和货物实际装船完毕的日期
	收货代运提单	简称待装提单或待运提单，承运人虽已收到货物但尚未装船，应托运人要求而向其签发的提单	银行一般不接受这种提单。当承运人在待运提单上加注装运船舶的船名和装船日期时，就可以使待运提单成为已装船提单
提单收货人一栏是否有记载	记名提单	在提单"收货人"一栏内具体填上收货人名称的提单。只能由提单上所指定的收货人提取货物	记名提单不得转让。可以避免因转让而带来的风险，但失去了可转让流通的便利。银行一般不愿意接受记名提单作为议付的单证
	不记名提单	在提单"收货人"一栏内记明应向提单持有人交付货物或在提单"收货人"栏内不填任何内容的提单	不记名提单无须背书，即可转让。由出让人将提单交付给受让人即可转让，谁持有提单，谁就有权提货
	指示提单	在提单"收货人"栏内填写"凭指示"或"凭某人指示"字样的提单	经记名背书或空白背书转让。除由出让人将提单交付给受让人外，还应背书，这样提单才能得到转让
货物外表状况是否有批注	清洁提单	没有任何有关货物残损、包装不良或其他有碍于结汇的批注的提单	提单正面已印有"外表状况明显良好"的词句，若未加任何相反的批注，则承运人必须在目的港将接受装船时外表状况良好的同样货物交付给收货人
	不清洁提单	承运人在提单上加注有货物及包装状况不良或存在缺陷，如水湿、油渍、污损、锈蚀等批注的提单	通过声明货物在外表状况不良情况下装船，在目的港交付货物时，若发现货物损坏可减轻或免除自己的赔偿责任

（四）提单的内容与填制

全式提单有正面的印刷条款和背面的印刷条款。在提单的正面通常会有确认条款、不

知条款、承诺条款、签署条款。提单的背面印刷条款主要有首要条款、定义条款、承运人责任条款、承运人责任限制条款、承运人赔偿责任限制条款、特定货物条款等。海运提单如表4-6所示。

表4-6　海运提单

<table>
<tr><td colspan="2">Shipper</td><td colspan="5" rowspan="2" style="text-align:right;">B/L NO.</td></tr>
<tr><td colspan="2" rowspan="2">Consignee</td></tr>
<tr><td colspan="5" rowspan="2">中国远洋运输（集团）总公司
CHINA OCEAN SHIPPING (GROUP) CO.
CABLE: COSCO BEIJING
TLX: 210740 CPC CN</td></tr>
<tr><td colspan="2" rowspan="2">Notify Party</td></tr>
<tr><td colspan="5">Combined Transport Bill OF LADING</td></tr>
<tr><td colspan="2" rowspan="2">Pre-carriage by</td><td colspan="2" rowspan="2">Place of Receipt</td><td colspan="5" rowspan="4">RECEIVED in apparent good order and condition except as otherwise noted the total number of containers or other packages or units enumerated below for transportation from the place of receipt to the place of delivery subject to the terms and conditions hereof. One of the Bills of Lading must be surrendered duly endorsed in exchange for the goods or delivery order. On presentation of this document duly endorsed to the Carrier by or on behalf of the Holder of the Bill of Lading, the rights and liabilities arising in accordance with the terms and conditions hereof shall, without prejudice to any rule of common law or statute rendering them binding on the Merchant, become binding in all respects between the Carrier and the Holder of the Bill of Lading as though the contract evidenced hereby had been made between them. IN WITNESS whereof thenumber of original Bill of Lading stated under have signed, all of this tenor and date, one of which being accomplished, the other(s) to be void.</td></tr>
<tr></tr>
<tr><td colspan="2" rowspan="2">Ocean Vessel
Voy. No.</td><td colspan="2" rowspan="2">Port of Loading</td></tr>
<tr></tr>
<tr><td colspan="2">Port of Discharge</td><td colspan="2">Place of Delivery</td><td colspan="5">Final Destination(of the goods-not ship See Article 7. paragraph(2)</td></tr>
<tr><td colspan="2">Marks & Nos. Container Seal No.</td><td colspan="2">No. of containers or P 千克 s</td><td colspan="2">Kinds of Packages: Description of Goods</td><td>Gross Weight 千克</td><td>Measurement</td></tr>
<tr><td colspan="2">FBZU8453211/015003(20'GP)CY-CY FULL</td><td colspan="2"></td><td colspan="2">FREIGHT PREPAID</td><td>FCL/FCL</td><td></td></tr>
<tr><td colspan="4">TOTAL NUMBER OF CONTAINERS OR PACKAGES(IN WORDS)</td><td colspan="4"></td></tr>
<tr><td colspan="2">FREIGHT & CHARGES</td><td colspan="2">Revenue Tons</td><td>Rate</td><td>Per</td><td>Prepaid</td><td>Collect</td></tr>
<tr><td colspan="2">Ex. Rate:</td><td colspan="2">Prepaid at</td><td colspan="3">Prepaid at</td><td colspan="2">Place and date of issue</td></tr>
<tr><td colspan="2"></td><td colspan="2"></td><td colspan="3">No. of Original B(s)/L</td><td colspan="2">Signed for the Carrie</td></tr>
</table>

LADEN ON BOARD THE VESSEL

Date：By ____ (TERMS CONTINUED ON BACK HEREOF)

（COSCO STANDARD FORM 11）

（1）提单编号（B/L No.）：一般列在提单右上角，以便于工作联系和查核。发货人向收货人发送装船通知（Shipment Advice）时，也要列明船名和提单编号。

（2）托运人（Shipper）：填写托运人的名称、地址，必要时也可填写代码。托运人一般为信用证中的受益人（出口商）。

（3）收货人（Consignee）：填写收货人的名称、地址，必要时可填写电话、传真或代码。若要求记名提单，此栏可填写具体收货人的名称；若属指示提单，则填为"To order"或"To order of×××"。

（4）通知方（Notify party）：这是船公司在货物到达目的港时发送到货通知的收件人，有时即为进口商。在信用证项下的提单，如信用证上对提单通知方有具体规定，则必须严格按照信用证要求填写。如果是记名提单或收货人指示提单，且收货人又有详细地址的，则此栏可以不写。如果是空白指示提单或托运人指示提单，则此栏必须填写通知方的名称与详细地址，否则船方就无法与收货人联系，收货人也不能及时报关提货。通知方一般为预定的收货人或收货人的代理人。

（5）船名（Name of vessel）：填写装运货物的船名及航次。若是已装船提单，必须填写船名；若是待运提单，待货物实际装船完毕后记载船名。

（6）接货地（Place of receipt）：此栏在多式联运方式下填写，表明承运人接收到货物的地点，其运输条款可以是：door—door、door—yard、door—CFS。

（7）装货港（Port of loading）：此栏应填写实际装船港口的具体名称。

（8）卸货港（Port of discharge）：此栏应填写实际卸下货物的港口的具体名称。若属转船，第一程提单上的卸货港填转船港，收货人填二程船公司；第二程提单上的装货港填上述的转船港，卸货港填最后的目的港，若由第一程船公司签发联运提单（through B/L），则卸货港即可填写最后目的港，并在提单上列明第一和第二船名。若经某港转运，要显示"via××"字样。填写此栏要注意同名港口问题，若属选择港提单，要在此栏中注明。

（9）交货地（Place of delivery）：此栏在多式联运方式下填写，表明承运人交付货物的地点，其运输条款可以是：door—door、yard—door、CFS—door。

（10）货名（Description of goods）：在信用证项下，货名必须与信用证上规定的货名一致。

（11）件数和包装种类（Number and kind of package）：此栏按箱子的实际包装情况填写。在集装箱整箱货运下，此栏通常填写集装箱的数量、型号；在拼箱货运输下，此栏应填写货物件数。

（12）唛头（Shipping marks）：信用证上有规定的，必须按规定填写；否则可按发票上的唛头填写。

（13）毛重、尺码（Gross weight；Measurement）：信用证上有规定的，必须按规定填写；否则一般以千克为单位列出货物的毛重、以立方米列出货物的体积。

（14）运费与费用（Freight and charges）：一般为预付（Freight prepaid）或到付（Freight collect）。若系 CIF 或 CFR 出口，一般均填上"运费预付"字样，千万不可漏填，否则收货人会因为运费未清问题而晚提货或提不到货。若系 FOB 出口，则运费可制作"运费到付"字样，除非收货人委托发货人垫付运费。

（15）温度指示（Temperature control instructions）：此栏填写冷藏箱运输时所要求的

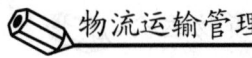

温度，应尽量避免标明具体温度。

（16）提单的签发地点、日期和份数（Place and date of issue, Number of original B（s）/L）：提单签发的地点原则上是装货地点，一般是由装货港或货物集中地签发。提单的签发日期应该是提单上所列货物实际装船完毕的日期，也应该与收货单上大副所签发的日期是一致的。

如果是在跟单信用证项下结汇时，提单上所签发的日期必须与信用证或合同上所要求的最后装船期一致或先于装船期。如果卖方估计货物无法在信用证规定的期限内装船，应尽早通知买方，要求修改信用证，而不应该利用"倒签提单""预借提单"等欺诈行为取得货款。提单份数一般按信用证要求出具，如"Full set of"，一般理解为正本提单一式三份，每份都有同等效力，收货人凭其中一份提取货物后，其他各份自动失效。副本提单的份数可视托运人的需要而定。

（17）承运人或船长，或由其授权的人签字或盖章：提单必须由承运人或船长，或由其授权的人签发，并且明确表明签发人的身份。一般表示方法有"Carrier""Caption"或"as Agent for the Carrier：×××"等。提单必须经过签署手续后才能生效。

四、杂货班轮货运单证流程

杂货班轮货运单证的流转程序如图 4-10 所示。

（1）托运人在装货港向船公司或船舶代理人（简称"船代"）提出货物装运申请，递交托运单（B/N），填写装货联单。

（2）船公司同意承运后，其代理人指定船名，核对装货单（S/O）与托运单（B/N）上的内容无误后，将托运单留底联留下，签发装货单（S/O）给托运人，要求托运人将货物及时送至指定的码头仓库。

（3）托运人持装货单（S/O）及有关单证向海关办理货物出口报关、验货放行手续，海关在装货单（S/O）上加盖放行图章后，货物准予装船出口。

（4）装货港船舶代理人根据留底联编制装货清单（L/L）送船舶及理货公司、装卸公司。

（5）大副根据装货清单（L/L）编制货物积载计划（Stowage Plan）交代理人分送理货、装卸公司等按计划装船。

（6）托运人将经过检验验关的货物送至指定的码头仓库准备装船。

（7）货物装船后，理货长将装货单（S/O）交大副，大副核实无误后留下装货单（S/O）并签发收货单（M/R）。

（8）理货长将大副签发的收货单（M/R）转交托运人。

（9）托运人持收货单（M/R）到装货港的船舶代理人处付清运费（预付运费情况下）换取正本已装船提单（B/L）。

（10）装货港的船舶代理人审核无误后，留下收货单（M/R），签发已装船提单（B/L）给托运人。

（11）托运人持已装船提单（B/L）及有关单证到议付银行结汇（在信用证支付方式下），取得货款，议付银行将已装船提单（B/L）及有关单证邮寄至开证银行。

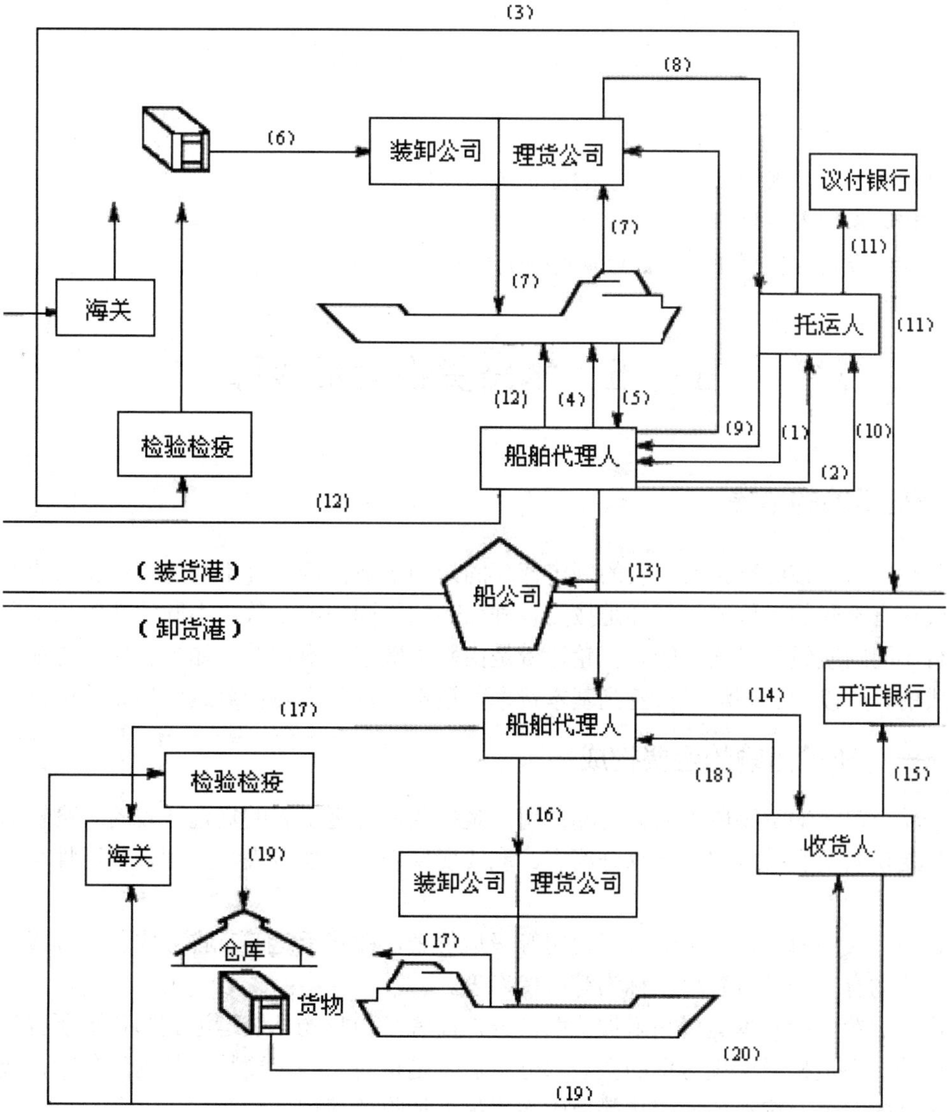

图 4-10 杂货班轮货运单证的流转程序图

（12）货物装船完毕后，装货港的船舶代理人编制出口载货清单（M/F）送船长签字后向海关办理船舶出口手续，并将载货清单（M/F）交船随带，船舶起航。

（13）装货港的船舶代理人根据已装船提单（B/L）副本或收货单（M/R）编制出口载货运费清单（F/M）连同已装船提单（B/L）副本或收货单（M/R）送交船公司结算代收运费，并将卸货港所需单证寄给卸货港的船舶代理人。

（14）卸货港的船舶代理人接到船舶抵港电报后，通知收货人船舶到港日期，做好提货准备。

（15）收货人到开证银行付清货款，取回已装船提单（B/L）（在信用证支付方　　式下）。

（16）卸货港的船舶代理人根据装货港的船舶代理人寄来的货运单证，编制进口载货清单（M/F）及有关船舶进口报关和卸货所需的单证，约定装卸公司、理货公司，联系安排泊位，做好接船及卸货准备工作。

（17）船舶抵港后，卸货港的船舶代理人随即办理船舶进口手续，船舶靠泊后即开始卸货。

（18）收货人持正本已装船提单（B/L）向卸货港的船舶代理人处办理提货手续，付清应付的费用后，换取代理人签发的提货单（D/O）。

（19）收货人办理货物进口手续，支付进口关税。

（20）收货人持提货单（D/O）到码头仓库或船边提取货物。

任务五　水路货物运费核算

一、班轮运输的运费

班轮运价是按照班轮运价表的规定计算的，为垄断性价格。不同的班轮公司或不同的轮船公司有不同的运价表，但都是按照各种商品的不同积载系数、不同的性质和不同的价值结合不同的航线加以确定的。班轮运费是由基本费率和附加费（如果有规定的话）两部分构成的。所以，一些港口只查到基本费率，还不一定是实际计算运费的完整单价。

（一）班轮运输的运费构成

班轮公司运输货物所收取的运输费用，是按照班轮运价表的规定计收的。班轮运价表一般包括说明及有关规定、货物分级表、航线费率表、附加费表、冷藏货及活牲畜费率表等。

目前，我国海洋班轮运输公司使用等级运价表，即将承运的货物分成若干等级，每个等级的货物有一个基本费率，称为等级费率表。

班轮运费包括基本运费和附加费两部分，前者是指货物从装运港到卸货港所应收取的基本运费，它是构成全程运费的主要部分；后者是指对一些需要特殊处理的货物，或者因突然事件的发生及客观情况变化等原因而需另外加收的费用。

（二）基本港与非基本港

基本港是指港口设备较好、货运量大、班轮公司按期挂靠的港口。运往基本港的货物，均按基本费率收取运费。非基本港是指班轮公司不常挂靠的港口，去该港的货物要加收附加费。

（三）基本运费的计收标准

在班轮运价表中，根据不同的商品，班轮运费的计算标准通常采用下列几种。

（1）按货物毛重（重量吨计收）运价表中用"W"表示。按此法计算公式为

$$基本运费 = 计重货物的运费吨 \times 运费率$$

（2）按货物的体积（尺码吨计收）运价表中用"M"表示。按此法计算公式为

基本运费 = 容积货物的运费吨 × 运费率

上述计费的重量吨和尺码吨统称为运费吨，又称计费吨。按照国际惯例，容积货物是指每公吨的体积大于 1.1328 立方米的货物，而我国的远洋运输运价表中则将每公吨的体积大于 1 立方米的货物定为容积货物。

（3）按毛重或体积计收，由船公司选择其中收费较高的作为计费吨，运价表中以"W/M"表示。

（4）按货物价格计收，又称为从价运费。运价表中用"A.V"表示。从价运费一般按货物的 FOB 价格的一定百分比收取。按此法计算的基本运费等于货物的离岸价格（FOB）乘以从价费率，一般为 1%～5%。

（5）按货物的毛重、体积和价值三者中较高的一种计收运费，在运价表内用字母"W/M or AV"表示。

（6）按货物的件数计收。对大宗低值货物，采用船、货双方临时议定运价的办法。

（四）运费核算步骤

运费核算步骤如下。

（1）选择相关的运价表。

（2）根据货物名称，在货物分级表中查到运费计算标准和等级。

（3）在等级费率表的基本费率部分，找到相应的航线、起运港、目的港，按等级查到基本运价。

（4）从附加费部分查出所有应收（付）的附加费项目和数额（或百分比），以及货币种类。

（5）根据基本运价和附加费计算出实际运价。

（6）计算运费总额。

运费总额 = 货运数量（重量或体积）× 基本费率 + 附加费用

或者，运费总额 = 货运数量（重量或体积）× 基本费率 ×（1 + 附加费率）

（五）附加费

附加费（Surcharges）是为了既能保持在一定时期内基本费率的稳定，又能正确反映各港的各种货物的航运成本，班轮公司在基本费率之外，为了弥补损失又规定了各种额外加收的费用，主要有以下几种。

（1）燃油附加费（Bunker Surcharge or Bunker Adjustment Factor，BAF），在燃油价格突然上涨时加收。

（2）货币贬值附加费（Devaluation Sm-charge or Currency Adjustment Factor，CAF），在货币贬值时，船方为实际收入不致减少，按基本运价的一定百分比加收的附加费。

（3）转船附加费（Transshipment Surcharge），凡运往非基本港的货物，需要转船运往目的港，船方收取的附加费，其中包括转船费和二程运费。有的船公司不收此项附加费，而是分别另收转船费和二程运费，这样收取一、二程运费再加转船费，即通常所谓的"三道价"。

（4）直航附加费（Direct Additional），当运往非基本港的货物达到一定的货量，船公司可安排直航该港而不转船时所加收的附加费。

（5）超重附加费（Heavy Lift Additional）、超长附加费（Long Length Additional）和超大附加费（surcharge of Bulky Cargo），当一件货物的毛重、长度、体积超过或达到运价表规定的数值时加收的附加费。各班轮对超重或超长货物的规定不一。在我国，中远公司规定每件货物达到 5 吨或 9 米以上时，加收超重或超长附加费。超重货一般以吨计收。无论是超重、超长或超大件，托运时都必须注明。如船舶需转船，每转船一次，加收一次附加费。

（6）港口附加费（Port Additional or Port Surcharge），有些港口由于设备条件差或装卸效率低，以及其他原因，由船公司加收的附加费。

（7）港口拥挤附加费（Port Congestion Surcharge），有些港口由于拥挤、船舶停泊时间增加而加收的附加费。

（8）选港附加费（Optional Surcharge），货方托运时尚不能确定具体卸港，要求在预先提出的两个或两个以上港口中选一港口卸货，船方加收的附加费。所选港口限定为该航次规定的挂港，并按所选港中收费最高者计算各种附加费。货主必须在船舶抵达第一选卸港前（一般规定为 24 小时或 48 小时）向船方宣布最后确定的卸货港。

（9）变更卸货港附加费，货主要求改变货物原来规定的港口，在有关当局（如海关）准许，船方又同意的情况下所加收的附加费。

（10）绕航附加费（Deviation Surcharge），由于正常航道受阻不能通行，船舶必须绕道才能将货物运至目的港时，船方所加收的附加费。

附加费的计算一般有两种规定：一是以基本运费率的百分比表示；二是用绝对数字表示，取每运费吨增收若干元。

根据一般费率表规定：不同的商品如混装在一个包装内（集装箱除外），则全部货物按其中收费高的商品计收运费。同一种货物因包装不同而计费标准不同，但托运时如未申明具体包装形式时，全部货物均要按运价高的包装计收运费。同一提单内有两种以上不同计价标准的货物，托运时如未分列货名和数量时，计价标准和运价全部要按高者计算。这是在包装和托运时应该注意的。

【例 4-1】从天津运往塔桑尼亚达累斯萨拉姆的玩具一批计 150 箱。每箱重量 30 千克，体积为 40cm×50cm×60cm。当时的燃油附加费为每吨 35 港元，港口附加费率为 15%，如表 4-7 所示，计算运费总额。

表 4-7 中国——东非航线等级费率表 单位：港元

货名	计算标准	等级	费率
农业机械	W/M	9	404.00
棉布及棉织品	M	10	443.00
小五金及工具	W/M	10	443.00
玩具	M	20	1120.00
基本港：路易港（毛里求斯）、达累斯萨拉姆（坦桑尼亚）、蒙巴萨（肯尼亚）等			

【解析】

（1）查阅货物分级表，玩具的计算标准是 M，等级是 20。

（2）计算货物的体积为

$$40cm×50cm×60cm×150×10^{-6} = 18（立方米）$$

（3）查阅中国——东非航线等级费率表，可得 20 级费率为 1120.00 港元，基本运费为

$$1\ 120×18 = 20\ 160（港元）$$

（4）燃油附加费为 $0.03×150×35 = 157.50$（港元）

（5）总运费是

$$20\ 160×（1 + 15\%）+ 157.5 = 23\ 341.5（港元）$$

【例 4-2】上海运往肯尼亚蒙巴萨港的门锁（小五金）一批计 100 箱。每箱体积为 20 厘米×30 厘米×40 厘米。每箱重量为 25 千克。当时燃油附加费为 40%，蒙巴萨港拥挤附加费为 10%。中国—东非航线等级费率表如表 4-6 所示，计算运费总额。

【解析】

（1）查阅货物分级表。门锁属于小五金及工具类，其计收标准为 W/M，等级为 10 级。

（2）计算货物的体积和重量。

100 箱的体积为 $20×30×40×100 = 2.4$（立方米）

100 箱的重量为 $25×100 = 2.5$（吨）

由于计收标准为 W/M，即在重量吨或尺码吨中从高收费，2.5 吨大于 2.4 立方米，因此计收标准为 2.5 吨。

（3）查阅"中国—东非航线等级费率表"，10 级资率为 443 港元，则基本运费

$$443×2.5 = 1\ 107.5（港元）$$

（4）附加运费为

$$1\ 107.5×（40\% + 10\%）= 553.75（港元）$$

（5）上海运往肯尼亚蒙巴萨港 100 箱门锁，其应付运费为

$$1\ 107.5 + 553.75 = 1\ 661.25（港元）$$

【例 4-3】从中国北京运往毛里求斯路易港的农业机械设备，一批计 200 箱，每箱体积 30cm×40cm×50cm。每箱重量 50 千克。当时的港口附加费率为 25%，超重附加费率 15%。航线等级费率表如表 4-6 所示，计算运费是多少？

【解析】

（1）查阅货物分级表，农业机械设备的计算标准是 W/M，等级是 9。

（2）计算货物的体积和重量

200 箱的体积为 $30cm×40cm×50cm×200×10^{-6} = 12$（立方米）

200 箱的重量为 $50×200×10^{-3} = 10$（吨）

取其最高值，因此计收标准为体积 12 立方米。

（3）查阅 9 级费率为 404 港元，基本运费为 $404×12 = 4\ 848$（港元）

（4）总运费是 $4\ 848×（1 + 25\% + 15\%）= 6\ 787.2$（港元）

二、租船运输的运费

租船运价根据使用船舶的不同,其适航性及适货性均不同,故运费率或租金就应不同。使用船舶不同,它们的技术状况、安全保障状况也不同,故国际上常根据船级来决定运费率或租金及保险费等;使用船舶不同,它们的成本构成项目也不同,故与成本直接有关的运费率或租金也必定不同。

租船运输费用是指船东以船舶或船舶的部分舱位租给他人使用而收取的一种酬金。这种酬金计算因船舶出租方式的不同而区分为下列三种形式。

(一)程租运费

程租运费是指按航程租船的报酬,适用航次租船的业务费用结算。按货物每单位重量或体积若干金额计算,费率的高低主要决定于租船市场的供求关系,但也与运输距离、货物种类、装卸率、港口使用、装卸费用划分和佣金高低有关。有的规定整船包价。程租运费一般包括运费、装卸费、滞期费和速遣费。

1. 运费

程租船运费是指货物从装运港至目的港的海上基本运费。

2. 装卸费

通常,装卸费的划分法主要有以下几个。

(1)船方负担装卸费(Gross/Liner/Berth Terms)。又称"班轮条件"。

(2)船方不负担装卸费(Free in and out,F.I.O)。采用这一条件时,还要明确理舱费和平舱费由谁负担。一般都规定租船人负担,即船方不负担装卸、理舱和平舱费。

(3)船方管装不管卸(Free out,F.O.)条件。

(4)船方管卸不管装(Free in,F.I.)条件。

3. 滞期费(Demurrage)

滞期费是指在规定的装卸期间内,如果租船人未能完成装卸作业,为了弥补船方的损失,对超过的时间租船人应向船方支付一定的罚款。

4. 速遣费(Dispatch Money)

如果租船人在规定的装卸期限内提前完成装卸作业,则所节省的时间船方要向租船人支付一定的奖金(相同的时间下,速遣费一般为滞期费的一半)。

(二)期租运费

期租运费是指按时间计算租船报酬。在期租运费情况下,通常是船舶按时间出租,租金按船舶载重吨位按月支付,燃料、港口费、装卸费、垫舱物料费等由租船人负担;船长与船员的雇用、工资、给养、船舶的修理和保险等费用由船东负责,如表4-8所示。

表 4-8 期租运费下费用负担

船东负担	租船人负担
船员工资	燃油费
船员伙食	港口使用费
维修保养	扫舱洗舱费
物料、供应品和设备	货物装卸费
润滑油	垫舱物料费
淡水△	空航费
船舶保险费	淡水△
企业一船管理费	承运货物产生的经纪费和代理费
船舶折旧费	部分货损差索赔△
经纪费	
部分货损货差索赔	

（三）光船运费

光船运费是指出租光船的报酬。与期租船一样，在出租光船的情况下，通常也是船舶按时间出租。但与期租船不同的是，出租光船的燃料、进港费、船长和船员的雇用及其工资、伙食的供给、船用物品的补充，以及船舶修理与保险等全部由租船人负责。至于租金可以按月支付，也可以在船东交船时一次付清，如表 4-9 所示。

表 4-9 光租运费下费用负担

船东负责	租船人负责
折旧费	燃油费
船舶保险费△	港口使用费
船舶检验费△	货物装卸费
经纪费	扫舱洗舱费
	垫舱物料费
	空航费（若产生的话）
	代理费和经纪费
	货物索赔
	船员工资、伙食
	维修保养
	物料、供应品和设备
	润滑油
	淡水
	船舶保险费△
	船舶检验费△
	企业一般管理费

包运租船费用计算参照程租运费计算方式，通常采用航次结算，按船舶实际装运货物的数量及约定的运费费率计收，装卸费用的负担责任划分一般也与航次租船方式相同。

租船运费的保险，根据不同的租船形式而不同。在程租方式下，其运费大都在目的港支付，所以一般都由船东购买保险。在期租方式下，运费或租金通常按月支付，一旦该船遭受自然灾害或意外事故而不能航行，船东的运费将受损失，因此迫使船东购买运费保险。在光船出租的方式下，如果租金是按月支付的，其结果与期租船相似，由船东投保运费保险。

项目小结

本项目主要介绍了水路运输的含义、优缺点；阐述水路运输的不同分类形式；介绍了船舶、港口、航道等水路运输的设施设备特点、分类；详细介绍了班轮运输的含义、特点、货运流程、交付方式；详细介绍了租船运输的特点、作用、流程和经营方式；介绍了装货港、卸货港编制使用的货运单证；详细介绍了海运提单的含义、作用、分类以及杂货班轮运输货运单证的流程；详细讲解了班轮运输的运费构成和计算方法。

项目练习

一、填空题

1. 航道的类型可分为_____、_____、_____。
2. 海洋运输包括_____、_____、_____。
3. _____不具有运输承揽的性质，只相当于一种财产租赁。
4. 按水路货物运输合同的承租期限分为_____、_____、_____。
5. 水路港口按照物流功能主要包括_____、_____、_____。

二、判断并改错题

1. 影响航次时间的主要因素包括：航次距离、装卸货量、船舶航速和积载效率。
（　　）

2. 世界上最古老、最长的人工运河是我国的京杭大运河。（　　）

3. 载驳船是专门用来装运以载货车辆为货物单元的船舶。（　　）

4. 水路运输按水路运输企业的营运方式，可分为自营、租船运输、委托经营、联合营运、自运等方式。（　　）

5. 航次租船模式下船舶所有人占有和控制船舶，租船人负责配备船员，负担船员的工资、伙食费。（　　）

三、单项选择题

在下列每小题中，选择一个最合适的答案。

1.（　　）指没有任何有关货物残损、包装不良或其他有碍于结汇批注的提单。

A．已装船提单　　B．不清洁提单　　　　C．清洁提单　　　　D．记名提单

2．定期租船中，承租人负责（　　）。

A．折旧费　　　　B．港口费　　　　　　C．维修保养费　　　D．工人工资

3．卸货港编制使用的单证包括（　　）。

A．托运单　　　　　B．收货单　　　　　C．载货清单　　　　D．提货单

4．（　　）是指船舶所有人提供给租船人一定吨位（运力），在确定的港口之间，以事先约定的年数、航次周期和每航次较均等的货运量，完成运输合同规定的全部货运量的租船方式。

A．包运租船　　B．光船租船　　　　C．定期租船　　　　　D．航次租船

5．下列不属于港口组成的是（　　）。

A．水域　　　　　B．码头　　　　　　C．陆域设备　　　　　D．泊位

四、多项选择题

1．班轮运输的交付方式主要有（　　）。

A．选港交货　　　B．船边交货　　　C．凭保证书交货　　D．变更卸货港交货

2．水路运输按货物的包装状况分为（　　）。

A．租船运输　　B．集装箱运输　　C．散货运输　　　　D．件杂货运输

3．航标的功能主要包括（　　）。

A．指示特殊区域　B．定位　　　　　C．警告　　　　　　D．搜索

4．下列属于商港的是（　　）。

A．秦皇岛　　　　B．上海港　　　　C．锦州港　　　　　D．天津港

5．程租运费一般包括（　　）。

A．税费　　　　　B．滞期费　　　　C．速遣费　　　　　D．装卸费

五、简答题

1．水路货物运输的特点有哪些？

2．港口的分类有哪些？

3．班轮运输的特点主要有哪些？

4．班轮运输的货运流程是什么？

5．水路货运单证有哪些？

技能实训练习

练习一：水路货物运输费用的核算

【情境1】上海某公司向日本出口鸡肉 23 吨，共需要装 1200 箱，每箱毛重 20 千克，每箱体积为 20 厘米×20 厘米×25 厘米。该批货物对应的上海到神户航线的运价为 100 美元/运费吨，计费标准为 W/M，另加收燃油附加费 10%，港口附加费 10%，应如何计算该批货物的运费？

【情境2】某公司拟向日本出口冻驴肉，共需装 1500 箱，每箱毛重 0.025t，每箱体积为 20cm×30cm×40cm。经查该商品属 8 级货，计收标准为 W/M。然后查出日本航线每一运费吨为 144 美元，无其他任何附加费。应如何计算该批货物的运费？

【情境3】设由天津新港运往莫桑比克首都马普托门锁 500 箱，每箱体积为 0.025m³/千克，每箱重 30 千克。从运价表中查得门锁属 10 级货，计收标准为 W/M，去东非航线马普托每一运为 450 港元，问该批门锁的运费为多少？其中加收燃油附加费 200，港口附加费 10%。

练习二：水路货物运输运单的填写

【情境1】根据以下信息填写表 4-10 的海运提单。

中国华昌进出口公司位于中国南昌市外贸大厦，该公司向英国出口 705 纸箱的尼龙书包，2016 年 9 月 8 日签发提单后，货物由上海出发，乘 FENGQING V.123 号船离港，抵达伦敦卸货，收货人凭托运人指示。运费于南昌预付，提单一式三份。

唛头：J.T.LTD
　　　LONDON
　　　C/NO.1-705
　　　MADE IN CHINA
毛重：20,173.00 体积 36.980
被通知人：
　　　JL THOMS OF LONDON TO BE
　　　57/58 COMMERCIAL STR.
　　　LONDON

表 4-10　海运提单练习

SHIPPER	B/L NO.
	中国对外贸易运输总公司 **CHINA NATIONAL FOREING TRADE**
CONSIGNEE OR ORDER	**TRANSPORT CORPORATION** **直运或转船提单**
NOTIFY ADDRESS	**BILL OF LADING DIRECT OR WITH**

PRE-CARRIAGE BY	PORT OF LOADING	TRANSHIPMENT		
VESSEL	PORT OF TRANSSHIPMENT	Shipped on board in apparent good order and condition (unless otherwise indicated)the goods or packages-specified Herein and to be discharged at the mentioned port of discharge or as near there to as the vessel may safely get and always afloat. The weight, measure, marks and numbers, quality, contents and Value particulars furnished by the Shipper, are not checked by the Carrier on loading. The Shipper, Consignee and the Holder of this Bill of loading Hereby expressly accept and agree to all printed , written or Stamped provisions , exceptions and conditions of this Bill of Loading, including those on the hereof. IN WITNESS where of the number of original Bill of Loading Stated below have been signed, one of which being accomplished The order(s) to be void.		
PORT OF DISCHARGE	FINAL DESTINATION			
CONTAINER SEAL NOOR MARKS AND NOS.	NUMBER AND KIND OF PACKAGES DESCRIPTION OF GOODS	GROSS WEIGHT (kg)	MEASUREMENT (m³)	
FREIGHT AND CHARGES		DEGARDING TRANSHIPMENT INFORMATIONPLEASE CONTACT		
EXCHANGE RATE	PREPAID AT	FREIGHT PAYABLE AT	PLACE AND DATE ISSUE	
	TOTAL PREPAID	NO. OF ORIGINAL B(s)/L	SIGNED FOR OR ON BEHAIF OF THE MASTER AS AGENT	

【情境 2】根据以下信息填写表 4-6 的海运提单。

出口商：中国深圳广良食品进出口公司

收货人：印度银行

被通知人：Chanda Shipping Services,94 Beaumont Road Lough Boroch Let Cestershire Lell 2JB U.K.

航名航次：KANG HE V.37

装运港：深圳

目的港：伦敦

唛头：N/M

包装件数和种类：810 个纸箱

货名：午餐肉罐头

毛重：8000 千克

体积：24.500 立方米

集装箱号：COSU378696—7

封号：23456

提单号：C5.363

运费：到付 50893 美元

承运人：张明海

提单正本份数：3 份

提单日期：2015 年 12 月 20 日于深圳

项目五　航空货物运输

【项目导读】

航空货物运输，也叫空运，是现代物流中的重要组成部分，其提供的是安全、快捷、方便和优质的服务。空运以其迅捷、安全、准时的赢得了相当大的市场，大大缩短了交货期，国际各大空运公司对于物流供应链加快资金周转及循环起到了极大的促动作用，同时也相继投入大量航班分取货运这块蛋糕。

【项目目标】

➢ 理解航空货物运输的含义、特点及其方式。
➢ 了解航空运输的发展趋势及国际航空货运组织。
➢ 熟悉航线、航空港、航空器、通信导航等设施设备的特点及其功能。
➢ 掌握航空进、出口货物运输的作业流程和航空运单的填制方法。

【项目任务】

南航货运建立国际化运输服务管控体系

国际航空运输协会在美国迈阿密向中国南方航空公司颁发了 CARG02000 正式会员资格证书。南航成为国内首家、全球第 19 家 CARG02000 正式会员航空公司。这是南航货运提升国际竞争力的新突破，标志着南航货运已建立起符合国际化标准的航空运输服务管控体系，将为全球客户提供更优质的航空货运服务。

南航货运部工作人员以客户托运一票从上海至洛杉矶的货物为例，介绍了 CARG02000 的运行。货物在交运后，信息同步存入南航 CDMP 系统，系统将根据航班起飞、到达时间建立整个运输流程的时间轴：货到交运（上海）—航班起飞（上海）—航班落地（洛杉矶）—抵达仓库（洛杉矶）—通知提货人—提取货物，时间轴上每个环节的完成时间都将被明确标准时限。一旦某个环节发生不正常的情况超出标准时限，系统会发出预警信息，南航将启动"应急处理机制"及时应对。同时，待单票货物运输完成后，货物的实际运输时间和标准运输时间将形成数据留存，进行对比。

"通过运行 CARG02000，我们可以对货物运输全程进行量化监控和实时追踪，掌握货物从交付、出港至客户提取等每个环节的运输质量，追踪问题发生源，从而不断优化服务。"南航货运部工作人员介绍。据悉，依托 CARG02000，南航货运将通过定期现场内审、外包代理服务商服务品质评价等管控手段，不断提高服务水平。

CARG02000 由国际航协设立，是国际航协和国际航空货运业认可的服务质量标准和管理体系。它既是一个流程标准，也是国际航协首推的流程改进项目，共有 19 个流程环节，旨在建立可量化的质量管理体系，提高航空公司的运营效率。CARGO2000 目前拥有航空公司、空运代理、地面操作代理、卡车公司和 IT 供应商等 88 个成员。

（1）航空公司应如何改善服务以吸引更多的客户？

（2）应如何填写航空运单？

（3）国际航协组织的作用是什么？

任务一　航空货物运输基本知识

航空运输是使用飞机、直升机及其他航空器运送货物的一种运输方式。航空运输的单位成本很高，主要适合运载两类物资：一类是价值高、运费承担能力强的物资，如贵重设备、高档产品等；另一类是紧急需要的物资，如救灾抢险物资等。航空运输不仅需要专门用于货物运输的飞机，以及定期和不定期的航空货运航班，而且还利用定期和不定期客运航班进行货物运输。

一、航空货物运输的特点

航空物流运输的主要特点是快速、灵活。与其他运输方式相比，航空运输中的运输工具（即飞机）可以与地面设施（机场）分离，而且不受地形限制，因而航线选择较为自由，灵活性较高，用途也比较广泛。

（一）航空运输的优点

航空运输虽然起步较晚，但发展异常迅速，并且日益受到现代企业管理者的青睐，原因之一就在于它具有许多其他运输方式所不能比拟的优点。概括起来，航空运输的主要优点有以下几个。

1. 快速省时，可达距离长

飞机是世界上最快的一种运输工具。航空运输可以大大节约运输时间，而且飞行距离越长，所能节约的时间越多。这是其他各种运输方式所无法比拟的。随着技术的发展、机型的更新，航空运输速度快的特点将越来越显著，如目前使用的涡轮喷气飞机时速为 9000 多公里，飞行距离可达 10 万多公里。货物在途时间的缩短，对于那些易腐烂变质的鲜活商品、时效性强的报刊、时令性商品以及抢险、救急品的运输，显得尤为重要。运送速度快，在途时间短，也使货物在途风险降低，因此许多贵重物品、精密仪器往往采用航空物流运输的形式。

2. 不受地面条件影响，灵活机动

航空运输是在空间进行生产活动的，受线路和地理条件制约的程度要小得多，只要有机场及必备的通信导航设施就可以开辟航线。对于地面条件恶劣、交通不便的内陆地区，

发展航空运输有利于当地资源的出口,促进当地经济的发展。航空器可在两点间直线飞行,航程大为缩短,而且距离越远,节约航程的特点就越显著。

3．安全度高

与其他运输方式相比，航空运输的安全性较高，货损也小得多。

4．节省存货、包装等费用

由于航空运送速度较快，货物在途时间短，周转速度快，资金可迅速收回，企业存货可以相应地减少从而节省利息和储存费用，加上航空货物运输安全准确，货损、货差少，可节约包装及保险费用。

5．手续简便

航空运输为托运人提供了简便的托运手续，还可以由货运代理人上门取货并为其办理一切运输手续。

（二）航空运输的缺点

航空运输也有自己的局限性，主要表现在以下几个方面。

1．载运能力低

航空运载工具——飞机的机舱容积有限，造成航空运输的载运能力较低，对大件货物或大批量货物的运输有一定的限制。

2．运费高

因飞机的机舱容积和载重能力较小，因此，单位运输量的能耗较大，另外，飞机的机械维护及保养成本也很高，这些因素导致航空货运的单位运输成本很高。

3．受气候条件限制较大

航空运输对气候条件要求很高，飞机飞行容易受恶劣气候影响，从而影响运输的准点性与正常性。

4．可达性差

通常，航空运输难以实现客货的"门到门"运输，必须借助其他运输工具转运。

二、航空货物运输的方式

通常，航空货物运输的方式主要有班机运输、包机运输、集中托运、航空快递和联运方式等。

（一）班机运输

班机运输（Scheduled Airline）是指根据班机时刻表，按照规定的航线，定机型，定日期，定时刻的客、货、邮航空运输。班机运输一般有固定的航线，固定的始发站、途径站和目的站。班机运输特点主要有以下几个。

（1）迅速准确。由于班机运输具有固定航线、固定始发站和目的站、固定航期及固定停靠站等特点，因此，使用班机方式运送货物，就能够准确迅速地到达国内或国际班机通航的各城市。

（2）方便货主。发、收货人可以确切掌握货物起运和到达时间，特别是对那些市场急需商品、鲜活易腐商品及贵重商品的运送，使用班机方式对货主非常有利和方便。

（3）舱位有限。班机运输一般为客货混载，因而仓位有限，不能满足大批量货物的出运，往往需要分散分批运输。

（二）包机运输

包机运输（Chartered Carrier）是指包机人为一定的目的包用航空公司的飞机运载货物的形式称为包机运输。包机的特点主要有以下几个。

（1）解决班机舱位不足的矛盾。

（2）货物全部由包机运出，节省时间和多次发货的手续。

（3）弥补没有直达航班的不足，且不用中转。

（4）减少货损、货差或丢失的现象。

（5）在空运旺季缓解航班紧张状况。

（6）解决海鲜、活动物的运输问题

包机运输方式主要包括整包机和部分包机两种方式。

1. 整包机

即包租整架飞机，指航空公司按照与租机人事先约定的条件及费用，将整架飞机租给包机人，从一个或几个航空港装运货物至目的地。包机人一般要在货物装运前一个月与航空公司联系，以便航空公司安排运载和向起降机场及有关政府部门申请、办理过境或入境的有关手续。包机的费用一次一议，随国际市场供求情况变化。

2. 部分包机

由几家航空货运公司或发货人联合包租一架飞机或者由航空公司把一架飞机的舱位分别卖给几家航空货运公司装载货物。部分包机适用于托运不足一整架飞机舱容。但货量又较重的货物运输。

部分包机与班机的比较，时间比班机长，各国政府为了保护本国航空公司利益常对从事包机业务的外国航空公司实行各种限制。

（三）集中托运

集中托运是指航空货运代理公司（也称集中托运商）将若干单独发运到同一方向的货物，组成一整批，填写一份主运单，发到同一目的站，由航空货运代理公司委托目的站当地的代理人（也称分拨代理商）负责收货、报关并交付给每个实际收货人。集中托运是航空货运代理公司的主要业务之一，也是国际航空货物运输使用得比较普遍的一种方式。集中托运流程图如图 5-1 所示。

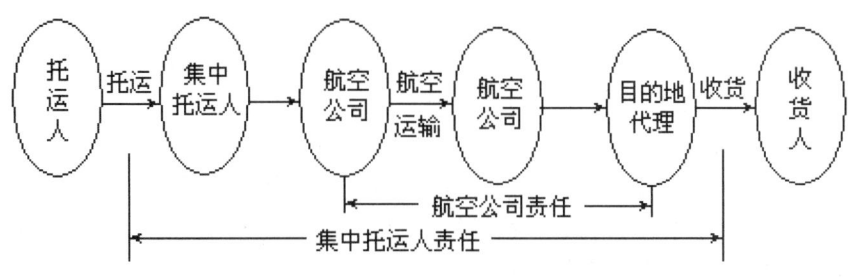

图 5-1　集中托运流程图

1．集中托运的优点

集中托运作为最主要的一种航空货运方式给托运人带来了极大的便利，主要表现在以下几个方面。

（1）更为低廉的费率。由于航空运费的费率随托运货物数量的增加而降低，因此，当集中托运人将若干小批量货物组成一大批出运时，能够争取到更为低廉的费率。集中托运人会将其中一部分支付目的地的代理费用，另一部分会返还给托运人以吸引更多的客户，其余的作为集中托运人的收益。

（2）更高的服务质量。集中托运人的专业性服务也会使托运人受益，这包括完善的地面服务网络、拓宽了的服务项目以及更高的服务质量。

（3）更快的资金周转。因为航空公司的主运单与集中托运人的分运单效力相同，集中托运形式下托运人结汇的时间提前，资金的周转加快。

2．集中托运的缺点

集中托运的缺点主要有以下几个。

（1）集中托运只适合办理普通货物，对于等级运价的货物，如贵重物品、危险物品、活动物、外交信袋，一级文物等不能办理集中托运。

（2）由于集中托运的情况下，货物的储运时间不能确定，因此，不适合易腐烂变质的货物、紧急货物或其他对时间要求高的货物的运输。

（3）对可以享受航空公司优惠运价的货物来讲，使用集中托运的形式可能不仅不能享受到运费的节约，反而使托运人运费负担加重。

（四）航空快递

航空快递指一个专门经营此项业务的机构与航空公司密切合作，设专人用最快的速度在货主、机场、收件人之间传送货物。航空快递是一种最为快捷的运输方式，被称为"桌到桌运输"，特别适用于急需的药品、医疗器械、贵重物品、图纸资料、货样及单证等的传送。

航空快件运输具有独立法人资格的企业将进出境的货物从发货票人所在地通过自身的网络运达的一种快速运输方式。这种运输方式特别适用于运送急需的药品和医疗器械、贵重物品、图纸资料、货样、单证以及书报杂志等小物件，是目前航空货物运输中最快捷的运输方式。

1．航空快递的形式

（1）门/桌到门/桌。门/桌到门/桌的服务形式是航空快递公司最常用的一种服务形式。首先由发件人在需要时电话通知快递公司，快递公司接到通知派人上门取件，然后将所有收到的快件集中到一起，根据其目的地分拣、整理、制单、报关，发往世界各地，到达目的地后，再由当地的分公司办理清关、提货手续，并送至收件人手中。在这期间，客户还可依靠快递公司的电脑网络随时对快件（主要指包裹）的位置进行查询；快件送达之后快递公司也可以及时通过电脑网络将消息反馈给发件人。

（2）门/桌到机场。与前一种服务方式相比，门/桌到机场的服务是指快件到达目的地机场后，不是由快递公司去办理清关、提货手续并送达收件人的手中，而是由快递公司通知收件人自己去办理相关手续。采用这种方式大多是海关有特殊规定的货物或物品。

（3）专人派送。所谓专人派送是指由快递公司指派专人携带快件在最短的时间内将快件直接送到收件人手中。这是一种特殊服务，一般很少采用。

以上三种服务形式相比，门/桌到机场形式对客户来讲比较麻烦；专人派送最可靠，最安全，同时费用也最高；而门/桌到门/桌的服务介于上述两者之间，适合绝大多数快件的运送。

2．航空快递的特点

航空快递在很多方面与传统的航空货运业务、邮政运送业务有相似之处，但作为一项专门的业务，它又有独到之处，主要表现在以下几方面。

（1）收件的范围。航空快递的收件范围主要有文件和包裹两大类。其中文件主要是指商业文件和各种印刷品，对于包裹一般要求毛重不超过32千克（含32千克）或外包装单边不超过102厘米，三边相加不超过175厘米。近年来，随着航空运输行业竞争更加激烈，快递公司为吸引更多的客户，对包裹大小的要求趋于放松，而传统的航空货运业务以贸易货物为主，规定每件货物体积不得小于5厘米×10（～20）厘米。邮政业务则以私人信函为主要业务对象，对包裹要求每件重量不超过20千克，长度不超过1米。

（2）经营者不同。经营国际航空快递的大多为跨国公司，这些公司以独资或合资的形式将业务深入世界各地，建立起全球网络。航空快件的传递基本都是在跨国公司内部完成的，而国际邮政业务则通过万国邮政联盟的形式在世界上大多数国家的邮政机构之间取得合作，邮件通过两个以上国家邮政当局的合作完成传送。国际航空货物运输则主要采用集中托运的形式，或直接由发货人委托航空货运代理人进行，货物到达目的地后，再通过发货地航空货运代理的关系人代为转交货物到收货人的手中。业务中除涉及航空公司外，还要依赖航空货运代理人的协助。

（3）经营者内部的组织形式不同。邮政运输的传统操作理论是接力式传送。航空快递公司则大多采用中心分拨理论或称转盘分拨理论组织起全球的网络。也就是快递公司根据自己业务的实际情况，在中心地区设立分拨中心，各地搜集起来的快件按所到地区分拨完毕，装上飞机。当晚各地飞机飞到分拨中心，各自交换快件后飞回。第二天清晨，快件再由各地分公司用汽车送到收件人办公室。这种方式可以减少中间环节，快件的流向简单清楚，减少了错误，提高了操作效率，缩短了运送时间。

（4）使用的单据不同。航空货运使用的是航空运单，邮政使用的是包裹单，航空快递业也有自己独特的运输单据——交付凭据。交付凭据一式四份：第一联留在始发地并用于出口报关；第二联贴附在货物表面，随货同行，收货人可以在此联签字表示收到货物，但通常快件的收货人在快递公司提供的送货记录上签字，而将此联保留。第三联作为快递公司内部结算的依据；第四联作为发件凭证留存发件人处，同时该联印有背面条款，一旦产生争议时可作为判定当事各方权益、解决争议的依据。

（5）航空快递的服务质量更高，主要体现在以下几个方面。

①速度更快。一般洲际快件运送在 1～5 天内完成；地区内部只要 1～3 天。这样的传送速度无论是传统的航空货运业还是邮政运输都是很难达到的。

②更加安全、可靠。在航空快递形式下，快件运送自始至终是在同一公司内部完成的，各分公司操作规程相同，服务标准也基本相同，而且同一公司内部信息交流更加方便，对客户的高价值、易破损货物的保护也会更加妥善，所以运输的安全性、可靠性也更好。与此相反，邮政运输和航空货物运输因为都牵扯不止一位经营者，各方服务水平参差不齐，所以较容易出现货损货差的现象。

③更方便。航空快递不止涉及航空运输一种运输形式，它更像是陆空联运，通过将服务由机场延伸到客户的仓库、办公桌，航空快递真正实现了门到门的服务，方便了客户。此外，航空快递公司对一般包裹代为清关，针对不断发展的电子网络技术，又率先采用了 EDI 报关系统，为客户提供了更为便捷的网上服务，快递公司特有的全球性电脑跟踪查询系统也为有特殊需求的客户带来了极大的便利。

（6）航空快递同样有自己的局限性，如快递服务覆盖的范围不如邮政运输广泛。国际邮政运输综合了各国的力量，可以这样说，有人烟的地方就有邮政运输的足迹，但航空快递毕竟是靠某个跨国公司的一己之力，因此，各快递公司的运送网络只能包括那些商业发达、对外交流的地区。

（五）联运方式

通常，联运方式主要包括陆空联运和海空联运两种。

1. 陆空联运

陆空联运是火车、飞机和卡车的联合运输方式，简称 TAT（Train—Air—Trick），或火车、飞机的联合运输方式，简称 TA（Train—Air）。通过运用这几种复合一贯制运输的方式，可以真正地实现"门到门"的运输服务模式，从而能够更好地适应现代物流对及时性和准确性的要求。

2. 海空联运

海空联运又被称为空桥运输（Air-bridge Service）。在运输组织方式上，空桥运输与陆桥运输有所不同，陆桥运输在整个货运过程中使用的是同一个集装箱，不用换装，而空桥运输的货物通常要在航空港换入航空集装箱。

这种联运组织形式是以海运为主的，只是最终交货运输区段由空运承担。目前，国际海空联运线主要有以下几条。

（1）远东—欧洲：远东与欧洲间的航线有的以温哥华、西雅图、洛杉矶为中转地，也有的以中国香港、曼谷、海参崴为中转地，还有的以旧金山、新加坡为中转地。

（2）远东—中南美：近年来，远东至中南美海空联运发展较快，因为此处港口和内陆运输不稳定，所以对海空运输的需求很大。该联运线以迈阿密、洛杉矶、温哥华为中转地。

（3）远东—中近东、非洲、澳洲：这是以中国香港、曼谷为中转地至中近东、非洲的运输服务。在特殊的情况下，还有经马赛至非洲、经曼谷至印度、经中国香港至澳洲等联运线，但这些线路货运量较小。

三、国际航空货物运输组织

（一）国际民用航空组织

国际民用航空组织（ICAO）是联合国的一个专门机构，1944 年为促进全世界民用航空安全、有序的发展而成立。民航组织总部设在加拿大蒙特利尔，制定国际空运标准和条例，是 191 个缔约国（截止 2011 年）在民航领域中开展合作的媒介，其标志如图 5-2 所示。

图 5-2　国际民航组织

国际民航组织（International Civil Aviation Organization）前身为根据 1919 年《巴黎公约》成立的空中航行国际委员会（ICAO）。由于第二次世界大战对航空器技术发展起到了巨大的推动作用，使得世界上已经形成了一个包括客货运输在内的航线网络，但随之也引起了一系列急需国际社会协商解决的政治上和技术上的问题。因此，在美国政府的邀请下，52 个国家于 1944 年 11 月 1 日至 12 月 7 日参加了在芝加哥召开的国际会议，签订了《国际民用航空公约》（通称《芝加哥公约》），按照公约规定成立了临时国际民航组织（PICAO）。1947 年 4 月 4 日，《芝加哥公约》正式生效，国际民航组织也因之正式成立，并于 5 月 6 日召开了第一次大会。同年 5 月 13 日，国际民航组织正式成为联合国的一个专门机构。1947 年 12 月 31 日，"空中航行国际委员会"终止，并将其资产转移给"国际民用航空组织"。2013 年 9 月 28 日，中国在加拿大蒙特利尔召开的国际民航组织第 38 届大会上再次当选为一类理事国。

国际民航组织（ICAO）的宗旨和目的在于发展国际航行的原则和技术，促进国际航空运输的规划和发展，确保全世界国际民用航空安全地和有秩序地发展，鼓励为和平用途的航空器的设计和操作技术，鼓励发展国际民用航空应用的航路、机场和航行设施，满足世界人民对安全、正常、有效和经济的航空运输的需要。

（二）国际航空运输协会

国际航空运输协会（International Air Transport Association，简称 IATA）是一个由世界各国航空公司所组成的大型国际组织，其前身是 1919 年在海牙成立并在第二次世界大战时解体的国际航空业务协会，总部设在加拿大的蒙特利尔，执行机构设在日内瓦。1944 年 12 月，出席芝加哥国际民航会议的一些政府代表和顾问以及空运企业的代表聚会，商定成立一个委员会为新的组织起草章程。1945 年 4 月 16 日在哈瓦那会议上修改并通过了草案章程后，国际航空运输协会成立。同年 10 月，新组织正式成立，定名为国际航空运输协会，总部设在加拿大的蒙特利尔。第一届年会在加拿大蒙特利尔召开。在全世界近 100 个国家设有办事处，280 家会员航空公司遍及全世界 180 多个国家。在中国有 13 家会员航空公司（除中国香港、中国澳门和中国台湾）。凡国际民航组织成员国的任一经营定期航班的空运企业，经其政府许可都可成为该协会的会员。经营国际航班的航空运输企业为正式会员，只经营国内航班的航空运输企业为准会员，其标志如图 5-3 所示。

图 5-3　国际航空运输协会

国际航空运输协会从组织形式上是一个航空企业的行业联盟，属非官方性质组织，但是由于世界上的大多数国家的航空公司是国家所有，即使非国有的航空公司也受到所属国政府的强力参预或控制，因此航协实际上是一个半官方组织。它制定运价的活动，也必须在各国政府授权下进行，它的清算所对全世界联运票价的结算是一项有助于世界空运发展的公益事业，因而国际航协发挥着通过航空运输企业来协调和沟通政府间政策，解决实际运作困难的重要作用。

协会的宗旨是"为了世界人民的利益，促进安全、正常和经济的航空运输，扶植航空交通，并研究与此有关的问题""对于直接或间接从事国际航空运输工作的各空运企业提供合作的途径""与国际民航组织及其他国际组织协力合作。

（三）国际货运代理协会联合会

国际货运代理协会联合会（法文缩写 FIATA "菲亚塔"）是一个非营利性的国际货运代理行业组织。奥地利维也纳成立，总部设在瑞士苏黎世，并分别在欧洲、美洲和太平洋、非洲、中东四个区域设立了地区办事处，任命有地区主席。其中亚洲和太平洋地区秘书处设在印度孟买，其标志图如 5-4 所示。

图 5-4　国际货运代理协会联合会

该会于 1926 年 5 月 31 日在奥地利维也纳成立，总部设在瑞士苏黎士。其目的是保障和提高国际货运代理在全球的利益。该会是一个在世界范围内运输领域最大的非政府和非盈利性组织，具有广泛的国际影响，其成员包括世界各国的国际货运代理行业，拥有 76 个一般会员，1751 个联系会员，遍布 124 个国家和地区，包括 3500 个国际货运代理公司。在中国国际货运代理协会成立以前，中国对外贸易运输总公司曾于 1985 年以一般会员的身份加入了 FIATA。

该联合会的宗旨是保障和提高国际货运代理在全球的利益，工作目标是团结全世界的货运代理行业；以顾问或专家身份参加国际性组织，处理运输业务，代表、促进和保护运输业的利益；通过发布信息，分发出版物等方式，使贸易界、工业界和公众熟悉货运代理人提供的服务；提高制定和推广统一货运代理单据、标准交易条件，改进和提高货运代理的服务质量，协助货运代理人进行职业培训，处理责任保险问题，提供电子商务工具。

任务二　航空货物运输的设施设备

一、航线

航空器在空中飞行，必须有适于航空器航行的通路，这种通路即为航线。航线不仅确定了飞机飞行具体方向、起讫点和经停点，而且还根据空中交通管制的需要，规定了航线的宽度和飞行高度，以维护空中交通秩序，保证飞行安全。航线要适航，必须有安全飞航的保障。因此航线上要设置必要的助航设施，以提供通信、气象和飞航情报，协助航空器能依一定的航线飞航，否则将因无目视标的而迷失方向。航线有国内航线与国际航线之分：国内航线一般由国家民用航空管理机构指定；国际航线因需经过其他国家的领空，因此必须事先洽谈，获得同意后方可开航。

（一）国际航线形成的条件

国际航线形成的条件主要有以下几个。

（1）两国间已签订平等互惠的通航协定。

（2）两国间有相当数量的客货运输的需求。

（3）经营者必须参加国际航空组织。

（4）出境和入境手续简便。

（5）航线上有设施完备的航空站和必要的助航设施。

（6）航线上有充分的、廉价的燃料供给。

（二）航线的分类

通常，航线主要有以下几种。

（1）国际航线：是指飞行路线连接两个或两个以上国家的航线。

（2）国内航线：是指在一个国家内部的航线，又可分为干线、支线和地方航线三大类。

（3）地区航线：是指在一国之内，连接普通地区和特殊地区的航线，如中国内地与港、澳、台地区之间的航线。

另外，航线还可分为固定航线和临时航线，临时航线通常不得与航路、固定航线交叉或是通过飞行频繁的机场上空。

【知识链接】

航　权

"航权"（Traffic Rights）按国际惯例被称为"空中自由"，这一概念起源于 1944 年的"芝加哥会议"，也被称为"空中自由"权（Freedoms of the Air），其法律依据是 1944 年的《国际航班过境协定》（通称"两大自由协定"）和《国际航空运输协定》（通称"五大自由协定"）的规定。

第一航权：领空飞越权。指一国或地区的航空公司不降落而飞越他国或地区领土的权利。例如，北京—纽约，中途飞越日本领空，那就要和日本签订领空飞越权，否则只能绕道飞行，增加燃料的消耗和飞行的时间。

第二航权：技术降落权。一国或地区的航空公司在飞至另一国或地区途中，为非营运理由而降落其他国家或地区的权利，如（维修、加油），但不允许上下旅客和装卸货物。

第三航权：目的地下客权。某国或地区的航空公司自其登记国或地区载运客货至另一国或地区的权利。例如，北京—东京，日本允许中国民航承运的旅客在东京进港。

第四航权：目的地上客权。某国或地区的航空公司自另一国地区载运客货返回其登记国或地区的权利。例如，北京—东京，日本允许旅客搭乘中国民航的航班出境，否则中国民航只能空载返回。

第五航权：中间点权或延远权。某国或地区的航空公司在其登记国或地区以外的或地区间载运客货，可以先在第三国的地点作为中转站上下旅客，但其班机的起点与终点必须为其登记国或地区。也就是说，第五航权是需要和两个或两个以上的国家进行谈判的。目前我国政府已经向新加坡航空公司有选择地开放了第五航权。以新加坡航空公司的货机为例，它执飞新加坡经我国厦门、南京到美国芝加哥的航线，并在厦门、南京拥有装卸国际货物的权利。

第六航权：桥梁权。某国或地区的航空公司在境外两国或地区间载运客货且途径其登记国或地区（此为第三及第四航权的结合）的权利。例如，伦敦—北京—首尔，中国国际航空公司将源自英国的旅客运经北京后再送运到韩国。

第七航权：完全第三国运输权。某国或地区的航空公司完全在其本国或地区领域以外经营独立的航线，在境外两国或地区间载运客货的权利。例如，伦敦—巴黎，由德国汉莎航空公司承运。

第八航权：国内运输权。某国或地区的航空公司在他国或地区领域内两地间载运客货的权利（境内经营权）。例如，北京—成都，由日本航空公司承运。

二、航空港

航空港又称机场，是指位于航线上的、为保证航空运输和专业飞行作业用的机场及其有关建筑物和设施的总称，是空中交通网的基地。航空港的主要任务是完成客货运输服务，保养与维修飞机，保证旅客、货物和邮件正常运送以及飞机安全起降。2013 年 3 月 7 日，国务院正式批复了《郑州航空港经济综合实验区发展规划（2013—2025 年）》，这是全国首个上升为国家战略的航空港经济发展先行区。郑州航空港如图 5-5 所示。

图 5-5　郑州航空港

（一）航空港的组成

站内有装卸客货的全套设施和航空器起降活动的区域。航空港由飞行区、客货运服务区和机务维修区三部分组成。

1. 飞行区

飞行区是航空港面积最大的区域，设有指挥台、跑道、滑行道、停机坪、无线电导航系统等设施。

2. 客货运输服务区

客货运输服务区是为旅客、货主提供地面服务的区域。主体是候机楼，此外还有客机坪、停车场、进出港道路系统等。货运量较大的航空港还专门设有货运站。客机坪附近配有管线加油系统。

3．机务维修区

机务维修区是飞机维护修理和航空港正常工作所必需的各种机务设施的区域。区内建有维修厂、维修机库、维修机坪和供水、供电、供热、供冷、下水等设施，以及消防站、急救站、储油库、铁路专用线等。

（二）航空港的基本设施

航空站的设置，应选择在气候适宜、空域开阔、交通便利的地方。航空站的四周应无影响飞行的障碍物，如高楼大厦，同时远离市民住宅区、商业区、文教卫生区（学校、医院、疗养院）等，以免妨碍环境安宁。航空港配备的基本设施包括以下几个。

（1）跑道与滑行道：前者供航空器起降，后者是航空器在跑道与停机坪之间出入通道。

（2）停机坪：供飞机停留的场所。

（3）指挥塔或管制塔：航空器进出航空港的指挥中心，其位置应有利于指挥与航空管制，维护飞行安全。

（4）助航系统：辅助航空器安全飞行的设施，包括通信、气象、雷达、电子及目视助航设备。

（5）输油系统：为航空器补充油料。

（6）维护修理基地：为航空器做归航以后或者起飞以前的例行检查、维护、保养和修理等。

（7）货运站。

（8）其他各种公共设施：包括水、电、通信交通、消防系统等。

（三）航空港的分类

航空港按照所处的位置分为干线航空港和支线航空港。按服务对象划分为军用航空港和民用用航空港。按业务范围分为国际航空港和国内航空港，其中国际航空港需经政府核准，可以用来供国际航线的航空器起降营运，空港内配有海关、移民、检疫和卫生机构；而国内航空港仅供国内航线的航空器使用，除特殊情况外不对外国航空器开放。

三、航空器

（一）航空器的结构

航空器的结构主要包括机身、机翼、操纵装置、起落装置和推进装置。

（1）机身。为圆筒形，呈流线型，以减少飞机飞行时空气的阻力。机身是客货舱位、航空仪器和推进装置的所在地，也是机翼、操纵装置和起落装置的附着处。

（2）机翼。固定在机身的两侧，飞机上升浮力由此产生。

（3）操纵装置。包括副翼、层翼和襟翼三部分。副翼又称水平舵，是两个或四个倾角可以活动的小翼面。其作用是纠正飞行器飞行时的左右倾斜。尾翼有平横的和直立的两部分。平横部可操纵飞机的升降，称升降舵；直立部操纵飞机方向的转变，称为方向舵。襟翼位于主翼两边内端后缘，作用是为飞行器升降时增加升力和减低速率。

（4）起落装置。又称起落架。包括机头下的两个起落轮、机尾下的尾轮、足架、轮轴和避震器等设备。

（5）推进装置。活塞螺旋桨式和涡轮螺旋桨式飞机的推进装置有发动机和螺旋桨两部分，喷气式飞机则仅有发动机，借发动机发动时产生的反作用力以推动飞机前进。

（二）航空器的类型

1. 螺旋桨式飞机

飞机引擎为活塞螺旋桨式，这是最原始的动力形式。它利用螺旋桨的转动将空气向机后推动，借其反作用力推动飞机前进。螺旋桨转速愈高，则飞行速度愈快。改进后的涡轮螺旋桨式飞机在原有基础上前进了一步，但该机的主要缺点是速度增加有一极限，当螺旋桨转速高到某一程度时，四周已成真空状态，这时再加快螺旋桨的转速，飞机的速度也不再增加。螺旋桨式飞机如图 5-6 所示。

图 5-6　螺旋桨式飞机

2. 喷气式飞机

将空气经多次压缩后喷入飞机燃烧室内，使空气与燃料混合燃烧后产生大量气体以推动涡轮，然后以高速度将气体排出机外，借其反作用力使飞机前进。这种机型一般结构简单、速度快、燃油料费用节省而且装载量较大。喷气式飞机如图 5-7 所示。

图 5-7　喷气式飞机

3．超音速机

飞机飞行速度超过音速的即称为超音速机。音速在海平面标准大气条件下为每小时1224 公里。英法两国经过 10 年努力合作研制的超音速机"协和号"，于 1971 年 9 月制成并首航巴黎—纽约，载客 120～140 人，全航程只花了 4 小时，时速达到 1410 公里。耗油量大、载客量少、造价昂贵等因素影响其推广使用。超音速机如图 5-8 所示。

图 5-8　超音速机

4．直升机

主要由机体和升力（含旋翼和尾桨）、动力、传动三大系统以及机载飞行设备等组成。在民用方面主要应用于短途运输、医疗救护、救灾救生、紧急营救、吊装设备、地质勘探、护林灭火、空中摄影等。直升机如图 5-9 所示。

图 5-9　直升机

直升机其主要优点主要有以下几个。

（1）造价低、费用低。

（2）对使用的机场要求低。直升机起降只需像网球场大小的机坪和较短跑道即可。

（3）能低速飞行。直升机可在极小范围内旋转，能低速飞行，也可减速后在空中短暂停留。因此它可广泛使用于救灾、空投、侦察和喷撒农药等工作。

（4）平战结合。直升机平时可代替汽车作为运输工具，以联络市中心和机场，用以运送客货，也可作为定期航线的辅助线。

四、通信导航设备

通信导航设施是沟通信息、引导飞机安全飞行并到达目的地安全着陆的设施，主要包括以下几个。

（1）通信设备。航空通信设备是为了实现无线通信功能，且达到了规定的性能指标要求，并经过使用验证的一种机载设备。航空通信设备担负着飞机与外部通信的功能。具体包括：高频通信系统、甚高频通信系统、选择呼叫系统。

（2）导航设备。航空导航设备可以确定飞机的位置并引导飞机按预定航线飞行的整套设备（包括飞机上的和地面上的设备）。具体包括：高频全向信标系统、无方向性信标系统、仪表着陆系统。

（3）监视设备。监视设备主要是指雷达。它利用无线电波实时、主动发现目标，并测定其位置，监视雷达系统一般分为两种类型：一次雷达和二次雷达。

任务三　航空货物运输作业流程

一、航空出口货物运输流程

航空货物出口程序是指航空货运代理公司从发货人手中接货，到将货物交给航空公司承运这一过程所需要通过的环节，所需要办理的手续，以及必备的单证。它的起点是从发货人手中接货，终点是将货物交给航空公司。出口业务环节包括：托运受理、订舱、接单接货、制单、进行出口商品的相关检验、出口报关、发运、费用结算、信息传递。

（一）托运受理

托运人即发货人。发货人在货物出口地寻找合适的航空货运代理公司，为其代理空运订舱、报关、托运业务；航空货运代理公司根据自己的业务范围、服务项目等接受托运人委托，并要求其填制航空货物托运书，以此作为委托与接受委托的依据，同时，提供相应的装箱单、发票。

货物托运一般有以下几点规定值得注意。

（1）托运人托运货物一般应在民航营业时间到航空公司市内货运营业处，或者承办航空货运业务的航空代理公司货运部办理。托运人如托运大量、超大、超重、大批贵重易碎及需要特殊照料和赶班机运送的货物，可请托运人或应托运人要求按约定时间在机场办理。

（2）托运人托运货物凭本人居民身份证或其他有效身份证件，填写货物托运书，向承运人或其代理人办理托运手续。如果承运人或其代理人要求出具单位介绍信或其他有效证明时，托运人也应予以提供。

（3）托运政府规定限制运输的货物，以及需要办理公安和检疫等手续的货物，均应随附有效证明文件。

（4）托运货物的重量、体积、包装、标记等均应符合民航的规定。

（5）在货物中不得夹带政府禁止运输和限制运输的物品和危险品。

（6）每张货物托运书，只能托运到达一个地点、一个收货人的货物。

（7）属于下列情况的，不能用同一张货物托运书托运：运输条件不同的货物，如急救药物和普通货物；不同运价的货物，如动物和普通货物。

（8）个人托运的物品，必须在货物托运书上详列物品的内容和数量。

（二）订舱

订舱指航空货运代理公司向航空公司申请运输并预订舱位的行为。订舱须按发货人的要求和货物本身的特点而定。大宗货物、紧急物资、鲜活易腐物品、危险物品、贵重物品等，必须预订舱位；非紧急的零散货物，可以不预先订舱。

订舱的具体做法和基本步骤：接到发货人的发货预报后，向航空运输部门领取并填写订舱单，写明货物的体积、名称、重量、件数、目的港和要求出运的时间。航空公司根据实际情况安排航班和舱位。

（三）接单接货

接单就是航空货运代理公司在订妥舱位后，从发货人手中接过货物出口所需的一切单证，其中主要是报关单证。

接货就是指航空货运代理公司把即将发运的货物从发货人手中接过来并运送到机场。接货与接单同时进行。接货时应根据发票和装箱单清点货物，核对货物的数量、品名、合同号是否与货运单据一致，检查货物外包装是否符合运输要求，有无残损，然后与发货人办理交接手续。货物接到机场后，或者先入货运代理仓库，或者直接进入航空公司或地面服务公司的仓库。

（四）制单

航空货运代理公司缮制航空货运单，包括总运单和分运单。它是空运出口业务中最重要的环节，运单填写的正确与否直接关系到货物能否及时、准确地运达目的地。

运单号由11位数字组成，前3位与后8位之间间隔一定的距离，前3位数字为航空公司的代号，如中国国际航空公司的代号为999，日本航空公司的代号为131，法国航空公司的代号为057；后8位数字的前7位是顺序号，第8位数字为检查号。

货物的实际重量，以在航空公司计量处过磅所取得的重量为准，重量单位用千克或磅来表示。

运价类别一般用"M""N""Q""C""R""S"等代号来表示。

（五）进行出口商品的相关检验

根据出口商品的种类和性质，按照进、出口国家的有关规定，对其进行商品检验、卫生检验、动植物检验等。

（六）出口报关

出口报关是指发货人或其代理人在发运货物之前，向出境地海关提出办理出口手续的过程。

报关的第一环节是初审，初审通过后，将报关单证交海关审单部门，审单无误后海关官员即在用于发运的运单正本上加盖放行章，同时在出口收汇核销单和出口报关单上加盖放行章，在发货人用于出口产品退税的单据上加盖验讫章。至此完成出口报关。

（七）发运

发运是向已事先预订好舱位的航空公司交单交货，由航空公司安排航空运输。

交单是将随机单据和应由承运人留存的单据交给航空公司。随机单据包括第3联航空运单正本、发票、装箱单、产地证明、品质鉴定书。交货是把与单据相符的货物交给航空公司。

（八）费用结算

这主要涉及同发货人、承运人和国外代理人3个方面的结算，即向发货人收取航空运费、地面运费及各种手续费、服务费，向承运人支付航空运费并向其收取佣金，可按协议与国外代理结算到付运费及利润分成。

（九）信息传递

航空货运代理公司在发运货物后，及时将发运信息传递给发货人，向其提供航班号、运单号和出运日期等，并随时提供货物在运输过程中的准确信息。

二、航空进口货物运输流程

航空货物进口程序是指航空货物从入境到提取或转运的整个过程中所需通过的环节、所需办理的手续以及必备的单证。航空货物入境后，要经过各个环节才能提出海关监管场所，而每经过一道环节都要办理一定的手续，同时出具相关的单证，如商业单据、运输单据及所需的各种批文和证明等。

（一）到货

在国外发货之前，由外方将运单、航班、件数、重量、品名、实际收货人及其地址、联系电话等内容通过传真或电子邮件发至目的地，这一过程被称为预报。到货预报的目的是让目的地做好接货前的所有准备工作。对于到货预报，要注意中转航班和分批货物的情况。中转点航班的延误会使实际到达时间和预报时间出现差异；从国外一次性运来的货物在国内中转时，由于国内载量的限制，往往采用分批的方式进行运输。

航空货物入境后，即处于海关监管之下，相应的货物存在海关监管仓内。同时，航空公司根据运单上的收货人发出到货通知。

（二）分类整理

航空货运代理公司在取得航空运单后，根据自己的习惯进行分类整理，其中集中托运货物和单票货物、运费预付和运费到付货物应区分开来。

集中托运货物需要对总运单项下的货物进行分拨,对每一分运单的货物分别进行整理。分类整理后,航空货运代理公司可将每票货物编上公司内部的编号,以便于用户查询和内部统计。

（三）到货通知

航空货运代理公司根据收货人资料寄发到货通知,告知其货物已到港,催促其速办报关、提货手续。货物到目的港后,为减少货主仓储费,避免海关滞报金,应尽早、尽快、尽妥通知货主到货情况,提请货主配齐有关单证,尽快报关。实践中,"早",是指到货后,第1个工作日内就要设法通知货主;"快",是指尽可能用传真、电话预先通知客户,单证需要传递的,尽可能使用特快专递,以缩短传递时间;"妥",要求保证在一星期内以电函、信函形式第3次通知货主,并应将货主尚未提货情况告知发货人,两个月时,再以电函、信函形式第4次通知货主,3个月时,货物可能已交海关处理,此时再以信函形式第5次通知货主,告知货主货物将被处理,提醒货主采取补救办法。

到货通知应向货主提供到达货物的以下信息:运单号、分运单号、货运公司;件数、重量、体积、品名、发货公司、发货地;运单、发票上已编注的合同号,随机已有单证数量及尚缺的报关单证;运费到付数额,地面服务收费标准;集运商及仓库的地址(地理位置图)、电话、传真、联系人;提示货主海关于超过 14 天报关收取滞报金,以及超过 3个月未报关货物上缴海关处理的规定。

（四）缮制单证

根据运单、发票及证明货物合法进口的有关批文缮制报关单,并在报关单的右下角加盖报关单位的报关专用章。

（五）报关

将制作好的报关单证连同正本的货物装箱单、发票、运单等递交海关,向海关提出办理进口货物报关手续。海关在经过初审、审单、征税等环节后,放行货物。只有经过海关放行后的货物才能提出海关监管场所。

（六）提货

凭借盖有海关放行章的正本运单到海关监管场所提取货物,并送货给收货人,收货人也可自选提货。在海关监管场所提货时,仓库方面会检验提货单据上各类报关、报验章是否齐全,并登记提货人的单位、姓名、身份证号以确保发货安全。

货物交接时须再次检查货物外包装情况,遇有破损、短缺,应向货主交代清楚。对分批到达货物,收回原提货单,出具分批到达提货单,待后续货物到达后,通知货主再次提取。因航空公司责任造成的破损、短缺,应由航空公司签发商务记录。因集运商责任造成的破损、短缺,应由代理公司签发商务记录,并应尽可能会同货主、商检单位尽快在仓库进行商品检验,确定货损程度,避免以后运输中货损情况加剧。

（七）费用结算

货主或委托人在收货时，应结清各种费用，如到付运费、垫付佣金、单证、报关费、仓储费（含冷藏、冷冻、危险品、贵重品特殊仓储费）、装卸费、铲车费、航空公司到港仓储费、海关预录费、检验等代收代付费、关税及垫付佣金等。

任务四　航空货物运输单证

一、航空运单

航空运单（Air Waybill）与海运提单有很大不同，却与国际铁路运单相似。它是由承运人或其代理人签发的重要的货物运输单据，是承托双方的运输合同，其内容对双方均具有约束力。航空运单不可转让，持有航空运单并不能说明可以对货物要求所有权，因此并不是物权的象征，不能背书转让，提单的抬头只能为记名式，而不能写成"to order"或"to bearer"的字样。

（一）航空运单的作用

航空运单的作用主要有以下几个。

（1）航空运单是发货人与航空承运人之间的运输合同。在传统的远洋运输业务中，提单可以作为运输合同的一部分，但除此之外，托运人与承运人之间通常还要签署一份正式的合同，就一些要约达成共识。与海运提单不同，航空运单不仅证明航空运输合同的存在，而且航空运单本身就是发货人与航空运输承运人之间缔结的货物运输合同，在双方共同签署后产生效力，并在货物到达目的地并交付运单上所记载的收货人后失效。

（2）航空运单是承运人签发的已接收货物的证明。航空运单也是货物收据，在发货人将货物发运后，承运人或其代理人就会将其中一份交给发货人（发货人联），作为已经接受货物的证明。除非另外注明，它是承运人收到货物并在良好条件下装运的证明。

（3）航空运单是承运人据以核收运费的账单。航空运单分别记载着属于收货人负担的费用，属于应支付给承运人的费用和应支付给代理人的费用，并详细列明费用的种类、金额，因此可作为运费账单和发票。承运人往往也将其中的承运人联作为记账凭证。

（4）航空运单是报关单证之一。出口时航空运单是报关单证之一。在货物到达目的地机场进行进口报关时，航空运单也通常是海关查验放行的基本单证。

（5）航空运单同时可作为保险证书。如果承运人承办保险或发货人代办保险，那么航空运单也可用来作为保险证书。

（6）航空运单是承运人内部业务的依据。航空运单随货同行，证明了货物的身份。运单上载有有关该票货物发送、转运、交付的事项，承运人会据此对货物的运输做出相应安排。

航空运单的正本一式三份，每份都印有背面条款，其中一份交发货人（蓝色），是承运人或其代理人接收货物的依据；第二份由承运人留存（绿色），作为记账凭证；最后一份随货同行（粉红色），在货物到达目的地，交付收货人时作为核收货物的依据。

（二）航空运单的分类

航空运单主要包括航空主运单和航空分运单两种。

1. 航空主运单

航空主运单（MAWB，Master Air Waybill）是指凡是由航空运输公司签发的航空运单。它是航空运输公司据以办理货物运输和交付的依据，是航空公司和托运人订立的运输合同，每批航空运输的货物都有自己相对应的航空主运单。

2. 航空分运单

航空分运单（HAWB，House Air Waybill）。集中托运人在办理集中托运业务时签发的航空运单被称为航空分运单。在集中托运的情况下，除了航空运输公司签发主运单外，集中托运人还要签发航空分运单。此时各方的关系如图 5-10 所示。

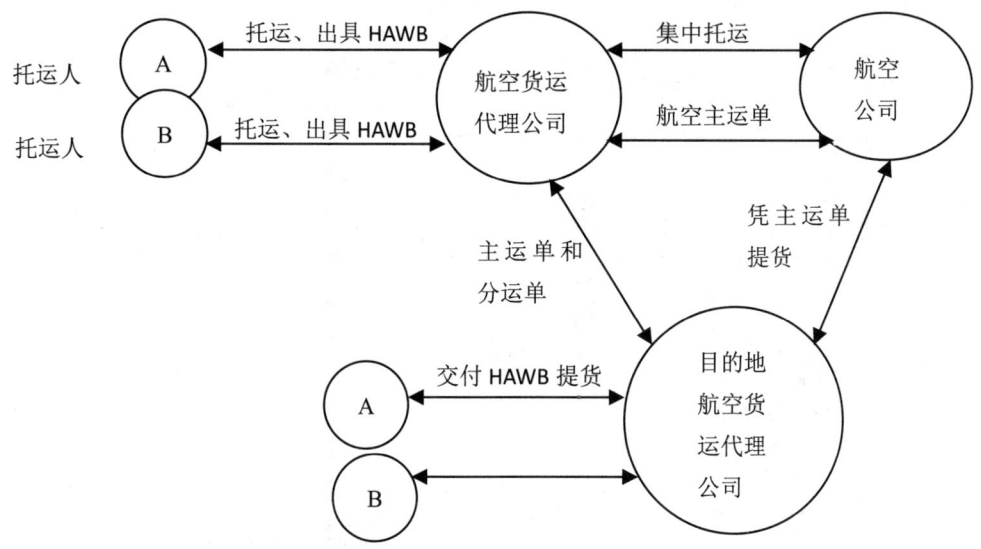

图 5-10　集中托运各方关系图

其中，航空分运单作为集中托运人与托运人之间的货物运输合同，合同双方分别为货主 A、B 和集中托运人，而航空主运单作为航空运输公司与集中托运人之间的货物运输合同，当事人则为集中托运人和航空公司。货主与航空运输公司没有直接的契约关系，而在起运地由托运人将货物交付航空公司，在目的地由托运人或其代理人从航空公司领取货物，收货人凭 HAWB 提取自己的货物，从这个意义上讲，货主与航空公司之间也不存在直接的货物交接关系。

（四）航空运单的内容

航空运单与海运提单类似，也有正面、背面条款之分，不同的航空公司也会有自己独特的航空运单格式。所不同的是，航运公司的海运提单可能千差万别，但各航空公司所使用的航空运单则大多借鉴 IATA（International Air Transport Association，国际航空运输协会）

所推荐的标准格式，差别并不大。所以我们这里只介绍这种标准格式，也称中性运单，如图 5-11 所示为航空总运单。

ORIGINAL 2 (FOR CONSIGNEE)

Shipper's Name and Address	Shipper's Account Number	NOT NEGOTIABLE **Air Waybill** Issued by	IATA
		Copies 1,2 and 3 of this Air Waybill are originals and have the same Validity.	
Consigness's Name and Address	Consignee's Account Number	It is agreed that the goods described herein are accepted in apparent good order and condition (except as noted) for carriage SUBJECT TO THE CONDITIONS OF CONTRACT ON THE REVERSE HEREOF. ALL GOODS MAY BE CARRIED BY ANY OTHER MEANS INCLUDING ROAD OR ANY OTHER CARRIER UNLESS SPECIFIC CONTRARY INSTRUCTIONS ARE GIVEN HEREON BY THE SHIPPER, AND SHIPPER AGREES THAT THE SHIPMENT MAY BE CARRIED VIA INTERMEDIATE STOPPING PLACES WHICH THE CARRIER DEEMS APPROPRIATE. THE SHIPPER'S ATTENION IS DRAWN TO THE NOTICE CONCERNING CARRIERS LIMITATION OF LIABILITY. Shipper may increase such limitaiton of liability by declaring a higher value for carriage and paying a supplemental charge if required.	

Issuing Carrier's Agent Name and City / Accounting Information

Agent's IATA Code / Account No.

Airport of Departure(Addr. of First Carrier)and Requested Routing

To	By First Carrier Routing and Destination	to	by	to	by	Currency	CHGS Code	WT/Val PPD COLL	Other PPD COLL	Declared Value for Carriage	Declared Value for Customs

Airport of Destination	Flight/Date	Amount of Insurance	INSURANCE-if Carrier offers insurance, and such insurance is requested in accordance with the conditions thereof, indicate amount to be insured in figures in box marked 'Amount of Insurance.'

Handing Information

SCI

No of Pieces RCP	Gorss Weight kg/lb	Rate Class Commodity Item No.	Chargeable Weight	Rate / Charge	Total	Nature and Quantity of Goods (Incl. Dimensions or Volume)

Prepaid	Weight Charge	Collect	Other Charges
	Valuation Charge		
	Tax		
Total other Charges Due Agent			Shipper certifies that the particulars on the face hereof are correct and that insofar as any part of the consignment contains dangerous goods, such part is properly described by name and is in proper condition for carriage by air according to the applicable Dangerous Goods Regulations.
Total other Charges Due Carrier			
			Signature of Shipper or his Agent
Total Prepaid	Total Collect		
Currency Conversion Rates	CC Charges in Dest. Currency		Executed on (date) at(Place) Signature of Issuing Carrier or its Agent
For Carrier Use only at Destination	Charges at Destination	Total Collect Charges	

图 5-11 航空总运单

下面就有关需要填写的栏目说明如下。

第 1 栏，始发站机场：需要填写 IATA 统一制定的始发站机场或城市的 3 字代码，这一栏应该和 11 栏相一致。

IA：IATA 统一编制的航空公司代码，如我国的国际航空公司的代码是 999。常见的航空货运代码如表 5-1 所示。

表 5-1　常见的航空货运代码

国家	代码	国家	代码	国家	代码	国家	代码
中国	CN	美国	US	英国	GB	德国	GE
法国	FR	日本	JP	韩国	KR	新加坡	SG
菲律宾	PH	新西兰	NZ	加拿大	CA	澳大利亚	AU

城市名	代码	城市名	代码	城市名	代码	城市名	代码
北京	BJS	天津	TSN	首尔	SEL	亚特兰大	ATL
广州	CAN	上海	SHA	深圳	SZX	杭州	HGH
重庆	C千克	纽约	NYC	巴黎	PAR	东京	TYO
伦敦	LON	波士顿	BOS	芝加哥	CHI	大阪	OSA

航空公司	2位代码	数字码	航空公司	2位代码	数字码
中国国际航空公司	CA	999	中国东方航空公司	MU	781
中国南方航空公司	CZ	784	加拿大航空公司	AC	14
日本航空公司	JL	131	美洲航空公司	AA	1
美国西北航空公司	NW	12	大韩航空公司	KE	180

三字码	中文名称	三字码	中文名称	三字码	中文名称
PEK	首都国际机场	MFM	澳门国际机场	IAD	杜勒斯国际机场
PVG	上海浦东国际机场	TSA	台北松山机场	JFK	肯尼迪国际机场
SHA	上海虹桥国际机场	NRT	成田国际机场	LAX	洛杉矶国际机场
CAN	广州白云国际机场	ICN	仁川国际机场	LHR	伦敦希思罗机场
SZX	深圳宝安国际机场	SIN	新加坡樟宜国际机场	TXL	泰格尔机场
CTU	成都双流国际机场	KUL	吉隆坡国际机场	CDG	戴高乐机场
H千克	香港国际机场	YOW	渥太华国际机场	GVA	日内瓦国际机场
CAI	开罗国际机场	CBR	堪培拉机场	WLG	惠灵顿机场

IB：运单号。

第 2 栏，发货人姓名、住址（Shipper's Name and Address）：填写发货人姓名、地址、所在国家及联络方法。

第 3 栏，发货人账号（（Shipper's Account Number）：只在必要时填写。

第 4 栏，收货人姓名、住址（Consignee's Name and Address）：应填写收货人姓名、地址、所在国家及联络方法。与海运提单不同，因为空运单不可转让，所以不得出现"凭指示"（to order）之类的字样。

第 5 栏，收货人账号（Consignee's Account Number）：同 3 栏一样只在必要时填写。

第 6 栏，承运人代理的名称和所在城市（Issuing Carrier's　Agent Name and City）。

第 7 栏，代理人的 IATA 代号。

第 8 栏，代理人账号。

第 9 栏，始发站机场及所要求的航线（Airport of Departure and Requested Routing）：这里的始发站应与 1 栏填写的相一致。

第 10 栏，支付信息（Accounting Information）：此栏只有在采用特殊付款方式时才填写。

第 11A 栏,（C、E），去往(TO)：分别填入第 1(2、3)中转站机场的 IATA 代码。

第 11B 栏，（D、F），承运人（By）：分别填入第 1（2、3）段运输的承运人。

第 12 栏，货币（Currency）：填入 ISO 代码。常用的货币代码有以下几个。

人民币 Chinese Yuan Renminbi（CNY）

港元 Hong Kong dollar（HKD）

台币 Taiwan dollar（TWD）

欧元 Euro（EUR）

美元 US dollar（USD）

英镑 Great British Pound（GBP）

日元 Japanese Yen （JPY）

第 13 栏，收费代号：表明支付方式。

第 14 栏，运费及声明价值附加费（WTNAL，Weight Charge/Valuation Charge）：此时可以有两种情况：预付（PPD，Prepaid）或到付（COLL，Collect）。如是预付则在 14A 中填入"×"，否则填在 14B 中。需要注意的是，航空运输中运费与声明价值费支付的方式必须一致，不能分别支付。

第 15 栏，其他费用（Other）：有预付和到付两种支付方式。

第 16 栏，运输声明价值（Declared Value for Carriage）：在此栏填入发货人要求的用于运输的声明价值。若发货人不要求声明价值，则填入"NVD（No Value Declared）"。

第 17 栏，海关声明价值（Declared Value for Customs）：发货人在此填入对海关的声明价值，或者填入"NCV（No Customs Valuation）"，表明没有声明价值。

第 18 栏，目的地机场（Airport of Destination）：填写最终目的地机场的全称。

第 19 栏，航班及日期（Flight/Date）：填入货物所搭乘航班及日期。

第 20 栏，保险金额（Amount of Insurance）：只有在航空公司提供代为保险业务而客户也有此需要时才填写。

第 21 栏，操作信息（Handling Information）：一般填入承运人对货物处理的有关注意事项，如"Shipper's Certification for Live Animals（托运人提供活动物证明）"等。

第 22A～22L 栏，货物运价、运费细节。

第 22A 栏，货物件数和运价组成点（No. of Pieces RCP, Rate Combination Point）：填入货物包装件数，如 10 包即填"10"。当需要组成比例运价或分段相加运价时，在此栏填入运价组成点机场的 IATA 代码。

第 22B 栏，（Gross Weight）：填入货物总毛重。

第 22C 栏，重量单位：可选择千克（千克）或磅（b）。

第 22D 栏，运价等级（Rate Class）：针对不同的航空运价共有 6 种代码，它们是 M（Minimum，起码运费）、C（Specific Commodity Rates，指定运价）、S（Surcharge，高于普货物运价的等级货物运价）、R（Reduced，低于普通货物运价的等级货物运价）、N（Normal，45 千克以下货物适用的普通货物运价）、Q（Quantity，45 千克以上货物适用的普通货物运价）。

第 22E 栏，商品代码（Commodity Item No.）：在使用特种运价时需要在此栏填写商品代码。

第 22F 栏，计费重量（Chargeable Weight）：此栏填入航空公司据以计算运费的计费重量，该重量可以与货物毛重相同也可以不同。

第 22G 栏，运价（Rate/Charge）：填入该货物适用的费率。

第 22H 栏，运费总额（Total）：此栏数值应为起码运费值或是运价与计费重量两栏数值的乘积。

第 22I 栏，货物的品名、数量，含尺码或体积（Nature and Quantity of Goods Including Dimensions or Volume）：货物的尺码应以厘米或英寸为单位，尺寸分别以货物最长、最宽、最高边为基础。体积则是上述三边的乘积，单位为立方厘米或立方英寸。

第 22J 栏，该运单项下货物总件数。

第 22K 栏，该运单项下货物总毛重。

第 22L 栏，该运单项下货物总运费。

第 23 栏，其他费用（Other Charges）：指除运费和声明价值附加费以外的其他费用。

根据 IATA 规则各项费用分别用 3 个英文字母表示。其中前两个字母是某项费用的代码，如运单费就表示为 AW（Air Waybill Fee）。第 3 个字母是 C 或 A，分别表示费用应支付给承运人（Carrier）或货运代理人（Agent）。例如，AWC：表示应该支付给承运人的运单费用。

第 24～26 栏，分别记录运费、声明价值费和税款金额，其有预付与到付两种方式。

第 27～28 栏，分别记录需要付与货运代理人（Due Agent）和承运人（Due Carrier）的其他费用合计金额。

第 29 栏，需要预付或到付的各种费用。

第 30 栏，预付、到付的总金额。

第 31 栏，发货人的签字。

第 32 栏，签单时间（日期）、地点、承运人或其代理人的签字。

第 33 栏，货币换算及目的地机场收费记录。

以上所有内容不一定要全部填入空运单，IATA 也并未反对在运单中写入其他所需要的内容。但这种标准化的单证对航空货运经营人提高工作效率，促进航空货运业向电子商务的方向迈进有着积极的意义。而且随着电子通关在国际贸易中的大规模使用，这种标准化的单证无疑可以提高工作效率，降低错误的发生率，节省制单费用。

二、其他货运单证

（一）进出口货物报关单

进出口货物报关单是指进出口货物收发货人或其代理人，按照海关规定的格式对进出口货物的实际情况做出书面申明，以此要求海关对其货物按适用的海关制度办理通关手续的法律文书。它在对外经济贸易活动中具有十分重要的法律地位。它既是海关监管、征税、统计以及开展稽查和调查的重要依据，又是加工贸易进出口货物核销，以及出口退税和外汇管理的重要凭证，也是海关处理走私、违规案件，及税务、外汇管理部门查处骗税和套汇犯罪活动的重要证书，如图 5-2 和 5-3 所示。

表 5-2　中华人民共和国海关出口货物报价单

预录入编号：　　　　　　　　　　　　　　　　　　　海关编号：

出口口岸		备案号	出口日期	申报日期
经营单位		运输方式	运输工具名称	提运单号
发货单位		贸易方式	征免性质	结汇方式
许可证号	运抵国（地区）		指运港	境内货源地
批准文号	成交方式	运费	保费	杂费
合同协议号	件数	包装种类	毛重（千克）	净重（千克）
集装箱号	随附单据	生产厂家		
标记唛码及备注				

项号	商品编号	商品名称	规格型号	数量及单位	最终目的国（地区）	单价	总价	币制	征免

税费征收情况

录入员　录入单位	兹声明以上申报无讹并承担法律责任	海关审单批注及放行日期（签章）	
报关员		审单	审价
单位地址	申报单位（盖章）	征税	统计
邮编　电话	填制日期	查验	放行

表 5-3 中华人民共和国海关进口货物报价单

预录入编号：   海关编号：

进口口岸		备案号	进口日期	申报日期
经营单位		运输方式	运输工具名称	提运单号
收货单位		贸易方式	征免性质	征税比例
许可证号	起运国（地区）		装货港	境内目的地
批准文号	成交方式	运费	保费	杂费
合同协议号	件数	包装种类	毛重（千克）	净重（千克）
集装箱号	随附单据		用途	
标记唛码及备注				

项号	商品编号	商品名称	规格型号	数量及单位	原产国（地区）	单价	总价	币制	征免

税费征收情况

录入员 录入单位	兹声明以上申报无讹并承担法律责任	海关审单批注及放行日期（签章）	
报关员		审单	审价
单位地址	申报单位（盖章）	征税	统计
邮编 电话	填制日期	查验	放行

（二）国际货物托运书

国际货物托运书（Shipper's Letter of Instruction）托运书是托运人用于委托承运人或其代理人填写航空货运单的一种表单，表单上列有填制货运单所需各项内容，并应印有授权于承运人或其代理人代其在货运单上签字的文字说明。国际货物托运书一般由发货人填写并由其签字盖章，一式两份交航空货运公司，如表 5-4 所示。

根据"华沙公约"第 5 条第（1）和（5）款规定，货运单应由托运人填写，也可由承运人或其代理人代为填写；实际上，目前货运单均由承运人或其代理人填制，为此，作为填开货运单的依据的托运书，应由托运人自己填写，而且托运人必须在上面签字。

表 5-4 国际货物托运书

中国国际航空公司

AIRCHINA

国际货物托运书	货运单号码
SHIPPER'S LERRER OF INSTRUCTION	NO.OF AIR WAYBILL

托运人姓名及地址 SHIPPER'S NAME AND ADDRESS	托运人账号 SHIPPER'S ACCOUNT NUMBER	供承运人用 FOR CARRIER USE ONLY	
		航班/日期 FLIGHT/DAY	航班/日期 FLIGHT/DAY
收货人姓名及地址 CONSIGNEE'S NAME AND ADDRESS	收货人账号 CONSIGNEE'S ACCOUNT NUMBER	已预留吨位 BOOKED	
		运费 CHARGES	
代理人的名称和城市 Issuing Carrier's Agent Name and City		ALSO Notify:	
始发站 AIPPORT OF DEPARTURE			
到达站 AIPPORT OF DESTINATION			

托运人声明价值 SHIPPER'S DECLARED VALUE		保险金额 AMOUNT OF INSURANCE	所附文件 DOCUMENTS TO ACCOMPANY AIR WAYBILL
供运费用 FOR CARRIAGE	供海关用 FOR CYSTOMS		

处理情况（包括包装方式货物标志及号码等）

HANDLING INFORMATION（INCI、ME THOD OF PACKING IDENTIFYING MARKS AND NUMBERS、ETC）

件数 NO.OF PACKAGES	实际毛重（千克） ACTUAL CROSS WEIGHT（千克）	运价类别 RATE CLASS	收费重量（千克） CHARGEABLE WEIGHT（千克）	费率 RATE/ CHARGE	货物品名及数量（包括体积或尺寸） NATURE AND QUANTITY OR GOODS（INCL、DIMENSIONS OF WOLUME）

托运人证实以上所填全部属实并愿遵守承运人的一切载运章程

THE SHIPPER CERTIFIES THAT THE PARTICULARS ON THE FACE HEREOF ARE CORRECT AND AGEES TO THE CONDITIONS OF CARRIAGE OF THE CARRIER

托运人签字	日期	经手人	日期
SIGNATURE OD SHIPPER	DATE	AGENT	DATA

（三）装箱单

装箱单（Packing List）是发票的补充单据，它列明了信用证（或合同）中买卖双方约定的有关包装事宜的细节，便于国外买方在货物到达目的港时供海关检查和核对货物，通常可以将其有关内容加列在商业发票上，但是在信用证有明确要求时，就必须严格按信用证约定制作。类似的单据还有：重量单、规格单、尺码单等。其中重量单是用来列明每件货物的毛、净重；规格单是用来列明包装的规格；尺码单用于列明货物每件尺码和总尺码，或用来列明每批货物的逐件花色搭配。如表 5-5 所示。

装箱单名称应按照信用证规定使用。通常用"PACKING LIST""PACKING SPECIFIC-CATION"或"DETAILED PACKING LIST"表示。如果来证要求用"中性包装单"（NEUTRALPACKING），则包装单名称打"PACKING LIST"，但包装单内不打卖方名称，不能签章。

表 5-5　装箱单

PACKING LIST

TO:		INVOICE NO.:	
		INVOICE DATE:	
		S/C NO.:	
		S/C DATE:	
FROM:		TO:	
Letter of Credit No.:		Date of Shipment:	

Marks and Numbers	Number and kind of package Description of goods	Quantity	PACKAGE	G.W	N.W	Meas.

Total:						
SAY TOTAL:						

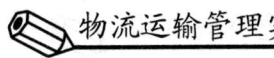
（四）商业发票

商业发票（Commercial Invoice）是由出口商（卖方）签发给进口商（买方），证明将一定数量的货物销售给进口商的文件，其内容包括编号、签发日期、买卖双方的名称和地址、商品名称、规格型号、单价、数量、金额等，如表 5-6 所示。

表 5-6　商业发票

```
            江苏××国际集团机械进出口股份有限公司
        STIG JIANGSU MACHINERY IMP. & EXP. CORP. , LTD.
              50 ZHONGHUA ROAD, NANJING, CHINA
                          商业发票
                    COMMERCIAL INVOICE

TO: SUPERWERCADOS SANTA ISABEL S. A.      发票编号:     SU4F 1053--3
    CALLE MORELLI 181 PISO 2             Invoice Number
    LIMA 41 PERU                         日期:         SEP. 28, 2003
                                         DATE
    LC NO. 551 23100839                  售货合约号:S03KPE-1-002
                                         Sale Contract No.
                                                              L/C
```

唛头/号数 MARKS & NUMBER	数量及品名 QUANTITES & DESCRIPTION	净重 NT. WT	金额 AMOUNT
		FOB	SHANGHAI CHINA
			USD
8467.2100	直流电钻 CORDLESS DRILL	200. 0 PCS	400. 000	2052. 000
8467.2100	冲击钻 HAMMER DRILL	3500. 0 PCS	9300. 000	18395. 000
8467.2910	角磨 ANGLE GRINDER	150. 0 PCS	240. 000	667. 500
8467.2990	热风枪 HOT AIR GUN	200. 0 PCS	400. 00	1140. 000

```
PACKED IN    695 CARTON                       TOTAL:    22254. 500

Gr. Wet  11050. 000 KGS
Nt. Wt   10340. 000 KGS


            江苏××国际集团机械进出口股份有限公司
        STIG JIANGSU MACHINERY IMP. & EXP. CORP. , LTD.
          50 ZHONGHUA ROAD, NANJING, CHINA
            江苏××国际集团机械进出口股份有限公司
        STIG JIANGSU MACHINERY IMP. & EXP. CORP. , LTD.


                          WANG JING
                          President
```

（五）商检证明

出口货物的商检分为法定商检和合同商检。前者是国家规定的某些商品必须经过商检机构检验并出具商检证书，后者是进口商为保证商品质量而要求出口方出具的商检　证书。

常见的商检证书有质量检验证书，数量检验证书，兽医检验证书，卫生检验证书，防毒检验证书，产地检验证书，如图 5-7、5-8 所示。

表 5-7　商检证明（进口）

中华人民共和国出入境检验检疫
入境货物通关单

1. 收货人		5. 标记及号码	
2. 发货人			
3. 合同/提（运）单号	4. 输出国家或地区		
6. 运输工具名称及号码	7. 目的地	8. 集装箱规格及数量	
9. 货物名称及规格	10. H.S.编码	11. 申报总值	12. 数/重量、包装数量及种类
13. 证明 上述货物业已报检/申报，请海关予以放行。 签字：　　　　　　　日期：　　　　　　　年　　月　　日			
14. 备注 			

表 5-8 商检证明（出口）

中华人民共和国进出口商品检验局 **BEIJING IMPORT & EXPORT COMMADITY INSPECTION BUREAU** **OF THE PEOPLE'S TEPUBLIC OF CHINA**

地址： Address： 电报： Cable： 电话： Tel：	检验证书 **INSPECTION CERTIFICATE**	No. 日期 Date

收货人：

Consignee：

发货人：

Consignor：

品名：

Commodity：

报检数量/重量

Quantity/Weight Deckared

运输：

Transportation：

进口日期：

Date of Completion of Discharge：

发票号：

Invoice No.：

合同号：

Contract No.：

标记及号码：

Mark & No.：

（六）进出口许可证

进出口货物许可证是国家管理货物出境的法律凭证。进出口许可证包括法律、行政法规规定的各种具有许可进口或出口性质的证明、文件，如表 5-9 所示。

我国属于进口许可证管理的商品主要可参阅 2003 年中国海关总署公布的《实行进口许可证商品目录》，共计 8 种，143 个编码。

实行进口配额许可证管理：成品油、天然橡胶、汽车轮胎、汽车及关键件。实行进口许可证管理的主要有：光盘生产设备、监控化学品、易制毒化学品、消化臭氧层物质。

对于国家限制出口的商品出口时要向出境海关交验出口许可证。我国实行出口许可证管理的商品主要有珍稀野生动物及其制品，文物、金银制品、精神药物、音像制品等。

表 5-9　进口许可证

中华人民共和国自动许可进口类可用作原料的固体废物进口许可证

IMPORT LICENCE OF THE PEOPLE'S TEPUBLIC OF CHINA FOR AUTOMATIC LICENSING SOLID WASTE

THAT CAN BE USED AS RAW MATERIALS

1．进口商： 　　Inportor	2．进口许可证号： 　　Import Licence No.	第 三 联 进 口 登 记 部 门 存 档
3．利用商 　　Recycler	4．进口许可证有效截止日期： 　　Import Licence explry date	
5．商品名称： 　　Description of goods	6．商品编码： 　　Code of goods	
7．数量 　　Quantity	8．计量单位： 　　Unit	
9．报关口岸： 　　Place of clearance	10．贸易方式： 　　Terms of trade	
11．备注： 　　Supplementary detaila	12．发证机关盖章： 　　Issuing authority's stamp 国家环境保护总局 **State Environmental Protection** **Administration** 13．发证日期： 　　Licence date	

（七）出口收汇核销单

由国家外汇管理局统一管理和制发，各分支局核发，出口单位凭此向海关办理出口报关，向银行办理出口收汇，向外汇管理部门办理出口收汇核销，向税务机关办理出口退税申报的有顺序编号的重要凭证。

（八）配额

配额是指一国政府在一定时期内对某些敏感商品的进口或出口进行数量或金额上的控制，其目的是调整国际收支和保护国内工农业生产，是非关税壁垒措施之一。

我国的配额分为进口配额和出口配额。进口配额，是指进口国对某些产品的进口价格或数量设定的限制，其目的是保护国内生产商免受低价格进口产品的影响。我国现在还有数十种机电产品和一般商品实行进口配额管理。

出口配额，是指出口国对某些产品出口施加的数量限制，其目的是保护国内生产者和消费者免受这些产品临时短缺的影响，或者通过减少特定产品的供应量来提高其国际市场价格。中国目前对 54 类 68 种 343 个商品编码实行配额出口许可证管理。配额管理的商品品种和数量将随着客观情况变化而有所调整，根据中国加入 WTO 的承诺，中国配额管理商品的种类和数量在加入世贸组织后将逐步缩减。对于所限制的商品，无论以何种贸易方式进口，海关均需凭进口许可证放行。

任务五　航空货物运费核算

一、航空运输区域划分

与传统海运里的成本定价及竞争定价不同的是，由于航空运输具有一定程度上的垄断色彩，因此与运费有关的各项规章制度、运费水平都是由国际航协统一协调制定的。在充分考虑了世界上不同国家和地区的社会经济、贸易发展水平以后，国际航协将全球分为 3 个区域，简称"航协区"（IATA Traffic Conference Areas），每个航协区内又分成几个亚区。由于航协区的划分主要从航空运输业务的角度考虑，依据的是不同地区不同的经济、社会及商业条件，因此与我们所熟悉的世界行政区划有所不同。

（一）一区（TC1）

一区（TC1）主要包括北美、中美、南美、格陵兰、百慕大和夏威夷群岛。

（二）二区（TC2）

由整个欧洲大陆（包括俄罗斯的欧洲部分）及毗邻岛屿、冰岛、亚速尔群岛、非洲大陆和毗邻岛屿、亚洲的伊朗及伊朗以西的地区组成。本区也是与我们所熟知的政治地理区划差异最多的一个区，它主要有以下三个亚区。

（1）非洲区。含非洲大多数国家及地区，但非洲北部的摩洛哥、阿尔及利亚、突尼斯、埃及和苏丹不包括在内。

（2）欧洲区。包括欧洲国家和摩洛哥、阿尔及利亚、突尼斯 3 个非洲国家和土耳其（既包括欧洲部分，也包括亚洲部分），俄罗斯仅包括欧洲部分。

（3）中东区。包括巴林、塞浦路斯、埃及、伊朗、伊拉克、以色列、约旦、科威特、黎巴嫩、阿曼、卡塔尔、沙特阿拉伯、苏丹、叙利亚、阿拉伯联合酋长国、也门等。

（三）三区（TC3）

由整个亚洲大陆及毗邻岛屿（已包括在二区的部分除外）、澳大利亚、新西兰及毗邻岛屿、太平洋岛屿（已包括在一区的部分除外）组成，具体如下。

（1）南亚次大陆区。包括阿富汗、印度、巴基斯坦、斯里兰卡等南亚国家。

（2）东南亚区。包括中国（含港、澳、台地区）、东南亚诸国、蒙古、俄罗斯亚洲部分及土库曼斯坦等国家，密克罗尼西亚等群岛地区。

（3）西南太平洋洲区。包括澳大利亚、新西兰、所罗门群岛等。

（4）日本、朝鲜区。仅含日本和朝鲜。

二、航空运输的费用和计费重量

（一）航空运输的费用和起码运费

1．航空货物运费

航空货物运费是承运人所应收取的一批货物自始发地机场至目的地机场的航空运输费用。运费是由该批货物适用的运价和计费重量两个因素构成的。

2．起码运费

起码运费（Minimum Charge，MC）是指航空公司在承运一批货物时，即使这一批货物的数量很小，但仍产生一定的固定费用，所以规定了起码运费，低于这个运费，航空公司就不合算。一批货物运费的计算，是使用货物的计费重量乘以所使用的运价，但不管使用哪一种运价，计算出的运费都不能低于公布的起码运费。当运费少于起码运费时，就要收取起码运费。但对指定商品的运价有时例外，对此一般都在有关运价前标明一个特殊号码，说明"一般起码运费不适用"。

所以，起码运费是航空公司承运一批货物所能接受的最低运费，是在两点之间运输一批货物应收取的最低金额，而不考虑货物的重量或体积大小。起码运费的类别代号为 M。不同国家和地区有不同起码运费，中国民航的起码运费是按货物从始发港到目的港之间的普通货物运价 5 千克运费为基础或根据民航与其他外国航空公司洽谈的起码运费率征收的。

（二）计费重量

所谓计费重量就是据以计算运费的货物的重量。一架飞机所能装载的货物是受飞机的载重量和舱容限制的，重量大、体积小的货物，往往受飞机的载重量的限制，舱容可能装不满，结果就可能产生航空公司再也无法装货的多余容积；而重量轻、体积大的货物，往往会受到飞机舱容的限制，而载重量可能未达到额定限度，结果就会产生航空公司再也无法装货的多余载重量。鉴于上述情况，航空公司规定：在货物重量大、体积小的情况下，就将该批货物的实际毛重作为计算运费的重量标准；在货物体积大、重量小的情况下，就以该批货物的体积作为计算运费的"重量"标准。

1．实际重量

货物的实际重量（Gross Weight）是指一批货物包括包装在内的毛重。一般规定每千克

（千克）货物的体积小于或等于 6 000 立方厘米或 366 立方英寸的货物；或者 166 立方英寸体积，重量大于 11 磅（b）的货物，以货物的实际重量作为计费重量。

如果货物的毛重以千克（千克）表示，计费重量的最小单位是 0.5 千克。当重量不足 0.5 千克时，按 0.5 千克计算；超过 0.5 千克不足 1 千克时按 1 千克计算。如果货物的毛重以 11 磅表示，那么当货物不足 11 磅时，按 11 磅计算。

有的国家和地区使用的是每千克（千克）货物 7 000 立方厘米或 427 立方英寸或每磅货物 194 立方英寸的标准来判别重货或者是轻货。

2. 体积重量

货物体积重量（Measurement Weight）是指将一份航空运单的货物总体积，按照每 6000 立方厘米折合 1 千克计算所得的重量。每千克（千克）货物的体积超过 6000 立方厘米或 366 立方英寸，或者 11 磅重量体积超过 166 立方英寸者，以体积重量为计费重量。体积重量的计算方法如下。

（1）测量出货物的最长、最宽和最高部分的尺寸（单位为厘米或英寸），三者相乘算出体积，尾数四舍五入。

（2）将体积折算成重量。即用货物的实际总体积除以 6 000 得到体积重量。

3. 计费重量

在确定计费重量时，其原则是将实际毛重和体积重量进行比较，把两者之中较高的一个作为计费重量。在一般情况下，依靠实际经验可以判断一批货物属于轻货还是重货，但有疑义时，最好是将实际毛重和体积重量两者算出后进行比较。例如，若一批货物的实际毛重是 31.8 千克，体积是 192 000 立方厘米，则体积重量为 32 千克，货物的计费重量是 32 千克，而不是 31.8 千克。

4. 集中托运货物的计费重量

在集中托运货物时，同一运单项下会由多件不同的货物组成，当其中既有轻货又有重货时，货物的计费重量就按该批货物的总毛重或总体积重量中较高的一个计算。也就是先计算这一整批货物总的实际毛重，然后再计算出该批货物的总体积，并求出体积重量，最后对计算出的两个数值进行比较，取其高者作为该批货物的计费重量。

三、公布的直达运价

（一）公布的直达航空运价的种类

1. 普通货物运价

普通货物运价（General cargo Rate，GCR）是指没有特殊规定而为普通货物制定的运价称为普通货物运价，也称为一般货物运价。当一批货物不能适用指定商品运价，也不属于等级货物时，就应该适用普通货物运价。普通货物运价是适用范围最为广泛的一种运价。

普通货物运价针对所承运货物数量的不同规定了几个计费重量分界点，最常见的是将 45 千克作为分界点，将货物分为 45 千克以下的货物和 45 千克以上（含 45 千克）的货物。45 千克以下的货物的运价被称为标准普通货物运价，英文为 Normal General Cargo Rate，简称 N。航空公司为了吸引更多的货载，对 45 千克以上的货物，甚至更高的重量点又进一步公布更低的运价，如 100 千克，300 千克，500 千克，甚至 1000 千克，1 500 千克，2 000 千克等多档运价，但运价类别均为高货量费率（Quantity Rate），简称 Q。运价的数额随运输货物数量的增加而降低，即托运的货物越多，每单位的运价就越低，这与远洋运输业务中的递远递减原则类似。

普通货物运费计算方法：货物的计费重量乘以相应重量等级的运价所得的运费，与较高重量等级的起始重量乘以相应的运价所得运费进行比较，取其低者。以北京—伦敦航线为例，普通货物运价为：

45 千克以下	（N）	37.25 元/千克
45 千克以上	（Q）	26.66 元/千克
300 千克以上	（Q）	24.30 元/千克
500 千克以上	（Q）	19.71 元/千克
1 000 千克以上	（Q）	18.10 元/千克

若普通货物一件 288 千克，从北京运至伦敦，计算运费。

用 45 千克以上运价计算：$26.66 \times 288 = 7 678.08$（元）

用较高一级重量分界点计算：$24.3 \times 300 = 7 290$（元）

两者进行比较取其低者，故该件货物可按 300 千克以上运价计算运费，收取 7 290 元运费。

由于较高的重量等级能提供较低运价，所以，当一个较高的重量分界点提供较低的运费时，可使用较高的重量分界点的起始重量作为计费重量，即上述例题中的计费重量是 300 千克，而不是 288 千克。

【例 5-1】根据下列资料计算航空运输的运费，并说明航空货运单运费计算栏的填制方法。

Routing（线路）：BEIJING，CHINA（BJS） to AMSTERDAM，HOLLAND（AMS）

Commodity（商品）：PARTS

Gross Weight（总重量）：38.6 千克

Dimension（尺寸）：101cm × 58cm × 32cm

从北京至阿姆斯特丹的公布运价表 5-10 所示。

表 5-10 从北京至阿姆斯特丹的公布运价表

BEIJNG（1）	CN（2）	BJS（3）	
Y.RENMINBI（4）	CNY（5）	千克S（6）	
AMSTERDAM（7）	NL（8）	M（9）	320.00
		N（10）	50.22
		45（11）	41.53
		300（12）	37.52

说明：

（1）始发国城市全称。

（2）始发站国家二字代码。

（3）始发国城市三字代码。

（4）始发站国家的当地货币。

（5）始发站当地货币代码。

（6）重量单位。

（7）目的站国家城市全称。

（8）目的站国家二字代码。

（9）最低运价。

（10）低于45千克的运价。

（11）45千克以上（包括45千克）运价。

（12）300千克以上（包括300千克）运价。

【解析】

Gross Weight（总重量）：38.6 千克

Volume（体积）：101cm×58cm×32cm=187 456 cm³

Volume Weight（体积重量）：187 456cm³÷6 000cm³/千克≈31.2 千克（货物体积重量是指将一份航空运单的货物总体积,按照每6 000立方厘米折合1千克计算所得的重量。）

Chargeable Weight（计费重量）：39.0 千克（总重量进位取整）

Applicable Rate（适用的等级）：GCR N 50.22 CNY/千克

①货物的计费重量乘以相应重量等级。

Weight Charge（按重量计费）：39.0×50.22=1 958.58

②较高重量分界点的较低运价与分界点计费重量相乘。

Chargeable Weight（计费重量）：45.0 千克

Applicable Rate（适用的等级）：GCR Q 41.53 CNY/千克

Weight Charge（按重量计费）：45.0×41.53=1 868.85

将①与②比较,取运费较低者。

Weight Charge（按重量计费）：CNY 1 868.85

航空货运单运费计算栏的填制如表 5-11 所示。

表 5-11 航空货运单运费计算栏

| No.of Pieces RCP | Gross Weight | 千克 1b | Rate Class | Charge-able Weight | Rate/ Charge | Total | Nature and Quantity of Goods（Incl. Dimension or Volume） |
			Commodity Item No.				
1	38.6	千克		45.0	41.53	1 868.85	PARTS 101cm×58cm×32cm

2. 指定商品运价

指定商品运价（Special Commodity Rate，SCR）是指适用于自规定的始发地至规定的目的地之间，运输特定品名货物而公布的低于普通货物运价的某些特殊指定商品的运价。就其性质而言，该运价是一种优惠性质的运价。指定商品运价在使用时，对于货物的起讫地点、运价使用期限、货物运价的最低重量起点等均有特定的条件。

指定商品运价的原因可归纳为以下两方面：其一，在某特定航线上，一些较为稳定的货主经常或定期托运特定品名的货物，托运人要求承运人提供一个较低的优惠价格；其二，航空公司为了有效地利用其运力，争取货源并保证飞机有较高的运载率，向市场推出一个较具竞争力的优惠价格。有些指定商品运价也公布了不同的重量等级分界点，皆在鼓励货主托运大宗货物，并意识到选择空运的经济性和可行性。

（1）指定商品运价的分组和编号。"国际航空运输协会"根据货物的性质、属性及特点等对货物进行分类，共分为10大组，每组又分为10小组。同时，对其分组形式用4位阿拉伯数字进行编号，该编号即为指定商品货物的品名编号，如表5-12所示。

表5-12　指定商品货物的分组及品名编号

商品编号	分　组
0001～0999	Edible animal and vegetable products 食用动物和蔬菜产品
1000～1999	Live animal inedible animal and vegetable products 活动物和非食用动物及蔬菜产品
2000～2999	Textile, fibre and manufactures 纺织品、纤维及其制品
3000～3999	Metals and manufactures, excluding machinery vehicles and electrical equipments 金属及其制品，不包括机械、车辆和电器设备
4000～4999	Machinery vehicles and electrical equipments 机械、车辆及电器设备
5000～5999	Non-metallic minerals and manufactures 非金属矿产品及其制品
6000～6999	Chemicals and related products 化工品及其制品
7000～7999	Paper, reed, rubber and wood manufactures 纸、芦荟、橡胶及木制品
8000～8999	Scientific, professional and precious instruments, apparatus and supplies 科研和贵重的仪器及其零件
9000～9999	Miscellaneous 其他货物
9700～9799	系列指定商品运价的品名编号

说明：

为了减少常规的指定商品品名的分组编号，IATA还推出了试验性的指定商品运价，该运价用9700～9799的数字编出，其主要特点是一个代号包括了传统指定商品运价中分别属于不同指定商品代号的众多商品代号，如9753这个指定商品代号就包括了属于20多个传统指定商品运价代号的指定商品。此种编号适用于某些城市之间有多种品名不同而运价相同的指定商品的情况，为公布运价方便而使用。

除9700～9799编号外，传统编号中的每一品名代号，一般只代表单一种类的制定商品运价。从中国始发的常用指定商品代码，如表5-13所示。

表 5-13 常用指定商品代码

指定商品代码	商品种类
0007	Fruit，vegetable 水果，蔬菜
0008	Fruit，Fresh vegetable 水果，新鲜的蔬菜
0300	Edible fish，seafood （可食用的）鱼，海鲜，海产品
1093	Worms 沙蚕
2195	A: yarn,thread,fibres,cloth,not further,processed or non-manufactured,exclusively in bales, bolts, piece 成包、成卷、未进一步加工或制造的纱、线、纤维、布
2195	B: wearing apparel,textile manufactures 服装、纺织品
2299	A:yarn,thread,fibres,textile 纱、线、纤维、纺织原料
2299	B:textile manufactures 纺织品
2299	C:wearing apparel 服装（包括鞋、袜）
2211	Yarn,thread,fibres,not further processed or manufactured, exclusively in bales,bolts,pieces,wearing apparel textile manufactures 成包、成卷、成块的，未进一步加工或制造的纱、线、纤维、服装、纺织品
7481	Rubber tyres ,rubber tubes 橡胶轮胎、橡胶管

（2）指定商品运价的使用规则。使用指定商品运价需要满足以下几个条件。

①货物的始发地与目的地之间公布有指定商品运价。

②托运人所交运的货物，其品名与有指定商品运价的货物品名相吻合。

③货物的计费重量满足指定商品运价使用时的最低重量要求。

【例 5-2】

Routing（线路）：BEIJING，CHINA（BJS）to NAGOYA，JAPAN（NGO）

Commodity（商品）：FRESH ORANGE

Gross Weight（总重量）：EACH47.8 千克，TOTAL 6 PIECES

Dimension（尺寸）：128cm×42cm × 36cm × 6

公布运价表如表 5-14 所示。

表 5-14 公布运价表

BEIJNG Y.RENMNDI	CN CNY	BJS 千克 S	
NAGOYA	JP	M	230
		N	37.51
		45	28.13

		0008	300	18.80
		0300	500	20.61
		1093	100	18.43
		2195	500	18.80

【解析】

Gross Weight（总重量）：47.8×6 = 286.8 千克

Volume（体积）：128cm×42cm×36cm×6 = 1 161 216 cm³

Volume Weight（体积重量）：1 161 216 cm³ ÷ 6 000cm³/千克 = 193.54 千克

分析：由于计费重量没有满足指定商品代码0008的最低重量要求300千克，因此先用普通货物运价计算。

①按普通货物运价使用规则计算。

Chargeable Weight（计费重量）：287.0 千克（总重量进位取整）

Applicable Rate（适用等级）：GCR/Q45　28.13 CNY/千克

货物的计费重量乘以相应重量等级

Weight Charge（按重量计费）：287.0×28.13 = 8 073.31 千克

②按指定商品运价使用规则计算。

Actual Gross Weight（实际总重量）：286.8 千克

Chargeable Weight（计费重量）：300 千克

Applicable Rate（适用等级）：SCR 0008/Q300 18.80 CNY/千克

Weight Charge（按重量计费）：300.0×18.80 = 5 640.00

①与②比较，取运费较低者。

Weight Charge（按重量计费）：CNY 5 640.00

航空货运单运费计算栏的填制如表5-15所示。

表5-15　航空货运单运费计算栏

No.of Pieces RCP	Gross Weight	千克 1b	Rate Class Commodity Item No.	Chargeable Weight	Rate/ Charge	Total	Nature and Quantity of Goods （Incl. Dimension or Volume）
6	387.0	千克	0008	300.0	18.80	5640.00	FRESH ORANGE 128cm×42cm×32cm×6cm

3. 货物的等级运价

货物的等级运价（Class Cargo Rate，CCR）就是对某种特定商品在一般货物运价的基础上进行提价或优惠的价格。

货物等级运价没有在航空运输协会制定的运价表中，而是在一般货物N级运价基础上增减一定百分比构成。当某货物没有指定商品运价可适用时，方可使用合适的等级运价。货物的等级运价仅适用于国际航空运输协会在一定的业务区内或业务区间运输的少数货物。适用等级运价的货物有活动物、贵重货物、尸体或骨灰、书报杂志类、作为货物运送的行李、机动车辆等。

（1）活动物（Live Animals）运价。按照目的机场所处航协区的不同，以及不同的具体货物的差异，对具体航线上的具体货物的运价，各个航空公司都有自己的运价表，要严格按照公布的运价执行。而且针对这样的货物，很多的航空公司仅仅规定了一个基准运费，即不像普通货物那样存在运费的分界点。因此，不论货物的重量如何都按照这一运费，而不能享受大批量货物运输带来的低运价。

（2）贵重货物（Valuable Cargo）运价。贵重货物包括黄金、白金或其他稀有金属（如钯、铱、钛、锇、铑）、白金合金、钻石（包括工业用钻石）、红宝石、蓝宝石、绿宝石、天然珍珠、现钞、有价证券、股票及旅行支票等。在托运时，每笔包括上述一种或几种物品、每千克重量声明价值超过 1 000 美元的，即被视为贵重货物。中国民航规定，凡声明价值为每千克毛重价值人民币 1 800 元或 1 800 元以上的货物，即称为贵重货物。我国至世界各地的贵重货物，按适用的普通货物 45 千克以下运价的 200%收费。在 1～3 区经北、中太平洋（朝鲜至美洲大陆各点除外）托运贵重货物 1 000 千克或 1 000 千克以上，按普通货物 45 千克以下运价的 150%收费。

最低运费按普通货物最低运费的 200%收取，但不得低于 50 美元或其等值货币。

（3）尸体和骨灰（Human Remains）运价。此类货物的运价对不同的航空公司有着不同的规定，有的采用 N 运价，有的按 N 运价的 200%计收。此类货物不得办理运费到付，不得集中托运，即不能作为混装货物运输。

（4）报纸、杂志、定期刊物、目录、盲人读物（Newspaper，Magazine，Periodicals Book，Catalog，Braille Type Equipment and Talking Books for the Blind）的运价。我国至世界各地的上述货物，按适用的普通货物 45 千克以下运价的 50%收费，但若按 45 千克以上的 Q 运价计算的运费低于按此等级运价计算的运费，则按较低运价计收。最低运费按运价手册上公布的适用普通货物最低运费执行，但不附减。

（5）作为货物运送的行李（Baggage Shipped as Cargo）运价。作为货物运送的行李是指旅客本人的衣物和与旅行有关的其他私人物品，包括小型乐器、手提打字机、小型体育用品，但不包括机器、机器零件、货币、有价证券、珠宝、手表、餐具、裘衣、胶卷、照相机、票据、文件、酒类、香水、家具、商品和销售样品等。

中国至三区的国家或地区，以及中国至二区的国家或地区，但不包括美国领土、领地在内的，按照适用的普通货物 45 千克以下运价的 50%收费。按此规定运价的 10 千克运费与适用普通货物的最低运费进行比较，取其高者作为 M 运费。

（6）机动车辆（Automotive Vehicles）运价。除电力机动车辆（Electrical Automotive Vehicles）外，运输机动车辆在 IATA 各区与三区之间按适用普通货物运价的 200%收费。

【例 5-3】
Routing（线路）：DEIJING，CHINA（BJS）to NEW YORK，U.S.A（NYC）
Commodity（商品）：NORTHEAST TIGER
Gross Weight（总重量）：270.0 千克
Dimension（尺寸）：240cm×120cm×60cm
公布运价表如表 5-16 所示。

表 5-16　公布运价表

BEIJING Y.RENMINBI	CN CNY	BJS 千克 S	
NEW YORY	US	M	630.00
		N	64.46
		45	48.34
		100	45.19
		300	41.86

【解析】

查找活动物运价表，从北京运往纽约，属于自三区运往一区的美国，运价的构成形式是 "110%　of　Appl. GCR"。

运费计算如下：

Gross Weight（总重量）：270.0 千克

Volume（体积）：240cm×120cm×60cm = 1 728 000 cm³

Volume Weight（体积重量）：1 728 000 cm³÷6 000 cm³/千克 = 288.0 千克

①按查找的运价构成形式来计算。

Chargeable Weight（计费重量）：288.0 千克

Applicable Rate（适用等级）：

S 110% of Applicable GCR 110%×45.19 CNY/千克 = 49.71 CNY/千克

Weight Charge（按重量计费）：288.0 × 49.71 = 14 316.48

②由于计费重量已经接近下一个较高重量点 300 千克，用较高重量点的较低运价计算。

Chargeable Weight（计费重量）：300 千克

Applicable Rate（适用等级）：

S 110% of Applicable GCR 110%× 41.86 CNY/千克 = 46.05 CNY/千克

Weight Charge（按重量计费）：300.0 × 46.05 = 13 815.00

①与②比较，取运费较低者。

Weight Charge（按重量计费）：CNY13 815.00

航空货运单运费计算栏的填制如表 5-17 所示。

表 5-17　航空货运单运费计算栏

No.of Pieces RCP	Gross Weight	千克 1b	Rate Class	Chargeable Weight	Rate/ Charge	Total	Nature and Quantity of Goods（Incl. Dimension or Volume）
			Commodity Item No.				
1	270.0	千克	Q110	300.0	46.05	13 815.00	NORTHEAST TIGER 240cm × 120cm × 60cm

【例 5-4】

Routing（线路）：BEIJING，CHINA（BJS） to BOSTON，U.S.A（BOS）

Commodity（商品）：GOLD WATCH

Gross Weight（总重量）：32.0 千克

Dimension（尺寸）：61cm×51cm×42cm

公布运价表如表 5-18 所示。

表 5-18 公布运价表

BEIJING Y.RENMINBI	CN CNY	BJS 千克 S	
		M	630.00
		N	79.97
BOSTON	US	45	60.16
		100	53.19
		300	45.80

【解析】

Gross Weight（总重量）：32.0 千克

Volume（体积）：$61 \times 51 \times 42 = 130\,662 \text{ cm}^3$

Volume Weight（体积重量）：$130\,662 \div 6\,000 = 21.78$ 千克

按查找的运价构成形式来计算。

Chargeable Weight（计费重量）：32.0 千克

Applicable Rate（适用等级）：

S 200% of the normal GCR 200%×79.97 CNY/千克 = 159.94 CNY/千克

Weight Charge（按重量计费）：32.0×159.94 = 5 118.08

因此，运费为 CNY 5118.08

航空货运单运费计算栏填制如表 5-19 所示。

表 5-19 航空货运单运费计算栏

No.of Pieces RCP	Gross Weight	千克 1b	Rate Class Commodity Item No.	Chargeable Weight	Rate/Ch arge	Total	Nature and Quantity of Goods（Incl. Dimension or Volume）
1	32.0	千克	N200	32.0	159.94	5 118.08	GOLD WATCH 61cm×51cm×42cm

（二）公布的直达运价的使用

公布的直达运价的使用主要有以下几个方面。

（1）在计算航空运费时，应首先适用指定商品运价，其次是等级货物运价，最后是普通货物运价。

（2）当按指定商品运价或等级货物运价或普通货物运价计算的货物运费总额低于所规

定的起码运费时，按起码运费计收。

（3）承运货物的计费重量可以是货物的实际重量或体积重量，以高者为准；若某一运价要求有最低运量，则以最低运量为计费重量。

（4）若货物可以按指定商品运价计算，但货物重量没有达到指定商品运价的最低重量要求，则将指定商品运价计费与普通货物运价计费的结果相比较，取其低者。

（5）若指定商品同时又属于附加等级运价的货物，则只允许将附加等级运价的计费结果与指定商品运价的计费结果相比较，取其低者。

（6）若货物属于附减的等级货物，即书报杂志类货物，作为货物运输的行李，则将其按等级运价计费的结果与按普通货物运价计费的结果相比较，取其低者。

（三）公布的直达运价的特点

航空货物运价的特点主要有以下几个。

（1）所报的运价是指从始发地机场到目的地机场，而且只适用于单一方向。

（2）该运价是指从机场到机场的运价，不包括其他额外费用，如提货、报关、交接和仓储费用等。

（3）运价通常使用当地货币公布。

（4）除起码运费外，公布的直达运价一般都以千克或磅为计算单位。

（5）公布的直达运价，通常与飞机飞行的路线无关，但可能因承运人选择的航线不同而受到影响。

（6）航空运单中的运价按出具运单之日所适用的运价计。

【例 5-5】

　　Routing（线路）：BEIJING，CHINA（BJS）to OSAKA，JAPAN（OSA）

　　Commodity（商品）：LIVE WORMS

　　Gross Weight（总重量）：45.0 千克

　　Dimension（尺寸）：1piece 70cm×47cm×35cm

公布运价表 5-20 所示。

表 5-20　公布运价表

BEIJNG Y.RENMNBI	CN CNY	BJS 千克 S	
		M	230.00
	JP	N	37.51
		45	28.13
OSAKA	0008	300	18.80
	0300	500	20.61
	1093	100	18.43
	2195	500	18.80

【解析】

因为沙蚕属于冷血动物，既可以使用指定商品运价（代号"1093"），同时又可以使用活体动物运价，因此需要通过计算，取较低者。运费计算如下：

①等级货物运价。

Gross Weight（总重量）：45.0 千克

Volume（体积）：70 × 47 × 35 = 115 150 cm^3

Volume Weight（体积重量）：115 150 ÷ 6 000 = 19.19 千克 ≈ 19.5 千克

Chargeable Weight（计费重量）：45.0 千克

Applicable Rate（适用的等级）：

S 100% of the normal GCR 100% × 37.51 CNY/千克 = 37.51 CNY/千克

Weight Charge（按重量计费）：45.0 × 37.51 = 1 687.95

②指定商品运价。

Chargeable Weight（计费重量）：100.0 千克

Applicable Rate（适用的等级）：C 1093/Q 100 18.43 CNY/千克

Weight Charge（按重量计费）：100 × 18.43 = 1 843.00

比较等级货物运价和指定商品运价所计算出来的运费，取其低者。

因此，运费为 CNY 1687.95

航空货运单运费计算栏填制如表 5-21 所示。

表 5-21　航空货运单运费计算栏

No.of Pieces RCP	Gross Weight	千克 1b	Rate Class / Commodity Item No.	Chargeable Weight	Rate/ Charge	Total	Nature and Quantity of Goods（Incl Dimension or Volume）
1	45.0	千克	N100	45.0	37.51	1687.95	LIVE WORMS 70cm×47cm×35cm

四、非公布的直达航空运价

在航空货物运价表（《TACT Rates》）中，如货物的始发地和目的地之间没有公布可适用的公布直达运价时，可以采用比例运价或分段相加运价的办法，组成最低全程运价，这些统称为组合非公布直达运价。

（一）比例运价

1. 比例运价的构成

在运价手册上公布的一种不能单独使用的运价附加数（Add on Amounts），当货物的始发地至目的地无公布的直达运价时，可采用此附加数与已知公布的直达运价相加，构成非公布的直达运价，此运价就称为比例运价（Construction Rate）。

我们知道，制定运价的主要依据是航空运输距离及航空运输成本，因此《TACT Rates》中公布了至世界各主要城市的直达运价。但是为了缩短篇幅，《TACT Rates》中不可能将所有城市的运价都公布出来。为了弥补这一缺欠，方便使用者自行构成直达运价，根据运价制定的原则，规定了一个运价的比例范围，只要是运输距离在同一个距离的比例范围内或接近这个范围，就可以采用以某一地点作为运价的相加点，然后用相加点至始发地或目的地的公布运价与相加点至目的地或始发地的运价附加数相加，便可以构成全程直达运价。虽然始发地点不同，或者是目的地不同，但相加的运价附加数都相同。例如，北京至美国长滩无公布的直达运价，但可以采用自纽约至长滩的运价附加数与北京至纽约的直达运价相加，构成北京至美国长滩的全程比例运价。

2．比例运价的分类

在运价手册中所列的比例运价分为下面三类。

（1）普通货物的比例运价，用"GCR"表示，只能用于组成直达的普通货物运价。

（2）指定商品的比例运价，用"SCR"表示，只能用于组成直达的指定商品运价。

（3）集装箱的比例运价，用"ULD"表示，只能用于组成直达的集装箱设备运价。

3．比例运价的使用规定

比例运价的使用规定主要有以下几个。

（1）比例运价只适合国际货物运输，不适用于国内货物运输。

（2）采用比例运价时，必须严格遵守普通货物比例运价只能与普通货物运价相加，指定商品比例运价只能与指定商品运价相加，集装箱的比例运价只能与集装箱运价相加原则。

（3）采用比例运价构成直达运输时，比例运价可加在公布运价的两端，但每一端不能连加两个或者两个以上的比例运价。

（4）当始发地或目的地可以经不同的运价组成点与比例运价相加组成不同的直达运价时，应采用最低运价。

（5）运价的构成不影响货物的运输路线。

4．适用货币

比例运价表中列有两种货币的比例运价：当地货币的比例运价是为自该国始发构成全程直达运价时使用，可以直接将当地货币相加，构成全程运价；列有美元的比例运价是为自始发地到该目的地国家组成全程直达运价时使用，需将美元按规定比价换算成始发地货币，再与已知的公布直达运价相加使用。

【例5-6】从上海运至亚历山大普通货物1千克，计算航空运费。

　　　　运价资料

　　　　上海—开罗　　　　标准普通货物运价　　　72.93元/千克

　　　　开罗—亚历山大　　运价附加数　　0.06 EGP/千克

　　　　1美元＝6.83元（CNY）

　　　　1美元＝5.5375埃及镑（EGP）

【解析】

亚历山大无直达运价，可按比例运价组成的运价进行计算。

上海—亚历山大运价＝72.93÷0.15＝73.08（元/千克）

计算重量15千克

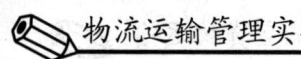

航空运费 73.08 × 15 = 1 096.20（元）

上海至亚历山大全程应收运费为 1 096.20 元。

（二）分段相加运价

所谓分段相加运价（Combination of Rate）是指在两地之间既没有直达运价，同时也无法利用比例运价构成全程直达运价时，可以在始发地与目的地之间选择合适的运价计算点，分别找到始发地至该点，该点至目的地的运价，两段运价相加组成全程的最低运价。在采用分段相加运价时，应严格遵守运价相加的有关规定，并选择若干不同的运价计算点，相互进行比较，取运价最低者为分段相加运价。

无论是比例运价还是分段相加运价，中间计算点的选择也就是不同航线的选择，它将直接关系到计算出来的两地之间的运价。因此承运人允许发货人在正确使用的前提下，以不同的结果中最低值作为该货物适用的航空运价。

五、航空附加费

（一）声明价值

航空运输的承运人与海运或铁路运输的承运人一样，都要对托运人承担一定程度的责任，为了限制其经营风险，一般要求将自己的责任限制在一定的范围内。根据《华沙公约》，对由于承运人的自身疏忽或故意造成的货物灭失、损坏或延迟规定了最高赔偿责任限额。1955 年《海牙议定书》的第 11 条对《华沙公约》的第 22 条规定做了修改，在第 2 条第 1 项中规定：

In the transportation of checked baggage and of goods. the liability of the carrier shall be limited to a sum of 250 francs per kilogram, unless the consignor has made, at the time when the package was handed over to the carrier, a special declaration of the value at delivery and has paid supplementary sum in the case SO requires. In that case the carrier will be liable to pay a sum not exceeding the declared sum, unless he proves that the sum is greater than the actual value to the consign or at delivery. 在托运行李和货物运输中，承运人对行李或货物的责任以每千克 250 法郎为限，除非旅客或托运人在交运货物时特别声明在目的地点交付时的利益并支付附加费。在后一种情况下，除非承运人证明声明的金额高于在目的地点交付时旅客或托运人的实际利益，否则承运人应当偿付声明的金额。

目前，这一金额一般被理解为每千克 20 美元或每磅 9.07 英镑或其他等值货币。如果货物的价值超过了上述值，即增加了承运人的责任，承运人要收取声明价值费（Valuation Charges）。否则，即使出现超出上述限额的损失，承运人对超出的部分也不承担赔偿责任。

如果托运人托运货物的毛重价值在 20 美元/千克或其等值货币以上时，托运人要求在货物发生货损货差时，得到全额赔偿，托运人可以向承运人办理货物声明价值，并缴纳声明价值附加费。声明价值附加费为货物的声明价值超过承运人赔偿限额部分的 0.5%，并与航空货物运费一同支付。

货物从中国始发，将航空运单上所有表示费用金额的货币规定为人民币，声明价值应该为人民币数额，则声明价值附加费按下式计算：

声明价值附加费

＝（货物声明价值 − 货物毛重 × 20 美元/千克 × 美元对人民币的汇率）× 0.5%

大多数航空公司在规定声明价值附加费费率的同时还要规定声明价值附加费的最低收费标准。如果根据上述公式计算出来的声明价值附加费低于航空公司的最低标准，那么托运人要按照航空公司的最低标准缴纳声明价值附加费。

托运人填制的每份货运单的声明价值一般不超过 10 万美元或其等值货币。如果货物的每千克价值超过 20 美元，那么发货人也可以不办理声明价值，只需要在运单上的有关栏中填上"N.V.D."（No Value Declared），表示无声明价值即可，但承运人的最高赔偿金额每千克毛重不超过 20 美元。托运人办理货物声明价值时，需要按整批货物办理，不得办理部分声明价值或在整批货物中办理两种不同的声明价值。

【例 5-7】上海运往科威特一箱重 25 千克的玉雕，声明价值为 12000 元的货物，请计算航空运输收费。

【解析】

按 1 美元 = 6.83 元人民币计算

声明价值附加费为（12 000.00 − 20 × 6.83 × 25）× 0.5% = 42.93（元）

上海—科威特运价为 47.30 元/千克

运费为 47.30 × 25 = 1 182.50（元）

所以总收费应为 1 182.50 + 42.93 = 1 225.43（元）

（二）其他附加费

其他附加费包括运费到付手续费（Charges Collect Fee）、危险货物操作手续费（Dangerous Goods Surcharge）、航空运单费（Air Waybill Fee）、货物提取费（Pick up）、中转手续费（Transit Charges）、地面运输费（Surface Charges）等。

1．货物地面运输费

货物地面运输费计算公式如下。

货物地面运输费 = 货物重量货物地面运输费率

货物重量要在货物毛重、货物体积重量之间取其高者。货物体积重量是指将一份航空运单的货物总体积，按照每 6000 立方厘米折合 1 千克计算所得的重量。

2．到付运费手续费

到付运费手续费计算公式如下。

到付运费手续费 = （航空运费 + 货物声明价值附加费）× 计价货币在货物到达目的地当银行卖出价 5%。

还有一些航空运输服务业务随着航空运输业的发展将逐渐发展起来。例如，国际优先运输货物服务（International Priority Service）、小件货物运输服务（Small Package Service）、代垫付款（Disbursement）等。相应的收费项目和收费规则有待逐步完善。

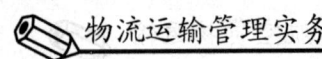

项目小结

本项目主要介绍了航空运输的含义、特点；阐述航空运输的不同分类形式；介绍了航空运输出的发展趋势；介绍了国际航空货物运输组织；介绍了航线、航空港、航空器、通信导航设备等航空运输的设施设备特点、分类；详细介绍了航空进、出口货物运输的作业流程；详细介绍了航空运单的作用、分类；详细介绍了航空运输的费用构成以及计算方法。

项目练习

一、填空题

1. 集中托运人在办理集中托运业务时签发的航空运单被称为_____。
2. _____是目前航空货物运输中最快捷的运输方式。
3. 航空通信导航设备主要包括：_____、_____、_____。
4. _____一般有固定的航线，固定的始发站、途径站和目的站。
5. 航线的类型主要包括_____、_____、_____。

二、判断并改错题

1. 航空快递的交付凭据是一式三份。（　　）
2. 航空出口货物托运时，运输条件和运价不同的货物，不能用同一张货物托运书进行托运。
3. 承运人为一定的目的包用航空公司的飞机运载货物的形式称为包机运输。（　　）
4. 集中托运不适合办理对时间要求高的货物的运输。（　　）
5. 机务维修区是完成客货运输服务，保养与维修飞机，保证旅客、货物和邮件正常运送以及飞机安全起降。（　　）

三、单项选择题

在下列每小题中，选择一个最合适的答案。
1. 我国实行出口许可证管理的商品是（　　）。
A．成品油　　　B．汽车轮胎　　　C．化学品　　　D．音像制品
2. 下列货物可以不预先订舱的是（　　）。
A．进口电视机　B．大宗货物　　　C．危险品　　　D．新鲜果蔬
3. 航空运输不适合运输下列哪种物资（　　）。
A．贵重设备　　B．高档产品　　　C．服装　　　　D．救灾抢险物资
4. （　　）主要应用于医疗救护、救灾救生、地质勘探、护林灭火、空中摄影等活动。
A．超音速机　　B．螺旋桨式飞机　C．喷气式飞机　D．直升机

5. 航空快递的形式不包括（　　）。

A．门到门 　　　B．桌到机场 　　　C．专人派送 　　　D．集中托运

四、多项选择题

1. 下列适用于等级运价的货物主要有（　　）。

A．骨灰 　　　B．杂志 　　　C．机动车辆 　　　D．手表

2. 班机运输的特点主要包括（　　）。

A．方便货主 　　　B．价格低廉 　　　C．舱位有限 　　　D．迅速准确

3. 下列不可以办理集中托运的有（　　）。

A．活动物 　　　B．危险品 　　　C．日用小杂品 　　　D．外交信函

4. 常见的国际航空货运组织包括（　　）。

A．ISO 　　　B．FIATA 　　　C．ICAO 　　　D．IATA

5. 航空快递的高质量服务主要体现在（　　）。

A．安全可靠 　　　B．覆盖面广 　　　C．方便客户 　　　D．速度更快

五、简答题

1. 航空货物运输的特点有哪些？
2. 航空快递与邮政运送业务的区别有哪些？
3. 航空出口货物运输流程有哪些？
4. 航空进口货物运输流程有哪些？
5. 航空运单的作用有哪些？

技能实训练习

练习一：航空货物运输费用的核算

【情境 1】北京运往新加坡一箱水龙头接管，毛重 35.6 千克，计算其航空运费。公布运价如表 5-22 所示。

表 5-22　北京—新加坡的公布运价

BEIJING	CN		BJS
Y.RENMINBI	CNY		千克 S
SINGAPORE	SG	M	230.00
		N	36.66
		45	27.50
		300	23.46

【情境 2】北京运往新加坡一箱农用机械设备，毛重为 275.2 千克，公布运价表如 5-22 所示，计算其航空运费。

【情境 3】从北京运往温哥华一只大熊猫，重量 400.0 千克，体积尺寸长×宽×高为 150×130×120（厘米），计算航空运费。公布运价见表 5-23 所示。

表 5-23 北京—温哥华运价表

BEIJING		CN		BJS	
Y.RENMINBI		CNY		KGS	
VANCOUVER	BC	CA			
			M		420.00
			N		59.61
			45		45.68
			100		41.81
			300		38.79
			500		35.77

【情境 4】上海运往科威特一箱重 25 千克玉雕，声明价值为 12000 元的货物，上海—科威特运价 N：47.30 元/千克，计算航空运费。

练习二：航空货物运输运单的填写

【情境 1】根据以下资料缮制航空运单，并在图 5-11 中完成。

中国江苏南京一家公司与日本一家公司以 CPI TOKYO 信用证单据要求中对 AWBD 的要求为"AWB CONSIGNED TO APPLICANT MARKED FREIGHT PREPAID INDICATING ACTUAL FLIGHT DATE"。

航空公司 2011 年 1 月 17 日对托运人的航空托运单以下内容予以确认：

APPLICANT： HEALTH COMPANY, 523-CHOME, CHIYADA-KU, TOKYO, JAPAN

BENEFICIARY ： JINLING MEDICAL EQUIPMENT COMPANY, NO.123 RD ZHONGSHAN, NANJING, CHINA

DESCRIPTION：50 PCS MEDICAL LASER

SHIPPING MARKS： A

　　　　　　　　TOKYO

09JS001

1-50 CTNS

FLIGHT：CA1908

ACTUAL FLIGHT DATE：JAN. 18, 2011

SHIPMENT FROM NANJING, CHINA TO TOKYO,JAPAN

PARTIAL SHIPMENTS AND TRANSHIPMENT ALLOWED.

G.W.：1232.000 千克 S

MEAS.：12.500CBM

PACKED IN 50 CARTONS

空运单由承运人的代理人李莎签发。承运人的代理为 SINOTRANS. AIR JIANGSU COMPANY

签发日期：2011 年 1 月 16 日

运价：CNY18.00/千克

运单号：999-1521 1137

【情境 2】根据以下资料缮制航空运单，并在图 5-11 中完成。

EXPOTER：SHANGHAI INTERNATIONAL FOODSTUFF CO.，LTD

F26 FOREIGN TRADE BUILDING RD FUZHOU SHANGHAI, CHINA

IMPORTER：SUMITOMO CORPORATION

　　　　　2 HOTOTSUBASHI , CHIYADA-KU　TOKYO, JAPAN

DESCRIPTION：700 千克 S CHINESE ROYAL JELLY CIF TOKYO

SHIPPING MARK：SUMITOMO

　　　　　　　NARITA

　　　　　　　NO.：1-70

运输方式及路线：由上海空运至日本成田机场

承运人：中国国际航空公司

包装方法和种类：IPC/CTN

G.W.：1,050.000 千克 S

MEA.：3.400 CBM

RATE：CNY 18.00/千克

其他费用：MYC：3150.00

AWC：50.00

航班：CA1508

起航日期：MAY5,2011

签单日期：MAY4,2011

主运单号码：99-8293 2510

项目六　管道货物运输

【项目导读】

20 世纪 60 年代开始，输油管道的发展趋于采用大管径、长距离，并逐渐建成成品油输送的管网系统。同时，开始了用管道输送煤浆的尝试。全球的管道运输承担着很大比例的能源物资运输，其完成的运量常常大大高于人们的想象。管道运输也被进一步研究用于解决散状物料、成件货物、集装物料的运输，以及发展容器式管道输送系统。

铺设地下运输管线管道运输是国际货物运输方式之一，是随着石油生产的发展而产生的一种特殊运输方式。具有运量大、不受气候和地面其他因素限制、可连续作业以及成本低等优点。随着石油、天然气生产和消费速度的增长，管道运输发展步伐不断加快。

【项目目标】

➢ 理解管道货物运输的含义、特点和分类。
➢ 了解输油站、输油管线等设施设备的特点及维护技术。
➢ 掌握管道运输油品、气体、固体料浆等货物的流程。
➢ 了解管道运输费用的核算方法。

【项目任务】

管道运输成第五大运输业

2009 年，中国石油天然气集团公司与俄罗斯国家石油管道运输公司签署了从俄罗斯斯科沃罗季诺到中国边境的管道设计、建设和运营协议。根据协议，双方将在俄罗斯远东原油管道一期工程的基础上，共同建设和运营从斯科沃罗季诺经中国边境城市漠河到中国大庆的中俄原油管道。中俄原油管道在俄罗斯境内长约 70 千米，在中国境内长约 960 千米。这标志着中国已逐渐形成跨区域的油气管网供应新格局。

一、管道长度可绕赤道一周半

自 1959 年中国第一条长输油气管道——新疆克拉玛依油田至独山子炼油厂原油外输管道投产以来，50 多年间，中国长距离输油、输气管道建设取得长足发展。目前，中国已建成投入运营长输油、输气管道 6 万多千米，可绕地球赤道一周半。其中，建成原油管道 1.7 万千米、成品油管道 1.2 万千米、天然气管道 3.3 万千米、海底管道 3000　　千米。

西气东输工程是中国管径最大、管壁最厚、压力等级最高、技术难度最大的管道工程，它创造了世界管道建设史上的高速度。它西起新疆轮南，经过戈壁沙漠、黄土高原、太行山脉，穿越黄河、淮河、长江，途经 9 个省区市，最后到达上海，全长约 4200 千米，2004 年 12 月 30 日全线供气。它的建成和运营，开通了横贯东西的一条能源大动脉，标志着中国天然气管道建设的整体水平上了一个新台阶，对于推进西部大开发、加快中西部地区发展具有重大作用。

随着中国石油企业在海外的合作区块和油气产量的不断增加，海外份额油田或合作区块的外输原油管道也得到了发展。2009年新年伊始，我国首条跨国输气管道——中亚天然气管道管线焊接里程已超过700千米。中亚天然气管道与西气东输二线衔接后，总长度超过1万千米，是迄今为止世界上距离最长、等级最高的油气输送管道。这是继首条跨国原油管道——中哈石油管道之后，中国跨国油气管道建设的又一里程碑。中俄油气管道、中哈原油管道、中乌合建天然气运输管道等多条跨国管道的建设，不仅为中国，也为世界管道业提供了发展机遇。

二、第五种运输方式迅速崛起

管道运输是国际货物运输方式之一，具有运量大，不受气候和地面其他因素限制，可连续作业，以及成本低的优点。目前，管道运输已成为中国继铁路、公路、水路、航空运输之后的第五大运输行业。

交通运输协会的专家曾算过一笔账：沿我国成品油主要流向建设一条长7000千米的管道，与修建同一长度的铁路相比，仅降低运输成本、节省动力消耗、减少运输中的损耗三项，所产生的社会综合经济效益，每年就可以节约资金数十亿元；而且对于具有易燃特性的石油运输来说，管道运输更有着安全、密闭的特点。

石油管道运输还具有国际运输的战略意义。中国的石油消耗量中约有一半需要通过进口来满足，其中许多要经过战略上脆弱的海上航线进行运输，而中俄输油管道的建设将为中国提供更安全和稳定的石油供应渠道。这条远东管道年输油量达1000万吨，对中国的能源安全无疑具有重大意义。

技术上的不断突破也推动了中国管道建设的进程。中国石油天然气公司管道局称，自2000年以来，随着多条长输油气管道的兴建，中国在大流量输气管道设计、油气输送管道运行、管道工程建设施工等方面取得重大技术进步，目前，中国长输油气管道建设已达到或接近国际先进水平。

三、未来管网将形成新格局

目前，我国油气管道的建设进入了一个新的发展时期。随着西气东输、西部原油成品油管道等重点工程建成投产，一个西油东送、北油南运、西气东输、北气南下、海气登陆的油气供应格局正在形成。

可以预见，未来几年，中国油气管道运输业将得到更大发展，区域性管网将进一步完善，对环境保护和提高人民生活质量将产生更加积极的影响。

（1）为什么说管道运输已成为第五大运输业？管道运输都能运送哪些类型的货物？

（2）管道运输有哪些特点？

任务一　管道货物运输基本知识

　　管道货物运输主要是利用管道，通过一定的压力差来完成商品（多为液、气体货物）运输的一种现代运输方式。管道运输广泛应用于长距离输送液体和气体物资，是一种专门由生产地向市场输送石油、煤和化学产品的运输方式，是统一运输网中干线运输的特殊组成部分。

　　现代管道运输始于 19 世纪中叶，1885 年美国宾夕法尼亚州建成了世界上第一条原油输送管道。然而管道运输的进一步发展则是从 20 世纪开始的。随着第二次世界大战后石油工业的发展，管道的建设进入了一个新的阶段，各产油国竞相兴建大量的石油及油气管道。从 20 世纪 60 年代开始，输油管道的发展趋于大管径、长距离，并逐渐建成成品油输送的管网系统，同时开始尝试用管道输送煤浆。目前，全球管道运输承担着很大比例的能源物资运输量，包括原油、成品油、天然气、油田伴生气、煤浆等，其完成的运量常常大大高于人们的想象（如在美国接近于汽车运输的运量）。近年来，管道运输也被进一步研究用于解决散状物料、成件货物、集装物料的运输，并开始发展容器式管道输送系统。

一、管道货物运输的特点

（一）管道货物运输的优点

　　通常，管道货物运输的优点主要有以下几个。

1．运输量大

　　一条输油管道可以源源不断地完成输送任务，根据其管径的大小不同，其每年的运输量可达数百万吨到几千万吨，甚至超过亿吨。一条直径为 1020 毫米的输油管道，年输油能力可达 5000 万吨（当运距为 3000 千米时），相当于一条双轨铁路的运输量，而铁路还需配备 1400 多台机车、5.5 万辆油槽车。因此，管道货物运输不仅运输量大，而且能节约大量机车和油槽车等。

2．占地少

　　根据地面条件，管道可建在地面，也可埋在地下，因而占用的土地少，分别仅为公路的 3% 和铁路的 10% 左右。

3．节省包装费用

　　管道运输的货物不需包装。

4．管道建设周期短、费用低

　　管道建设只需要铺设管线、修建泵站，土石方工程量等较修建铁路小。在相同运输量的条件下，管道建设周期与铁路相比要短 1/3 以上。据有关资料统计，管道建设费用比铁路低 60% 左右。

5．安全可靠，连续性强，环境污染小

由于石油和天然气易燃、易爆、易挥发、易泄露，采用管道货物运输方式，既安全，又可以大大减少挥发损耗，同时由于泄露导致的对空气、水和土壤的污染也可大大减小，也就是说，管道货物运输能较好地满足运输工程的绿色化要求。此外，由于管道基本埋藏于地下，其运输过程受恶劣多变的气候条件影响小，可确保运输系统长期稳定地运行。

6．耗能少，成本低，效益好

发达国家采用管道运输石油，每吨·千米的能耗不足铁路的 1/7，在大量运输时的运输成本与水运接近，因此在无水的条件下，管道货物运输是一种最为节能的运输方式。管道货物运输是一种连续工程，运输系统不存在空载行程，因而系统的运输效率高。理论分析和实践经验已证明，管道口径越大，运输距离越远，运输量越大，运输成本就越低。以运输石油为例，管道货物运输、水路货物运输、铁路货物运输的运输成本之比为 1∶1∶1.7。

（二）管道货物运输的缺点

通常，管道货物运输的缺点主要有以下几个。

1．灵活性差

管道货物运输不如其他运输方式（如公路货物运输）灵活，除承运的货物比较单一外，它也不容随便扩展管线，实现"门到门"的运输服务。对一般用户来说，管道货物运输常常要与铁路货物运输或汽车货物运输、水路货物运输配合才能完成全程输送。

2．专用性强

运输对象受到限制，承运的货物比较单一，只适合运输诸如石油、天然气、化学品、碎煤浆等气体和液体货物。

3．专营性强

管道货物运输属于专用运输，其成产与运销混为一体，不提供给其他发货人使用。

4．固定投资大

为了进行连续输送，还需要在各中间站建立储存库和加压站，以促进管道货物运输的畅通。

二、管道货物运输的分类

（一）按所输送物品的不同进行分类

管道运输常按所输送的物品不同，可分为原油管道、成品油管道、天然气管道和固体料浆管道（前两类常统称为油品管道或输油管道）。

1．原油管道

原油一般具有比重大、黏稠和易于凝固等特性。用管道进行输送时，要针对所输原油的特性，采用不同的输送工艺。原油运输不外乎是将原油白油田输送至炼油厂，或者输送至转运原油的港口或铁路车站。其运输特点是运量大、运距长、收油点和交油点少，故特

别适宜用管道输送。世界上约有 85% 以上的原油是用管道输送的。

2. 成品油管道

成品油管道输送汽油、煤油、柴油、航空煤油和燃料油，以及从油气中分离出来的液化石油气等成品油。每种成品油在商业上有多种牌号，常采用在同一条管道中按一定顺序输送多种油品的工艺，这种工艺能保证油品的质量并可准确地分批运到交油点。成品油管道的任务是将炼油厂生产的大宗成品油输送到各大城镇附近的成品油库，然后用油罐汽车转运给城镇的加油站或用户。有的燃料油则直接用管道输送给大型电厂，或者用铁路油槽车外运。成品油管道运输的特点是批量多、交油点多，因此，管道的起点段管径大、输油量大，经多处交油分输以后，输油量减少，管径亦随之变小，从而形成成品油管道多级变径的特点。

3. 天然气管道

输送天然气和油田伴生气的管道，包括集气管道、输气干线和供配气管道。就长距离运输而言，输气管道指高压、大口径的输气干线。这种输气管道约占全世界管道总长的一半。

4. 固体料浆管道

固体料浆管道是 20 世纪 50 年代中期发展起来的，到 20 世纪 70 年代初已建成能输送大量煤炭料浆的管道。其输送方法是将固体粉碎，掺水制成浆液，再按液体管道输送工艺用泵进行输送。

（二）按用途不同进行分类

运输管道按用途不同，可分为集输管道、输油（气）管道和配油（气）管道三种。

1. 集输管道

集输管道（集气管道）是指从油（气）田井口装置经集油（气）站到起点压力站的管道。主要用于搜集从地层中开采出来的未经处理的原油（天然气）。

2. 输油（气）管道

以输气管道为例，它是指从气源的气体处理厂或起点压力站到各大城市的配气中心、大型用户或储气库的管道，以及气源之间相互连通的管道，输送经过处理的符合管道输送质量标准的天然气，是整个输气系统的主体部分。

3. 配油（气）管道

对于油品管道来说，它是指在炼油厂、油库和用户之间的管道。对于输气管道来说，它是指从城市调压计量站到用户支线的管道，由于压力小、分支多、管网稠密、管径小，除大量使用钢管外，低压配气管道也可使用塑料或其他材质。

任务二　管道货物运输的设施设备

一、输油管道的设施设备

大型输油管道是由输油管线和输油站两大部分组成的。

（一）输油站

输油站是管道运输的重要组成设备和环节，在管道运输过程中，通过输油站对被输送物资进行加压，克服运行过程中的摩擦阻力，使原油或其制品能通过管道由始发地运到目的地。输油站按其所在位置可分为以下几个。

1．首输油站

首输油站多靠近矿场或工厂，搜集沿输油管输送的原油及其制品，进行石油产品的接站、分类、计量和向下一站的输油。如果是热油输送还要配有加热设备。

2．中间输油站

中间输油站负担把前一站输来的油，转往下一站的任务。如果是热油输送，则通过中间输油站加热，使油温大于环温，带有加热功能的叫热泵站。

3．终点基地

终点基地收受、计量、储藏由输油管输来的油，并分配到各消费单位，或转交其他运输工具。

4．输油站有关的其他主要设施

输油站设有一系列复杂的构筑物，包括泵房、油池、阀房等。泵房的作用在于造成一定的压力，以便克服管道输送时产生的阻力，把油输往下一站。根据压力大小，在每一间隔距离的线路上设置一个泵站。在矿场、炼油厂和各输油站设有收油和发油的专用油池，利用管道从发油企业收油或从油池往外发油。阀房设有闸阀，用以控制输油过程。

（二）输油管线

通常，输油管线主要包括内部输油管式辅助油管、局部性输油管、大型输油管或干线输油管。

1．内部输油管式辅助油管

这是指炼油厂、石油基地中的各种线路系统，是输送加工原油和灌注油罐车，内河及港内驳船、远洋油轮及油桶用的输油管线。

2．局部性输油管

这是指把石油从矿场输往石油基地与大型输油管首站的短距矿场管路。

3．大型输油管或干线输油管

这是输油管线中的主体。这种输油管自成系统，形成独立的企业单位，其线路可长达数百公里乃至数千公里。除必要的检修工作外，能全年经常不断地输送油品。

【知识链接】

管道在中国是既古老又年轻的运输方式

早在公元前3世纪，中国就创造了利用竹子连接成管道输送卤水的运输方式，可说是世界管道运输的开端。到19世纪末，四川自流井输送天然气和卤水的竹子管道长达200多公里。但现代化管道运输则自20世纪50年代以来方得到发展。1958年冬修建了中国第一条现代输油干线管道：新疆克拉玛依到乌苏独山子的原油管道，全长147公里。60年代以来，随大油田的相继开发，在东北、华北、华东地区先后修建20多条输油管道，总长度达5998多公里，其中原油管道5438公里，成品油管道560多公里。主要有：大庆—铁岭—大连港；大庆—铁岭—秦皇岛—北京；任丘—北京；任丘—沧州—临邑；濮阳—临邑；东营—青岛市黄岛；东营—临邑——齐河等。基本上使东北、华北、华东地区形成了原油管道网。此外，新疆克拉玛依—乌鲁木齐，广东茂名—湛江等地也建有输原油管道。1976年还建成了自青海格尔木到西藏拉萨的1100公里成品油管道。1990年年初花土沟—格尔木输油管道亦已启泵输油。四川省于1961年建成中国第一条输气管道，即綦江县至重庆市的巴渝输气管道，1966年又建成威远—成都输气管道。1979年建成从川东垫江县龙溪河—重庆—泸州—威远—成都—德阳干线及支线输气管道。至今四川省已建成输气管道达2662公里。80年代以来，华东、华北地区的输气管道也有所发展，将各大油田产的天然气输向北京、天津、开封等城市。中国油、气管道仍在加紧建设。至1990年年底管道输送量已达642亿吨。管道运煤正在积极研究试验中。1991年年初在辽东湾海域铺设长距离海底输气管道（锦州—兴城连山湾）。此外，1991年3月又建成了位于秦皇岛市境的中国第一条最长液氨地下管道。

二、管道运输设备设施的维护

（一）管道防腐技术

尽管管道运输系统具有便于管理、运行安全的特点，但由于运输管道大多深埋于地下，给日常维护带来了一定的困难。尤其是管道内、外径和储罐的腐蚀，不仅会造成穿孔并引起油、气、水发生跑、冒、滴、漏等损失与污染，给维修带来材料和人力浪费，而且还可能引起火灾和爆炸。针对发生腐蚀的原因，通常可采取下列措施。

（1）选用耐蚀材料，如聚氯乙烯管、含钛的合金钢管等。

（2）在输送或储存介质中加入缓蚀剂，抑制内壁腐蚀。

（3）采用内外壁防腐绝缘层，将钢管与腐蚀介质隔离。

（4）采用阴极保护法。

阴极保护法是一种借助外加电源对管道施加电流，使整个管道成为腐蚀电池的阴极，从而使管道得到保护的方法。

目前，国内外普遍采用的经济可靠的方法是防腐绝缘层加阴极保护的综合措施。

（二）管道清洗技术

管道运输是原油、天然气最主要的运输方式。但因油、气中含有各种盐类、杂质、硫化物、细菌等，管线经长期运行造成的结垢、被腐蚀等会影响生产，故需要对管道进行清洗、修复，输油（气）管道清洗技术也随之产生。

清洗是一项延长管道使用寿命，保证管道正常运行的实用技术。按其清洗目的分为投产前的清管，运行中的除垢，改输前的清洗。目前，对于管线清洗技术主要分为三大类：物理清洗法、化学清洗法、物理和化学结合清洗法。

1. 物理清洗法

物理清洗法包括：高压水射流清洗、机械法清洗、喷砂清洗、电子跟踪式清洗、爆炸法清洗等。

2. 化学清洗法

化学清洗法多用于一般金属管道、不锈钢管道和管道脱脂。用化学法清洗管道是向管道内投入含有化学试剂的清洗液，与污垢进行化学反应，然后用水或蒸汽吹洗干净。

为了防止在化学清洗过程中损坏金属管道的基底材料，可以在酸洗液里加入缓蚀剂；为了提高管道清洗后的防锈能力，也可加入钝化剂或磷化剂使管道内壁金属表面生成致密晶体，提高防腐性能。

3. 物理和化学结合清洗法

物理清洗与化学清洗两类方法各有优、缺点，然而使用哪种方法都不具有两者结合使用时所具有的优势，从技术上说，应取长补短、相辅相成；从经济上来说，也应合理选用、兼收并蓄。

单独用化学试剂来清洗会降低管道寿命，提高清洗成本，而且有些污垢难以用化学方法完全处理干净。同样，对长期运输且沉积速度较快的输油管线，单纯使用清管器清理也难以达到理想的效果。

物理清洗与化学清洗两种方法结合使用已成为当今清洗技术发展的一种趋势，现已开发出多种实用的复合清洗技术，可获得最佳的效果。

总之，对管线及设备进行更为有效的清洗，必须对管线现状、清洗要求、相关信息及资料进行综合分析评价，优化组合，这样才能有针对性地筛选出最好的制剂法，达到最佳清洗效果。

任务三　管道货物运输流程

一、管道运输油品流程

管道沿线上、下两泵站之间的连接方式，有开式流程和密闭流程两种。

（一）开式流程

开式流程是指上站来油通过中间泵站的常压油罐输往下站的输送流程。目前采用的开式流程是上站来油直接进入油泵的进口汇管，汇管接旁边的常压油罐。开式流程仅用于缓冲上、下游泵站输油量的不均衡，根据旁接油罐油面的升降来调节输油量，不作为计量用。开式流程的各泵站只为站间管道提供压力能，不能调制各泵站的压力。

（二）密闭式流程

从 20 世纪 40 年代开始，随着输油自动化水平的提高和离心泵的广泛采用，输油管道逐渐改为密闭式流程。密闭式流程是指在中间泵站不设油罐，上站来油直接进泵，油品在密闭状态下沿管道全线输送。

全线各泵站是相互串联的工作系统，所以各站输油量相等。同开式流程相比，密闭式流程的优点是：避免油品在常压油罐中的蒸发损耗，减少能量损失；站间的余压可与下站的进站压力叠加，简化了泵站流程，便于全线集中监控；在所要求的输油量下，可统一调配全线运行的泵站数和泵机组的组合，以最经济地实现输送的目的。

二、管道输送气体流程

管道输送气体的流程如表 6-1 所示。

表 6-1   管道输送气体的流程

序号	设施	工艺过程
1	气井	输出天然气
2	集气站	加热、降压、分离、计量
3	天然气处理厂	脱水、脱硫化氢和二氧化碳
4	压气站	除尘、增压、冷却
5	中间压气站	增压
6	储气库	储气
7	调压计量站	调压、计量
8	配气管网	供气

输气管道沿线各压气站与管道串联，构成统一的密闭输气系统，任何一个压气站工作参数的改变都会影响全线。因此，必须采取措施统一协调全系统各站的输量和压力，如调节各站原动机的转速，改变压气机的工作特性和采用局部回流循环等，以保持压气机出口压力处于定值，并保障管道、管件和设备处于安全运行状态。

三、管道输送固体料浆流程

浆体输送是将颗粒状的固体物质与液体输送介质相混合，采用泵送的方法进行运输，并在目的地将其分离出来。输送介质通常采用清水浆体管道，一般分为两种类型，即粗颗粒浆体管道和细颗粒浆体管道。前者借助于液体的紊流使得较粗的固体颗粒在浆体中呈悬浮状态并通过管道进行输送，而后者输送的较细颗粒一般为粉末状，有时可均匀悬浮于浆体中。输送固体料浆流程如表6-2所示。

表6-2　输送固体料浆流程

序号	工艺过程	工艺说明
1	制浆	将待输送的固体破碎到所需的粒度范围内，并经筛选，组成适当的颗粒级配，再掺水制成浓度适宜的浆液，煤浆液的质量百分数一般为50%，铁矿浆液的质量百分数一般为66%
2	管道输送	根据年输送量选择适宜的管径，确定临界流速，以高于临界流速的速度输送配制好的浆液
3	固液分离	对由管道输送至末端的浆液进行脱水，分离出固体，然后提供给用户

【知识链接】

临界流速

在固体料浆管道的输送过程中，因浆液是固液混合物，流态多变，故在相同的流速下，当浆液为均质流态时，管道断面上的颗粒均匀悬浮，不会出现固体颗粒沉淀；当浆液为半均质流态时，细颗粒均匀分布在管道断面的上部，大颗粒在下部，因而下部浓度大，上部浓度小，但也不至于出现固体颗粒沉淀；当为非均质流态时，管道全断面上浓度分布很不均匀，会出现固体颗粒沉淀，在管道底部形成沉淀层。出现沉淀时的流速为浆液临界流速。只有采用临界流速以上的速度输送浆液，才能使浆液稳定流动，不致形成沉淀层。

任务四　管道运输费用核算

一、管道运输的成本

与铁路、公路、航空、水路运输一样，管道运输的固定成本高、资金周转慢。管道所有者通过购买或租借获得土地使用权，然后再修筑管道，沿途建立泵站。财产税、折旧摊销、投资回报和设备定期检修费用是导致固定费用、可变费用比率高的主要因素。

除了获得使用权，管道的终端设备也是高昂固定成本的一部分。就像地段所有权一样，终端设备同样产生折旧和财产税等费用。不同于其他运输方式，管道没有另外的交通工具，管道本身就有承载能力，它也是所有权的一部分。

由于管道运营只需要一个元素——管线，而运输工具通常是可变费用的重要组成部分，所以管道运输的可变成本较低。其中，动力系统的燃料成本也属于可变成本，并且是管道运输成本中最大的可变成本。

管道运输的劳动力成本也很低，因为管道已实现了高度自动化。例如，在加拿大修建一条穿越阿拉斯加州的管道货物运输系统，建设成本约为92亿美元，只需要10名员工来管理。对于运输相同城市间相同重量的货物，管道运输只需要员工8000人，而汽车运输则要100万人。因此，管道运输的人工成本要远远低于其他运输方式所需的人工成本。

总之，许多专家估计管道货物运输的成本一般只有铁路货物运输成本的1/5，公路货物运输成本的1/20，航空货物运输成本的1166。例如，建设一条年运输能力为1500万吨煤的铁路，需要投资8.6亿美元，而建设一条年运输能力为4500万吨煤的输送管道只需要1.6亿美元。其日常的管理人员也只有铁路货物运输的1/7。因此，管道货物运输成本只占总成本的30%～40%，有些管道运输系统可能低到25%。

二、管道运输价格的构成

相对于其他竞争者，管道运输的价格计算很独特。首先，管道并不采用铁路和公路的基于价格等级的货物分类系统。管道运输的货物种类有限和货物特定化，使其不必使用这种计价方式。原油管道或天然气管道都不需要详细的货物分类系统。

虽然管道运输的固定成本高，但普遍存在于铁路运输中的差异计价方法在管道运输中并不适用。管道这种业务的特性（单向运输、区域覆盖点的限制和物品的限制等）使它不能使用差异计价方法。

【知识链接】

管道运输价格的构成

管道运输价格的构成是以1桶（1桶等于42加仑）为单位进行报价的。管道运输的报价是典型的点对点、区对区方式，最小装载尺寸（装运量）要求在500～10 000桶。

管道运送量占全球货物总运量的20%，但收入却只有总收入的2%，可以看出管道运输的价格很低。例如，1加仑原油从美国得克萨斯州运送至纽约只要1.8美分。

水运成本与管道运输成本差不多，实际上国际超大油轮的运输成本比管道运输还要低。不过，这些巨型油轮与国内的管道运输之间并不存在竞争关系。而当管道直径达到30厘米或更大时，海运成本也很难与管道运输成本相比。

管道货物运输系统是一项综合性、跨学科的复杂系统工程，是除传统的公路、铁路、航空及水路运输之外的第五类运输和供应系统。由于近年来相关技术的不断成熟（如电子技术、信息技术、智能化技术等），该领域的研究也越来越受到重视，西方发达国家正在积极开展这方面的研究，我们也要迎头赶上，为我国综合货物运输体系的建立做出努力。

三、我国天然气价改的历史进程

我国天然气改革的历史进程如表6-3所示。

表 6-3　我国天然气价改的历史进程

关键时点	相关文件	定价方式	主要内容
1987 年以前	——	政府定价	完全由政府制定国内天然气价格
1987 年 10 月 27 日	《天然气商品量管理暂行办法》	（1）中央政府定价 （2）政府指导价 （3）协议价	（1）计划气：中央政府按不同用途、不同油田定价 （2）计划外气和西气东输、忠武线、陕京线等新建管道项目 （3）少数采用协议价
2005 年 12 月 23 日	《关于改革天然气出厂价格形成机制及近期适当提高天然气出厂价格的通知》	价格双轨制下的政府指导价	（1）一挡气（实际执行价格接近计划内气价，差距不大的油田气的气量及全部计划内气量，占全部气量的 85%）；政府指导价，用 3～5 年过渡到与可替代能源价格挂钩 （2）二挡气（一挡气以外）：980 元为基准价，与可替代能源（原油、液化石油气、煤）价格挂钩
2010 年 5 月 30 日	《国家发展改革委关于提高国产陆上天然气出厂基准价格的通知》	取消价格双轨制，实行政府指导价	各油气田（含西气东输、忠武线、陕京线、川气东送）出厂（或首站）基准价格每千立方米均提高 230 元。同时将大港、辽河和中原 3 个油气田的一、二挡气的出厂基准价格加权并轨，取消价格"双轨制"。国产陆上天然气的一、二挡的气价并轨后，将出厂基准价格允许浮动的幅度统一改为上浮 10%，下浮不限
2011 年 12 月 26 日	《国家发展改革委关于广东省、广西壮族自治区开展天然气价格形成机制改革试点的通知》	在两广地区试点，将成本加成定价改为按市场净回值定价	选取上海市场（中心市场）作为计价基准点，以进口燃料油和液化石油气作为可替代能源品种，并分别按照 60% 和 40% 的权重，加权计算等热值的可替代能源价格，然后，按照 0.9 的折价系数，把中心市场门站价格确定为等热值可替代能源价格的 90%
2013 年 6 月 28 日	《国家发展改革委关于调整天然气价格的通知》	门站价实行基于市场净回值法的政府指导价	天然气价格管理由出厂环节调整为门站环节，门站价格为政府指导价，实行最高上限价格管理。区分存量气和增量气，增量气按"两广试点方案"一步调整到位，存量气逐步调整，在"十二五"末调整到位

（续表）

关键时点	相关文件	定价方式	主要内容
2015 年 2 月 28 日	《国家发展改革委关于理顺非居民用天然气价格的通知》	对我国天然气价格形成机制进行调整	我国天然气价格改革的最终目标是放开天然气价格，由市场竞争形成，政府只对具有自然垄断性质的天然气管道运输价格进行管理

项目小结

本项目主要介绍了管道货物运输的含义、特点；阐述管道货物运输的不同分类形式；介绍了管道货物运输的发展历程；介绍了管道货物运输中的油站、输油管线等设施设备的特点及维护技术；介绍了管道运输油品、气体、固体料浆等货物的流程；介绍管道运输费用的核算的方法。

项目练习

一、填空题

1. 管道运输按所输送的物品不同，可分为_____、_____、_____、_____。
2. 管道运输设施设备的维护技术主要包括_____、_____。
3. 1885 年，_____建成了世界上第一条原油输送管道。
4. 世界上约有 85％以上的_____是用管道输送的。
5. 运输管道按用途不同可分为_____、_____、_____。

二、判断并改错题

1. 管道货物运输能够实现"门到门"的运输服务。（　　）
2. 管道货物运输主要是利用管道中的压力来完成液、气体货物运输的一种现代运输方式。（　　）
3. 一条直径为 1020 毫米的输油管道，年输油能力可达 5000 万吨，相当于一条双轨铁路的运输量。（　　）
4. 固体料浆的输送方法是将固体粉碎，掺水制成浆液，再按液体管道输送工艺用泵进行输送。（　　）
5. 实践证明，管道运输的管道口径越大，运输距离越远，运输量越大，运输成本就越高。（　　）

三、单项选择题

在下列每小题中，选择一个最合适的答案。

1. 管道建设费用比铁路低（　　）左右。

A．50%　　　　　B．60%　　　　　　C．55%　　　　　D．65%

2. 下列（　　）管道约占全世界管道总长的一半。

A．天然气　　　B．固体料浆　　　　C．成品油　　　D．原油

3. 管道运输不适用于长距离输送（　　）。

A．散状物料　　B．成品油　　　　　C．油田伴生气　D．煤炭

4. 管道货物运输属于专用运输，其成产与运销混为一体，不提供给其他发货人使用，这指的是它的（　　）特点。

A．专营性　　　B．专用性　　　　　C．灵活性　　　D．垄断性

5. 在无水的条件下，（　　）是一种最为节能的运输方式。

A．管道运输　　B．公路运输　　　　C．铁路运输　　D．航空运输

四、多项选择题

1. 下列关于我国管道货物运输发展，表述正确的有（　　）。

A．克拉玛依油田到独山子炼油厂双线输油管道，是我国第一条长输管道。

B．西气东输工程横贯中国东西部，是我国第一条世界级的天然气干线管道。

C．我国自行设计建成了山西省尖山矿区——太原钢铁厂煤气管道。

D．2013年年末，中国的长输油气管道里程已达10万余千米，成为第五大运输行业。

2. （　　）是导致固定费用、可变费用比率高的主要因素。

A．财产税　　　B．投资回报　　　　C．折旧摊销　　D．设备检修费

3. 管道货物运输的优点主要有（　　）。

A．专用性强　　B．效益好　　　　　C．环境污染小　D．建设周期短

4. 管道运输输油站的类型主要包括（　　）。

A．首输油站　　B．中间输油站　　　C．终点基地　　D．枢纽站

5. 管道货物运输的缺点主要有（　　）。

A．固定投资大　B．专营性强　　　　C．费用高　　　D．连续性差

五、简答题

1. 管道货物运输的特点有哪些？
2. 输油管道的设施设备有哪些？
3. 管道运输设备设施的维护技术有哪些？
4. 管道运输油品的流程有哪些？

项目七　集装箱货物运输

【项目导读】

　　集装箱货物运输是以集装箱作为运输单位进行货物运输的一种现代化的运输方式，它适用于海洋运输、铁路运输及国际多式联运等。它是一种新型的、先进的现代化运输。它能将数量众多的货物集中装入一个特制的容器，由发货人仓库直接运到收货人仓库，实行"门到门"运输；能做到取货上门，送货到家，铁路、水运、公路、航空联运。用这种方法运输，简便、迅速、安全、经济。

【项目目标】

> 理解集装箱的含义、分类、换算单位和标记方法。
> 掌握集装箱运输的分类。
> 了解集装箱货物的交接地点和方式。
> 掌握集装箱货物运输的作业流程。
> 了解常用的集装箱货物运输单证。
> 理解集装箱货物运输的核算方法。

【项目任务】

　　途乐物流公司的小李最近听一个朋友说，其公司最近接到三个集装箱运输业务，时间较紧，从上海到大连铁路1 200千米，公路1 500千米里，水路1 000千米。该公司自有10辆10吨普通卡车和一个自动化立体仓库，经联系附近一家联运公司虽无集装箱卡车，但却有专业人才和货代经验，只是要价比较高，至于零星集装箱安排落实车皮和船舱，实在心中无底，因小李在该公司工作，该公司有很丰富的承接业务经验，于是小李朋友就请教途乐公司的同事。

　　试分析：采取什么措施比较妥当？

任务一　集装箱基本知识

　　集装箱是指具有一定强度、刚度和规格专供周转使用的大型载货容器。使用集装箱转运货物，可直接在发货人的仓库装货，运到收货人的仓库卸货，中途更换车、船时，无须将货物从箱内取出换装。

按国际标准化组织（ISO）第104技术委员会的规定，集装箱应具备下列条件。

（1）能长期的反复使用，具有足够的强度。

（2）途中转运时不用移动箱内货物，就可以直接换装。

（3）可以进行快速装卸，并可从一种运输工具直接方便地换装到另一种运输工具。

（4）便于货物的装满和卸空。

（5）具有1立方米或以上的容积。

满足上述五个条件的大型装货容器才能称为集装箱。

一、集装箱的分类

运输货物用的集装箱种类繁多，从运输家用物品的小型折叠式集装箱直到40英尺标准集装箱，以及航空集装箱等，不一而足。这里仅介绍在海上运输中常见的国际货运集装箱类型。

（一）按用途不同分类

集装箱按箱内所装货物一般分为以下几种。

1．通用干货集装箱

通用干货集装箱（Dry Cargo Container）也称为杂货集装箱，用来运输无须控制温度的件杂货。其使用范围极广，据1983年的统计，世界上300万个集装箱中，杂货集装箱占85%，约为254万个。这种集装箱通常为封闭式，在一端或侧面设有箱门，如图7-1所示。

这种集装箱通常适用于除冷冻货、活动物、植物以外，不需要调节温度，且在尺寸、重量等方面均适用于箱内的所有货物，如交电类、仪器仪表类、小型机械类、玻璃陶瓷建材类、工艺品类、文教体育用品类、医药类、烟酒食品类、日用品类、化工类、针纺织品类、小五金及其他适合集装箱装运的货物。这是平时最常用的集装箱。不受温度变化影响的各类固体散货、颗粒或粉末状的货物都可以由这种集装箱装运。

2．保温集装箱

保温集装箱（Keep Constant Temperature Container）。它们用于运输需要冷藏或保温的货物。所有箱壁都是采用导热率低的材料隔热而制成的。保温集装箱可分为以下三种。

（1）冷藏集装箱。冷藏集装箱（Reefer Container）是以运输冷冻食品为主，能保持所定温度的集装箱。它是专为运输如鱼、肉、新鲜水果、蔬菜等食品而特殊设计的，如图7-2所示。目前国际上采用的冷藏集装箱基本上分两种：一种是集装箱内带有冷冻机的，叫机械式冷藏集装箱；另一种箱内没有冷冻机而只有隔热结构，即在集装箱端壁上设有进气孔和出气孔，箱子装在舱中，由船舶的冷冻装置供应冷气，这种叫作离合式冷藏集装箱，又称外置式或夹箍式冷藏集装箱。

（2）隔热集装箱。隔热集装箱（Insulated Containers）是为载运水果、蔬菜等货物，防止温度上升大，以保持货物鲜度而设计的具有充分隔热结构的集装箱。通常用干冰作制冷剂，保温时间为72小时左右，如图7-3所示。

（3）通风集装箱。通风集装箱（Ventilated Container）是为装运水果、蔬菜等不需要冷冻而具有呼吸作用的货物，在端壁和侧壁上设有通风孔的集装箱，如将通风口关闭，同样可以作为杂货集装箱使用，如图7-4所示。

图7-1　干货集装箱

图7-2　冷藏集装箱

图7-3　隔热集装箱

图7-4　通风集装箱

3．罐式集装箱

罐式集装箱（Tank Container）是专用以装运酒类、油类（如动植物油）、液体食品以及化学品等液体货物的集装箱，如图7-5所示。它还可以装运其他液态的危险货物。这种集装箱有单罐和多罐数种，罐体四角由支柱、撑杆构成整体框架。

4．散装集装箱

散货集装箱（Bulk Container）是一种密闭式集装箱，有玻璃钢制和钢制的两种。前者由于侧壁强度较大，故一般装载麦芽和化学品等相对密度较大的散货，后者则用于装载相对密度较小的谷物。散货集装箱顶部的装货口应设水密性良好的盖，以防雨水侵入箱内。

5．台架式集装箱

台架式集装箱（Platform Based Container）没有箱顶和侧壁，甚至连端壁也去掉而只有底板和四个角柱的集装箱，如图7-6所示。这种集装箱可以从前后、左右及上方进行装卸作业，适合装载长大件和重货件，如重型机械、钢材、钢管、木材、钢锭等。台架式的集装箱没有水密性，怕水湿的货物不能装运，或用帆布遮盖装运。

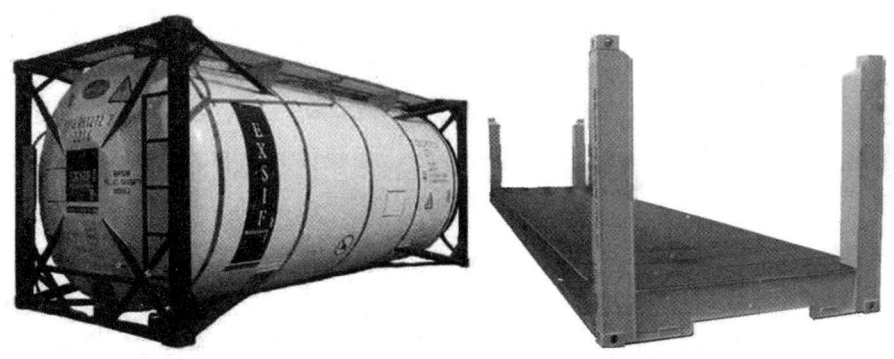

图 7-5　罐式集装箱　　　　　　　　　　　图 7-6　台架式集装箱

6. 平台集装箱

平台集装箱（Platform Container）是在台架式集装箱上再简化而只保留底板的一种特殊结构集装箱。平台的长度与宽度与国际标准集装箱的箱底尺寸相同，可使用与其他集装箱相同的紧固件和起吊装置。这一集装箱的出现打破了过去一直认为集装箱必须具有一定容积的概念。

7. 敞顶式集装箱

敞顶式集装箱（Open Top Container）是一种没有刚性箱顶的集装箱，但有由可折叠式或可折式顶梁支撑的帆布、塑料布或涂塑布制成的顶篷，其他构件与通用集装箱类似，如图 7-7 所示。这种集装箱适于装载大型货物和重货，如钢铁、木材，特别是像玻璃板等易碎的重货，利用吊车从顶部吊入箱内不易损坏，而且也便于在箱内固定。

8. 汽车集装箱

汽车集装箱（Car Container）。它是一种运输小型轿车用的专用集装箱，其特点是在简易箱底上装一个钢制框架，通常没有箱壁（包括端壁和侧壁），如图 7-8 所示。这种集装箱分为单层的和双层的两种。因为小轿车的高度为 1.35～1.45 米，如装在 8 英尺（2.438米）的标准集装箱内，其容积要浪费 2/5 以上，因而出现了双层集装箱。这种双层集装箱的高度有两种：一种为 10.5 英尺（3.2 米），一种为 8.5 英尺高的 2 倍。因此汽车集装箱一般不是国际标准集装箱。

图 7-7　敞顶式集装箱　　　　　　　　　　图 7-8　汽车集装箱

9. 牲畜集装箱

牲畜集装箱（Pen Container or Live Stock Container）是一种装运鸡、鸭、鹅等活家禽和牛、马、羊、猪等活家畜用的集装箱。为了遮蔽太阳，箱顶采用胶合板露盖，侧面和端面都有用铝丝网制成的窗，以求有良好的通风，如图 7-9 所示。侧壁下方设有清扫口和排水口，并配有上下移动的拉门，可把垃圾清扫出去。还装有喂食口。牲畜集装箱在船上一般应装在甲板上，因为甲板上空气流通，便于清扫和照顾。

10. 挂式集装箱

挂式集装箱（Garment Container）是在箱内上侧梁上装有许多根横杆，每根横杆上垂下若干条皮带扣、尼龙带扣或绳索，成衣利用衣架上的钩，直接挂在带扣或绳索上，如图7-10 所示。这种服装装载法属于无包装运输，它不仅节约了包装材料和包装费用，而且减少了人工劳动，提高了服装的运输质量。

图 7-9 牲畜集装箱　　　　　　　　图 7-10 挂式集装箱

11. 折叠集装箱

折叠式集装箱（Collapsible Container），是把所有部件指集装箱的主要部件，如侧壁、端壁、箱顶等）能简单地折叠或分解，再次使用时可以方便地再组合起来，如图 7-11 所示。可折叠式集装箱卸货后可收叠堆放，卡车、火车或货轮回程载运的空柜数量将因此增加 3 倍，使载运空集装箱的成本降低 75%。

图 7-11　折叠式集装箱

（二）按材料不同分类

集装箱按材料不同可以分为以下几种。

1. 钢集装箱

钢集装箱的外板用钢板，结构部件也均采用钢材。这种集装箱最大优点是强度大、结构牢，焊接性和水密性好，且价格低廉。但其重量大，易腐蚀生锈。由于自重大，降低了装货量；而且每年一般需要进行两次除锈涂漆，使用期限较短，一般为 11～12 年。

2. 铝集装箱

通常说的铝集装箱，并不是纯铝制成的，而是各主要部件使用最适量的各种轻铝合金，故又称铝合金集装箱。一般都采用铝镁合金，这种铝合金集装箱的最大优点是重量轻，铝合金的相对密度约为钢的 1/3，20 英尺的铝集装箱的自重为 1700 千克，比钢集装箱轻 20%～25%，故同一尺寸的铝集装箱可以比钢集装箱装更多的货物。铝集装箱不生锈，外表美观。

铝镁合金在大气中能自然形成氧化膜，可以防止腐蚀，但遇海水则易受腐蚀，如采用纯铝包层，就能对海水起很好的防蚀作用，最适合于海上运输。铝合金集装箱的弹性好，加外力后容易变形，外力除去后一般就能复原。因此最适合于在有箱格结构的全集装箱船上使用。此外，铝集装箱加工方便，加工费低，一般外表需要涂其他涂料，维修费用低，使用年限长，一般为 15～16 年。

3. 玻璃钢集装箱

玻璃钢集装箱是用玻璃纤维和合成树脂混合在一起制成薄薄的加强塑料，用黏合剂贴在胶合板的表面上形成玻璃钢板而制成的集装箱。玻璃钢集装箱的特点是强度大、刚性好。玻璃钢的隔热性、防腐性、耐化学性都比较好，能防止箱内产生结露现象，有利于保护箱内货物不遭受湿损。玻璃钢板可以整块制造，防水性好，还容易清洗。此外，这种集装箱还有不生锈、容易着色的优点，故外表美观。由于维修简单，维修费用也低。玻璃钢集装箱的主要缺点是重量较大，与一般钢集装箱相差无几，价格也较高。

4. 不锈钢集装箱

不锈钢是一种新的集装箱材料，它有如下优点：强度大，不生锈，外表美观；在整个使用期内无须进行维修保养，故使用率高，耐蚀性能好。其缺点是：价格高，初始投资大；材料少，大量制造有困难，目前一般都用作罐式集装箱。

（三）按结构不同分类

集装箱按结构不同分类可以分为以下几种。

1. 内柱式和外柱式集装箱

这里的"柱"指的是集装箱的端柱和侧柱。内柱式集装箱即侧柱和端柱位于侧壁和端壁之内；反之则是外柱式集装箱。一般玻璃钢集装箱和钢集装箱均没有侧柱和端柱，故内柱式和外柱式集装箱均指铝集装箱而言。内柱式集装箱的优点是外表平滑、美观，受斜向外力不易损坏，印刷标记时比较方便。外板和内衬板之间隔有一定空隙，防热效果较好，能减少货物的湿损。外柱式集装箱的优点是受外力作用时，外力由侧柱或端柱承受，起到了保护外板的作用，使外板不易损坏。由于集装箱内壁面平整，有时也不需要有内衬板。

2．折叠式和固定式集装箱

折叠式集装箱使侧壁、端壁和箱门等主要部件能很方便地折叠起来，反复使用时可再次撑开的一种集装箱。反之，各部件永久固定的组合在一起的称固定式集装箱。折叠式集装箱主要是在货源不平衡的航线上，为了减少回空时的舱容损失而设计的。目前，使用最多的还是固定式集装箱。

3．预制骨架式集装箱和薄壳式集装箱

集装箱的骨架由许多预制件组合起来，并由它承受主要载荷，外板和骨架用铆接或焊接的方式连为一体，称之为预制骨架式集装箱。通常是铝质和钢质的预制骨架式集装箱，外板采用铆接或焊接的方式与骨架连接在一起，而玻璃钢的预制骨架式集装箱，其外板用螺栓与骨架连接。薄壳式集装箱则把所有构件结合成一个刚体，其优点是重量轻，受扭力作用时不会引起永久变形，所以集装箱的结构一般或多或少都采用薄壳理论进行设计。

（四）按外部尺寸不同分类

目前，国际标准集装箱的宽度均为 8 英尺，高度有 8 英尺、8 英尺 6 英寸和小于 8 英尺三种；长度有 40 英尺、30 英尺、20 英尺和 10 英尺四种。

此外，还有一些国家颁布的各自标准下所使用的集装箱，以及一些集装箱运输的先驱者，主要是美国的海陆公司和麦逊公司，根据本公司的具体条件，制定的本公司使用的集装箱标准。

二、集装箱计算单位

集装箱计算单位（twenty-feet equivalent units 简称：TEU）又称 20 英尺换算单位，是计算集装箱箱数的换算单位，也称国际标准箱单位。

目前，各国大部分集装箱运输，都采用 20 英尺和 40 英尺长的两种集装箱。为使集装箱箱数计算统一化，把 20 英尺集装箱作为一个计算单位，40 英尺集装箱作为两个计算单位，以利统一计算集装箱的营运量。

三、集装箱的标记

（一）集装箱标记的规定

1．加盖耐久不变的标记的地方要适当、显明，并载明下列各点。

（1）所有人或主要营运人的名号。

（2）所有人或营运人所定集装箱标记和编号。

（3）集装箱的皮重，包括集装箱的一切永久固定配件在内。

2．集装箱所有权国家，可以用全名或国际公路交通上用来表示汽车登记国的辨别记号加以标明。

3．经核准凭海关封条运货的集装箱，应另附下列各点说明，载于核准牌上面。

（1）制造厂商所编的联号（制造厂商号码）。

（2）若经按照设计种类核准，则应载明这一种类的识别编号或字母。

（二）必备标记

为了在集装箱运输过程中，便于识别管理、编制运输文件和信息的传输和处理，必须在集装箱箱体上标打标记，标记要求清晰、易辨、耐久。国内使用的集装箱按国家标准标记；国际使用的集装箱按国际标准 ISO 6346—1995 标记。主要标记有以下几部分。

1．识别标记

（1）箱主代号。箱主代号是表示集装箱所有人的代号，用 4 个大写拉丁字母表示，前三位由箱主自己规定，为了区别其他设备，第四个字母规定用"U"（为国际标准中海运集装箱的代号）表示。箱主在使用集装箱前应向本国主管部门注册登记以避免重号。国际使用的集装箱，箱主应向国际集装箱局注册登记。如中国远洋运输（集团）总公司的箱主代号为"COSU"。

我国铁路集装箱箱主代号是 TBJU，T—铁路，B—部，J—集装箱，U—国际标准中海运集装箱的代号。

（2）顺序号和核对数字。顺序号又称集装箱的箱号，用 6 位阿拉伯数字表示，如果数字不足 6 位时，则在数字前加 0。如有效数字为 123，则集装箱号应为 000123。

（3）核对数字，是由一位阿拉伯数字表示，位于六位箱号之后，置于方框之中。设置核对数字的目的，是为了防止箱号在记录时发生差错。因此，核对数字是箱主代号和顺序号在传输时记录验证其准确性的手段。

2．作业标记

（1）额定重量和自定重量标记。额定重量和空箱重量。最大总量用 MAXGROSS：×××××（千克）表示，是集装箱的自重与最大载货量之和，它是一个常数，任何类型的集装箱装载货物后，都不能超过这一质量。箱重用 TARE×××（千克）表示，是指集装箱的空箱质量。集装箱的额定重量和空箱重量应标于箱门上，国际标准化组织要求用英文"MAXGROSS"（或 MGW）和"TARE"表示，两者均以"千克"和"磅"同时标记。

（2）空陆水联运集装箱标记。由于该集装箱的强度仅能堆码两层。因而国际标准化组织对该集装箱规定了特殊的标记，该标记为黑色，位于侧壁和端壁的左上角，并规定标记的最小尺寸为：高 127mm，长 355mm，字母标记的字体高度至少为 76mm。

（3）登箱顶触电警告标记。该标记为黄色底黑色三角形，一般设在罐式集装箱和位于登顶箱顶的扶梯处，以警告登顶者有触电危险。

（三）自选标记

1．识别标记

（1）国家和地区代号，如中国用 CN；美国用 US。

（2）尺寸和类型代号（箱型代码）。国际标准化组织规定尺寸和类型代号由 4 个阿拉伯数字组成，前两位为表示尺寸的特性，如，20 表示 20ft 长、8ft 高的集装箱。后两位数字表示集装箱的类型。如 00～09 为通用集装箱，30～49 为冷藏集装箱，50～59 为敞顶式集装箱。

2．作业标记

（1）超高标记，该标记为在黄色底上标出黑色数字和边框，此标记贴在集装箱每侧的左下角，距箱底约 0.6m 处，同时该贴在集装箱主要标记的下方。凡高度超过 2.6m 的集装箱应贴上此标记。

（2）国际铁路联盟标记。凡符合《国际铁路联盟条列》规定的集装箱，可以获得此标记。该标记是在欧洲铁路上运输集装箱的必要通行标记。

3．通行标记

集装箱在运输过程中能顺利通过或进入它国国境，箱上必须贴有按规定要求的各种通行标记，否则，必须办理烦琐证明手续，延长了集装箱的周转时间。

集装箱上主要的通行标记有：安全合格牌照、集装箱批准牌照、防虫处理板、检验合格徽及国际铁路联盟标记等。

（四）标记的书写与位置

1．标记的尺寸与颜色

标记的尺寸除额定重量、自重、载重和内部容积的字体高度不小于 50 毫米外，其余都不应小于 10 毫米。字体的宽度和笔画粗细均匀并有适当的比例，字迹应当鲜明、耐久，并明显区别于集装箱本身的颜色。

2．标记代号的布置格式

集装箱标记的布置顺序依次是：箱主代号，集装箱顺序号和核对数字，国家代号，尺寸代号，类型代号。

（1）箱主代号、顺序号和核对数字布置成单行横排示记。

（2）箱主代号和顺序号之间至少留一个字体的间隙。

（3）顺序号和核对数字之间应有一个字体的间隙，或者在核对数字上加一个框。

例如：COSU 001234 2 RCX 2030

　　COSU—箱主代号，表示中国远洋运输公司。

　　001234—顺序号、箱号。

　　2—核对号。

　　RCX—国籍代号，表示中国台湾省。

　　20—尺寸代号，表示 20 英尺长，8 英尺高。

　　30—类型代号，表示冷藏集装箱。

3．标记的位置

集装箱的箱主代号、顺序号和核对数字按上述布置形式分别标于集装箱两端和两侧的右上角以及箱顶的两端，国家代号和尺寸类代号按上述格式标于箱主代号和顺序号的下面，额定重量和自重等标记标于箱门上述标记的下方，如图 7-12 所示。

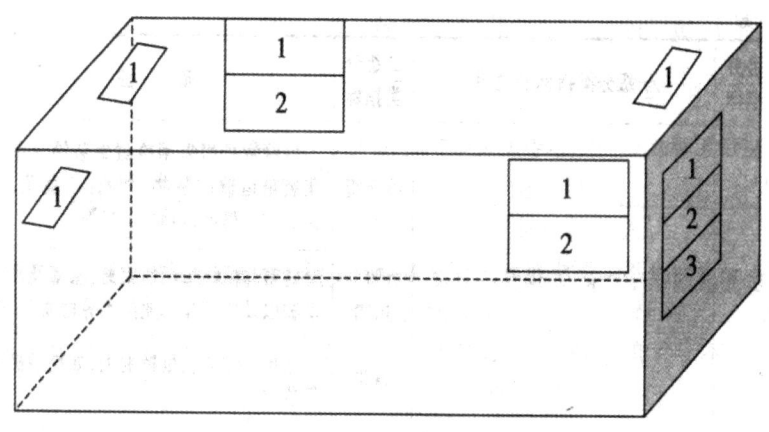

图 7-12　集装箱有关标记的位置图

1—标注箱主代号、顺序号和核对数字；2—标注国家和地区代号、尺寸和类型代号
3—标注最大总质量和箱体质量

任务二　集装箱运输基本知识

集装箱货物运输是指以集装箱这种大型容器为载体，将货物集合组装成集装单元，以便在现代流通领域内运用大型装卸机械和大型载运车辆进行装卸、搬运作业和完成运输任务，从而更好地实现货物"门到门"运输的一种新型、高效率和高效益的运输方式。

一、集装箱运输的特点

现代集装箱货物运输具有高效益、高效率、高投资、高协作的运输特点。

（一）高效益的运输方式

1．简化包装，大量节约包装费用

为避免货物在运输途中受到损坏，必须有坚固的包装，而集装箱具有坚固、密封的特点，其本身就是一种极好的包装。使用集装箱可以简化包装，有的甚至无须包装，实现件杂货无包装运输，可大大节约包装费用。

2．减少货损货差，提高货运质量

由于集装箱是一个坚固、密封的箱体，集装箱本身就是一个坚固的包装。货物装箱并铅封后，途中无须拆箱倒载，一票到底，即使经过长途运输或多次换装，也不易损坏箱内货物。集装箱货物运输可减少被盗、潮湿、污损等引起的货损和货差，深受货主和船公司的欢迎，并且由于货损货差率的降低。减少了社会财富的浪费，也具有很大的社会效益。

3．减少营运费用，降低运输成本

由于集装箱的装卸基本上不受恶劣气候的影响，船舶非生产性停泊时间缩短，又由于装卸效率高，装卸时间缩短，对船公司而言，可提高航行率，降低船舶运输成本，对港口

而言，可以提高泊位通过能力，从而提高吞吐量，增加收入。

（二）高效率的运输方式

（1）普通货船装卸，一般每小时为 35 吨左右，而集装箱装卸，每小时可达 400 吨左右，装卸效率大幅度提高。同时，由于集装箱装卸机械化程度很高，因而每班组所需装卸工人数很少，平均每个工人的劳动生产率大大提高。

（2）由于集装箱装卸效率很高，受气候影响小，船舶在港停留时间大大缩短，因而船舶航次时间缩短，船舶周转加快，航行率大大提高，船舶生产效率随之提高，从而提高了船舶运输能力。在不增加船舶艘数的情况下，可完成更多的运量，增加船公司收入，这样的高效率导致高效益。

（三）高投资的运输方式

1. 船公司必须对船舶和集装箱进行巨额投资

有关资料表明，集装箱船每立方英尺的造价约为普通货船的 3.7～4 倍。集装箱的投资相当大，开展集装箱货物运输所需的高额投资，使得船公司的总成本中固定成本占有相当大的比例，高达 2/3 以上。

2. 集装箱货物运输中港口的投资也相当大

用集装箱泊位的码头设施包括码头岸线和前沿、货场、货运站、维修车间、控制塔、门房，以及集装箱装卸机械等，耗资巨大。

3. 需有相应的内陆设施及内陆货运站等配套建设

需要兴建、扩建、改造、更新现有的公路、铁路、桥梁、涵洞等，这方面的投资更是惊人。可见，没有足够的资金开展集装箱货物运输，实现集装箱化是困难的，必须根据国力量力而行，最后实现集装箱化。

（四）高协作的运输方式

集装箱货物运输涉及面广、环节多、影响大，是一个复杂的运输系统工程。集装箱货物运输系统包括海运、陆运、空运、港口、货运站及与集装箱货物运输有关的海关、商检、船舶代理公司、货运代理公司等单位和部门。如果互相配合不当，就会影响整个运输系统功能的发挥；如果某一环节失误，必将影响全局，甚至导致运输生产停顿和中断。因此，要求搞好整个运输系统各环节、各部门之间的高度协作。

（五）适于组织多式联运

由于集装箱货物运输在不同运输方式之间换装时，无须搬运箱内货物而只需要换装集装箱，从而提高了换装作业效率，适合于不同运输方式之间的联合运输。在换装转运时，海关及有关监管单位只需要加封或验封转关放行，从而提高了运输效率。

（六）专业化、标准化的运输方式

集装箱的标准化主要体现在以下几个方面。

（1）箱型的标准化及货物在箱内运输带来的货物重量和外形尺寸的标准化。

（2）各种运输方式中运输工具的专业化和标准化。

（3）各类港、站设施的专业化和结构、布局及设计要求的标准化。

（4）各类装卸、搬运机械设备的标准化。

（5）运输管理组织、运输装卸技术工艺的标准化。

（6）运输法规、运输单据的统一化、标准化。

（七）复杂的运输系统工程

由于国际集装箱货物运输与多式联运是一个资金密集、技术密集及管理要求很高的行业，是一个复杂的运输系统工程。这就要求管理人员、技术人员、业务人员等具有较高的素质才能胜任工作，才能充分发挥国际集装箱货物运输的优越性。

二、集装箱货物的分类

（一）按货物性质不同分类

按货物性质不同分类，集装箱货物可分为普通杂货和特殊货物。

1．普通杂货

根据其包装形式和货物的性质又可分清洁货和污货两类。

清洁货是指清洁而干燥，在积载和保管时，货物本身无特殊要求，如与其他货物混载不会损坏或污染其他货物的货物。如罐头食品、纺织品、棉纱、布匹、橡胶制品、陶瓷器、漆器、电器制品、玩具等。

污货又称"粗货"，是指按货物本身的性质和状态，容易发潮、发热、风化、融解、发臭，或者有可能渗出液汁、飞扬货粉、产生害虫而使其他商品遭受严重损失的货物。属于这一类货物的有渗出液汁的兽皮；飞扬粉末的水泥、石墨；污损其他货物的油脂、沥青；生虫的椰子核、牛骨、干燥生皮；发生强烈气味或臭气的胡椒、樟脑、牛皮等。

2．特殊货物

它是指货物在性质上、重量上、价值上或货物形态上具有特殊性，运输时需要用特殊集装箱装载的货物。它包括冷藏货、活动植物、重货、高价货、危险货、液体货、易腐货和散货等许多种。不同的货物适合于不同的集装箱，而不同的集装箱对货物有着不同的适用性。在实践中可参照表 7-1 加以应用。

表 7-1　集装箱种类及其对货物种类的适用性

集装箱种类	货物种类
敞顶集装箱	清洁货、污货、箱装货、危险货、滚筒货、卷盘货等
合架式集装箱	超高货、超重货、清洁货、长件货、易腐货、污货等
（台架式集装箱	超高货、超重货、袋装货、捆装货、长件货、箱装货等
散货集装箱	散货、污货、易腐货等
平台集装箱	超重货、超宽货、长件货、散件货、托盘货等

续表）

集装箱种类	货物种类
通风集装箱	冷藏货、动植物检疫货、易腐货、托盘货等
牲畜集装箱	动植物检疫货
罐式集装箱	液体货、气体货等
冷藏集装箱	冷藏货、危险货、污货等

（二）按适箱程度分类

按适箱程度分类，集装箱货物可分为最适合装箱货、适合装箱货、边缘装箱货和不适合装箱货。

1．最适合装箱货

这是指货物本身价值高，对运费的承受能力大，而且通常具有装箱效率高的特点的货物。因为这些货物的尺寸、容积与重量都适合装箱。属于这一类商品有：各种酒类、香烟及烟草、药品、塑料及其制品、纺织品、小型电器、光学仪器、打字机、各种家用电器和小五金等。冷藏集装装运的果蔬及肉类、乳酪等也属于此类，这些货物一般也都易被盗窃和损坏。

2．适合装箱货

这一类货物是指货物价格一般，运费比最适合装箱货便宜，不易受损坏和盗窃，比较适合集装箱运输的货物。属于这一类的商品有：纸浆、罐装植物油、电线、电缆、金属制品、皮革、炭精棒、黑色颜料、煤焦油等支付赔偿费较大的商品。

3．边缘装箱货

边缘装箱货又称边际装箱货或临界装箱货。这一类货是指介于适合与不适合装箱之间的价格低廉，对运费的承受能力较差的甚至在形状上也是难以进行集装箱化的货物。从技术上看是可以装箱的，但从经济上看装箱并不是有利的，因为它们价格低、运价也低，而且在包装方面均难以进行集装箱化。属于这一类的商品有：钢锭、铅锭、生铁块、原木、砖瓦等。这些商品一般不容易受损坏或被盗窃。

4．不适合装箱货

这是指那些从技术上看装箱有困难，或货流量大时可以用专门运输工具(包括专用车、专用船)运输的货物（因为利用专用运输工具可以提高装卸效率，降低成本）。例如原油、砂糖等均有专门的油船、矿砂船及其他散货船装运，原油和矿砂等宜装箱运输。又例如桥梁、铁路、大型发电机等设备，由于尺度大大超过国际标准集装箱中最大尺寸的集装箱，故装箱有困难，但可以装在组合式的平台箱上运载。

集装箱运输所指的适箱货源（物），主要是前两类货物，即最适合装箱货和适合装箱货。对于适箱货源，采用集装箱方式运输是有利的。

（三）按托运货物批量分类

按托运货物批量分类，集装箱货物可分为整箱货和拼箱货。

1．整箱货

整箱货（Full container load，FCL）是指一个货主托运的足以装满一个集装箱的货物，由货方负责装箱和计数，填写装箱单，并加封志的集装箱货物，通常只有一个发货人和一个收货人。

国际公约或各国海商法没有整箱货交接的特别规定，而承运人通常根据提单正面和背面的印刷条款以及提单正面的附加条款，承担在箱体完好和封志完整的状况下接受并在相同的状况下交付整箱货的责任。在目前的海上货运实践中，班轮公司主要从事整箱货的货运业务。

2．拼箱货

拼箱货（Less container load，LCL）是指承运人（或代理人）接受货主托运的数量不足整箱的小票货运后，根据货类性质和目的地进行分类整理，把去同一目的地的货，集中到一定数量，负责拼装入箱和计数，填写装箱单，并加封志的集装箱货物，通常每一票货物的数量较少，因此装载拼箱货的集装箱内的货物会涉及多个发货人和多个收货人。承运人负责在箱内每件货物外表状况明显良好的情况下接受并在相同的状况下交付拼箱货。在目前的货运实践中，主要由拼箱集运公司从事拼箱货的货运业务。

三、集装箱货物的交接

（一）交接地点

货物运输中的交接地点是指根据运输合同，承运人与货方交接货物、划分责任风险和费用的地点。目前，集装箱运输中货物的交接地点有门（双方约定的地点）、集装箱堆场、船边或吊钩或集装箱货运站。

1．门

门（Door）是指收、发货人的工厂、仓库或双方约定收、交集装箱的地点。在多式联运中经常使用。

2．集装箱堆场

集装箱堆场（Container Yard，CY）集装箱堆场，简称"场"，是交接和保管空箱（Empty Container）和重箱（Loaded Container）的场所，也是集装箱换装运输工具的场所。

3．船边或吊钩

船边或吊钩（Ship's Rail or Hook/Tackle）简称"钩"，是指装货港或卸货港的装卸船边或码头的集装箱装卸吊具，是区分运输装卸费用责任的界限。

4．集装箱货运站

集装箱货运站（Container Freight Station CFS）简称"站"，是拼箱货交接和保管的场所，也是拼箱货装箱和拆箱的场所。门、场、钩主要是整箱货（FCL）的交接场所，站主要是拼箱货（LCL）的交接场所。

（二）交接方式

集装箱货物的交接方式主要有以下几种。

（1）从门到门交接。从门到门交接（Door/Door）形式习惯上只有一个发货人、收货人，由承运人负责内陆运输，也就是说在发货人工厂或仓库接收货箱后，负责将货箱运至收货人的工厂或仓库，从门到门交接的货物是整箱货。

（2）从门到场交接。从门到场交接（Door/CY）是在发货人的工厂或仓库接收货箱后，由承运人负责运至卸船港集装箱码头堆场交货，目的地的内陆运输则由收货人自己负责安排。

（3）从门到站交接。从门到站交接（Door/CFS）是在发货人的工厂或仓库接收货箱后，由承运人负责运至目的地集装箱货运站交货，即整箱货接收，拼箱货交付。

（4）从门到钩交接。从门到钩交接（Door/Hook）是在发货人的工厂或仓库接收货箱后，由承运人负责运至卸货港码头，并在船边交货，通常为整箱货。此时货物的卸船费用多由承运人负担，但也可约定由收货人承担。

（5）从场到门交接。从场到门交接（CY/Door）是指在装船港集装箱码头堆场接收货箱，由承运人负责运至收货人工厂或仓库交货的交接方式，即整箱接收，整箱交付。

（6）从场到场交接。从场到场交接（CY/CY）是在装船港集装箱码头堆场接收货箱，并将其运至卸船港集装箱码头堆场的交接方式。

（7）从场到站交接。从场到站交接（CY/CFS）是在装船港集装箱码头堆场接收货箱，并将其运至目的地集装箱货运站的交接方式。

（8）从场到钩交接。从场到钩交接（CY/Hook）是在装货港集装箱码头堆场接受货箱，并将其运至卸货港码头，并在船边交货的交接方式。

（9）从站到门交接。从站到门交接（CFS/Door）是在起运地集装箱货运站接收货箱后，将其运至收货人工厂或仓库的交接方式。

（10）从站到场交接。从站到场交接（CFS/CY）是在起运地集装箱货运站接收货箱后，将其运至卸船港集装箱码头堆场的交接方式。

（11）从站到站交接。从站到站交接（CFS/CFS）是在起运地集装箱货运站接收货物，并将其运至目的地集装箱货运站交付的方式。

（12）从站到钩交接。从站到钩交接（CFS/Hook）是在起运地集装箱货运站接收货物，并将其运至卸货港码头，并在船边交付的方式。

（13）从钩到门交接。从钩到门交接（Hook/Door）是在起运港码头船边接收货箱，并将其运至目的地收货人工厂或仓库交付的方式。

（14）从钩到场交接。从钩到场交接（Hook/CY）是在起运港码头船边接收货箱，并将其运至卸货港集装箱场站堆场交付的方式。

（15）从钩到站交接。从钩到站交接（Hook/CFS）是在起运港码头船边接收货箱，并将其运至卸货港集装箱货运站交付的方式。

（16）从钩到钩交接。从钩到钩交接（Hook/Hook）是在起运港码头船边接收货箱，并将其运至卸货港码头，在船边交付的方式。

在不同的交接方式下，承托双方的责任是不一样的，要分清责任。

四、集装箱货物运输单证

集装箱货物运输单证主要有以下几个。

（一）空箱提交单

空箱提交单（Equipment Despatch Order）又称集装箱发放通知单，俗称提箱单，是船公司或其代理人指示集装箱堆场将空集装箱及其他设备提交给本单持有人的书面凭证。集装箱的空箱提交单一式三份，发货人或其代理人凭订舱委托书，接受订舱委托后，由船公司或其代理人签发，除自留一联备查外，发货人或其代理人和存箱的集装箱堆场或空箱储存场各执一联。

（二）订舱单

订舱单（Booking Note）有时叫托运申请书，是航运公司用于接受、安排集装箱货物运输而制定的单证。一经承运部门确认即作为承托双方的订舱有效凭证。

（三）装货单

装货单（Shipping Order）由承运人或其代理人签章，既是货物办理托运的凭证，又是通知船上接受承运货物装船的凭证。装货单通常一式三联，第一联留底，作为编制装货清单用；第二联是装货单本身，货方凭此向海关办理货物出 1∶3 申报手续，又称关单；第三联是收货单，又称大副收据，是承运人收到货物的凭证，也是发货人换取提单的　依据。

（四）装货清单

装货清单（Loading List）是由承运人或其代理人，根据本航次所托运的货物，按先后到港把性质接近的货物加以归类后制成的一张装货单的汇总清单。

（五）装箱单

集装箱装箱单（Container Load Plan，CLP 或 Packing List）是详细记载每一个集装箱内所装货物的名称、数量及箱内货物积载顺序的单证。它的主要内容包括：船名、航次、装货港、卸货港、收货地点、交货地点、集装箱号、集装箱规格、铅封号、场站收据或提单号码、发货人、收货人、通知人，以及货物名称、件数、包装、标记、重量、尺码等。对特殊货物还需说明闪点（对危险品）、箱内温度要求（对保温或冷藏货）、是否检疫等内容。

（六）设备交接单

设备交接单是集装箱所有人或租用人委托集装箱装卸区、中转站或内陆站与货方即用箱人或其代表之间交接集装箱及承运设备的凭证。交接单由承运人或其代理人签发给货方，据以向区、站领取或送还重箱或轻箱。

在进出口货运业务中，凡是涉及集装箱等设备的交接作业时，必须缮制相应的设备交接单。在使用中，要求必须做到"一箱一单、箱单相符、箱单同行"。用箱人、运箱人要凭设备交接单进出港区、场站，到设备交接单指定的提箱地点提箱，并在规定的地点还箱。

与此同时，用箱人还必须在规定的日期、地点将箱子和机械设备如同交付时状态还给管箱人或其代理人，对集装箱的超期使用或租用，用箱人应支付超期使用费；对使用或租用期间发生的任何箱子及设备的灭失和损坏，用箱人应承担赔偿责任。

（七）特殊货物清单

集装箱内装运危险货物、动物货、植物货及冷冻货物等特殊货物时，托运人在托运这些货物时，必须根据有关规章，事先向船公司或其代理人提交相应的危险货物清单、动物货清单、植物货清单和冷冻（藏）货集装箱清单。

（八）场站收据

场站收据（Dock Receipt）是承运人委托集装箱装卸区、中转站或内陆站搜到整箱货或拼箱货后签发的收据。场站收据由发货人编制。当同一批货物装有几个集装箱时，先凭此装箱及验收，直到最后一个集装箱验收完毕时，才由场站管理员在场站收据上签收。场站在收到货物时，如果整箱货所装的箱外表或拼箱货包装外表有异状，则应加批注。场站收据的作用，相当于传统运输中的大副收据，它是发货人向船公司换取提单的凭证。

（九）提单

集装箱提单（Bill of Loading，B/L）是由集装箱货物运输经营人或其代理人在收到或接管货物后签发给发货人或托运人的一种凭证，是证明运输物品已被接收或装船，并待进行海上运输后，在指定港口把货物交给正当的提单持有人的一种有价证券，也是表示运输公司和货主间有关运输条件的运输合同。提单可分为装货提单和收货提单，具体的还可细分。

（十）集装箱载货清单

集装箱载货清单又称集装箱舱单，是一份按卸货港顺序逐票列明全船实际载运集装箱及其货物的汇总清单。它是在集装箱及其货物装船完毕后，由船公司或其代理人根据场站收据，核对理货报告单编制而成的，编妥后还需送交船长签字认可。其内容应逐票标明货物的明细情况，如提单、标记、货名、件数、重量、收货人、集装箱号、铅封号、船名、航次、国籍、装卸港、开航日期等内容。

（十一）提货通知书

提货通知书（Delivery Notice）是船公司在卸货港的代理人向收货人或通知人发出的船舶预计到港时间的通知，目的是要求收货人事先做好提货准备，加快货物离港的时间。

（十二）到货通知书

到货通知书（Arrival Notice）是卸货港的船公司的代理人在集装箱卸入集装箱堆场或移至集装箱货运站，并办理好交接准备后，用书面形式向收货人发出的要求收货人及时提取货物的通知。

（十三）提货单

提货单（Delivery Notice）是收货人凭正本提单向承运人或其代理人换取的可向港区、场站提取集装箱或货物的凭证，也是承运人或其代理人对港区、场站放箱交货的通知。

（十四）交货记录

交货记录（Delivery Record）是集装箱堆场和集装箱货运站向收货人或其代理人交货的凭证，是证明船公司责任终止的重要单证。交货记录通常在签发提货单的同时交给收货人或其代理人，而后通过提货、交货，由收货人和承运人所委托的集装箱堆场或集装箱货运站的经营人共同签署。

（十五）费用账单

费用账单是场站凭此向收货人结算费用的单证。费用账单的主要内容包括收货人名称、收货人地址、开户银行与账号、船名、航次、起运港、目的港、提单号、交付条款、到付海运费、卸货地点、到达日期、进库场日期、第一程运输、标记与集装箱号、货名、集装箱数、件数、重量、体积、费用名称、港务费、港建费、堆存费、装卸费、其他费用、费用合计等，还有计费吨、单价、金额，另外还有收货人章，收款单位财务章、港区场站受理章、核算章、复核章，开单日期等。收货人或其代理人结算港口费用，提取货物。

任务三　集装箱货物运输作业流程

大多数情况下，货物进出口是使用集装箱完成的。集装箱海运出口业务基本流程为：接受货主委托—租船订舱—装箱集港—报关—制作提单—寄提单和核销退税单据。

一、接受货主委托

货主根据贸易合同或信用证条款规定，在托运前一定时间填制好集装箱货物托运单（CONTAINER BOOKING NOTE，也称场站收据）直接向船公司申请订舱，或填制出口货运代理委托书（有委托人签字盖章）委托货运代理人（简称货代）订舱（当前此情况为多见）。货主若是委托代理的，集装箱货物托运单可由货代填写。

货代接到货主委托后，应先从以下几方面确认，包括该单位在出口地海关备案（年审）情况；报关单据是否齐备（全套报关单据有委托报关协议、出口货物报关单、装箱单、发票、合同、出口收汇核销单及海关监管条件涉及的各种证件）；海关监管条件中所要求的各种证件是否齐备；该票货物配哪种集装箱；有无特殊要求等内容。根据货物的数量、性质和适箱情况，航线、船期、运价、箱位和集装箱类型，以及运输条件和信用证要求决定是否可以接受订舱委托，若不能接受或某些要求无法满足，则及时做出反应，以免耽误船期，承担不必要的法律责任。根据与船公司的协议或经与船公司或其代理人联系，取得订舱口头确认，可以满足货主的委托要求，即可办理委托代理手续，建立委托代理关系。

二、订舱配载

货代根据货主的海运委托书的要求，填写集装箱货物托运单（场站收据），与船公司落实舱位（取得船名、航次、提单号）、装箱点、集港时间、地点。

船公司或其代理公司审核托运单，根据自己的运力，航线等具体情况考虑发货人的要求，决定接受与否，若接受申请，在装货单（场站收据副本）上签章，以表明承运货物的"承诺"，填写船名、航次、提单号，留下船代留底联和运费通知（一）、（二）联共三联；若七联单仅留底联，将其余各联退给托运人作为对该批货物订舱的确认，以备向海关办理货物出口报关手续。

船公司或其代理公司承诺后，根据留底联编制集装箱货物清单，然后分送集装箱堆场（CY），集装箱货运站（CFS），据以安排空箱及办理重箱的交接、保管和装船。

这里，物选箱（集装箱），箱选物和正确配载是一个重要环节，应该是既是合理配载（即保证船、箱、物的安全），又充分利用集装箱的容积和重量。

（一）集装箱的选用

在集装箱货物运输中，为了船、货、箱的安全，必须根据货物的性质、种类、容积、重量和形状来选择适当的集装箱；否则，不仅对某些货物不能承运，而且也会因选用不当而导致货损。集装箱货物对集装箱的选用可作以下考虑。

（1）清洁货物和污秽货物：可选用杂货集装箱、通风集装箱、开顶集装箱、冷藏集装箱。

（2）贵重货物和易碎货物：可选用杂货集装箱。

（3）冷藏货物和易腐货物：可选用冷藏集装箱、通风集装箱、隔热集装箱。

（4）散货：可选用散货集装箱、罐状集装箱。

（5）动物和植物：选择牲畜（动物）集装箱，通风集装箱。

（6）笨重货物：选择开顶集装箱、框架集装箱、平台集装箱。

（7）危险货物：可选择杂货集装箱、框架集装箱、冷藏集装箱。

（二）集装箱的配载

1. 充分利用集装箱的容积和载重量

（1）最大载重（Maximum Pay Load）：可装在集装箱内的货物最大重量，也就是集装箱的总重量（Rating）减去集装箱的自重（Tare Weight）的重量，把这个重量称为最大载重。

该值根据不同的集装箱制造厂和不同类型的集装箱将有所差别。集装箱的总重量对不能超过标注在集装箱上的最大总重量（国际标准化组织标准中 20ft 箱为 20320 千克，40ft 箱为 30480 千克）。如超过这一数值，考虑到集装箱本身强度以及装卸和运输的安全，各种运输部门、集装箱码头都可拒绝装卸。此外，集装箱总重量虽在最大总重量范围内，但超过公路运输上限的限制重量，有的也不能进行公路运输。

（2）最大装载容积（Maximum Capacity）：关于集装箱的容积和内部尺寸，国际标准化组织虽然规定了最小内部尺寸，但如果采用容积来计算集装箱的最大装载量时，最好以集装箱的内部尺寸和实际货物尺寸对比来计算。

（3）货物密度（Cargo Density）：货物密度是货物单位体积的货物重量，以平均每立方英尺或每立方米货物体积的货重作为货物的密度单位，是普通杂货船上常用的货物积载因数（Stowage Factor）的倒数。

对于集装箱来说，把集装箱的最大载货重量除以集装箱的容积，所得之商叫作箱的单位容重。要使集装箱的容积和重量都能满载，就要求货物密度等于箱的单位容重。实际上集装箱装货后，箱内的容积或多或少会产生空隙，因此集装箱内实际利用的有效容积应为集装箱容积乘上箱容利用率。

2．配载应注意事项

集装箱在配载时应注意以下事项。

（1）轻货应放在重货上面。

（2）干货、湿货不能放在同一箱内，如难以避免时，湿货绝对不能放在干货上面。

（3）对怕受潮货物，不能与容易"出汗"的货物同装一箱。

（4）怕吸收异味的货物，绝对不能与放出强烈气味的货物同装一箱。

（5）容易生灰尘的货物，不能与某些易被灰尘污损的货物同装一箱。

（6）瓶装或罐装液体货无法避免与其他干货拼装一箱时，在任何情况下，前者必须装在底下，并须加以隔垫，而且还应有足够的垫板放在液体货下。

为了节约运输费用和货物的安全运送，减少集装箱运输货损，在很大程度上取决于集装箱内的积载。如果一票货物装完了若干个集装箱以后，只剩下一小部分时，由于不能把不同卸货港的货物混装在一个集装箱内；或者集装箱虽然适合于大部分不同货种的运输，但并不是所有这些货物都能互相适应装同一箱内。由于集装箱的空间是有限的，在配装同一箱的不同货种时，应当仔细判断，不同货种相互适应才可同箱积载，若不能同箱积载，即便剩下的货物件数不多，也只好另装一个集装箱，因此，在提取空箱之前应全面考虑，编制好集装箱预配清单，按预配清单的需要提取空箱。

三、提取空箱

船公司或其代理公司在接受托运申请后，即签发集装箱发放通知单（通常由船公司无偿借给货主使用），连同集装箱设备交接单一并交给托运人或货运代理人，据此到集装箱堆场或内陆站提取空箱。通常整箱货货运的空箱由发货人到集装箱码头堆场领取，有的货主有自备箱；拼箱货货运的空箱由集装箱货运站负责领取。

提取空箱时，在集装箱装卸作业区的门卫处，由装卸作业区的门卫会同提取集装箱的卡车司机代表集装箱堆场及集装箱使用人对集装箱及其附属设备的外表状况进行检查，然后分别在设备交接单上签字，设备交接单双方各执一份。特别注意的是在交接集装箱时或之前，对集装箱进行检查。

（一）外部检查

察看箱子的六面，外部是否有损伤、变形、破口等异常情况，如有，即对修理部位进行标记。如发现表面有弯曲、凹痕、摺痕、擦伤等痕迹时，则应在这些损伤处的附近严加注意，要尽量发现其破口在何处，并在该损伤处的内侧也要特别仔细地检查。

在外板连接处，若铆钉松动和断裂，容易发生漏水现象；箱顶部分要检查有无气孔等损伤，由于箱顶上有积水，如一有破损就会造成货物濡损事故，而且检查时往往容易把箱顶的检查漏掉，因此要严加注意。对于已进行过修理的部分，检查时应特别注意检查其现状如何，有无漏水现象。

（二）内部的检查

察看箱子内侧的六面，是否漏水、漏光，有无污点、水渍等。人进入箱内，把箱门关起来，检查箱子有无漏光处，这样就能很容易地发现箱顶和箱壁四周有无气孔，箱门能否严密关闭。

检查时要注意箱壁内衬板上有无水湿痕迹，如发现有水渍时，则在水渍四周要严加检查，必须追究产生水渍的原因。

对于箱壁或箱底板上突出的钉子或铆钉头，内衬板的压条曲损，应尽量设法除去或修补，如无法去除或修补，应用衬垫物遮挡起来，以免损坏货物。

如箱底粘缝不良，则集装箱在底盘车上雨中运行时，从路面上溅起来的泥水会从底板的空隙中渗进箱内，污染货物，检查时应予以注意。

（三）箱门的检查

要检查箱门是否完好，能否顺利关闭。重复开启。关闭后是否密封，门周围的密封垫是否紧密，能否保证水密，还要检查箱门把手动作是否灵便，箱门门锁是否完整，能否完全锁上。

（四）附件的检查

检查固定货物时用的系环、孔眼等附件安装状态是否良好，板架集装箱上的立柱是否备齐，立柱插座有无变形。开顶集装箱上的顶扩伸弓梁是否齐全，有否弯曲变形，还应把板架集装箱和开顶集装箱上使用的布篷打开，检查其有无破损，安装用的索具是否完整无缺。另外，还要检查通风集装箱上的通风口能否顺利关闭，其储液槽和放水龙头是否畅通，通风管、通风口有否堵塞等。

（五）清洁状态的检查

察看集装箱内有无残留物、污秽物、恶臭、生锈，有无被污染，是否潮湿，如这些方面不符合要求，应予以清扫，甚至向集装箱提供人提出调换，或进行除臭作业。如无法采取上述措施时，则箱内要铺设衬垫或塑料薄膜等以防货物污损。

根据《中华人民共和国海上国际集装箱运输管理规定》第十八条规定："装运粮油食品、冷冻品等易腐食品的集装箱，须经商检机构检验合格后方可使用。"

货运代理人在使用装运食品的集装箱或冷冻箱时，必须首先申请商检机构在港口场站根据《集装箱检验办法》的规定进行检验，检验合格后，出具验箱合格证书，方可提箱。这不论从时间还是从费用上考虑都要比提箱后检验更为合理，尤其是由发货人装箱时，先提箱还会受检验条件的限制。

四、报验、报关

（一）报验

发货人或其货运代理人依照国家有关法规并根据商品特性，在规定的期限之内填好申报单，分别向商检、卫检、动植检等口岸监管检验部门申报检验。经监管检验部门审核或查验，视不同情况分别予以免检放行或经查验、处理后出具有关证书放行。如果托运危险品，还需附危险品清单、危险品性能说明书、危险品包装证书、危险品装箱说明书、危险品准装申报单等文件向港务监督办理申报手续。

（二）报关

发货人或货运代理人依照国家有关法规，于规定期限内持报关单、场站收据五至七联（七联单是二至四联），商业发票、装箱单、产地证明书等相关单证向海关办理申报手续。

根据贸易性质、商品特性和海关有关规定，必要时还需提供出口许可证、核销手册等文件。经海关审核后，根据不同情况分别予以直接放行或查验后出具证书放行，并在场站收据第五联（装货单）上加盖放行章。

五、货物装箱

货物装箱应根据货运代理的集装箱出口业务员编制的集装箱预配清单，在集装箱货运站或发货人的仓库进行。集装箱货物装箱的方式为下面几种。

（一）整箱货装箱

由发货人或其货运代理人办理货物出口报关手续，在海关派员监装下自行负责装箱，施加船公司或货运代理集装箱货运站铅封和海关关封。发货人或其货运代理人缮制装箱单和场站收据，在装箱单上标明装卸货港口、提单号、集装箱号、铅封号、重量、件数、尺码等。

若在内陆（发货人仓库）装箱运输至集装箱码头的整箱货，应有内地海关关封，并应向出境地海关办理转关手续。

（二）拼箱货装箱

拼箱货装箱是由货运代理人将接收有多个发货人运往不同收货人，而不足一整箱的零星货物集中起来交给集装箱货运站，货运站根据集装箱预配清单核对货主填写的场站收据，并负责接货，请海关派人监装，拼装整箱装箱、施封，并制作装箱单。

其具体程序是：货主或其代理人将不足整箱的货物连同事先缮制的场站收据，送交集装箱货运站，集装箱货运站核对由货主或其代理人缮制的场站收据和送交的货物，接收货物后，在场站收据上签收。如果接收货物时，发现货物外表状况有异状，则应在场站收据上按货物的实际情况做出批注。集装箱货运站将拼箱货物装箱前，须由货主或其代理人办理货物出口报关手续，并在海关派人监督下将货物装箱，同时还应从里到外的按货物装箱的顺序编制装箱单。

六、交接和签收

港口根据出口集装箱船舶班期，按集装箱货物的装船先后顺序向海上承运人或其代理人发出装船通知，海上承运人应及时通知托运人。托运人或其代理人在收到《装船通知》后，应于船舶开装前 5 天开始，将出口集装箱和货物按船舶受载先后顺序运进码头堆场或指定货运站，并于装船前 24 小时截至进港。

装箱人应在装船前 48 小时向海上承运人提供《集装箱装箱单》及有关出口单证。

（一）交接手续

出口重箱进入港口，托运人、内陆承运人凭《场站收据》《集装箱装箱单》和《设备交接单》到指定港口交付重箱并办理进场集装箱交接。

港口凭《场站收据》《集装箱装箱单》和《设备交接单》收取重箱并办理进场集装箱交接。集装箱交接时，交接双方应当检查箱号、箱体和封志。交接双方检查箱号、箱体和封志后，应做记录，并共同签字确认。

（二）交接责任

我国《海商法》第四十六条规定："承运人对集装箱装运的货物的责任期间，是指从装货港接收货物时起至卸货港交付货物时止，货物处于承运人掌管之下的全部期间。"

《海上国际集装箱运输管理规定》第二十七条规定："由承运人负责装箱的货物，从承运人收到货物后至运达目的地交付收货人之前的期间内，箱内货物损坏或短缺由承运人负责。""由托运人负责装箱的货物，从装箱托运后至交付收货人之前的期间内，如箱体和封志完好，货物损坏或短缺，由托运人负责；如箱体损坏或封志破损，箱内货物损坏或短缺，由承运人负责。"

1. 整箱货的交接和签收

不论是由货主自行装箱的整箱货物，还是由货运代理人安排装箱的整箱货物，或者是由承运人以外的集装箱货运站（CFS）装运的整箱货物，经海关监装并施加海关关封后的重箱，随同按装箱顺序缮制的装箱单、设备交接单（进场），以及场站收据，通过内陆的公路、铁路或水运送交港口的集装箱堆场，集装箱堆场的检查桥或门卫同送箱人（专职业务员或卡车司机）对进场的重箱检验后，双方签署设备交接单，集装箱堆场业务人员则在校对集装箱清单（或订舱清单）、场站收据和装箱单后，接收货物并在场站收据上签字，然后将经过签署的场站收据的装货、收货单两联留下，场站收据正本退还送箱人。集装箱入港站堆场等待装船。承运人从在港站接收装箱时起就应对其负责。

2. 拼箱货的交接和签收

不属于承运人的集装箱货运站（CFS）的拼箱货，其交接和签收的程序与整箱货相同。在承运人的集装箱货运站或港站集装箱堆场装运的拼箱货，承运人自从有关发货人或其货运代理人手中收到拼箱货时起，就应对货物负责，承担费用，将拼箱货装箱，并将集装箱装上船。

七、换取提单

发货人凭 D/R 向集装箱运输经营人或其代理换取集装箱提单，然后去银行办理结汇。港站集装箱堆场签发场站收据以后，将装货单联留下作结算费用和今后查询，而将大副收据联交理货人员送船上大副留存。货运代理人收到签署后的场站收据正本，到船公司或其代理人处，交付预付运费，要求换取提单。船公司还要确认在场站收据上是否有批注，然后在已编制好的提单上签字。

集装箱提单（Combined Transport Bill of Lading）内容上与传统海运提单略有不同，应分别注明收货地点、交货地点、集装箱号和铅封号。因为集装箱运输有其特殊性，那就是货物的交接一般不在船边，故场站收据换来的提单大多是备运（待装）提单。

根据《跟单信用证统一惯例》，除信用证另有规定外，备运（待装）提单银行可以接受，若要将备运（待装）提单转化为已装船提单，必须在提单上打上船名及"已装船"批注，并经承运人或其代理人签章和加注日期。因此，目前常见的用于集装箱运输的提单，除正面明确表示"Received in apparent good Order and condition…"外，还在正面下端设有"Laden on Board the Vessel"装船备忘录栏，以便根据信用证要求，在必要时将备运提单转化为已装船提单。

八、集装箱装船

集装箱进入港区集装箱堆场后，港务公司根据待装集装箱的流向和装船顺序制订装船计划，并将出运的箱子调整到集装箱码头前方堆场，按顺序堆码于指定的箱位。待船靠岸后，即可装船出运。

集装箱船舶配载由海上承运人或其代理人编制预配图，港口据此编制船舶配载图，并经海上承运人确认。

船舶到港后，港口按集装箱装船计划和船舶配载图，组织按顺序装船，装船完毕后，由外轮理货公司编制船舶积载图。

船舶代理人应于船舶开航前 2 小时向船方提供提单副本、舱单、集装箱装箱单、集装箱清单、集装箱积载图、特殊货物集装箱清单、危险货物说明书等完整的随船单证，并于开航后采用传真、电传、邮寄等方式向卸货港或中转港发出必要的有关资料。

任务四 集装箱货物运费核算

集装箱运输经营人在集装箱运输过程中要支付各项费用以及应获得一定的利润，故应向集装箱货物托运人收取一定的运输费用，此费用称为集装箱运费。集装箱运费的收取标准是基于集装箱运价。国际集装箱运价不是一个简单的价格金额，而是包括费率标准、计收办法、费用、风险划分、承托双方责任等一个综合价格体系。

一、集装箱的运费构成

在集装箱不同交接方式下，由于运输全程中包括的运输方式、运输距离、中转地点和次数等都有较大区别，因此，运费范围与传统运输相比也有不同程度的扩大。在集装箱运输中，不同交接方式的运费构成是不同的，拼箱货与整箱货的运费构成也各不相同，可用表 7-2 加以说明。

表 7-2　集装箱不同交接方式下的运费结构

交接方式	交接形态	费用结构						
		发货地集运费	装港货运站服务费	装港堆场服务费	海运运费	卸港货运站服务费	卸港堆场服务费	收货地疏运费
门到门（Door—Door）	FCL/FCL	√			√	√		√
门到场（Door—CY）	FCL/LCL	√		√	√	√		
门到站（Door—CFS）	FCL/FCL	√		√	√	√	√	
场到门（CY—Door）	FCL/FCL			√	√	√		√
场到站（CY—CY）	FCL/FCL			√	√	√		
场到场（CY—CFS）	FCL/FCL			√	√	√	√	
站到门（CFS—Door）	LCL/FCL		√	√	√	√		√
站到场（CFS—CY）	LCL/FCL		√	√	√	√		
站到站（CFS—CFS）	LCL/FCL		√	√	√	√	√	

（一）场到场

在场到场（CY—CY）这种交接方式下，船公司承担的责任范围是从进入起运港码头堆场开始至离开目的港码头堆场为止。船公司的运价构成为：起运港堆场（码头）服务费（包括接受货物、堆场存放、搬运至装卸桥下及有关单证费用）、装船费用、卸船费用、目的港堆场服务费（包括从卸桥下运至堆场、堆存与交付费用及单证费用），如使用的集装箱是船公司提供的，还应包括从发货人提取空箱至拆箱后返回空箱这一规定期间（免费使用期）的集装箱及设备使用与保险费（以下简称为集装箱使用费）。

在大部分港口，堆场服务费与装卸船费都以港口装卸包干费形式收取。在我国港口包干费中还包括装港堆场卸车费与卸港堆场装车费。

（二）场到站

在场到站（CY—CFS）这种交接方式下，船公司运价构成为起运港、目的港堆场服务费及装、卸船费用，海上运输费用，集装箱使用费和目的港 CFS 拆箱服务费（包括堆场至 CFS 重箱搬运费、拆箱费用、货物在 CFS 库中存放及保管费、交付费用和有关单证费用和空箱回运至堆场的搬运费）。

（三）站到站

在站到站（CFS—CFS）交接方式下，承运人接受与交付的货物均为拼箱形态。船公司运价构成为起运港 CFS 装箱服务费（包括接受与存放保管货物费用、堆场至装箱场地的空箱搬运费、装箱费用、重箱至堆场搬运费和有关单证制作管理费）、堆场服务费、装船费、海上运输费、目的港卸船费、目的港堆场服务费、拆箱服务费和集装箱使用费。

各船公司一般用运价本来说明各航线的运价。有的运价本海上运费中包括装箱费，如不是承运人装箱，船方应将这部分费用退给实际装箱人。有的运价本中还规定装拆用费用，包括从承运人指定地点领取或送回箱子的费用，因此发货人应事先熟悉运价本中收费的含义，以免多付或少付费用。

集装箱运输属于班轮运价范畴。班轮运价考虑的主要因素除运输成本外，还应考虑国际航运市场的竞争情况，由于竞争的需要，各公司的运价并不总保持在运价本说明的水平上。在近些年集装箱运输市场供大于求的情况下，许多船公司采用降价（明降或暗降）手段来争取货源，集装箱运价波动很大。对这一点承托双方都应给予充分重视。同时还应当注意到，对各种集装箱经营人来讲，低运价并不是争取货源的唯一手段。由于适箱货物对运价承受能力相对较高，相当多的货主在选择承运人时不仅关心运价的高低，而且要将运输质量、服务水平（特别是安全、可靠、快速、方便等）等综合考虑后进行选择。

三、集装箱货物的运费核算步骤

（一）水路集装箱运费计算

目前，集装箱货物海上运价体系较内陆运价成熟。基本上分为两个大类：一类是装用件杂货运费计算方法，即以每运费吨为单位（俗称散货价）；另一类是以每个集装箱为计费单位（俗称包箱价）。

1．件杂货基本费率加附加费

（1）基本费率。参照传统件杂货运价，以运费吨为计算单位，多数航线采用等级费率。

（2）附加费。除传统杂货所收的常规费用以外，还要加收一些与集装箱货物运输有关的附加费。

2．包箱费率

包箱费率（BOX RATE）这种费率以每个集装箱为计费单位，常用于集装箱交货的情况，即 CFS—CY 或 CY—CY 条款，常见的包箱费率有以下三种表现形式。

（1）FAK 包箱费率（FREIGHT FORALL KINDS）。即对每一集装箱不细分箱内货类，不计货量（在重要限额内）统一收取的运价。

（2）FCS 包箱费率（FREIGHT FOR CLASS）。按不同货物等级制定的包箱费率。按集装箱普通货物的等级划分，与杂货运输分法一样，仍按 1~20 级，但是集装箱货物的费率差级大大小于杂货费率级差，一般低级的集装箱收费高于传统运输，高价货集装箱收费低于传统运输；同一等级的货物，重货集装箱运价高于体积货运价。可见，船公司鼓励人们把高价货和体积货装箱运输。在这种费率下，拼箱货运费计算与传统运输一样，根据货物名称查得等级和计算标准，然后去套相应的费率，乘以运费吨，即得运费。

（3）FCB 包箱费率（FREIGHT FOR CLASS 或 BASIS）。这是按不同货物等级或货类以及计算标准制定的费率。

（二）集装箱散货运费的计算

该运费的计算与贸易商有着十分重要的关系。例如，一笔交易按照 CIF 或 C&F 价格成交，究竟运费是多少，在价格构成中占多大比例，对于出口方的成本核算关系重大。即使采用 FOB 价格成交时，掌握海洋运费的资料，对于计算各种价格条款之间的差额，做好比价工作也是十分重要的。

运费是根据班轮公司指定的运价表计算的。目前，各国船公司所制定的运价表，其格式并不完全一样，但其基本内容是比较接近的。

船公司的价格表，一般根据商品的不同种类和性质，以及装载和保管的难易，而划分为若干个等级。在同一航线内，由于商品的等级不同，船公司收取的基本费率是不同的。因此，商品的等级与运费的高低有很大关系。

其次，运费的计算标准也不尽相同。例如，重货一般按重量吨计收运费，轻泡货按尺码吨级计收，有些价值高的商品按 FOB 货值的一定百分比计收，有的商品按混合办法计收，如先按重量吨或尺码吨计收，然后再加若干从价运费，其表现在运价表中。

（1）按重量吨计收，称为重量吨，表内列明"W"，以公吨为计算单位。

（2）按货物体积计收，称为尺码吨，表内列明"M"，一般按 1 立方米或 40 立方英尺为一尺吨作为计算单位。

（3）按体积或重量，由船方选择而计算，表内列为"W/M"。

（4）按商品的 FOB 价值的一定百分比计收，称为从价运费（Ad Valorem），表内列明为 Ad Val 或 A.V.。

（5）按混合标准计收，如 W/M plus AV 等。即按重量吨或尺码吨再加从价运费。此外，还有一些商品是按件（Per-Unit）或头（Per-Head）计收的，前者如车辆等，后者如活牲畜等。对于大宗商品，如粮食、矿石、煤炭等，因运量较大、货价较低、容易装卸等原因，船公司为了争取货源，可以与货主另行商定运价。

根据运价表计算运费是一项比较复杂的工作，不仅需要熟悉运价表的基本内容，还需要细心工作。在计算运费时，除按照航线和商品的等级，先按基本费率（Basis Rate）算出基本运费，然后要查出各种附加费用的项目，并将需要支出的附加费一一计算在内。

这些附加费用项目较多。例如，因商品的不同、港口不同或其他原因，都可能有附加费，还要随时掌握它的变动情况。附加费大致有以下几种。

（1）商品特点不同而增收的附加费，如超重附加费、超长附加费、洗舱费等。

（2）因港口的不同情况而增收的附加费，如港口附加费、港口拥挤费、选港费、直航附加费等。

（3）因其他原因而临时增加的附加费，如燃油附加费、贬值附加费等。

实际上附加费的名目繁多，远远不止上述这几种。值得注意的是，有些附加费，如港口拥挤费，占运费的比例很大，与基本运费相比，少则 10%，多则达 100%，甚至 2 倍以上。因此，在计算运费时，不可忽视对附加费的计算。

（三）公路集装箱运费计算

1．公路运输计价标准

公路货物运输计费分为整批货、零担货和集装箱货。整批货以吨为单位，零担货以千克单位，集装箱货以箱为单位计算运费。集装箱运输以元/（箱·千米）为计价单位。

2．公路运输运价价目

集装箱货物的公路运输运费由基本运价、箱次费和其他收费构成。其计算公式为

重箱运费 = 重箱运价 × 计费箱数 × 计费里程 + 箱次数 × 计费箱数 + 货物运输其他费用

空箱运费 = 空箱运价 × 计费箱数 × 计费里程 + 箱次数 × 计费箱数 + 货物运输其他费用

3．基本运价

集装箱基本运价是指各类标准集装箱重箱在等级公路上运输的每箱千米运价。

标准集装箱重箱运价按照不同规格的箱型的基本运价执行，标准集装箱空箱运价在标准集装箱重箱运价的基础上减成计算。非标准箱重箱运价按照不同规格的箱型，在标准集装箱基本运价的基础上加成计算，非标准集装箱空箱运价在非标准集装箱重箱运价的基础上减成计算。特种箱运价在标准箱型基本运价的基础上按所装载货物的不同加成幅度加成计算。

4．箱次费

箱次费按不同箱型分别确定。

5．其他收费

根据集装箱货物运输的具体情况，承运人可征收相应的费用，如调车费、装箱落空损失费、车辆通行费、车辆处置费等。

（四）铁路集装箱运费计算

1．常规计算法

集装箱货物的运费按照使用的箱数和"铁路货物运价率表"中规定的集装箱运价率计算。集装箱运费计算以箱为单位，由发到基价和运行基价两部分组成，其公式为

集装箱货物每箱运价 = 发到基价 + 运行基价 × 运价公里

2．罐式集装箱、其他铁路专用集装箱运费计算

罐式集装箱、其他铁路专用集装箱按"铁路货物运价率表"中规定的运价率分别加30%、20%计算；标记总重为30.80吨的通用20英尺集装箱按"铁路货物运价率表"中规定的运价率加20%计算，按规定对集装箱总重限制在24吨以下的除外。

3．集装箱装运危险货物运费计算

装运一级毒害品（剧毒品）的集装箱按"铁路货物运价率表"中规定的运价率加100%计算；装运爆炸品、压缩气体和液化气体，一级易燃液体（代码表02石油类除外）、一级易燃固体、一级自燃物品、一级遇湿易燃物品、一级氧化剂和过氧化物、二级毒害品、感染性物品、放射性物品的集装箱按"铁路货物运价率表"中规定的运价率加50%计算。

装运危险货物的集装箱按上述两款规定适用两种加成率时，只适用其中较大的一种加成率。

4．自备集装箱空箱回空运费计算

自备集装箱空箱运价率按"铁路货物运价率表"规定重箱运价率的40%计算。承运人利用自备集装箱回空捎运货物，按集装箱适用的运价率计费，在货物运单铁路记载事项栏内注明，免收回空运费，如表7-3所示。

表7-3　铁路货物运价率表

种类	发到基价		运行基价	
	单位	费率	单位	费率
1吨箱	元/箱	7.40	元/箱公里	0.00329
5.6吨箱	元/箱	57.00	元/箱公里	0.2525
10吨箱	元/箱	86.20	元/箱公里	0.3818
20英尺箱	元/箱	161.00	元/箱公里	0.7128
40英尺箱	元/箱	314.70	元/箱公里	1.3935

5．集装箱运输一口价

集装箱运输一口价（简称集装箱一口价，下同）是指集装箱自进发站货场至出到站货场铁路运输全过程各项费用的总和，包括门到门运输取空箱、还空箱的站内装卸作业、专用线取送车作业、港站作业的费用和经铁道部确认的集装箱货场、转场货场费用。

办理集装箱运输时，托运人在发站按公布的一口价一次性付费；收货人在到站提箱和送回空箱时，只要不出现货主原因的延期取货等问题，不再交纳任何费用。实行一口价后，发生一口价乱收费的，收货人有权拒付，并可向铁路局、铁道部有关部门投诉。

（1）集装箱运输一口价的内容。集装箱一口价由铁路发站使用货票向托运人　次性收取，货票记事栏内注明"一口价"，对托运人和收货人，一口价内所有费用不再另开其他收费票证。除一口价和集装箱一口价中不包括的费用外，发、到站不得再收取任何费用（包括延伸服务费）。

（2）集装箱一口价是由发送运输费用、发站其他费用和到站费用三部分组成的。发送运输费用包括国铁运费、新路新价均摊运费、特殊加价、电气化附加费、铁路建设基金、

国铁临管运费、合资铁路或地方铁路的通过运费、铁路集装箱使用费、印花税、发送的护路联防费、发送的地方铁路建设附加费（福建、四川、重庆）、合资铁路或地区铁路的发送运费。

发站其他费用包括集装箱装卸综合作业费、运单表格费、货签表格费、施封材料费、组织服务费、港站费用和转场费用。

到站费用包括集装箱装卸综合作业费、铁路集装箱清扫费、到达的护路联防费、到达的地方铁路建设附加费（福建、四川、重庆）、港站费用、转场费用、分段计费临管线和合资铁路或地方铁路的到达运费、自备集装箱费、合资铁路或地方铁路的集装箱使用费。

（3）集装箱一口价中不包括的费用。要求保价运输的保价费用；快运费；委托铁路装掏箱的装掏箱综合作业费；专用线装卸作业费用；集装箱在到站超过免费暂存期间产生的费用；托运人或收货人责任发生的费用。

（五）航空集装箱运费计算

目前，国际航空集装箱货物运费的计算方法有两种：一种是常规运价计费法；另一种是新型运价计费法。

1．常规运价计费法

常规运价计费法即采用普通航空货物运费的计算方法，首先对两个机场城市间的航线制定出经营航班的运价，航空公司根据货物的重量或体积计算出应收的运费。此种运价需提交国际航空协会和有关政府，通过协议和政府批准后才生效。

按照常规方法计算航空集装箱货物运费时要确定三个因素：货物计费数量、运价种类和货物的声明价值附加费。

2．新型运价计费法

这是为适应航空集装箱运输的快速发展而使用的一种运价计算法，它不区分货物的种类、等级，只要将货物装在集装箱或成组器中运输，就可以将装在飞机货舱里的集装箱或成组器作为计价单位来计算运费。

项目小结

本项目主要介绍了集装箱的含义、分类以及换算单位；介绍了集装箱的标记方法；介绍了集装箱运输的含义及分类；介绍了集装箱货物的交接地点、方式；重点介绍了集装箱货物运输的作业流程；介绍了常用的集装箱货物运输单证；介绍了集装箱货物运输的核算方法。

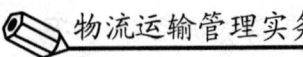

项目练习

一、填空题

1. 集装箱计算单位简称_____，又称_____换算单位，是计算集装箱_____的换算单位，也称国际标准箱单位。

2. 保温集装箱主要包括_____、_____、_____。

3. 现代集装箱货物运输具有_____、_____、_____、_____的运输特点。

4. 集装箱货物装箱的方式有_____、_____。

5. _____可以从前后、左右及上方进行装卸作业，适合装载长大件和重货件。

二、判断并改错题

1. 凡高度超过2.6米的集装箱应贴上作业标记。（　　）

2. 门、场主要是整箱货的交接场所，钩、站主要是拼箱货的交接场所。（　　）

3. 不受温度变化影响的各类固体散货、颗粒或粉末状的货物都可以由散装集装箱装运。（　　）

4. 集装箱上主要的通行标记有：安全合格牌照、集装箱批准牌照、防虫处理板、检验合格徽、国际铁路联盟标记等。（　　）

5. 散货集装箱是一种开放式集装箱，有玻璃钢制和钢制的两种。（　　）

三、单项选择题

在下列每小题中，选择一个最合适的答案。

1. 下列不属于清洁货物的是（　　）。

A．纺织品　　　　　B．橡胶制品　　　　　C．玩具　　　　　D．牛皮

2. 专用以装运酒类、动植物油、液体食品等液体货物的集装箱是（　　）。

A．保温集装箱　　　B．挂式集装箱　　　C．罐式集装箱　　D．敞顶式集装箱

3. （　　）是船公司或其代理人指示集装箱堆场将空集装箱及其他设备提交给本单持有人的书面凭证。

A．场站收据　　　B．空箱交接单　　　C．装箱单　　　　D．设备交接单

4. 不属于集装箱必备标记的是（　　）。

A．识别标记　　　　　　　　　　B．空陆水联运标记

C．额定重量标记　　　　　　　　D．通行标记

5. 边缘装箱货不包括（　　）。

A．钢锭　　　　　B．铅锭　　　　　C．电缆　　　　D．原木

四、多项选择题

1. 集装箱应具备的条件有（　　）。

A. 便于货物的装满和卸空

B. 途中转运时不用移动箱内货物，就可以直接换装

C. 能长期的反复使用，具有足够的强度

D. 具有 2 立方米或以上的容积

2. 某集装箱的标记代号为：COSU 001234 2 RCX 2030，下列表述正确的是（　　）。

A. 集装箱属中国山东省

B. 集装箱尺寸为 20 英尺长，8 英尺高

C. 集装箱是冷藏集装箱

D. 集装箱属于中国远洋运输公司

3. 通用干货集装箱适用于（　　）货物。

A. 医药品　　　　　B. 烟酒　　　　　C. 针织品　　　　　D. 新鲜水果

4. 适合装箱货主要包括（　　）。

A. 纸浆　　　　　B. 电线　　　　　C. 皮革　　　　　D. 煤炭油

5. 集装箱标记的内容可包括（　　）。

A. 箱主代号　　　　　　　　　　　B. 集装箱的尺寸代号

C. 超高标记　　　　　　　　　　　D. 集装箱所有权国家

五、简答题

1. 集装箱运输的特点有哪些？

2. 简述集装箱货物运输的作业流程。

3. 集装箱运输配载应注意哪些问题？

4. 集装箱交接时应进行哪些检查？

技能实训练习

2017 年 3 月，我国某公司按 CFR 条件、即期不可撤销信用证，以集装箱装运出口纺织品 200 箱，装运条件是 CY/CY。货物交运后，我公司取得"清洁已装船"提单，提单上标明："Shippers Load and count"，在信用证规定的有效期内，我公司及时交单议付了货款。25 天后，接买方来函称：经有关船方、海关、保险公司、公证行共同对到货开箱检验，发现其中有 20 箱包装严重破损，共缺纺织品 280 件。各有关方均证明集装箱外表完好无损，为此，买方要求我公司赔偿其货物短缺的损失，并承担全部检验费 3000 美元。

试分析：买方的要求是否合理？为什么？

项目八 多 式 联 运

【项目导读】

各种运输方式均有自身的优点与不足。一般来说，水路运输具有运量大，成本低的优点；公路运输则具有机动灵活，便于实现货物门到门运输的特点；铁路运输的主要优点是不受气候影响，可深入内陆和横贯内陆实现货物长距离的准时运输；而航空运输的主要优点是可实现货物的快速运输。由于国际多式联运严格规定必须采用两种和两种以上的运输方式进行联运，因此这种运输组织形式可综合利用各种运输方式的优点，充分体现社会化大生产大交通的特点。

【项目目标】

➢ 了解多式联运的内容、基本特征、作用、形式和构成要素。
➢ 掌握多式联运的作业流程。
➢ 理解多式联运经营人的责任形式和赔偿责任限制。
➢ 了解大陆桥的产生、线路及特点。
➢ 理解多式联运运费的计收方式。

【项目任务】

多式联运合同托运人的责任

2010年6月26日，南京某粮油公司（甲方）要托运联运货物，于是向南京铁路局（乙方）提交"水陆联运货运单"一份。乙方南京铁路局接受承运，于同年6月29日根据"水陆联运货物运单"填写"水陆联运货票"甲、乙、丙、丁四联。

7月2日，甲方将其托运的货物60吨大米交由乙方装运上车，通过南京港换装后到达目的地重庆。8月5日，收货人前去到达港收货，发现15袋大米已散失，包装物破损，他们认为票货不符，拒绝接受。该批货物在港口积压20日后，收货人派人前去领取，到达港要收取收货方的延迟领取托运货物的相关费用，而收货人认为是由于承运人的原因造成了货物的毁损，要求最后承运人承担赔偿责任，双方发生争执。收货人向法院起诉，要求承运人承担赔偿责任。经鉴定，该批货物损失主要是包装不善造成的。

法院经审理后认为，托运人南京某粮油公司与承运人之间的多式联运合同已经依法成立。因该合同指定了原告为收货人，因而，该合同就涉及第三人的利益，合同所指定的收货人依照合同取得收取货物的权利，并承担相应的义务。鉴于收货人获取货物的权利受到损害，其依据多式联运合同起诉，具有原告的主体资格。但由于本案属于运输合同纠纷，故应当追加托运人南京某粮油公司为本案的第三人。货物的毁损，主要是由于托运人未按照规定的方式包装而导致的，因而，应当由托运人承担损害赔偿责任。但是，由于原告在诉讼中未向托运人主张实体权利请求，因而法院驳回了原告（收货人）的诉讼请求。

问题

试分析上述案例业务关系和责任关系，阐述你是如何裁决这起案件纠纷的。

任务一 多式联运基本知识

多式联运是在集装箱运输的基础上发展起来的新型运输方式，实践证明，它不仅是实现"从门到门"运输的有效方式，也是符合客观经济规律，取得较好经济效益的运输方式。

多式联运，是指在从装运地运输到目的地的过程中包含两种以上的运输方式——海、陆、空、内河等。多式联运打破了过去海、铁、公、空等单一运输方式互不连贯的传统做法，是一种以实现货物整体运输的最优化效益为目标的联运组织形式。

一是各种运输方式在运输过程中遵照统一的规章或协议，使用同一运输凭证或通过代办中转业务，将各种运输方式紧密协调衔接起来，共同完成两程以上的运输工具的联运。如铁公水联运、铁公联运、铁水联运、公水联运和公航联运。

二是由产、供、运、销各部门组成的运输大协作，如路矿协作、路厂协作。联运的实质就是把在自流的接力运输中，将货物原本需要到中转换地逐段申报办理托运的办法，改变为起运点实行全程包运制，即一次起票托运到底的一种经济的运输管理方法。它是各种运输、方式开展协作的有效形式，但不改变参与联运的企业生产资料所有制和隶属关系。

《联合国货物多式联运公约》对多式联运所下的定义是："按照多式联运合同，以至少两种不同的运输方式，由多式联运经营人把货物从一国境内接运货物的地点运至另一国境内指定交付货物的地点。"

例如，从中国上海到南非的约翰内斯堡（Johannesburg），经过了海运（从中国上海到德班），再经陆运（从南非德班到约翰内斯堡），这已经算是多式联运了。但贸易意义上的多式联运，不光是要有这样的前提，而且要有"多式联运提单"——也就是"多式联运"合同。而我们平常所做的多式联运虽然是这样的事实，但拿到的一般只是海运提单，而非"多式联运提单"。这样，虽有多式联运之实，但不符多式联运之义。

一、多式联运的内容

多式联运是综合运输思想在运输组织领域的体现，是综合性的运输组织工作。这种综合组织是指在一个完整的货物、旅客运输过程中，不同运输企业、不同运输区段、不同运输方式和不同运输环节之间的衔接和协调组织。其中内容主要包括以下几个方面。

（1）货物全程运输中使用的两种或两种以上运输工具的运输衔接；货物全程运输中使用同一种运输工具两程或两程以上的运输衔接。

（2）货物全程运输中使用一种运输方式多家经营和多种运输方式联合经营的组织衔接。

（3）货物全程运输所涉及的货物生产、供应、运输、销售企业的运输协作组织。

二、多式联运的特征

多式联运主要有下面几个特征。

（1）多式联运经营人与发货人和分段承运人之间的合同关系构成多式联运的主要特征，即经营人与发货人签订一个运输合同，选择最佳的运输方式和运输路线，组织完成全程运输任务，提供一次托运、一次收费、统一理赔、一单到底、全程负责的运输服务。

（2）经营人又与分段承运人签订合同，共同完成全程联运的任务。

（3）多式联运经营人必须对全程运输负责。因为多式联运经营人不仅是订立多式联运合同的当事人，也是多式联运单证的签发人。

（4）多式联运经营人接受的货物必须为经过运输的货物，这不仅有别于国内货物运输，而且还涉及运输法律法规的限制问题。

（5）多式联运不仅仅使用多种运输方式，而且必须是不同运输方式下的连续运输。

（6）必须是全程单一运费费率。多式联运经营人应制定一个全程单一费率并以包干形式包出去。这种全程单一费率一般包括运输成本（全程各段运输费用的总和）、经营管理费用（如通信、制单及劳务手续费用等）和合理利润。

三、多式联运的作用

随着世界经济一体化与贸易的全球化，托运人对物流运输服务的要求也发生了新的变化，方便、快速、经济及"从门到门"的运输服务代表了运输业今后的发展方向，多式联运以其将各种运输方式进行有机结合的特殊优势，在当今运输业的发展中正扮演着重要角色。与单一海运相比，开展多式联运具有许多优越性，主要表现在以下几个方面。

（一）提高运输组织水平，实现合理化运输

对于单一运输方式而言，由于单一运输方式的经营人各自为政，自成体系，因而其经营业务范围受到限制，货运量也相应有限。而一旦由不同的运输经营人共同参与多式联运，其经营的范围可以大大扩展，同时可以最大限度地发挥其现有设备的作用，改善不同运输方式间的衔接工作，选择最佳运输路线，组织合理化运输。

（二）手续简单统一，节省人力、物力，责任单一

这主要表现为在多式联运方式下，无论货物运输距离有多远，都由几种运输方式共同完成，且不论运输途中货物经过多少次转换，所有一切运输事项均由多式联运经营人负责办理。而托运人只需要办理一次托运，订立一份运输合同，支付一次费用，办理一次保险，从而省去托运人办理托运手续的许多不便。同时，由于多式联运采用一份货运单证，统一收费，因而也可简化制单和结算手续，节省人力和物力。此外，一旦运输过程中发生货损、货差，由多式联运经营人对全程运输负责，也可简化理赔手续，减少理赔费用。

（三）缩短货物运输时间，提高货物运输质量，安全快捷

在多式联运方式下，各种运输环节和各种运输工具之间密切配合，衔接紧凑，货物所到之处中转迅速及时，大大减少货物的在途停留时间，从而从根本上保证了货物安全、迅

速、准确、及时地运达目的地。同时，多式联运通过集装箱进行直达运输，尽管货物在运送中需要经多次转换，但由于使用专业机械装卸，不涉及箱内货物，因而货损、货差事故大为减少，从而在很大程度上提高了货物的运输质量。

（四）降低运输成本，节省各种费用

由于多式联运可以实现"从门到门"的运输，因此，对于货主来说，在货物交由第一承运人以后即可取得货运单证，并据以结汇，从而提前了结汇时间。这不仅有利于加速货物占用资金的周转，而且可以减少利息的支出。此外，由于货物是在集装箱内进行运输的，因此从某种意义上来看，可相应地节省货物的包装、理货和保险等费用的支出。

（五）有利于实现"门到门"

多式联运通常是以集装箱为载体，便于交接检查，有利于实现"从门到门"的运输。

（六）其他作用

从政府的角度来看，发展多式联运具有以下重要意义。

（1）有利于加强政府部门对整个货物运输链的监督与管理，保证本国在整个货物运输过程中占有较大的运输收入分配比例。

（2）有助于引进先进运输技术。

（3）减少外汇支出。

（4）改善本国基础设施的利用状况。

（5）通过国家的宏观调控与指导职能，保证使用对环境破坏最小的运输方式，达到保护本国生态环境的目的。

四、多式联运的形式

多式联运是采用两种或两种以上不同运输方式进行联运的运输组织形式，包括海陆、陆空、海空等。这与一般的海海、陆陆、空空等形式的联运有着本质的区别。后者虽然也是联运，但仍是在同一种运输工具之间进行的运输方式。多式联运严格规定必须采用两种或两种以上不同的运输方式进行联运，因此，这种运输组织形式可以综合利用各种运输方式的优点，充分体现社会化大生产和大交通的特点。

（一）海陆联运

海陆联运是多式联运的主要组织形式，也是远东和欧洲多式联运的主要组织形式之一。目前，组织和经营远东与欧洲海陆联运业务的主要有班轮公会的三联集团、北荷、冠航和丹麦的马士基等航运公司，以及非班轮公会的中国远洋运输公司、中国台湾长荣航运公司和德国那亚航运公司等。这种组织形式以航运公司为主体，签发联运提单，与航线两端的内陆运输部门开展联运业务，与陆桥运输展开竞争。

（二）陆桥运输

在多式联运中，陆桥运输起着非常重要的作用。它是远东和欧洲多式联运的主要组织

形式之一。所谓陆桥运输是指采用集装箱专用列车或卡车把横贯大陆的铁路或公路作为中间"桥梁"，使大陆两端的集装箱海运航线与专用列车或卡车连接起来的一种连贯运输方式。严格地讲，陆桥运输也是一种海陆联运形式，只是因为其在多式联运中的独特地位，故在此将其单独作为一种运输组织形式来讲解。

（三）海空联运

海空联运又称为空桥运输。在运输组织方式上，空桥运输与陆桥运输有所不同。陆桥运输在整个货运过程中使用的是同一个集装箱，不用换装，而空桥运输的货物通常要在航空港换入航空集装箱。不过，两者的目标是一致的，即以低费率提供快捷、可靠的运输服务。

海空联运是加拿大航空公司在 20 世纪 60 年代初开创的，当时为了将价值昂贵的日本消费品运往美国东海岸、欧洲和中东地区，他们先将货物集装箱用船运往温哥华，再经陆路运到温哥华机场，在机场开箱，把货物分类分装成航空货物交机场续运。这项业务的成功促进了海空联运模式的发展，之后这条线路沿北美太平洋向南发展到西雅图和洛杉矶。

20 世纪 70 年代中期，波音 747 飞机问世之后，海空货物联运业务得到迅速发展。首先是在美国，继而扩展到其他国家和地区，特别是海湾地区，因为该地区飞往欧洲的飞机货舱往往空载，于是航空公司开始向发货人提供极低的回程费率，许多代理人注意到了海空联运的大好机会。

在 20 世纪八九十年代，亚洲经济飞速发展，带动货物运输量大幅度增长，从而促进了该地区的海空联运业务，新加坡已经作为世界级海空联运枢纽出现在市场上。东南亚和远东大多数国家出口的纺织品通过海空联运运到欧洲，日本和韩国还越来越多地用海空联运将高技术产品（如电子设备）运往欧洲。

五、多式联运的构成要素

（一）多式联运经营人

多式联运经营人是指经营多式联运业务的企业或机构。我国规定联运企业是运输代理企业，属交通运输部门。

（二）发货人

发货人是指以本人或以其名义或其代表，与多式联运经营人订立多式联运合同，并按多式联运合同将货物交给多式联运经营人的任何人。

（三）实际承运人与契约承运人

根据目前运输公约规定，实际承运人是指与货主订立运输合同的人，或者实际完成运输的人。契约承运人是指与货主订立运输合同的人，在多式联运中是指与发货人订立多式联运合同的人（多式联运经营人）。

（四）收货人

收货人是指有权提取货物的人。在多式联运中一般是指多式联运提单持有人。在多式联运中一般是指合同票据中记名的收货人。

（五）多式联运合同

多式联运合同是指货物托运人与多式联运经营人就运输对象全程联运达成的协议。

（六）多式联运单据（票据）

在多式联运中，多式联运单据是指"证明多式联运合同，以及证明多式联运经营人接受货物并按合同条款交付货物的单证"。一般称为多式联运提单。

（七）货物

多式联运的货物主要是指集装箱（均指标准集装箱）货物，以集装箱为基本运输单元，有时也包括工程货物（大多是项目工程的成套设备等）。

任务二　多式联运流程

一、多式联运的作业流程

（一）接受托运申请

订立多式联运合同多式联运经营人根据货主提出的托运申请和自己的运输路线等情况，判断是否接受该托运申请。如果能够接受，那么双方议定有关事项后，在交给发货人或其代理人的场站收据（货物情况可暂时空白）的副本上签章（必须是海关能接受的），证明接受货物托运申请，多式联运合同已经订立并开始执行。

发货人或其代理人根据双方就货物交接方式、时间、地点、付费方式等达成协议填写场站收据（货物情况可暂空），并把其送至联运经营人处编号，多式联运经营人编号后留下货物托运联，将其他联交还发货人或其代理人。

（二）集装箱的发放、提取及运送

多式联运大多数使用集装箱运输。多式联运中使用的集装箱一般应由经营人提供。这些集装箱来源一般有以下三个。

（1）经营人自己购置使用的集装箱。

（2）由公司租用的集装箱，这类集装箱一般在货物的起运地点附近提箱而在交付货物地点附近还箱。

（3）由全程运输中的某一分运人提供，这类集装箱一般需要在多式联运经营人为完成合同运输与该分运人（一般是海上区段承运人）订立分运合同后获得使用权。

如果双方协议由发货人自行装箱，那么多式联运经营人应签发提箱单或将租箱公司或分运人签发的提箱单交给发货人或其代理人，由他们在规定日期到指定的堆场提箱并自行将空箱托运到货物装箱地点，准备装货。如发货人委托亦可由经营人办理从堆场装箱地点的空箱托运（这种情况需要加收空箱托运费）。

当是拼箱货或是整箱货但发货人无装箱条件不能自装时，由多式联运经营人将所用空箱调运至接受货物的集装箱货运站，做好装箱准备。

（三）出口报关

若联运从港口开始，则在港口报关；若从内陆地区开始，则应在附近的海关办理报关。一般应由托运人办理，也可委托多式联运经营人代办。报关时应提供场站收据、装箱单、出口许可证等有关单据和文件。

（四）货物装箱

货物装箱主要包括自行装箱、委托多式联运经营人或货运站装箱、多式联运配积载等。

1．自行装箱

若发货人自行装箱，则发货人或其代理人提取空箱后在自己的工厂和仓库组织装箱，装箱工作一般要在报关后进行，并请海关派人员到装箱地点监装和办理加封事宜。如需要理货，还应请理货人员现场理货并与之共同制作装箱单。

2．委托多式联运经营人或货运站装箱

若发货人不具备装箱条件，则可委托多式联运经营人或货运站装箱（指整箱货情况），发货人应将货物以原来形态运至指定的货运站由其代为装箱。若是拼箱货物，则发货人应负责将货物运至指定的集装箱货运站，由货运站按多式联运经营人的指示装箱。无论装箱工作由谁负责，装箱人均需要制作装箱单，并办理海关监装与加封事宜。

3．多式联运的配积载

货物配积载是指根据货物种类、特性、数量、流向等多种货物的既定运输任务，通过合理配装以充分利用运输工具的容积及载重能力的作业环节。它是联合运输的一项重要的、技术性较强的工作，相应工作人员应对运输程序、货物调运方法、车船性能及容积或载重量、货物拼配、拼装条件等情况清楚明了。

（1）配积载的要求。掌握发运顺序做到先急后缓，先重点后一般，先计划内后计划外，先远后近，先进先出，后进后出。掌握不同货物的拼配范围，确保货物安全。掌握轻重配积载原则，提高车船容积利用。尤其是零担货物的配积载，因零担的运价是按拼配货物最高的运价等级计收运费的，故应尽量将运价等级相同或相近的货物拼配在一起。

（2）配积载的形式。配积载的形式主要有见单配积载和见货配积载两种。

①见单配积载。是在货物提交联合运输时，先集中托运单据，后集中货物。也就是在见到托运单据时先对货物进行配积载计划，待确定装车、装船期限时，再将货物运到车站码头。见单配积载工作比较主动，一般不占用流动性的仓库，车站、码头货位的利用率高，但遇到大量货物发运时，短途运输压力较大。

②见货配积载。是把需要联合运输的货物先集中到流转性的仓库、车站或码头货位上，再根据货物的流量、流向进行配积载。见货配积载可方便货主，减少货主负担，装车、装

船的时间有保证，短途运输压力小，但易造成仓库堵塞不畅。

（五）接收货物

对于由货主自装箱的整箱货物，发货人应负责将货物运至双方协议规定的地点，多式联运经营人或其代理人（包括委托的堆场业务员）在指定地点接收货物。若是拼箱货，则经营人在指定的货运站接收货物。验收货物后，代表联运经营人接收货物的人应在场站收据正本上签章并将其交给发货人或其代理人。

（六）核收多式联运费用

多式联运费用主要包括运费、杂费、中转费和服务费。

（七）订舱及安排货物运送

经营人在合同订立之后，即应制订合同涉及的集装箱货物的运输计划，该计划包括货物的运输路线，区段的划分，各区段实际承运人的选择确定，以及各区段衔接地点的到达、起运时间等内容。这里所说的"订舱"泛指多式联运经营人按照运输计划安排各区段的运输工具，与选定的各实际承运人订立各区段的分运合同。这些合同的订立由经营人本人（派出机构或代表）或委托的代理人（在各转接地）办理，也可请前一区段的实际承运人作为代表向后一区段的实际承运人订舱。

（八）办理保险

在发货人方面，应投保货物运输保险。该保险由发货人自行办理，或者由发货人承担费用，由经营人代为办理。货物运输保险可以是全程的，也可以是分段投保的。在多式联运经营人方面，应投保货物责任险和集装箱保险，由经营人或其代理人向保险公司办理，或者以其他形式办理。

（九）签发多式联运提单，组织完成货物的全程运输

多式联运经营人的代表收取货物后，经营人应向发货人签发多式联运提单。在把提单交给发货人之前，应注意按双方议定的付费方式、内容及数量向发货人收取全部应付费用。

多式联运经营人有完成和组织全程运输的责任和义务。在接收货物后，要组织各区段实际承运人、各派出机构及代表人共同协调工作，完成全程中各区段的运输及各区段之间的衔接工作，以及运输过程中所涉及的各种服务性工作，运输单据、文件和有关信息等的组织协调工作。

（十）货物交付

当货物运至目的地后，由目的地代理人通知收货人提货。收货人凭多式联运提单提货，经营人或其代理人按合同规定收取收货人应付的全部费用。收回提单后签发提货单（交货记录），提货人凭提货单到指定堆场（整箱货）和集装箱货运站（拼箱货）提取货物。

（十一）运输过程中的海关业务

按惯例，多式联运的全部运输（包括进口国内陆段运输）均应视为运输。因此该环节

工作主要包括货物及集装箱进口国的通关手续、进口国内陆段保税（海关监管）运输手续及结关等内容。如果陆上运输要通过其他国家海关和内陆运输线路时，还应包括这些海关的通关及保税运输手续。

这些涉及海关的手续一般由多式联运经营人的派出机构或代理人办理，也可由各区段的实际承运人作为多式联运经营人的代表办理，由此产生的全部费用应由发货人或收货人负担。

如果货物在目的地港口交付，那么结关应在港口所在地海关进行；如果货物在内陆交货，那么应在口岸办理保税（海关监管）运输手续，海关加封后方可运往内陆目的地，然后在内陆海关办理结关手续。

（十二）货运事故处理

如果全程运输中发生了货物灭失、损害和运输延误，无论是否能确定发生的区段，发（收）货人均可向多式联运经营人提出索赔。多式联运经营人根据提单条款及双方协议确定责任并做出赔偿。当能确知事故发生的区段和实际责任者时，可向其进一步进行索赔。若不能确定事故发生的区段，则一般按在海运区段发生处理。如果已对货物及责任投保，那么存在要求保险公司赔偿和向保险公司进一步追索的问题。若受损人和责任人的意见不能取得一致，则需要通过在诉讼时效内提起诉讼和仲裁来解决。

二、多式联运单证

多式联运单证是由承运人或其代理人签发的，其作用与海运提单相似，既是货物收据也是运输契约的证明，在单据做成指示抬头或不记名抬头时，可作为物权凭证，经背书可以转让。

多式联运单证表面上和联运提单相仿，但联运提单承运人只对自己执行的一段负责，而多式联运承运人则对全程负责。联运提单由船公司签发，包括海洋运输在内的全程运输，多式联运单据则由多式联运承运人签发，也包括全程运输，但在多种运输方式中，可以不包含海洋运输。

《联合国货物多式联运公约》中对多式联运单证有着明确的定义：多式联运单证是指证明多式联运合同，以及多式联运经纪人接管货物并负责按照多式联运合同条款交付货物的单证。因此，多式联运单证不是运输合同，而是合同的证明；多式联运单证是多式联运经营人收到货物的收据和凭以交付货物的凭证。

多式联运单证是各当事人之间进行多式联运业务活动的凭证。因此，要求单据内容必须正确、清楚、完整。其主要内容包括以下几个。

（1）货物品类、标志，危险货物的性质、包数或件数，货物的毛重，这些事项由发货人提供。

（2）货物的外表状况。

（3）联运人的名称和地址。

（4）发货人的名称。

（5）收货人的名称。

（6）联运人接管货物的地点和日期。

（7）联运人或经其授权人的签字。

（8）每种运输方式的运费，或者应由收货人支付的运费。

（9）预期经过的路线、运输方式和转运地点。

（10）在不违背签发多式联运单据所在国法律的情况下，双方同意列入多式联运单据的任何其他事项。

多式联运单证所记载的内容，通常由货物托运人填写，或者由多式联运经营人或其代表根据托运人提供的有关托运文件制成。但在多式联运经营人接管货物时，被认为货物托运人或发货人已向多式联运经营人保证其在多式联运单证中所提供的货物品类、标志、尺码、数量等情况准确无误。

如果货物的灭失、损坏是由发货人或货物托运人在单证中所提供的内容不准确或不当造成的，那么发货人应对多式联运经营人负责，即使在多式联运单证已转让的情况下也不例外。当然，如果货物的灭失、损坏是由多式联运经营人在多式联运单证中列入不实资料，或者漏列有关内容所致，那么该多式联运经营人无权享受赔偿责任限制，而应按货物的实际损坏负责赔偿。

三、多式联运经营人

（一）多式联运经营人应具备的条件

多式联运经营人是指本人或通过其代表与发货人订立多式联运合同的任何人，他是事主，而不是发货人的代理人或代表，或者参加多式联运的承运人的代理人或代表，他负有履行合同的责任。作为多式联运经营人，他必须具备以下基本条件。

（1）多式联运经营人本人或其代表必须就多式联运的货物与发货人本人或其代表订立多式联运合同，而且至少使用两种运输方式完成全程货物运输。

（2）从发货人或其代表那里接管货物时起，即签发多式联运单证，并对接管的货物开始负有责任。

（3）承担多式联运合同规定的与运输和其他服务有关的责任，并保证将货物交给多式联运单证的持有人或单证中指定的收货人。

（4）对运输全过程所发生的货物灭失或损害，多式联运经营人首先对货物受损人负责，并应具有足够的赔偿能力。

（5）多式联运经营人应具有与多式联运要求相适应的技术能力，对自己签发的多式联运单证确保其流通性，并作为有价证券在经济上有令人信服的担保程度。

（二）多式联运经营人的责任形式

由于多式联运打破了"从港到港"的货物交接方式，因此，原有的有关承运人的责任形式已不能满足其要求。随着新的责任形式的不断形成，在目前的多式联运业务中，多式联运经营人的责任形式主要有以下两种。

1. 统一责任制

统一责任制又称"同一责任制"，就是多式联运经营人对货主负有不分区段的统一原则责任，也就是说经营人在整个运输中不使用同一责任向货主负责，即经营人对全程运输中货物的灭失、损坏或延期交付负全部责任，无论事故责任是明显的还是隐蔽的，是发生在海运段还是发生在内陆段,均按一个统一原则由多式联运经营人按约定的限额进行赔偿。但是，如果多式联运经营人已尽了最大努力仍无法避免，或者确实证明是货主的故意行为等原因所造成的灭失或损坏，那么经营人可免责。统一责任制是一种科学、合理、手续简化的责任制度，但这种责任制度对联运经营人来说负担较重，因此，目前还未在世界范围内广泛采用。

2. 网状责任制

所谓网状责任制是指由签发多式联运提单的人对全程运输负责，但其损害赔偿与统一责任制不同，它是按造成该货损的实际运输区段的责任制予以赔偿的。网状责任制是介于全程运输负责制和分段运输负责制之间的一种责任制，又称混合责任制。也就是该责任制在责任范围方面与统一责任制相同，而在赔偿限额方面则与区段运输形式下的分段运输负责制相同。网状责任制是目前较多采用的一种责任形式。

【知识链接】

在各运输区段中依据的法律有：

公路运输——根据《公路货物运输合同公约》或国内法。

铁路运输——根据《铁路货运公约》或国内法。

海上运输——根据《海牙规则》或国内法。

航空运输——根据《华沙运输公约》或国内法。

（三）多式联运经营人的赔偿责任限制

1. 赔偿责任限制基础

已通过的《联合国货物多式联运公约》对多式联运经营人所规定的赔偿责任的基础仿照了《汉堡规则》，规定如果货物的灭失、损害或延迟交货所引起的损失发生在货物由多式联运经营人掌管期间，那么多式联运经营人应对此负赔偿责任，除非多式联运经营人能证明其本人、受雇人、代理人或其他有关人，为避免事故的发生及其后果已采取了一切符合要求的措施。如果货物未在议定的时间内交付或虽没有规定交货时间，但未按具体情况在一个勤勉的多式联运经营人所能保障的合理的时间内交货，那么构成延迟交货。

《联合国货物多式联运公约》采用的是完全过失责任制，即多式联运经营人除对由于其本人所引起的损失负责赔偿外，对于他的受雇人或代理人的过失也负有赔偿责任。

在《货物运输公约》中，对延迟交货责任一般都有明确的规定，只是有的规定较明确，有的则相反。如海上货物运输，由于影响运输的原因较多，很难确定在什么情况下构成延迟交货，因此，《海牙规则》中对延迟交货未做任何规定。

《联合国货物多式联运公约》对在延迟交货下的多式联运经营人的赔偿责任规定有以下两种情况：未能在明确规定的时间内交货；未能在合理的时间内交货。

对于如何理解一个勤勉的多式联运经营人未在合理时间内交货，要根据具体情况加以判断。如在货物运输过程中，为了船和货的安全发生绕航运输；又由于气候影响，不能装卸货物，这些情况的发生，都有可能构成延迟交货。但显然上述情况的发生，即使是再勤勉的多式联运经营人也只能是心有余而力不足。在延迟交货的情况下，收货人通常会采取这样的处理方法：接受货物，再提出由于延迟交货而引起的损失赔偿；拒收货物，提出全部赔偿要求。

2. 赔偿责任限制

所谓赔偿责任限制是指多式联运经营人对每件或每货损单位负责赔偿的最高限额。《海牙规则》对每件或每货损单位赔偿的最高限额为 100 英镑；《维斯比规则》则为 10000 金法郎，或者毛重每千克 30 金法郎，两者以较高者计。此外，《维斯比规则》对集装箱、托盘或类似的装运工具在集装运输时的情况也进行了规定，若在提单上载明这种运输工具中的件数或单位数，则按载明的件数或单位数负责赔偿。《汉堡规则》规定每件或每货损单位为 835 个特别提款权（货币基金组织规定的记账单位），或者按毛重每千克 2.5 个特别提款权，两者以较高者计。《汉堡规则》对货物用集装箱、托盘或类似的其他运工具在集装时所造成的损害赔偿也有与《维斯比规则》相似的规定。对于延迟交货的责任限制，《汉堡规则》规定赔偿应相当于该延迟交付货物应付运费的 2.5 倍，但不超过运输合同中规定的应付运费总额。

已通过的《联合国货物多式联运公约》规定，货物的灭失、损害赔偿责任按每件或每货损单位计，不得超过 920 个特别提款权，或者毛重每千克 2.75 个特别提款权，两者以较高者计。如果货物是用集装箱、托盘或类似的装运工具运输，那么赔偿按多式联运单证中已载明的该种装运工具中的件数或包数计算，否则，这种装运工具的货物应视为一个货运单位。

3. 赔偿责任限制权力的丧失

为了防止多式联运经营人利用赔偿责任限制的规定而对货物的安全掉以轻心，致使货物所有人遭受不必要的损失，从而影响贸易与航运业的发展，若经证明货物的灭失、损害或延迟交货是由于多式联运经营人有意造成的，或者明知有可能造成而由毫不在意的行为或不作为所引起的，则多式联运经营人无权享受赔偿责任限制的权益。

此外，对于多式联运经营人的受雇人、代理人或为多式联运合同而服务的其他人有意造成的，或者明知有可能造成而由毫不在意的行为或不作为所引起的货物灭失、损害或延迟交货的情况，该受雇人、代理人或其他人无权享受有关赔偿责任限制的规定。

任务三　大陆桥运输

一、大陆桥的产生

大陆桥运输是借助于不同的运输方式，跨越辽阔的大陆或狭窄的地峡，以沟通两个互不毗连的大洋或海域之间的运输形式。通常，也是一种多式联运。目的在于缩短运输距离，减少运输时间和节约运输总费用支出。目前从太平洋东部的日本，通过海运到原苏联远东沿海港口（纳霍德卡和东方港等），后再经西伯利亚大铁路等陆上交通，横跨亚欧大陆直达欧洲各国或沿海港口，再利用海运到达大西洋沿岸各地，这类货物运输即为典型的大陆桥运输。

所谓大陆桥运输，是指使用横贯大陆的铁路、公路运输系统为中间桥梁，把大陆两端的海洋连接起来的运输方式。从形式上看，是海陆海的连贯运输，但实际在做法上已在世界集装箱运输和多式联运的实践中发展成多种多样。

大陆桥运输是集装箱运输开展以后的产物，出现于 1967 年。当时苏伊士运河封闭、航运中断，而巴拿马运河又堵塞，远东与欧洲之间的海上货运船舶，不得不改道绕航非洲好望角或南美致使航程距离和运输时间倍增，加上油价上涨，航运成本猛增，而当时正值集装箱运输兴起。在这种历史背景下，大陆桥运输应运而生。从远东港口至欧洲的货运，于 1967 年年底首次开辟了使用美国大陆桥运输路线，把原来全程海运，改为海、陆、海运输方式，试办结果取得了较好的经济效果，达到了缩短运输里程、降低运输成本、加速货物运输的目的。

二、大陆桥运输线路

（一）北美大陆桥

北美大陆桥指从日本东向，利用海路运输到北美西海岸，再经由横贯北美大陆的铁路线，陆运到北美东海岸，再经海路运输到欧洲的"海—陆—海"运输结构。

北美大陆桥包括美国大陆桥运输和加拿大大陆桥运输。美国大陆桥有两条运输线路：一条是从西部太平洋沿岸至东部大西洋沿岸的铁路和公路运输线；另一条是从西部太平洋沿岸至东南部墨西哥湾沿岸的铁路和公路运输线。

北美大陆桥是世界上历史最悠久、影响最大、服务范围最广的陆桥运输线。

北美大陆桥运输对巴拿马运河的冲击很大，由于陆桥运输可以避开巴拿马运河宽度的限制，许多海运承运人开始建造超巴拿马型集装箱船，增加单艘集装箱船的载运箱量，放弃使用巴拿马运河，使集装箱海上运输的效率更为提高。

（二）西伯利亚大陆桥

西伯利亚大陆桥（或称亚欧第一大陆桥）全长 1.3 万千米，东起俄罗斯东方港，西至俄芬（芬兰）、俄白（白俄罗斯）、俄乌（乌克兰）和俄哈（哈萨克斯坦）边界，过境欧洲和中亚等国家。我国通过西伯利亚铁路可进行陆桥运输的路线有铁—铁路线、铁—海路线和铁—公路线三条。

（三）新亚欧大陆桥

亚欧第二大陆桥，也称新亚欧大陆桥。该大陆桥东起中国的连云港，西至荷兰鹿特丹港，全长 10 837 千米，其中在中国境内 4 143 千米，途经中国、哈萨克斯坦、俄罗斯、白俄罗斯、波兰、德国和荷兰 7 个国家，可辐射到 30 多个国家和地区。1990 年 9 月，中国铁路与哈萨克铁路在德鲁日巴站正式接轨，标志着该大陆桥的贯通。1991 年 7 月 20 日开办了新疆一哈萨克斯坦的临时边贸货物运输。1992 年 12 月 1 日由连云港发出首列集装箱联运"东方特别快车"，经陇海、兰新铁路，西出边境站阿拉山口，分别运送至阿拉木图、莫斯科、圣彼得堡等地，标志着该大陆桥运输的正式开办。近年来，该大陆桥运量逐年增长，并具有巨大的发展潜力。

（四）其他运输形式

1．OCP（overland common point）

OCP 即内陆公共点运输，其含义是指使用两种运输方式将卸至美国西海岸港口的货物通过铁路运抵美国内陆公共点。OCP 是一种特殊的运输方式，只适用于美国或加拿大内陆区域。它虽然由海运、陆运两种运输形式来完成但它和多式联运有不同之处。多式联运是由一个承运人负责的自始至终的全程运输，而 OCP 运输中海运、陆运段分别由两个承运人签发单据，运输与责任风险也是分段负责的。它是一种多式的联营运输。

2．MLB（mini land bridge）

MLB 即小陆桥运输，是通过海、陆运输方式将集装箱货物先运至日本港口，再转运至美国西海岸港口，卸船后交由铁路运抵美国东部港口或加勒比海港口区域以及相反方向的运输。MLB 运输从运输组织方式上看与大陆桥运输并无大的区别，只是其运送货物的目的地为沿海港口，本质上是海陆联运，即利用陆上铁路作为桥梁将美国西海岸和东海岸以及墨西哥湾连接起来的运输方式，所以称为小陆桥运输，其比大陆桥运输少了一段海上运输。

三、大陆桥的运输特点

大陆桥的运输特点主要有以下两点。

（1）属于多式联运范畴，采用海陆联运方式，全程由海运段和陆运段组成。

（2）比采用海运缩短路程，但增加了装卸次数。所以在某些地域大陆桥运输能否发展，主要取决于它与全程海运比较，在运输费用、运输时间等方面的综合竞争力。

任务四　多式联运的运费核算

一、多式联运运价

目前，在有些班轮航线上，如泛太平洋航线及泛大西洋航线，班轮公会实际上实行的是"从点到点"的运费率，大多数集装箱海上承运人还没有真正采用"从门到门"的运费率形式。然而，随着集装箱运输及多式联运的迅速发展，采用"从门到门"运价正变得越来越普遍，这种费率形式的大规模应用只是时间问题。因此，有必要在此就制定集装箱多式联运运价的基本原则及运费计收方式等方面的问题进行讨论。

作为集装箱多式联运经营人的两种主要类型——无船承运人和有船承运人，在很多方面具有不同的特征。然而，从多式联运运价表的内容与结构来讲，这两种多式联运经营人却并无大的区别。任何一个多式联运经营人，在制定多式联运运价表之前，首先必须确定具体的经营线路，并就有关各运输区段的各单一运输方式做好安排，在此基础上，依据各单一运输方式的运输成本及其他有关运杂费，估算各条营运线路的实际成本，从而制定一个真正合理的多式联运运价表。

集装箱多式联运运价表从结构上讲，可采用以下两种形式。

（一）城市间"从门到门"的费率

这种费率结构可以是以整箱货或拼箱货为计费单位的货物等级费率，也可以是按 TEU（Twenty-feel，Equivalent unit，20 英尺标准集装箱）或 FEU（Forty-feet Equivalent Unit，40 英尺标准集装箱）计费的包箱费率。这是一种真正意义上的多式联运运价。

（二）"从港到港"费率加上内陆运费率

这种费率结构形式较为灵活，但从竞争的角度来看，由于这种形式将海运运价与内陆运价分开，故不利于竞争。在多式联运运价分为海运运价和内陆运价两部分的情况下，应注意运价表的内陆运价部分必须包括以下一些内容。

（1）一般性条款，如关税及清关费用、货物的包装、无效运输，以及更改运输线路与方向等。

（2）公路、铁路及内河运输的装箱时间及延滞费。

（3）额外服务及附加费的计收，如因货主原因而使用有关设备等。

内陆运价应真实反映各种运输方式的成本状况及因采用集装箱运输而增加的成本项目。同时，在确定内陆运价时，既要考虑集装箱的装载能力，也要考虑运输工具的承载能力。这在有些时候会发生货主利益与承运人利益相互冲突的情况。例如，由于集装箱载重能力或内容积的限制，承运人在运输集装箱货物时不能达到运输工具所允许的最大承载能力，进而给承运人造成一定的亏载损失。

由于目前集装箱多式联运运价的制定倾向于只限定在特定的一些运输线路上，即从海港到内陆消费中心或生产中心，因此在制定内陆运价时可以考虑在不影响整个费率结构及其水平的情况下，采用较为优惠的内陆集装箱运输费率，对处于区位劣势的港口给予一定的补偿，从而提高这些港口的竞争力，促进这些港口腹地的集装箱多式联运的   发展。

根据集装箱运输市场运价的变化及时调整费率水平，确保集装箱多式联运运价始终处于一种最新的状态，是多式联运经营人一项十分重要的任务。通常，内陆运费率及有关费用的变化，相比海上运费率要频繁得多。因此，当内陆运费率及有关费用发生变化时，多式联运运价也必须尽快做出相应的变化。

如果内陆运输成本上升而多式联运运价仍保持在原有的水平，那么，多式联运经营人的盈利就会减少。相反，如果内陆运输费用降低，而多式联运运价不相应降低，多式联运经营人的竞争地位就会受影响。

为充分发挥集装箱多式联运的优越性，多式联运运价应该比分段运输的运价对货主更具吸引力，而绝对不能是各单一运输方式运费率的简单叠加，因为这将使得多式联运经营人毫无竞争力可言。众所周知，运输时间和运输成本是与多式联运经营人竞争力密切相关的两个因素。对于组织、管理水平较高的多式联运经营人来说，运输时间是比较容易控制的。在此，重要的是如何降低运输成本。

目前，多式联运经营人，主要是无船承运人大多采用所谓的"集并运输"（Consolidation）方式来减少运输成本。集并运输有时也称为"组装化运输"（Groupage），它是指作为货运代理人的无船承运人将起运地几个发货人运往同一目的地的几个收货人的小批量、不足一箱的货物汇集起来，拼装成整箱货托运。货物运往目的地后，由当地集并运输代理人将它们分别交付各个收货人。其主要目的是从海上承运人较低的整箱货运费率中获益，从而降低海上运输成本。多式联运经营人降低海上运输成本的另一个途径是采用前述的运量折扣费率（Time-volume Contracts，TVC）形式，通过与海上承运人签订 TVC 合同，获取较低的海运运费率。此外，多式联运经营人还可以通过向非班轮公会会员船公司托运货物的方式降低海运成本，因为相比之下，非会员船公司的费率水平通常要比会员船公司的低。

除海上运输外，集装箱多式联运经营人也可采用类似的方法来降低内陆运输（包括航空运输）成本，如采用运量折扣费率。此外，还可以通过加强与公路、铁路等内陆运输承运人之间的相互合作，获得较低的优惠费率。实际上，这种有效的合作对双方都是有利的。对于公路或铁路运输承运人来说，由于采用集装箱运输，车辆在一定时期内完成的周转次数比散件运输要多得多。或者说，运输同样数量的货物，采用集装箱运输所需的车辆数量要少得多，因而可以减少公路或铁路运输承运人的资金成本。

二、多式联运运费的计收方式

如前所述，集装箱多式联运全程运费是由多式联运经营人向货主一次计收的。目前，多式联运运费计收方式主要有单一运费制和分段运费制两种。

（一）按单一运费制计算运费

单一运费制是指集装箱从托运到交付，所有运输区段均按照一个相同的运输费率计算运费。在西伯利亚大陆桥（Siberian Landbridge，SLB）运输中采用的就是这种计费方式。

$$单一的联运 = 运输成本 + 经营管理费用 + 合理利润$$

1．运输成本

因交货条件和运输路线的不同而不同，主要包括以下几个方面。

（1）国内段费用，如空箱运费、重箱运费、装卸车费，内陆铁路或内河运输费、装挂箱费、堆场费、保管费、港务费及报关手续费等。

（2）海上段、铁路段、空运段的运费，以及在国外港站的中转费等。

（3）国外段费用。与国内段大体相同，但要加上国外代理人交接手续费及过境费用等。

2．经营管理费用

包括通信、水电、房租、员工薪酬、奖金、生产设备折旧等营业性开支。

3．合理利润

利润的多少受多种因素的制约。应坚持的原则为合理收费、薄利多运、灵活运用优惠政策，其惯常的做法有：根据数量的多寡给予优惠；根据不同地区给予优惠；根据不同的商品给予优惠；根据双方的合作关系给予优惠。

（二）按分段运费制计算运费

分段运费制是按照组成多式联运的各运输区段，分别计算海运、陆运（铁路、汽车）、空运及港站等各项费用，然后合计为多式联运的全程运费，由多式联运经营人向货主一次计收。各运输区段的费用，再由多式联运经营人与各区段的实际承运人分别结算。目前大部分多式联运的全程运费均采用这种计费方式，如欧洲到澳大利亚的集装箱多式联运，日本到欧洲内陆或北美内陆的集装箱多式联运等。

项目练习

一、填空题

1. 多式联运经营人提供一次托运、_____、统一理赔、_____、_____的运输服务。

2. _____必须对全程运输负责。

3. 多式联运包括_____、_____、_____三种形式。

4. 多式联运经营人的责任形式主要有_____、_____两种。

5. _____是指使用横贯大陆的铁路、公路运输系统为中间桥梁，把大陆两端的海洋连接起来的运输方式。

二、判断并改错题

1. 多式联运中，零担货物配积载的运价是按拼配货物最低的运价等级计收运费的，故应尽量将运价等级相同或相近的货物拼配在一起。（　　）

2. 多式联运是指按照多式联运合同，以至少两种不同的运输方式，由承运人把货物从一国境内接运货物的地点运至另一国境内指定交付货物的地点。（　　）

3. 由不同的运输经营人共同参与多式联运，其经营的范围可以大大扩展，改善不同运输方式间的衔接工作，组织合理化运输。（　　）

4. 多式联运的运输过程可以根据实际成本采用可变运费费率。（　　）

5. 多式联运中，货物运输保险可以是全程的，也可以是分段投保的。（　　）

三、单项选择题

1. 多式联运中使用的集装箱一般应由（　　）提供。

A．发货人　　　　B．经营人　　　　　C．承运人　　　　D．托运人

2. 关于多式联运，表述错误的是（　　）。

A．托运人只需办理一次托运

B．托运人只需订立一份运输合同

C．托运人只需支付一次费用

D．托运人可以采用多份货运单证

3. 多式联运进行配积载时，不应该（　　）。

A．先近后远　　　　　　　　　　B．先重点后一般

C．后进后出　　　　　　　　　　D．先计划内后计划外

4．下列不属于多式联运经营管理费用的是（　　）。

A．房租　　　　B．奖金　　　　　C．生产设备折旧　　D．港务费

5．（　　）东起中国的连云港，西至荷兰鹿特丹港，途经 7 个国家，可辐射到 30 多个国家和地区。

A．西伯利亚大陆桥　　B．北美大陆桥　　C．新亚欧大陆桥　　D．小陆桥运输

四、多项选择题

1．多式联运单证应包括（　　）。

A．货物品类、标志　　　　　　　　B．发货人的名称

C．联运人的名称和地址　　　　　　D．每种运输方式的运费

2．多式联运的全程费率一般包括（　　）。

A．运输成本　　　B．劳务手续费用　　　C．合理利润　　D．附加费用

3．多式联运的运输成本主要包括（　　）。

A．空箱运费　　　B．保管费　　　　　　C．堆场费　　D．增值税

4．大陆桥运输线路主要包括（　　）。

A．西伯利亚大陆桥　　　　　　　　B．北美大陆桥

C．新亚欧大陆桥　　　　　　　　　D．欧亚大陆桥

5．多式联运的意义有（　　）。

A．有助于引进先进运输技术　　　　B．改善本国基础设施的利用状况

C．增加外汇支出　　　　　　　　　D．保护本国生态环境

五、简答题

1．多式联运的特征有哪些？

2．多式联运的作用有哪些？

3．多式联运的构成要素有哪些？

4．多式联运的作业流程是什么？

技能实训练习

练习一：多式联运出口操作

（一）任务展示

某市轻工进出口公司 A 向智利某公司 B 出口 1000 吨纸板，出口港为天津新港，目的港为圣安东尼奥，目的地为圣地亚哥，共计 52 个 20 英尺集装箱，试安排其运输。

（二）实训目的

熟悉和掌握多式联运出口操作流程和方法。

（三）实训方法

1. 学生分组进行角色模拟；填写相关单证；完成整个业务流程；教师进行点评总结。
（1）列出整个出口业务流程。
（2）标明办理每步业务的注意事项。
（3）整理每步业务所需的单证。
（4）画出业务流程图。
2. 时间：30分钟。
3. 地点：教室。

练习二：情景分析

自贸区格局下中国航运业的风险和挑战

上海自贸区在船舶登记、航运市场开放等领域突破了诸多限制，提升了中国航运的对外开放水平，将对中国航运的未来产生重大的影响：一方面，将对吸引外商投资中国航运业，借鉴先进管理经验起到良好的推动作用；另一方面，由此引发的风险与挑战也不容小觑。

沿海运输权限加剧竞争。"实施意见"提出允许中资公司拥有或控股拥有的非五星旗船，先行先试外贸进出口集装箱在国内沿海开放港口和上海港之间的沿海捎带业务，将引发一系列的沿海运输权限问题：其一，这将打破中国现行的沿海运输权规定，对国内沿海运输企业产生较大冲击；其二，政府对国内沿海运输的调控难度将加大，导致国内运输市场运力过剩，加剧竞争。此外，WTO（the World Trade Organization，世界贸易组织）服务贸易原则要求不能因"内外有别"和"外外有别"而进行歧视。但在上海自贸区航运政策下，中资和外资五星旗船都属于中国籍船舶，却得到了不同沿海运输权限，这明显违背了WTO服务贸易的非歧视性原则。

起运港退税或诱发连锁反应。"实施意见"提出扩大起运港退税政策试点范围，在现有试点港口和运输企业的基础上，进一步促使积极性高、信誉好的港口和运输企业加入试点，以扩大制度效应。

起运港退税可能诱发某些连锁反应：第一，中国多数港口仍以公路为主要集疏运手段，铁路系统尚未完善，而受基础设施条件等诸多限制，"水水中转"目前在费用、时间、运力等方面尚不具备竞争力；第二，"入世"后，根据WTO相关规则的要求，中国出口退税率持续下降，起运港退税政策的效果也不断缩水；第三，沿海港口竞争激烈，一些港口为了排名，宁可将外贸箱运至国外港口中转，也拒绝交给国内的竞争对手中转；第四，为了能够加快货物出境流程，很多企业选择到上海进行中转，这将增加其海运物流运输成本，加重上海港口负担，如果相关措施未能及时跟进，将会造成洋山和外高桥港区的拥堵。未来中国可以选取更多的沿海港口作为起运港退税的中转港，以达到最佳的综合经济效益。但是，过多的中转港会造成过度竞争、资源浪费的情况，达不到理想的经济效益，因此此项措施只能有限地在部分港口进行推广。在这种形势下，未来围绕中转港竞争会日益激烈。

从航运管理角度看，上海自贸区的航运管理方法和手段大都具有可借鉴性。自贸区航运制度的创新重心在于扩大开放。虽然这些制度创新的实施暂时会对中国当前航运市场造成一定的波动甚至冲击，但从长期来看，这将会转化为中国航运业持续改革的动力。

思考：

1. 上海自贸区的航运政策对多式联运的影响有哪些？
2. 如何加强多式联运？

练习三：情景分析

多式联运合同拖欠运费及损害赔偿纠纷案——多式联运纠纷典型案例

原告（反诉被告）：上海天原货运有限公司

被告（反诉原告）：宁波四联贸易有限公司

原告诉称，1998 年 6 月 23 日，原告受被告委托以海空多式联运方式代理运输四托盘钢制家具拉手，由上海港运至巴西圣保罗，约定运费预付。原告同时将该批货物交由多式联运经营人 KOREAN。

AIRLINE 公司的代理人中非行空运（香港）有限公司（下称中非行公司）承运。货物装运后，原告于 1998 年 7 月 7 日向被告书面提示支付海空联运费，被告至今未付。诉请判令被告支付运费人民币 88 463.42 元，支付逾期付款违约金人民币 8 492.49 元（从 1998 年 7 月 8 日至 1999 年 3 月 7 日，按日万分之四比率计）。

被告未在法定期限内提交答辩状。但在庭审中辩称，原告系多式联运经管人，非货运代理人。被告拖欠原告运费属实，但由于原告过错，造成被告运费损失，因而拒付。逾期付款违约金起止日期应从原告实际支付中非行公司之日即 1999 年 2 月 4 日起算，不应以提示付款次日起算。

被告反诉称，其委托原告海空联运四托盘钢制家具拉手，按约定货物应于 1998 年 7 月 4 日抵达目的地圣保罗，但实际到达时间为 7 月 8 日，而且由于原告在制单和张贴货物标签上的错误，导致目的港收货人直至 9 月 23 日才提到货物，给收货人造成经济损失。

鉴于收货人急需该批钢拉手，涉案销售合同买方 NBL 公司即与被告改变原合同运输方式，将原定的 CIF 海运改以空运为主的多式联运，约定运费先由被告支付，待其收到货后再转付被告。现由于原告过错造成收货人收到货后拒绝向被告支付运费，且原告在本次运输过程中还单方扣押被告退税单证，给被告造成退税损失人民币 10 652.11 元，请求判令原告赔偿运费损失人民币 88 463.42 元及退税损失 10 652.11 元。

对被告的反诉，原告在庭审中辩称，其是被告的货运代理人，而非多式联运经营人。即使是多式联运经营人，被告亦无权起诉原告。因为收货人未在货物迟延交付之日起 21 日内以书面方式向承运人提出异议，被告无有关收货人提出异议的证据。而被告请求的退税损失与本案非同一案由，应另行向有管辖权的法院起诉。被告并未向原告支付过运费，并不存在运费损失的事实。本案延误事件发生在巴西境内，应按空运单背面条款约定适用华沙条约。

经审理查明，1998 年 3 月 10 日，被告与德国中间商 NBL 公司签订了涉案货物销售合同，约定价格条款海运 CIF 巴西，付款方式电汇，贸易金额 15 800 美元，出运日期 1998

年6月30日前，同年6月1日，因最终用户急需货物，销售合同双方修改了原合同的有关内容，将出运日期提前至6月25日前，价格条款改为CIF巴西圣保罗海空联运，运费总价10 750美元由被告垫付，待货收到后NBL公司再将运费返还被告。

同年6月中、下旬，被告以电话委托原告宁波办事处以海空联运方式出运涉案货物。宁波办事处接受委托后，指示作为托运人的被告将货送至其仓库（宁波环城北路485号）。以过秤确认的重量2 477千克作为计费依据，总计海空联运运费10 750美元。原告签发的编号为AS-0598883的空运单显示，一程海运由"新东轮"029航次承运，二程空运航班为KE061，航班日期为7月2日，托运人为被告，收货人为涉案贸易另一巴西中间商KETER，运费预付，费率按约定。原告将缮制完毕的涉案空运单正面条款传真给被告，背面条款未向被告传真。空运单正面无原告声明代理的印章，被告收到传真件后未提出任何异议。随后原告以自己名义将货物委托中非行公司多式联运。中非行公司向原告签发编号为SHA-103932的空运单，载明托运人为原告，收货人为原告巴西代理人，运费写明预付按约定费率，重量2 477千克。中非行公司遂又将货物委托新东轮船公司——程海运，由上海运至韩国釜山。该海运提单显示托运人为中非行公司上海办事处，收货人为大韩航空公司，重量2 437千克，运费预付。二程空运由大韩航空公司负责承运，该公司空运单记载，托运人为中非行公司上海办事处，收货人为原告的巴西代理人，重量2477千克，运费写明根据安排。同年7月3日，一程海运完成，涉案货物由大韩航空公司承运，经美国洛杉矶中转后，于7月8日抵达巴西圣保罗机场，但收货人迟迟提不到货。原告的巴西代理人向收货人出具的单证显示，由于货物数量更改未加盖更正章，运费未显示具体金额，货物包装箱上标签号与空运单号码不同，致使货物在巴西海关清关时受阻。同年9月23日收货人才提到货物。为此，收货人在8月下旬即发函给原告的巴西代理人，提出异议，要求赔偿，并表示将通过法律途径采取措施。8月31日，原告的巴西代理人复函收货人，表示抱歉和无奈。9月18日，涉案贸易合同买家NBL公司发传真致被告及案外人波太铜制品有限公司，称整个运输时间比普通海运时间还长，采用海空联运已毫无意义，因而表示拒付涉案运费10 750美元，并要求两家公司赔偿其损失351 300美元。

1998年7月上旬，涉案货物出运后，原告宁波办事处曾向被告提示过付款，被告以货物迟延交付为由拒付。原告为此扣押了涉案货物的核销单、报关单退税联，造成本案出口货物虽结汇成功但仍无法办理退税手续，产生退税损失人民币10 655.31元。

以上事实由涉案原告空运单、中非行公司空运单、大韩航空公司空运单、原告巴西代理提供给收货人的空运单传真件、新东轮船公司海运提单、涉案购销合同、结汇税单、涉案增值税发票及税收专用缴款书、提货受阻相关传真件等证据材料佐证。

试分析上述案例业务关系和责任关系，并谈谈你对这次纠纷带来的启示以及你是如何裁决这起案件纠纷的。

项目九 特种货物运输

【项目导读】

在物流运输的货物中，有部分危险、长大笨重、易腐、贵重货物，这类货物对装卸、运输和保管等作业有特殊的要求，这类货物的运输称为特种货物运输。特种货物运输包括危险货物运输、鲜活易腐货物运输、贵重货物运输和超限与大件货物运输。

【项目目标】

➢ 了解危险货物运输的定义、分类与特征。
➢ 掌握危险货物运输组织管理要点。
➢ 掌握危险货物运输的作业流程。
➢ 掌握超限、大件货物运输组织的特点和组织方法。
➢ 理解鲜活易腐货物运输的特点。
➢ 掌握鲜活易腐货物的运费方法和作业流程。
➢ 了解贵重货物运输的作业管理方法。

【项目任务】

鞍山货运中心针对管内化工企业多、危险品运输品种多的实际，强化关键控制，细化管理制度，抓好重点整治，运用科技手段，确保危险品运输的绝对安全。

这个中心管内有辽化、鞍钢等一批石化生产、销售、贮存企业，共有危险品办理点 9 个，危险品专用线 15 条，年发送危险品 500 多万吨。繁重的货运任务，众多的危货办理场所，都给运输安全带来极大隐患。

为确保危险品运输万无一失，该中心把剧毒运输、液化气体运输、易燃液体罐车运输、防止危险品货物匿报品名，作为危险品货物运输关键环节，严格把关落实，强化过程控制。

对危险品货物办理站的开办条件、作业制度、跟踪传输等严格检查，严格把握危险品的监装、检查、交接控制程序，在货物的装卸上要求货运人员必须现场卡控。

为提高以科技保安全的水平，该中心还投资 40 万元，对危险品运输的硬件设施进行了改造，并根据辽化、鞍钢等危险品货场运量大、品类杂、危险性大的实际，重点进行了设备更新，增设了监控、报警、消防等设备，确保危险品运输万无一失。

![问题]

（1）什么是危险品运输？
（2）鞍山货运中心运用哪些科技手段确保危险品运输的绝对安全？

任务一　危险货物运输

危险货物运输是特种货物运输的一种，是指专门组织技术人员对非常规物品使用特殊车辆进行的运输。一般只有经过国家相关职能部门严格审核，并且拥有能保证安全运输危险货物的相应设施设备的企业，才能有资格进行危险货物运输。

一、危险货物运输基本知识

在货物运输中，凡具有易燃、易爆、腐蚀、毒害或放射性等性质，在运输、装卸和保管过程中，容易引起人身伤亡和财产毁损而需要特别防护的货物，均属于危险货物。危险货物以列入国家标准《危险货物品名表》（GB 12268）的为准。未列入《危险货物品名表》的，以有关法律、法规的规定或国务院有关部门公布的结果为准。

（一）危险货物的含义

危险货物的定义包含如下三层含义。

（1）具有易燃、易爆、腐蚀、毒害或放射性等性质。这是危险货物造成火灾、灼伤、中毒和辐射伤害与污染等事故的先决条件。

（2）容易引起人身伤亡和财产损毁。这是指危险货物在一定外界因素作用下，如受热、明火、摩擦、震动、撞击、洒落及与性质相抵触物品接触等情况时，发生化学变化所产生的危险效应，不仅使货物本身受到损失，而且会危及人身安全和使周围环境遭到破坏。

（3）需要特别防护。这主要指针对各种危险货物本身的理化特性，在运输、装卸和保管过程中需要特别防护，采取"特别"防护措施。例如，对某种爆炸品必须添加抑制剂，对有机过氧化物必须控制环境温度等。大多数危险货物的配载都有所忌物品。

（二）危险货物的分类

危险货物包括很多品种。《危险货物品名表》列名的有 2000 种以上。在众多的危险货物中，性质各不相同，危险程度参差不齐。为了储运的安全和管理的方便，国际运输组织根据各种危险货物的主要特性和运输要求，将危险货物分为 9 类。

第 1 类：爆炸品。

第 2 类：压缩、液化、加压溶解气体。

第 3 类：易燃液体。

第 4 类：易燃固体、自燃物品和遇湿易燃物品。

第 5 类：氧化剂和有机过氧化物。

第 6 类：毒害品和感染性物品。

第 7 类：放射性物品。

第 8 类：腐蚀品。

第 9 类：杂项危险物质和物品。

按所涉及的学科分类，危险货物又可分为化学危险品、生物学的感染性物品和核物理学的放射性物品。危险货物的分类，有的是根据货物的物理性质，如压缩气体和液化气体；

有的是根据货物的化学性质，如氧化剂和腐蚀品；有的是结合货物的物理和化学性质，如易燃液体和易燃固体；还有的是根据货物对人身伤害的情况，如放射性物品和毒害品。总之，哪一种特性在运输的危险中居主导地位，就把该货物归为哪一类危险品。上述分类标准并不是相互排斥的，大多数危险货物都兼有两种以上的性质。

危险货物的危险性主要取决于它们自身的理化性质，但在一定外界条件的影响下，如摩擦、撞击、震动、接触火源、日光暴晒、遇水受潮、温度变化或与其他性质相抵触物品相接触，往往会酿成爆炸、燃烧、毒害等严重事故。因此，掌握各类危险货物的性质，认真做好危险货物的包装、装卸、保管、运送、交付、防护等项工作，对危险货物的运输安全和完好十分重要。

（三）各类危险货物的含义和特性

1. 爆炸品

爆炸品是指在外界作用下（如受热、撞击等）能发生剧烈化学反应，瞬时产生大量气体和热量，使周围压力急骤上升，发生爆炸，对周围环境造成破坏的物品，也包括无整体爆炸危险，但有燃烧、抛射及较小爆炸危险，或仅产生热、光、声响或烟雾等一种或几种作用的烟火物品。

爆炸是指物质在受到一定条件的作用下而发生急剧的变化，并在极短的时间内释放大量能量的一种现象。由于爆炸是在瞬间发生的变化，能使周围环境的温度很快地升高和气体的急剧膨胀，从而产生具有很大压力的气浪并形成冲击波，同时产生巨大的声响，高温能引起周围可燃物质的燃烧，因此爆炸具有很大的破坏作用。

根据爆炸时所发生的不同变化，爆炸可分为物理爆炸和化学爆炸。物质因状态或压力发生突变（物理变化）而形成的爆炸现象称为物理爆炸，如锅炉爆炸、轮胎爆炸、压缩气瓶爆炸等；物质因得到起爆能量而迅速进行分解（化学变化），同时生成大量的气态物质和大量的热，使气体产物具有高温、高压，并迅速膨胀做功的化学反应变化过程称为化学爆炸，如炸药及爆炸性药品的爆炸。

爆炸品在发生爆炸反应时具有三个特征：反应速度快、释放大量的热、产生大量气体。

2. 压缩、液化、加压溶解气体

将常温常压条件下的气体物质，经压缩或降温加压后，储存于耐压容器或特制的高强度耐压容器或装有特殊溶剂的耐压容器中，均属于压缩、液化、加压溶解气体，常见的有氧气、氢气、氯气、氨气、乙炔、石油气等。

压缩、液化、加压溶解气体的危险性主要表现在以下几方面。

（1）耐压容器破裂或爆炸的危险。

（2）气体物质化学性质引起危险，如引起火灾、爆炸、中毒、灼伤、冻伤等危险事故。

3. 易燃液体

易燃液体是指易燃的液体、液体混合物或含有固体物质（如粉末沉积或悬浮物等）的液体（不包括因其危险性已列入其他类别危险货物的液体），如乙醇（酒精）、苯、乙醚、二硫化碳（CS2）、油漆类及石油制品、含有机溶剂制品等，其主要危险是燃烧和爆炸。

易燃液体的物理性质表现为高度挥发性、高度流动扩散性、蒸气压及受热膨胀性、静

电电荷积聚性，其化学性质表现为高度易燃性、蒸气易爆性、能与强酸和氧化剂剧烈反应、有毒性。

4. 易燃固体、自燃物品和遇湿易燃物品

（1）易燃固体是指燃点低，对热、撞击、摩擦敏感，易被外部火源点燃，燃烧迅速，并可能散出有毒烟雾或有毒气体的固体，如赤磷及磷硫化物、硫磺、萘、硝化纤维塑料等。

（2）自燃物品是指自燃点低，在空气中易发生氧化反应，放出热量而自行燃烧的物品，如黄磷和油浸的麻、棉、纸及其制品等。

（3）遇湿易燃物品是指遇水或受潮时，发生剧烈化学反应，放出大量易燃气体和热量的物品，有些不需要明火即能燃烧或爆炸，如钠、钾等碱金属，电石（碳化钙）等。

它们总体的特性如下。

（1）燃点低，易燃或自燃。

（2）遇湿、遇水、遇酸、遇氧化物时，会发生剧烈化学反应。

（3）易与氧化剂形成爆炸性混合，具爆炸性。

（4）毒害性。

5. 氧化剂和有机过氧化物

氧化剂是指处于高氧化态，具有强氧化性，易分解并放出氧和热量的物质，包括含过氧基的无机物。这些物质本身不一定可燃，但能导致可燃物燃烧，与松软的粉末状可燃物能组成爆炸性混合物，对热、震动、摩擦较敏感，如硝酸钾、氯酸钾、过氧化钠、过氧化氢（双氧水）等。

有机过氧化物是指分子组成中含有过氧基的有机物，其本身易爆易燃，极易分解，对热、震动与摩擦极为敏感，如过氧化二苯甲酰及过氧化乙基甲基酮等。

（1）氧化剂的危险性。本类危险货物在遇酸、受热、受潮或接触有机物、还原剂后即可分解出原子氧和热量而引起燃烧和爆炸的危险。其危险性主要表现在强氧化性、不稳定性、化学敏感性、吸水性。

（2）有机过氧化物的危险性。有机过氧化物的危险性主要是由于其化学组成中有过氧基所致，对震动、冲击、摩擦和遇热都极为敏感。其危险性主要表现如下。

①有机过氧化物比无机氧化剂更容易分解，其分解温度一般在 150℃以下，有的甚至在常温时分解，故需保持低温运输。同时，有机过氧化物对杂质很敏感，遇少量的酸类、金属氧化物或胺类即会引起剧烈分解。由于分解温度低，有机过氧化物对摩擦、撞击等因素也比氧化剂敏感。

②有机过氧化物绝大多数是可燃物质，有的甚至是易燃物质。分解时产生的氧往往能引起自燃，燃烧时放出热量又加速分解，循环往复极难扑救。

③有机过氧化物分解后的产物，几乎都是气体或易挥发的物质，再加上易燃性和自身的氧化性，分解时易发生爆炸。

6. 毒害品和感染性物品

毒害品是指进入肌体后，累积达一定的量，能与体液或器官组织发生生物化学作用或生物物理作用，扰乱或破坏肌体的正常生理功能，引起某些器官和系统暂时性或持久性的病理状态，甚至危及生命的物品，如四乙基铅、氢氰酸及其盐、苯胺、硫酸二甲脂、砷及

其化合物、生漆等。

感染性物品（又称为传染性物品）是指含有致病的微生物、能引起病态甚至死亡的物质，包括遗传变异的微生物及生物、生物制品、诊断标本、临床废弃物和医疗废弃物。

毒害品按其化学性质又可分为有机毒害品和无机毒害品两大部分。有机毒害品具有可燃性，遇明火、高温或与氧化剂接触会引起燃烧爆炸。毒害品燃烧时，一般都会放出有毒气体，又加剧了毒害品的危险性。

毒害品的形态一般是固体、液体或气体，尤以气体、蒸气、雾、烟、粉尘等形态活跃于生产环境而污染空气，可经呼吸道、消化道、皮肤进入人体。

【知识链接】

传染性物品的危险等级

Ⅳ级危险：对个体及群体具有极大危险性，通常引起严重的人类或动物疾病、易于直接或间接相互传染，且通常对其无有效的治疗和预防措施的病原体。

Ⅲ级危险：对个体具有极大危险性，对群体具有较小危险性，且具有有效的治疗和预防措施的病原体。

Ⅱ级危险：对个体具有中度危险性，对群体具有极小危险性，通常引起严重的人类或动物疾病，虽然能够在接触中引起严重感染，但不可能够具有严重危险，对其具有有效的治疗和预防措施，且传染的传播危险有限的病原体。

Ⅰ级危险：《世界卫生组织实验室安全手册》将含有不可能引起人类或动物疾病，即对个体或群体没有或有极小危险性的微生物确认为Ⅰ级危险性物质。仅含此类微生物的物质，可不被视为传染性物质。

7．放射性物品

根据国家标准规定，放射性物品是指放射性比活度大于 7.4×10^4 贝克/千克（Bq/千克）的物品。

放射性物品有块状固体、粉末、晶粒、液态和气态等各种物理形态，如铀、钍的矿石及其浓缩物，未经辐照的固体天然铀、贫化铀和天然钍及表面污染物体等。放射性物品的特性如下。

（1）放射性衰变和半衰期。放射性物质的原子核由于放出某种粒子而转变为新核的变化叫衰变。所谓半衰期，就是放射性物质的原子数目因衰变而减少到原来的一半所需要的时间。

对运输储存来说，了解半衰期是十分重要的。对于半衰期短的放射性物质，要优先运输，不能久储。对于在一个半衰期内不能运达目的地的放射性物质，公路运输不宜受理，而应建议采用更快的运输方式。为此，《公路危险货物运输规则》规定了托运半衰期短的放射性货物，应在运单上注明允许运送期限，其期限不得少于运输送达所需时间。

（2）射线的剂量。剂量当量表示人体对一切射线所吸收能量的剂量单位。剂量单位为希沃特（Sievert），简记为 Sv。

在单位时间内所受到的剂量当量称为吸收剂量率，又称辐射水平。时间越短，剂量当量越大，货物的辐射水平就越高，说明该放射性货物的放射危险性越大。运输上，把辐射水平转化为运输指数，以确定放射性货物的危险程度。运输指数是指距离放射性货包或货物外表面1米处的最大辐射水平的数值。

8．腐蚀品

凡从包装内渗漏出来后，接触人体或其他货物，在短时间内即会在被接触表面发生化学反应或电化学反应，造成明显破坏现象的物品，称为腐蚀品，如硝酸、硫酸、氯磺酸、盐酸、甲酸、溴乙酰、冰醋酸、氢氧化钠、肼和水合肼、甲醛等。

有些危险货物，往往同时具有腐蚀、易燃、易爆、氧化和毒害性质中的几种，如果腐蚀性占了主要的地位，则把该物品划为腐蚀品，以便于运输储存管理，但不能因此而忽视其具有的其他危险性。

腐蚀品是化学性质非常活泼的物质，能与很多金属、非金属及动植物机体等发生化学反应。腐蚀品不仅具有腐蚀性，很多腐蚀品同时还具有毒性、易燃性或氧化性。

腐蚀品与很多物品或人体接触后，都能产生程度不同的腐蚀性。其中，对人体的伤害通常又称为化学烧伤（或化学灼伤）。腐蚀品接触人的皮肤、眼睛或进入呼吸道、消化道，就立即与表皮细胞组织发生反应，使细胞组织受到破坏，而造成烧伤；呼吸道、消化道的表面黏膜比人体表皮更娇嫩更容易受腐蚀。内部器官被烧伤时，严重的会死亡。

9．杂项危险物质和物品

不属于第1类至第8类任何一类危险货物，但是在航空运输中具有危险性的物质和物品定义为杂项危险物质和物品。杂项危险物质和物品的范围如下。

（1）航空限制的固体或液体：包括具有麻醉、令人不快或其他可以对机组人员造成烦躁或不适致使其不能正常履行职责的任何物质。

（2）磁性物质：为航空运输而包装好的任何物质，如果距离其包装件外表面任意一点2.1m处的磁场强度不低于0.159A/m，即为磁性物质。

（3）高温物质：是指在托运或运输过程中温度等于或高于100℃、而低于其闪点温度的液体状态的物质，以及温度等于或高于240℃的固体状态的物质。

（4）其他物质和物品：包括石棉、固体二氧化碳（干冰）、消费品、危害环境的物质、救生器材、化学物品箱、急救箱、内燃机、机动车辆（易燃液体或易燃气体驱动）、聚合物颗粒、电池作为动力的设备或车辆、连二亚硫酸锌，以及不属于传染性物质但能够以一种通常不属于自然更新结果的方式改变动物、植物或微生物物种的遗传变异生物和微生物。

【知识链接】

危险货物的确认

确认某一货物是否为危险货物，是危险货物运输管理的前提，也是保证客运和普通货物运输安全的前提。

仅凭危险货物的定义和危险品的分类标准来确认某一货物是否为危险货物，在具体操作上常常有困难，所以各种运输方式在确认危险货物时，都采取了列表原则。国家发布了国家标准GB12268—1990《危险货物品名表》，列举了危险货物的具体品名表。据此，各运输方式结合自身的特殊性，也相继发布了《危险货物品名表》。因此，危险货物必须是本运输方式《危险货物品名表》所列明，方予确认。

二、危险货物运输组织管理要点

（一）公路危险货物运输组织管理的法规依据

目前，国家有关部门结合我国实际情况，借鉴国际及其他国家的成功经验，研究制定出一系列的危险货物运输法规、标准、规范，初步形成了我国危险货物运输法规体系。道路危险货物运输法规主要分行政法规和技术标准两个部分。

1．行政法规

行政法规有《中华人民共和国刑法》《化学危险物品安全管理条例》（国发〔1987〕14 号）《道路危险货物运输管理规定》（交通部 2005 年第 9 号令）《全国道路化学危险货物运输专项整治实施方案》（交公路发〔2001〕240 号）《易燃易爆化学物品消防安全监督管理办法》（公安部第 18 号令）《液化气体汽车罐车安全监察规程》（劳动部〔1994〕262 号）等国务院和相关部委颁布的关于危险货物运输的有关规定。

2．技术标准

近年来，我国在加强危险货物运输的立法管理过程中，还颁布了有关危险货物的技术标准。例如，国家标准有《中华人民共和国标准化管理条例》（国发〔1979〕189 号）《危险货物分类和品名编号》（GB 6944—1986）《道路运输危险货物车辆标志》（GB 13392—1992）《危险货物运输包装通用技术条件》（GB 12463—1990）《危险货物包装标志》（GB190—1990）《包装储运图示标志》（GB 191—2000）《气瓶颜色标志》（GB 7144—1999）《危险货物命名原则》（GB 7694—1987）《放射性物质安全运输规定》（GB 11806—1990）等；交通部标准有《汽车危险货物运输规则》（JT 3130—1988）《汽车危险货物运输、装卸作业规程》（JT 3145—1991）《公路、水路危险货物运输包装基本要求和性能试验》（JT 0017—1988）等。这些法规、标准对危险货物运输的基本条件、技术标准、作业规程、业务程序、运输工艺、生产安全、行业管理、应急措施等均进行了全面的规范。

（二）公路危险货物运输资质管理

凡从事道路危险货物运输的单位，必须拥有能保证安全运输危险货物的相应设施设备。

（1）从事营业性道路危险货物运输的单位，必须具有 10 辆以上专用车辆的经营规模和 5 年以上从事运输经营的管理经验，配有相应的专业技术管理人员，并已建立健全安全操作规程、岗位责任制、车辆设备保养维修和安全质量教育等规章制度。

（2）直接从事道路危险货物运输、装卸、维修作业和业务管理的人员，必须掌握危险货物运输的有关知识，经当地地（市）级以上道路运政管理机关考核合格，发给《道路危险货物运输操作证》，方可上岗作业。

（3）运输危险货物的车辆、容器、装卸机械及工具，必须符合交通部 JT 3130《汽车危险货物运输规则》规定的条件，经道路运政管理机关审验合格。

（4）非营业性运输单位需从事道路危险货物运输，须事前向当地道路运政管理机关提出书面申请，经审查，符合规定运输基本条件的报地（市）级运政管理机关批准，发给《道路危险货物非营业运输证》，方可进行运输作业。从事一次性道路危险货物运输，须报以县级运政管理机关审查核准，发给《道路危险货物临时运输证》，方可进行运输作业。

（5）凡申请从事营业性道路危险货物运输的单位，及已取得营业性道路运输经营资格需增加危险货物运输经营项目的单位，均须按规定向当地县级道路运政管理机关提出书面申请，经地（市）级道路运政管理机关审核，发给加盖道路危险货物运输专用章的《道路运输经营许可证》和《道路运输营运证》，方可经营道路危险货物运输。

（三）公路危险货物运输的注意事项

危险货物具有特殊的物理、化学性能，若运输中防护不当，极易发生事故，并且事故所造成的后果较一般车辆事故更加严重。因此，为确保安全，在危险货物运输中应注意以下八个问题。

1．注意装卸

危险货物装卸现场的道路、灯光、标志、消防设施等必须符合安全装卸的条件。装卸危险货物时，汽车应在露天停放，装卸工人应注意自身防护，穿戴必需的防护用具；严格遵守操作规程，轻装、轻卸，严禁摔碰、撞击、滚翻、重压和倒置；怕潮湿的货物应用篷布遮盖；货物必须堆放整齐，捆扎牢固。不同性质的危险货物不能同车混装。例如，雷管、炸药等切勿同装一车。

2．注意包装

危险货物在装运前应根据其性质、运送路程、沿途路况等采用安全的方式包装好。包装必须牢固、严密，在包装上做好清晰、规范、易识别的标志。

【知识链接】

1．危险货物包装分级

按包装结构强度和防护性能及内装物的危险程度，分为以下三个等级。

Ⅰ级包装：适用于内装危险性极大的货物，包装要求较高。

Ⅱ级包装：适用于内装危险性中等的货物，包装强度要求较高。

Ⅲ级包装：适用于内装危险性较小的货物，包装要求一般。

2．危险化学品包装的基本要求

（1）危险货物包装应结构合理，具有一定强度，防护性能好。包装的材质、形式等应与所装危险货物的性质和用途相适应。

（2）包装应质量良好，具有相应的强度。

（3）包装与内装物直接接触部分，必要时应有内涂层或进行防护处理，包装材质不得与内装物发生化学反应。

（4）包装封口应根据内装物性质采用严密封口、液密封口或气密封口。

（5）危险货物包装应能适应一定范围内温度、湿度的变化，空运包装还应适应高度的变化。

3．注意用车

装运危险货物必须选用合适的车辆：爆炸品、一级氧化剂、有机氧化物不得用全挂汽车列车、三轮机动车、摩托车、人力三轮车和自行车装运；爆炸器、一级氧化剂、有机过氧化物、一级易燃品不得用拖拉机装运；除二级固定危险货物外，其他危险货物不得用自卸汽车装运。

4. 注意防火

危险货物运输忌火，危险货物在装卸时应使用不产生火花的工具，车厢内严禁吸烟，车辆不得靠近明火、高温场所和太阳暴晒的地方。装运石油类的油罐车在停驶、装卸时应安装好地线，行驶时，应使地线触地，以防静电产生火灾。

5. 注意驾驶

装运危险货物的车辆，应设置 GB 13392—1992《道路运输危险货物车辆标志》规定的标志。汽车运行必须严格遵守交通、消防、治安等法规，应控制车速，保持与前车的距离，遇有情况提前减速，避免紧急刹车，严禁违章超车，确保行车安全。

6. 注意漏散

危险货物在装运过程中出现漏散现象时，应根据危险货物的不同性质进行妥善处理。

7. 注意停放

装载危险货物的车辆不得在学校、机关、集市、名胜古迹、风景游览区停放，若必须在上述地区进行装卸作业或临时停车，则应采取安全措施，并征得当地公安部门的同意。停车时要留人看守，闲杂人员不准接近车辆，做到车在人在，确保车辆安全。

8. 注意清厢

危险货物卸车后应清扫车上残留物，被危险货物污染过的车辆及工具必须洗刷清毒。未经彻底清毒，严禁装运食用物品、药用物品、饲料及动植物。

【知识链接】

危险货物托运人在办理托运时必须做到如下几点。

1. 必须向已取得道路危险货物运输经营资格的运输单位办理托运。

2. 必须在托运单上填写危险货物品名、规格、件重、件数、包装方法、起运日期、收发货人详细地址及运输过程中的注意事项。

3. 货物性质或灭火方法相抵触的危险货物，必须分别托运。

4. 对有特殊要求或凭证运输的危险货物，必须附有相关单证，并在托运单备注栏内注明。

5. 托运未列入《汽车运输危险货物品名表》的危险货物新品种，必须提交《危险货物鉴定表》。凡未按以上规定办理危险货物运输托运，由此发生的运输事故，由托运人承担全部责任。

三、危险货物运输的作业流程

（一）托运与承运

汽车托运危险货物，仅限于《汽车运输危险货物品名表》内列载的货物，托运时提出技术说明书。承运危险货物，须经有关部门审核批准后方可办理。办理危险货物运输的托运单必须是红色的或带有红色标志的，以引起注意。

（二）包装与标志

危险货物在包装时，应根据不同的货种，要求用特定的材料来制造容器，并要以一定的包装方法进行包装。容器的封口、衬垫、捆扎及每件最大重量等都必须符合规定要求，每件包装上应有规定的包装标志及危险货物包装标志。

（三）配装

危险货物必须严格按照《危险货物混装表》的规定进行配装，不同性质而相互有影响的货物不得拼装一车。装运火药类的爆炸品，以车辆核定吨位的80％为限。装运一级腐蚀性酸类物资，不得超过两层。严禁用铁货厢、平板车装运危险货物，并一律不带挂车。装运危险货物的车厢，应配备必要的消防防护设备；装运易燃货物的车辆，排气管应装置火星熄灭器，防止火星飞溅造成火灾。

（四）装车

在危险货物装车之前，先要调查清楚该危险货物的特性、处理方法和防护措施等。作业场所最好选在避免日光照射、隔离热源和火源、通风良好的地点。要详细检查所装危险货物与运输文件上所载内容是否一致，容器、包装和标志是否完好。若发现包装有损坏，容器有泄漏现象，则应请发货单位调换包装、容器，或经修理加固，符合安全运输要求方可装运，严禁冒险装运。

装卸人员要注意防护，穿戴必要的防护用品，严格执行装卸安全操作规程，不得使用发生火花的工具，必须轻装轻卸，防止货物撞击、震动、摩擦、重压、倒置、滚翻和摔倒，确保安全装卸。

（五）运送

运送危险货物，应选择政治上可靠、技术良好、熟悉道路的驾驶员担任。装载爆炸性、放射性物品，托运方必须派人随车押运。凡装载危险货物的车辆，除押运人员外，不得乘搭其他人员。车前应悬挂"有危险"字样的三角旗，并按当地公安部门指定的路线、时间行驶。行驶中，驾驶员应严格遵守交通规则和操作规程，保持一定车距和中速行驶，并做到经过不平路面要慢，经过铁路要慢，转弯要慢，上坡、下坡、起步和倒车也要慢，避免紧急制动，严禁超速和强行超车，中途停车应选择安全点停放，押运人员不得远离。

（六）漏散处理

在装运危险货物的过程中，出现漏散现象，应该根据所运危险货物的特性及时采取相应的防护方法及措施。

（1）爆炸品散落时，应将其移至安全处修理或更换包装，对漏散的爆炸品及时用水浸湿，洒些锯屑或棉絮等松软物，轻轻搜集，或请当地公安消防人员处理。

（2）储存压缩气体或液化气体的罐体出现泄漏时，应打开车门、库门将其移至通风场地，向漏气钢瓶浇水降温。液氨漏气时，可浸入水中。其他剧毒气体应浸入石灰水中。

（3）易燃固体物品散落时，应迅速将散落包装移于安全处所，黄磷散落后应立即浸入水中，金属钠、钾等必须浸入盛有煤油或无水液体石蜡的铁桶中。

（4）易燃液体渗漏时，应及时将渗漏部位朝上，并及时移至安全通风场所修补或更换包装，渗漏物用黄砂、干土盖没后扫净。

（5）毒害品散落时，应迅速用沙土掩盖，疏散人员，请卫生防疫部门协助处理。

（6）腐蚀品散落时，应用沙土覆盖，清扫后用清水冲洗干净。

（7）放射品泄露时，应迅速远离放射源，保护好现场，请卫生防疫部门指导处理。

（七）消防措施

装运危险货物的车辆发生火警，有关人员应根据所装货物的特性，采取不同的灭火方法，立即尽力扑救，防止火势蔓延，减少损失。

（八）卸车交付

危险货物卸车时，不得采用抛扔、坠落和拖曳等方法，避免货物之间的撞击和摩擦。要做到交付无误，交付后并对车辆进行清洗、消毒处理。

任务二　超限与大件货物运输

一、超限货物运输组织

所谓超限运输，是指车货总重量或装载总尺寸超过国家规定的限值，即指在公路上行驶的各种机动车辆装载货物超过路政管理条例规定的行为。

（一）超限运输

超限和超载既有区别又有联系。车辆超载是指车辆运载的货物超过车辆的核定载重量，是车辆本身对其装载的限值；车辆超限是指车辆的轴载重量、车货总重量或装载总尺寸超过国家规定的限值，也指车辆装载超过公路对其的限值，主要研究的是车辆装载与公路的关系。

（1）超载不一定超限。例如，解放 CA1091 型载货车，其核定载重量为 5 吨，若载货到 6 吨，则这时它的前轴载为 2.56 吨（单轴每侧单轮胎，限制轴载为 6 吨），后轴载为 7.856 吨（单轴每侧双轮胎，限制轴载为 10 吨），它是超载车，但它的轴载重量和车货总重量均未超限。

（2）超限但不一定超载。例如，SH3603 自卸车，自重为 27.8 吨，核定载重量为 31.8 吨，总重量为 59.6 吨（限制车货总重量为 40 吨），当它满载时，前轴载为 20.3 吨（单轴每侧单轮胎，限制轴载为 6 吨），后轴载为 39.3 吨（双轴每侧双轮胎，限制轴载为 18 吨），它没有超载，但轴载重量和车货总重量已超限。

（二）超限货物

超限货物是指货物外形尺寸和重量超过常规（指超长、超宽、超重、超高）车辆、船舶装载规定的大型货物。我国公路货物运输主管部门现行规定，公路超限货物（及大型物件，简称大件）包括长大货物、笨重货物两类。

（1）长大货物。凡整件货物，长度在 6m 以上，宽度超过 2.5m，高度超过 2.7m 时，称为长大货物，如钢板、轻轨、行车架、打桩机等。

（2）笨重货物。货物每件重量在 4 吨以上（不含 4 吨），称为笨重货物，如推土机、挖掘机、压路机等。笨重货物可分为均重货物与集重货物，均重货物是指货物的重量能均匀或近乎均匀地分布于装载底板上；而集重货物系指货物的重量集中于装载车辆底板的某一部分。

超限货物是一个总称，包括不同类型，有的是超高货物，有的是超长货物，有的是超重、超宽货物，这些货物对运输工具、运输组织的要求各不相同。依据超限货物运输的特殊性，其组织工作环节主要包括办理托运、理货、验道、制订运输方案、签订运输合同、组织线路运输工作以及运输结算事项。

（三）超限运输车辆

为加强对超限运输车辆行驶公路的管理，维护公路完好，保障公路安全畅通，根据《中华人民共和国公路法》及有关法规，制定《超限运输车辆行驶公路管理规定》（交通部 2000 年 2 号文件）。

在公路上行驶的、有下列情形之一的运输车辆即为超限运输车辆。

（1）车货总高度从地面算起 4 米以上（集装箱车货总高度从地面算起 4.2 米以上）。

（2）车货总长 18 米以上。

（3）车货总宽度 2.5 米以上。

（4）单车、半挂列车、全挂列车货总重量 40 000 千克以上，集装箱半挂列车货总重量 46 000 千克以上。

（5）车辆轴载重量在下列规定值以上。

①单轴（每侧单轮胎）载重量 6 000 千克。

②单轴（每侧双轮胎）载重量 10 000 千克。

③双联轴（每侧单轮胎）载重量 10 000 千克。

④双联轴（每侧各一单轮胎、双轮胎）载重量 14 000 千克。

⑤双联轴（每侧双轮胎）载重量 18 000 千克。

⑥三联轴（每侧单轮胎）载重量 12 000 千克。

⑦三联轴（每侧双轮胎）载重量 22 000 千克。

（四）超限运输车辆通行管理

超限运输车辆行驶公路的管理工作实行"统一管理、分级负责、方便运输、保障畅通"的原则。国务院交通主管部门主管全国超限运输车辆行驶公路的管理工作。

超限运输车辆行驶公路的具体行政管理工作，由县级以上地方人民政府交通主管部门设置的公路管理机构负责。超限运输车辆行驶公路前，先要到公路管理机构办理审批，然后才能进行运输。

1．提出申请

超限运输车辆行驶公路前，承运人应根据具体情况分别依照表 9-4 规定的期限向公路管理机构提出书面申请。

表 9-4 承运公路超限货物运输的申请期限

序号	货物类型	申请期限
1	车货总重量在 40 000 千克及其以下，但其车货总高度、长度及宽度超过第三条第（一）、（二）、（三）项规定的超限运输	承运人应在起运前 15 日提出书面申请
2	车货总重量在 40 000 千克以上、集装箱车货总重量在 46000 千克及其以上，100 000 千克及其以下的超限运输	承运人应在起运前 1 个月提出书面申请
3	车货总重量在 100000 千克以上的超限运输	承运人应在起运前 3 个月提出书面申请

注：此表根据《超限运输车辆行驶公路管理规定》（交通部 2000 年 2 号文件）编制。

2．审查申请

根据《超限运输车辆行驶公路管理规定》，公路管理机构在接到承运人的书面申请后，应在 15 个工作日内进行审查并提出书面答复意见。

3．选定运输路线

（1）路线确定原则。

①按各级设计荷载标准修建的路面、桥梁，只能通行相应荷载标准的超限运输车辆。

②当桥梁技术状况属于三类时，必须经过加固或大修方能允许通过相当于该桥设计荷载标准的超限运输车辆；当桥梁技术状况属于四类时，必须经过改建方能允许通过与该桥设计荷载相应的超限运输车辆。

③沿线公路设施的净空宽度、高度和路线极限平曲线半径，最大纵坡及公路两侧扫空宽度能满足超限运输车辆的需要。

④尽量选择交通量小、路况好的路线，并避开交通高峰时间通行。

⑤超限运输车辆只能在三级及其以上公路上行驶，低于三级技术标准的路段，一般不能进行超限运输。

（2）确定路线的具体办法。

①公路管理机构在审批超限运输时，应根据实际情况，对需要经过路线进行勘测，待确定运输路线，计算公路、桥梁承载能力，制订通行与加固方案，并与承运人签订有关协

议。

②公路管理机构应根据制定的通行与加固方案及签订的有关协议，对运输路线、桥涵等进行加固和改建，保障超限运输车辆安全行驶。

③公路管理机构进行的勘测、方案论证、加固、改造、护送等措施及修复损坏部分所需费用，由承运人承担。

4．核发《公路超限运输车辆通行证》

公路管理机构对批准超限运输车辆行驶公路的，应签发《公路超限运输车辆通行证》。《公路超限运输车辆通行证》式样由国务院交通主管部门统一制定，省级公路管理机构负责统一印制和管理。

（五）超限运输车辆通行公路管理规定

超限运输车辆通行公路管理规定主要有以下几个。

（1）超限运输车辆未经公路管理机构批准，不得在公路上行驶。

（2）承运人必须持有效的《公路超限运输车辆通行证》，并悬挂明显标志，按公路管理机构核定的时间、路线和时速行驶公路。

（3）承运人不得涂改、伪造、租借、转让《公路超限运输车辆通行证》。

（4）超限运输车辆的型号及运载物品必须与签发的《公路超限运输车辆通行证》所要求的保持一致。

（5）超限运输车辆通过桥梁时的车速不得超过 5 千米/小时，且应匀速行驶，严禁在桥上制动或变速。

（6）四级公路、等外公路不得进行超限运输。

（7）公路管理机构应在公路桥梁、隧道及渡口设置限载、限宽、限高标志。

（8）公路管理机构可根据需要在公路上设置运输车辆轴载重量及车货总重量的检测装置，对超限运输车辆进行检测。在公路上进行超限运输的承运人，应当接受公路管理人员依法实施的监督检查，并为其提供方便。

二、大件货物运输组织

大件货物运输是指使用非常规的超重型汽车列车（车组）载运外形尺寸和重量超过常规车辆装载规定的大型物件的公路运输。大件货物是指符合下列条件之一的货物。

（1）长度在 14 米以上或宽度在 3.5 米以上或高度在 3 米以上的货物。

（2）重量在 20 吨以上的单体货物或不可解体的成组（捆）货物。

（一）大件货物的分级

根据我国公路运输主管部门现行规定，大件货物按其外形尺寸和重量分成四级，如表9-5 所示。

表 9-5　大件货物分级表

大件货物的级别	重量/吨	长度/米	宽度/米	高度/米
一	20～（100）	14～（20）	3.5～（4.5）	3～（3.8）

二	100～（200）	20～（30）	4.5～（5.5）	3.8～（4.4）
三	200～（300）	30～（40）	5.5～（6）	4.4～（5）
四	300 及其以上	40 及其以上	6 及其以上	5 及其以上

注：①"括号数"表示该项参数不包括括号内的数值。

②货物的重量和外形尺寸中，有一项达到表列参数，即为该级别的大件货物；货物同时在外形尺寸和重量达到两种以上级别时，按高限级别确定大件货物级别。

（二）大件货物运输的特殊性

与普通公路货物运输相比较，大件货物运输具有以下特殊性。

（1）大件货物运输要用超重型挂车作为载体，用超重型牵引车牵引和顶推。而这种超重型车组（即汽车列车）是非常规的特种车组，车组装上大件货物后，其重量和外形尺寸大大超过普通汽车列车和国际集装箱汽车列车。因此，超重型挂车和牵引车都是用高强度钢材和大负荷轮胎制成的，价格昂贵，而且要求行驶平稳、安全可靠。

（2）运载大件货物的超重型车组要求通行的道路有足够的宽度和净空、良好的道路线形，桥涵要有足够的承载能力，有时还要分段封闭交通，让超重型车组单独通过。这些要求在一般道路上往往难以满足，必须事先进行勘察，运输前采取必要的工程措施，运输中采取一定的组织技术措施，超重型车组才能顺利通行。这就牵涉到公路管理、公安交通、电信电力、绿地树木等专管部门，必须得到这些部门的同意、支持和配合，采取相应措施，大件货物运输才能进行。

（3）大件货物运输必须确保安全，万无一失。大型设备都是涉及国家经济建设的关键设备，重中之重，稍有闪失，后果不堪设想。为此要有严密的质量保证体系，任何一个环节都要有专职人员检查，按规定要求严格执行，未经检查合格，不得运行。所以，安全质量第一的要求，既是大件货物运输的指导思想，也是大件货物运输的行动指南。

由于大件货物运输要求严、责任重，所运大件货物价值高、运输难度大、牵涉面广，所以受到各级政府和领导、有关部门、有关单位和企业的高度重视。

（三）大件货物运输组织工作

根据大件货物运输的特殊性，其组织工作主要包括申请、申报、办理托运、理货、验道、制订运输方案、签订运输合同、运输工作组织、运输统计与结算等项。

1. 申请

大件货物托运人（单位）向已取得大件货物运输经营资格的企业或其代理人提出运输要求，并提交相关资料。

2. 申报

大件货物运输，因车货总重、外形尺寸等超过公路规定限界，运输企业需要向有关交通管理部门申报，待获准答复后，再采取必要的工程技术和运输组织措施。

3. 办理托运

由大件货物托运人（单位）向已取得大件货物运输经营资格的运输企业或其代理人办理托运，托运人必须在（托）运单上如实填写大件货物的名称、规格、件数、件重、起运日期、收货人和发货人的详细地址及运输过程中的注意事项。凡未按上述要求办理托运或运单填写不明确，由此发生运输事故的，由托运人承担全部责任。

4. 理货

理货是大件货物运输企业对货物的几何形状、尺寸、重量和重心位置进行测量，取得可靠数据和图纸资料的工作过程。通过理货工作分析，可为确定大件货物级别及运输形式、查验道路及制订运输方案提供可靠依据。

5. 验道

验道工作的主要内容包括：查验运输沿线全部道路的路面、路基、纵向坡度、横向坡度及弯道超高处的横坡坡度、道路的竖曲线半径、通道宽度及弯道半径，查验沿线桥梁涵洞、高空障碍，查看装卸货现场、倒载转运现场，了解沿线地理环境及气候情况。根据上述查验结果预测作业时间，编制运行路线图，完成验道报告。

6. 制订运输方案

在理货及验道的基础上，制订安全可靠且可行的运输方案。

7. 签订运输合同

根据托运方填写的委托运输文件及承运方进行理货分析、验道、制订运输方案的结果，承托双方签订书面形式的运输合同，其主要内容包括：明确托运与承运甲乙方、大件货物数据及运输车辆数据、运输起讫地点、运距与运输时间，明确合同生效时间、承托双方应负责任、有关法律手续、运费结算方式及付款方式等。

8. 运输工作组织

运输工作组织包括：建立临时性的大件货物运输工作领导小组负责实施运输方案，执行运输合同和相应对外联系。领导小组下设行车、机务、安全、后勤生活、材料供应等工作小组及工作岗位，实行相关工作岗位责任制，组织大件货物运输工作所需牵引车驾驶员、挂车操作员、修理工、装卸工、工具材料员、技术人员及安全员等依照运输工作岗位责任及整体要求认真操作、协调工作，保证大件货物运输工作全面、准确完成。

9. 运输统计与结算

运输统计指完成公路大件货物运输工作各项技术经济指标统计，运输结算即完成运输工作后按运输合同有关规定结算运费及相关费用。

任务三　鲜活易腐货物运输

鲜活易腐货物是指在一般运输条件下，因气候、温度、湿度、气压或运输时间等原因，容易引起变质、腐烂或死亡的货物，如肉类、水产类、水果、鲜花、蔬菜类、乳制品、植物等。鲜活易腐货物在运输过程中，需要采取一定措施，以防止死亡和腐坏变质。

一、鲜活易腐货物运输的特点

鲜活易腐货物运输的特点主要有以下几个。

（1）季节性强、运量变化大。鲜活易腐货物的季节性强，淡季与旺季的货运量变化较大。例如，在水果和蔬菜大量上市的季节、沿海渔场的鱼汛期等，运量会比平时大。

（2）运送时间要求紧迫。大部分鲜活易腐货物极易变质，要求以最短的时间、最快的速度及时运到。

（3）运输途中需要特殊照顾。某些特殊货物，如牲畜、家禽、蜜蜂和花木秧苗等的运输，需要配备专用车辆和设备，并有专人沿途进行饲养、浇水等特殊照顾。

二、鲜活易腐货物的保藏方法

在鲜活易腐货物运输中，除了少数活的动物部分造成死亡外，其中大多数都是因为发生腐烂而导致变质。对动物性货物来说，主要是微生物的作用；对植物性货物来说，腐烂原因主要是呼吸作用。清楚了解了鲜活易腐货物腐烂变质的原因，就可以得出保藏这些货物的方法。凡是能用以抑制微生物的滋长、减缓呼吸作用的方法，均可达到延长鲜活易腐货物保藏时间的目的。

在众多的方法中，尤以冷藏方法为最佳，它与其他鲜活易腐货物的保藏方法相比，具有独特的优点：能很好地保持货物原有的品质，包括色、香、味、营养物质和维生素；保藏的时间长；能进行大量的保藏及运输。由于上述原因，所以迄今为止人们还是以冷藏作为保藏鲜活易腐货物的主要方法，因而冷藏运输在世界各国得到了广泛的应用。

三、鲜活易腐货物的运输方法

冷藏货大致可分为冷冻货和低温货两种。冷冻货是指在冻结状态下进行运输的货物，运输温度的范围为－20℃～－10℃。低温货是指在还未冻结或货物表面有一层薄薄的冻结层的状态下进行运输的货物，一般允许的温度范围为－1℃～16℃。货物要求低温运输的目的，主要是为了维持货物的呼吸以保持货物的鲜度。

冷藏货在运输过程中为了防止货物变质，需要保持一定的温度。该温度一般称作运输温度。温度的大小应根据具体的货种而定，即使是同一货物，由于运输时间、冻结状态和货物成熟度的不同，对运输温度的要求也不一样。一些具有代表性的冷冻货和低温货的运输温度，如表 9-6 和 9-7 所示。

表 9-6 冷冻货的运输温度

货名	运输温度/℃	货名	运输温度/℃
鱼	－17.8～－15	虾	－17.8～－15
肉	－15～－13.3	黄油	－12.2～－11.1
蛋	－15～－13.3	浓缩果汁	－20

表 9-7 低温货的运输温度

货名	运输温度/℃	货名	运输温度/℃
肉	−1～−5	葡萄	6～8
腊肠	−1～−5	菠萝	11 以下
带壳鸡蛋	−1.7～15	橘子	2～10
梨	0～5	柚子	8～15
苹果	−1.1～16	红葱	−1～15
白兰瓜	1.1～2.2	土豆	3.3～15

用冷藏方法来保藏和运输鲜活易腐货物，一个突出的特点就是必须连续冷藏。因为微生物的活动和呼吸作用都随着温度的升高而加强。若储运中某个环节不能保证连续冷藏的条件，则货物就可能在这个环节中开始腐烂变质，这就要求物资部门和运输部门密切配合，为冷藏运输提供必要的物质条件。就运输部门来讲，应尽可能配备一定数量的冷藏车或保温车，规划设置相应的加冰站点。即使在采用普通货车载运鲜活易腐货物时，也应对车辆进行必要的选择和调配，尽量组织"门到门"的直达运输，提高运输速度，确保鲜活易腐货物的完好。

三、鲜活易腐货物运输的作业流程

由于鲜活易腐货物运输有其独特性，这就要求汽车运输部门掌握这些特点，根据其运输规律，适当安排运力，保证及时运输。

（一）托运

发货人托运鲜活易腐货物前，应根据货物的不同特性，做好相应的包装工作。托运时须向承运方提出货物最长的运到期限、某一种货物运输的具体温度及特殊要求，提交卫生检疫等有关证明，并在托运单上注明。

（二）承运

承运鲜活易腐货物时，应由货运员对托运货物的质量、包装和温度进行认真的检查，要求质量新鲜，包装合乎规定，温度符合规定。对已有腐烂变质特征的货物，应加以适当处理，对不符合规定的货物不予承运。

（三）装车

运输部门在接受承运的同时，应根据货物的种类、运送季节、运送距离和运送地点确定相应的运输服务方法，及时地安排适宜车辆予以装运。

鲜活易腐货物装车前，必须认真检查车辆的状态，车辆及设备完好方能使用；车厢如果不清洁，应进行清洗和消毒，适当风干后，才能装车。装车时应根据不同货物的特点，确定其装载方法。例如，冷冻货物需保持货物内部蓄积的冷量，可紧密堆码；水果蔬菜等需要通风散热的货物，必须在货物之间保留一定的空隙；怕压的货物必须在车内加隔板，分层装载。

（四）运送

鲜活易腐货物运送途中，应由托运方指派押运人员沿途照料，承运方对押运人员应交代安全注意事项，并提供工作和生活上的便利条件。炎热天气运送时，应尽量利用早晚行驶。运送牲畜、蜜蜂等货物时，应注意通风、散热，尽量避免所运货物在运送途中掉膘或死亡。

（五）交付

鲜活易腐货物到达目的站后，目的站应在 2 小时内通知收货人提货。货物在运输过程中发生腐烂变质或收货人未能及时提取致使货物腐烂变质，应当如实填写货物运输事故记录，视具体情况将货物毁弃或者移交检疫部门处理，并将处理结果通知托运人或者收货人。处理腐烂变质货物（除承运人原因造成的以外）所发生的费用应由托运人或收货人承担。

任务四　贵重货物运输

一、贵重货物的范围

贵重货物是指价格昂贵的货物，如黄金、白金、铱、铑、钯等稀贵金属及其制品，各类宝石、玉器、钻石、珍珠及其制品，珍贵文物，现钞、有价证券及国内运输中声明价值为毛重每千克价格不少于 2 000 元人民币的物品等，如表 9-8 所示。

表 9-8　贵重货物的等级和货物范围或货物名称

贵重货物的等级	货物范围或货物名称
1	货币及主要证券：如现钞、有价证券、旅行支票、邮票、股票等
2	贵重金属及稀有金属：贵重金属如黄金、白金、银等及其制品，稀有金属如铱、铑、钯、钴、钛等及其制品
3	珍贵艺术品：如珍贵文物（书、画、古玩等）、象牙、珊瑚、各类宝石（钻石、玉器、珍珠及其制品）、各种雕刻工艺品、仿古艺术制品和壁毯刺绣艺术品等
4	贵重药材和药品：如鹿茸、麝香、犀角、西洋参、高丽参、冬虫夏草、羚羊角、田三七、银耳、天麻、蛤蟆油、鹿胎、牛黄、熊胎、豹胎、海马、海龙、藏红花、猴枣、马宝及以其为主要原料的制品和贵重西药
5	贵重皮毛：如水獭皮、海龙皮、貂皮、灰鼠皮、玄虎皮、猞猁皮、虎豹皮、金丝猴皮及其制品

（续表）

贵重货物的等级	货物范围或货物名称
6	珍贵食品：如海参、干贝、鱼肚、鱼翅、燕窝、鱼唇、鱼皮、鲍鱼、猴头、熊掌和发菜等
7	高级精密机械及仪表：如显微镜、电子计算机、高级摄影机、摄像机、显像管、

	复印机及其他精密仪器仪表
8	高级光学玻璃及其制品：如照相机、放大镜、显微镜等的镜头片、各种光学玻璃镜片、各种科学试验用的光学玻璃仪器和镜片等
9	高档日用品：如电视机、收录音机、手表、录像机、放映机等

二、贵重货物运输作业管理

（一）收运的一般规定

收运的一般规定主要有以下几个。

（1）应使用坚固、严密的包装箱包装，外面加"井"字铁质包装带交叉加固。

（2）包装箱接缝处必须有铅封或火漆封志，封志要完好，封志上要有托运人的特别印记。

（3）包装箱的长、宽、高之和不得小于40厘米。

（4）外包装上必须使用挂签，不得使用贴签或其他黏贴物。托运人应在外包装上清楚地写明收货人和托运人的姓名、地址、电话。货物外包装上不得有任何显示货物性质标志。

（5）包装箱内必须放有衬垫物，保证箱内物品不致移动和相互碰撞。

（6）在货运单货物品名栏内详细填写贵重货物的具体名称、净重或内装数量及包装件的尺寸。同时，在储运注意事项栏内注明"贵重货物"字样。

（7）贵重货物与其他货物使用同一份货运单托运时，整票货物按贵重货物处理。

（二）计重

贵重货物的毛重按实际毛重计算，精确到0.1千克。计费重量以0.5千克为单位，0.5千克以下按0.5千克计算，0.5千克以上进升为整数。

（三）仓储与运输

贵重货物必须存放在贵重货物仓库内。贵重货物仓库应设有专人负责，货物进出仓库应有严格的登记制度。

因贵重货物价格昂贵，运输责任重大，所以装车时应进行严格的检查。检查包装是否完整，货物的品名、重量、件数和货运单是否相符，装卸时怕震的贵重货物要轻拿轻放，不要压挤。运送贵重货物须派责任心强的驾驶员运送，要有托运方委派的专门押运人员跟车。

（四）交付

交付贵重货物要做到手续齐全、责任明确。贵重货物运抵目的站后，承运人应立即通知收货人提取货物。交付货物时，应会同收货人严格查验货物的包装、封志。若发现包装破损或封志有异，则应会同收货人复查，并按规定做出货物运输事故签证。

三、贵重货物运输组织

贵重货物是指价格昂贵、运输责任重大的货物。承运贵重货物公路运输时，要采用不同于上述的技术措施和组织措施。

（1）受理托运贵重货物，托运人按货物实际价值，自行选择保险或保价的一种，在运单上准确填写投保货物的声明价格。

（2）贵重货物包装必须完好、牢固，一张运单托运的货件，凡不具备同品名、同规格、同包装的，应提交物品的清单；对国家或地方政府规定禁运、限运以及需办理准运证明的，托运人应随同运单提交有关部门的文件或证明，方能受理。

（3）为确保贵重货物运输安全，托运人应对物品属性以及运输、装卸、保管注意事项和运抵时间、期限等提出特约要求，要有托运方委派专门人员跟车押运。

（4）整车量大的贵重货物，原则上受理后实行整车运送，安排适宜货物的、性能良好的货车或专用车直达运输；小批量零星贵重货物，拼装零担运输的应在运单上盖有"贵重货物"戳记，便于承运前、到达后的车站稳妥装卸和保管。

（5）确保货物安全，应尽可能实行快运，超长运距应配备双班驾驶员，日夜兼程。

项目小结

本项目主要介绍了危险货物运输、鲜活易腐货物运输、贵重货物运输及超限与大件货物运输。其中，危险货物运输比普通货物运输更需有严格的要求，在托运与承运、包装与标志、配装、装车、运送、漏散处理、消防措施、卸车交付等环节都要引起注意。鲜活易腐货物运输需根据货物种类、运送季节、运送距离和运送地点确定相应的保藏及运输服务方法，及时地安排适宜车辆予以装运。贵重货物运输重点是收运过程当中做好安全防范工作，选派责任心强的驾驶员和配备押运人员。超限与大件货物运输组织工作主要包括申请、申报、办理托运、理货、验道、制订运输方案、签订运输合同、运输工作组织及运输统计与结算等项。

项目练习

一、填空题

1. 在货物运输中，凡具有_____、_____、_____、_____或放射性等性质，在运输、装卸和保管过程中，容易引起人身伤亡和财产毁损而需要特别防护的货物，均属于危险货物。

2. 在单位时间内所受到的剂量当量称为吸收剂量率，又称_____。

3. 凡整件货物的长度在_____以上，宽度超过_____，高度超过_____时，称为长大货物。

4. 国际运输组织根据各种危险货物的主要特性和运输要求，危险货物分为____类。

5. 贵重货物是指价格昂贵的货物，在国内运输中声明价值为毛重每千克价格不少　于人民币的物品。

二、判断并改错题

1. 在运输、装卸和保管过程中，对有机过氧化物必须控制环境温度等。（　　）

2. 氧化剂的危险性主要是由于其化学组成中有过氧基所致，对震动、冲击、摩擦和遇热都极为敏感。（　　）

3. 托运半衰期短的放射性货物，应在运单上注明允许运送期限，其期限不得多于运输送达所需时间。（　　）

4. 超限运输车辆通过桥梁时的车速不得超过 6 千米/小时，且应匀速行驶，严禁在桥上制动或变速。（　　）

5. 超限运输车辆行驶公路的管理工作实行"统一管理、分级负责、方便运输、保障畅通"的原则。（　　）

三、单项选择题

1. 下列属于化学爆炸的是（　　）。
   A．锅炉爆炸　　　B．轮胎爆炸　　　　　C．炸药爆炸　　　　　D．压缩气瓶爆炸

2. 放射性物品是指放射性比活度大于（　　）贝克/千克（Bq/千克）的物品。
   A．7.2×104　　B．7.4×104　　　C．7.6×104　　　D．7.8×104

3.（　　）是指遇水或受潮时，发生剧烈化学反应，放出大量易燃气体和热量的物品，有些不需要明火即能燃烧或爆炸。
   A．易燃固体　　　B．遇湿易燃物品　　C．自燃物品　　　　　D．有机过氧化物

4. 冷冻货是指在冻结状态下进行运输的货物，运输温度的范围为（　　）。
   A．$-20℃ \sim -10℃$　　　　　　　　B．$-18℃ \sim -5℃$
   C．$-15℃ \sim -10℃$　　　　　　　　D．$-15℃ \sim -5℃$

5. 运输指数是指距离放射性货包或货物外表面（　　）米处的最大辐射水平的数值。
   A．1　　　　　　　B．2　　　　　　　　C．3　　　　　　　　D．4

四、多项选择题

1. 下列属于超限运输车辆的有（　　）。
   A．车货总高度从地面算起 4 米以上
   B．车货总宽度 2.5 米以上
   C．车货总长 18 米以上
   D．集装箱车货总高度从地面算起 4.2 米以上

2. 下列属于贵重物品的是（　　）。
   A．邮票　　　　　B．仿古艺术品　　　C．冬虫夏草　　　　　D．手表

3. 危险货物的特点主要包括（　　）。
   A．具有易燃、易爆、腐蚀　　　　　　B．毒害或放射性等性质
   C．容易引起人身伤亡和财产损毁　　　D．需要特别防护

4．下列属于遇湿易燃物品的有（　　）。

A．硫磺　　　　　B．钠　　　　　　C．钾　　　　　　　D．电石

5．爆炸品在发生爆炸反应时具有（　　）特征。

A．产生大量气体　　　　　　　　　B．反应速度快

C．释放大量的热　　　　　　　　　D．产生化学反应

五、简答题

1．公路危险货物运输的注意事项有哪些？

2．危险货物运输的作业流程有哪些？

3．大件货物运输组织工作的内容主要有哪些？

4．鲜活易腐货物运输的作业流程是什么？

技能实训练习

练习一：情景分析

苏宁易购涉足生鲜网购：整合冷链物流

2013 年 7 月 24 日上午消息，苏宁易购内部人士透露，在经过数月准备之后，苏宁易购将开始正式涉足生鲜网购，于 7 月底正式上线江苏知名生鲜商品"阳澄湖大闸蟹"，并支持全国下单配送。

上述人士表示，与其他电商不同，苏宁易购与江苏阳澄湖本地大型养殖商户已建立直接合作关系，所有大闸蟹将采取"特供"模式。

上半年，苏宁易购在完成本地生活事业部组建之后，"进军生鲜"成为苏宁易购打造本地生活服务网购生态链的重要内容之一。苏宁易购在全国 58 个大区实现本地生鲜特产的采购，目前已经与全国数十家生鲜直供商达成合作关系。

上述人士介绍，鉴于前期许多电商企业进入生鲜网购最终均以失败而告终，所以苏宁易购在考虑进军生鲜品类时前期做了很多准备工作。目前，苏宁易购将通过整合具备冷冻链服务能力的物流公司，弥补冷链物流的短板。将来有可能自建冷链仓库及物流配送体系。

上述人士强调，生鲜商品的售后退换货是目前生鲜电商运营的最大难题，消费者在购买生鲜商品之后，有可能不满意生鲜商品的质量而产生退货，这就会造成运营成本上升的压力。

据了解，目前苏宁易购与生鲜商户采取的是联营合作的模式，以本地商户为圆心，逐步辐射至本市、本省及周边省市。另外，针对部分消费者想要现场验货并自提的需求，在苏宁易购下单获取相关生鲜商品订单号之后，即可选择到就近的自提点进行提货。

另外，苏宁易购进军生鲜也是选择从东向西的渐进策略，首先通过整合东部省市地区的生鲜品牌，借助具有冷冻链服务优势的物流公司，完成从东部到西部网购消费人群覆盖。

（资料来源：爱文，苏宁易购涉足生鲜网购：整合冷链物流 http//news.pedaily.cn 2013.07

—24）

试分析：

（1）苏宁易购将开始正式涉足生鲜网购的生鲜商品是什么？

（2）苏宁易购将进军生鲜的策略是什么？

练习二：情景分析

危险货物运输案例

原告强英公司是专业经营电石和其他化学危险品的公司，被告李某系个体货运车主，其车上户在三友公司名下，但李某及三友公司均无承运危险物品的资质，且三友公司并没有开展货运业务。

2017年5月5日，强英公司与李某约定由李某运输电石一车，运价按每吨500元计算。5月9日，强英公司向李某汇款8千元作为预付运费，同日李某装载了24.27吨包装为编织袋散包装的电石运往南通（另有一车亦受雇原告运载电石同行）。

运输途中遭逢阴雨天气，李某对承运的电石采取了苫布遮盖等措施。5月12日凌晨，李某发现有气体从车厢冒出就立即上车检查。检查过程中，电石突然爆炸并起火自燃，导致电石全损。在此过程中，同行的另一承运车辆所运电石也突然起火燃烧，致电石全部毁损灭失。现原告起诉要求被告赔偿全部电石损失并返还已付运费。

试分析：如果你是法院，该如何处理此案？

练习三：情景分析

超大件在路上

2016年2月12日傍晚的上海港码头人头攒动。17时左右，人们期待的目光都聚集到了一个"重无霸"身上，一旁记者们的闪光灯不停闪烁。

这是一件重大821吨的进口化学反应设备。船务公司将它运抵上海港后，再由上海交运大事件起重运输有限公司（以下简称交运大件）负责其陆路部分的运输，它最后的目的地是上海化工区巴斯夫项目安装工地。这类超大件的特殊运输来不得半点疏忽，必须考虑整个过程中可能发生的任何问题，甚至精确到了计算出每一个点上的承受力。为了这一次的运输任务，交运大件前后准备了几个月。

"重无霸"长56.4米，交运大件动用了两组900吨级的液压平板车组承载，共有432只轮子驱动。从港口到工地一共4千米路程，"重无霸"一路上缓缓地拐了4个弯，用了两个多小时才终于到达它的新家。

这个家伙是德国巴斯夫委托一家韩国公司制造的。这次运输业务最特殊之处是货物的重量，821吨创下了上海地区单价运输最重的记录。

两个月前，交运大件接到了上海胜兴国际货代公司的委托，公司上下顿时忙活起来。交运大件要做的第一件事就是考察货物。对于货物的尺寸、形状以及重量等都要进行详细的计算，甚至对它的质量也要有所了解。"重无霸"的宽是11.7米，交运大件采用了两组900吨级的液压平板车横向拼接，一辆900吨级的液压平板车的货台宽是3.6米。

货物的情况了解后，还要检查路况。一要看路面是否平整，有没有坡度，如果有坡度就要计算会不会造成危险。二要看路程中是否有弯道，如果有弯道，需要计算弯道半径有多大，因为900t级的平板车转弯半径是44米。在"重无霸"需要经过的4千米路程中，有4个弯道，幸好弯道都不是很大。除此之外，在这趟短程路途中，还省去了对桥梁与涵洞的考虑。

至此，整个运输方案出台。随后安排具体的人负责具体的工作，有做整体指挥的，有专门作业的，还有负责检查的。

人是比较好定的，难定的是时间。根据客户的要求，交运大件原本把运输时间安排在2月3日，但在之前的空车试行过程中发现，有一处高压电线必须清空，因为"重无霸"的身高是12.5米，在高压电线下经过时，由于距离太近，会造成一定危险。在运输车经过电线时，必须保证电线处在断电状态，于是交运大件紧急向电力部门提出了申请。

由于这个插曲，运输时间被拖至2月12日。交运大件办公室主任陈××说："一切都是为了保证安全。"暮色下，上海化工区的道路上，庞大的车队缓缓前行，前面一辆开道车，中间是载有"重无霸"的液压平板车，后面还跟了辆维修车。一行人马就这样浩浩荡荡地驶入了巴斯夫的项目基地。

试分析：

（1）超大件货物的特点是什么？

（2）简述超大件货物运输组织工作的具体内容。

参考文献

[1] 王冬，杨海明. 运输管理实务[M]. 南京：南京大学出版社，2011.

[2] 于波. 空运和快递业务流程与操作实务[M]. 大连：大连海事大学出版社，2010.

[3] 李联卫，李敏. 物流运输管理实务[M]. 45（第2版）. 北京：化学工业出版社，2012.

[4] 季永青，江建达. 物流运输管理[M]. 大连：东北财经大学出版社，2012.

[5] 曹前锋. 物流管理案例与实训[M]. 北京：机械工业出版社，2011.

[6] 仪玉莉. 运输管理[M]. 北京：高等教育出版社，2012.

[7] 中国交通运输协会组. 物流案例与实践应试指南[M]. （第2版）. 北京：电子工业出版社，2011.

[8] 余洁. 运输管理[M]. 北京：电子工业出版社，2012.

[9] 何倩茵. 物流案例与实训[M]. 北京：机械工业出版社，2012.

[10] 唐少麟. 物流方案设计[M]. 北京：机械工业出版社，2013.

[11] 鲁丹萍. 国际货物运输与保险[M]. （第2版）. 杭州：浙江大学出版社，2010.

[12] 梁金萍. 运输管理 [M]. （第2版）. 北京：机械工业出版社，2017.

[13] 唐连生. 物流运输与配送管理[M]. （第2版）. 武汉：武汉大学出版社，2017.

[14] 郑宁，张建明. 物流运输管理[M]. 上海：上海财经大学出版社，2016.

[15] 朱新民. 物流运输管理（第4版）[M]. （第4版）. 大连：东北财经大学出版社，2017.

[16] 周晓蓉，莫以为. 现代物流运输与调度[M]. 北京：科学出版社，2017.